华尔街的污点

华尔街股票分析师欺骗一代投资者的惊人内幕

[美]查尔斯·加斯帕里诺 (Charles Gasparino) /著

杨励轩 /译

中国社会科学出版社

图书在版编目(CIP)数据

华尔街的污点:华尔街股票分析师欺骗一代投资者的惊人内幕/(美)加斯帕里诺著;杨励轩译.
—北京:中国社会科学出版社,2008.2
书名原文:Blood on the Street
ISBN 978 - 7 - 5004 - 6604 - 8

Ⅰ. 华… Ⅱ.①加… ②杨… Ⅲ. 证券投资 - 经验 - 美国
Ⅳ. F837.125

中国版本图书馆 CIP 数据核字(2007)第 193041 号

Blood on the Street:The Sensational Inside Story of How Wall
Street Analysts Duped a Generation of Investors by Charles Gasparino.

Copyright © 2005 by Charles Gasparino.

This edition arranged with Bard Press,through Big Apple Tuttle - Mori Agency,Labuan,Malaysia.

Simplified Chinese edition Copyright © 2008 by China Social Sciences Press.

All rights reserved.

版权贸易合同登记号 图字:01 - 2007 - 6048

策   划 门小薇(xv_men@126.com)
责任编辑 门小薇
责任校对 李小冰
封面设计 李尘工作室
责任印制 戴 宽

出版发行 中国社会科学出版社
社   址 北京鼓楼西大街甲 158 号   邮 编 100720
电   话 010 - 84029450(邮购)
网   址 http://www.csspw.cn
经   销 新华书店
印刷装订 三河市君旺印装厂
版   次 2008 年 2 月第 1 版   印 次 2008 年 2 月第 1 次印刷
开   本 710 × 1000 1/16
印   张 23.25
字   数 310 千字
定   价 38.00 元

仅以此书献给我永远深爱的妻子,阿门。

如果父母在天有灵,也献给我的双亲。

目　录

Prologue

序　言

2000 年1月，在位于加利福尼亚棕榈泉的高级旅游胜地腊第五处（La Quinta），数百名在杰克·格鲁布曼帮助下发财的男女崇拜者端坐在沙漠星空下。而此时此刻的格鲁布曼正处于事业的巅峰，由他主办的电信投资研讨会受到人们普遍的欢迎，现在会议已经到了最后一天。在此次会议上，格鲁布曼所谓的信条——也就是对他一种坚定信念的概括，这种信念就是：投资者可以在为数不多的几家新兴高技术电话公司投一大笔钱——获得了人们无上的赞誉。

此时的格鲁布曼是就任于声名显赫的投资银行所罗门美邦公司的高级电信分析师，而所罗门美邦则是庞大的花旗金融帝国的一个子公司。正是在这个位置上，格鲁布曼在华尔街拥有了一个推销自己理论的最佳平台。在过去的五年中，他为自己的首选股票——世通公司、环球电讯、奎斯特通讯（美国第四大市话公司）和温斯达通讯公司——发布了大量的股票分析报告，受其每一个"买进"建议的影响，这些股票的价格不断暴涨到新高度。

但是，格鲁布曼真正的本事并非仅仅是作为一名分析师向投资者推荐应该购买哪些股票，他也是一名交易撮合商，利用他能进行股票分析的权利，通过一系列合并和巨额投资，再次创造现代电信业务。正是这种双重作用使格鲁布曼受到华尔街头版的关注，被其称为"万金油"。同时也正因此，他成为华尔街收入最高的执行官之一。仅 1999 年他的收入就达 2500 万美元之巨。

格鲁布曼会尽其所能地向人们讲述他的成长经历，说自己的成功历程是一部真实的穷人发迹史。他说自己的华尔街之旅始于电影中虚构的洛基·巴博的家乡，① 即邻近南费城附近工人阶级街区，在那里，他有两个专长：拳击和数学。他的双亲，伊兹和米尔德丽德辛勤地劳作，让自己的儿子得到了一流的教育，从而使格鲁布曼能够在老区之外生活。格鲁布曼首先在麻省理工就读，后来在哥伦比亚大学攻读数学博士学位。再后来他在全美最大的电话公司——美国电报电话公司（AT&T）觅得一份工作，此后他的职业生涯发生了重大转折。当时，格鲁布曼意识到将彻底改变人们通讯方式的巨变行将到来，并开始思考如何借此在华尔街赚钱。

20 世纪 90 年代股市繁荣时期，格鲁布曼像个电视福音布道者一样传播他的理论，这个理论简单得让人难以置信：对包括从移动电话到高速网线在内的所有产品的无尽需求，已经改变了 AT&T 主宰的那种曾经墨守成规的产业形态。那些接受格鲁布曼建议的公司，开始大量生产高速缆线和其他新产品，他们不仅取得了格鲁布曼暗地里进行的"买入"等级评定，而且获得了那些信赖格鲁布曼之言的投资者的支持。

随着格鲁布曼选股水平的提高，他主持的研讨会也成为华尔街最受人们欢迎的事件之一。一百多家公司以及一千多人作为华尔街最优秀最智慧

---

① 取自史泰龙主演的系列电影《洛基》。洛基是意裔美国人，出身社会底层。靠着强壮的身体和有力的拳头，从一个默默无闻的费城小子一跃成为拳击台上的风云人物，使重量级的世界冠军阿波罗·克里德（Apollo Creed）一败涂地。——译者注

的企业和个人代表，如几年前参加格鲁布曼主持的研讨会一样，将长途跋涉到棕榈泉。这一盛事包括播放幻灯片、陈述和演讲。研讨会上，时代华纳现任副董事长特德·特纳宣称，最近经过与美国在线的合并（由格鲁布曼的导师、投资银行家爱德华·梅斯特雷完成的一桩交易），他的净资产又增加了25亿美元——他说这是一种可以与初次做爱相媲美的感觉。

人们并不清楚特纳说完此番话后做了什么，但坚持到研讨会最后的那些人在五星级的旅游胜地，受到了一次高雅晚宴的招待，席间有来自纳帕谷①的葡萄酒，还有一场表演。据一位与会者说，这次表演可与百老汇流行的爱尔兰舞剧《大河之舞》相媲美。尽管现任花旗银行高级执行官的美国前财政部长罗伯特·鲁宾日程紧张，但他还是同意就华尔街在当前国家繁荣中的作用发表一场备受期盼的晚宴演讲。

晚宴上，格鲁布曼以其特有的方式与人们握手并接受人们的敬意，表现出他那种权力高度所具有的自信。他身高6英尺多，声称经过每天工作前100个俯卧撑和仰卧起坐训练，自己清瘦而健康，尽管他并不反对来一杯波旁王朝威士忌，但在职业生涯的早期，他会吸食可卡因。

诋毁格鲁布曼的人大部分是那些因为他的存在而失去一笔笔交易的分析师竞争者，即使这些人也承认格鲁布曼的成名确实让人吃惊。1977年，格鲁布曼怀着合并另一个工业巨头——当时仅次于AT&T的第二大长途电话公司美国微波通讯公司（MCI）的想法，约见世通公司的首席财务官斯科特·沙利文，他因此获得很高荣誉。当这桩交易公布后，他又摇身一变，催促投资者"把车厢装满"——购买世通公司更多的股票，虽然新公司当时正遭受数十亿美元新债务的打击。

投资者们确实这么做了。交易公布一年后，世通公司的股票从1995年中期的30美元突破64美元的峰值。表面看来，每个人都很高兴：投资

---

① 以盛产葡萄酒闻名。——译者注

者们赚到了大把的钞票，公司的资产负债表看起来也不错，而所罗门美邦公司也轻而易举地获得了有史以来最大的一笔收入：因向世通公司这次价值350亿美元的合并提供咨询服务而收到超过3200万美元的佣金，另外还有1500万美元的相关债券交易。一年后，这笔交易帮格鲁布曼从他那位因吝啬而声名狼藉的老板——花旗金融帝国的董事长桑迪·韦尔那里赢得了一笔利润丰厚的合同，这使他跻身于职业领域内最高收入者的行列。

"杰克像上帝，"一名分析师对手回忆说，"而他主办的研讨会就像处于宇宙的中心。"

格鲁布曼好像过着一种吉星高照的生活。他与摩根斯坦利的玛丽·米克和美林公司的亨利·布洛杰特一样，也是股市繁荣时期以身兼选股和交易两任而获得"摇滚明星"地位的少数几名股票分析师之一。格鲁布曼尽量在一些方面比同行更保持低调，以避免国家广播公司财经频道①的关注。而这个频道每天鼓吹那些网络和技术股票，也正是这些股票促进了布洛杰特、米克和大量名气不大的分析师们职业的大发展。但是，格鲁布曼精明地取悦于印刷媒体，这些媒体详细报道他全部的生活细节和股市理论，而且不失时机地以"冲击波语音信箱"的名义将这些分析报告推销给全球数百名资本经营者。与此同时，监管者们想看的却远非格鲁布曼与其银行客户间冲突关系的大量新闻报道，这些银行家显然宁可接受他的理论也不去伤害他的分析报告，这种冲突关系使格鲁布曼更加了解那些公司。

2000年早期，格鲁布曼的理论得到了更多人的认可。除了像富达公司、巴尔的摩的普里斯公司、普特南投资公司等所有顶级资本经营公司的执行官们之外，一些新兴美国企业的领导们也同样向这位使他们成名的人心怀敬意。环球电讯的首席执行官（CEO）鲍勃·安农齐亚特收到格鲁布曼的邀请，让他在研讨会第三天做"主题陈述"。"我们期望您能做出积极

---

① CNBC，通用电气旗下的美国著名财经新闻频道。——译者注

响应，我们会在邀请发出后不久与您电话联系。"格鲁布曼这样写道。这是安农齐亚特几乎无法拒绝的要求，毕竟据说一年前，格鲁布曼曾向环球电讯的董事长，也就是德崇证券垃圾股的前任销售员加里·温尼克推荐任命安农齐亚特为环球电讯的CEO。

其他人，像奎斯特通讯公司那位态度冷淡的CEO乔·纳克齐奥也是出于类似的原因出席的。与安农齐亚特一样，格鲁布曼凭借与其拥护者奎斯特创始人菲尔·安舒兹的亲密关系，将纳克齐奥推荐到这个职位。尽管AT&T的首席执行官迈克尔·阿姆斯特朗并没欠格鲁布曼的人情，但他还是觉得自己不能错过这样的盛会。其实，格鲁布曼经常对阿姆斯特朗如何经营AT&T提出批评，而阿姆斯特朗则对此嗤之以鼻。但就在研讨会举办的前几周，格鲁布曼让人困惑不解地改变了数年来对AT&T公司股票和阿姆斯特朗的消极态度，对这只股票表示出了极大乐观，此举震惊了股市。这其中的原因，在AT&T宣布准备将其无线部门资产分离出来的时候就清楚了：这次资产分离的承销佣金高达数千万美元。在格鲁布曼的多次演讲中，他有一次曾明确表示自己很重视这次交易，因为情况已经清楚地表明，所罗门美邦公司将赚得这笔佣金中的大部分。

然而此次盛会最大的明星（当然次于格鲁布曼）还是世通公司的首席执行官伯尼·埃伯斯，此人跟格鲁布曼的经历差不多，原来做过高中篮球教练和密西西比系列汽车连锁旅店店主，经过多年打拼才到了今天。当时，埃伯斯坐着黑色高级豪华轿车来参加研讨会，身着光鲜的深色西服，当他走进研讨会现场时，立刻被一大群拥护者包围了。这其中的原因很容易理解——在格鲁布曼从未间断的鼎力支持下，世通公司的股票成了股市中最热的股票之一。而且埃伯斯已经成为美国最富有的人之一，资产超过10亿美元。

格鲁布曼预计会有更多的富人前来参加此次盛会。与会者会反复听到格鲁布曼说他的"联合王国"棒极了，这是他对自己眼中的电信业务的称呼。会议期间，格鲁布曼及其手下不遗余力地安排小组讨论，而讨论主要集中在那些他们认为将改变电信业务规模的即将到来的交易上——而在这些交易过程中，他们可以赚更多的钱。几名老到的投资者说，这次研讨会让他们想起了原来的"强人的聚会"，一次由原垃圾债券大王迈克尔·米尔肯举办的大型研讨会。像米尔肯一样，格鲁布曼明白一站购足的意思，就是把最大的投资者和资本经营公司以及他帮助造就的美国企业精英聚在一起。

研讨会最后一天，格鲁布曼准备了晚宴，客人们聚在一项巨大的白色帐篷下，尽情享受着昂贵的葡萄酒，闲聊着在格鲁布曼的帮助下保持繁荣的股市。与格鲁布曼的选股水平相比，资本经营者们似乎更喜欢听他的交易内情——能够推动股市变化的兼并和收购。对于股票经营者来讲，能够在交易公布前知道应该购买哪些股票，就像把钱存入银行一样，而格鲁布曼也好像更愿意吹嘘他的"雷达屏幕上"发现的任何一桩交易。

与此同时，格鲁布曼与他最要好的几位客户坐在前面的桌子旁，等待当晚特殊的客人开始演讲。这位演讲者就是罗伯特·鲁宾，现任花旗银行的高级执行官，他以老到的债券交易人发迹，后来走上赫赫有名的高盛投资银行董事长的职位。20世纪90年代早期，作为克林顿政府的财政部长，他鼓动克林顿提高税收，借此来削减经济衰退期间激增的预算赤字。人们普遍认为鲁宾帮助刺激了股市膨胀，这很大程度上引发了低利率，而低利率又导致了格鲁布曼拥护和主张扩张的很多公司信誉不佳。

鲁宾身穿深色西服，快速走向讲台，看上去他对这种场合有点紧张过度。听众席中的一位资本经营者立刻插嘴："这不是达思·韦德吗!"① 鲁宾的演讲比他的外表还隐晦。"我是和桑迪一起来参加这次盛会的，"鲁宾先生指着花旗银行的首席执行官桑福德·I. 韦尔这样说，"而桑迪告诉我

---

① 电影《星球大战》中的一个虚构的角色，是一个大魔头。——译者注

不要做这次演讲。"

尽管鲁宾没有直接提格鲁布曼的名字，但他接下来的讲话却是在含沙射影地攻击其股市哲学，即股市永远不会停止暴涨的那种理论。"我的讲话可能听起来让人有点不舒服，"他接着说，但是"伴随着股市兴旺存在一个悖论"。那个悖论，简而言之，就是投资者特别喜欢的很多高技术网络公司和电信公司发行的新经济股票，不可能保持居高不下的价格。他说，在座的各位有一种道义上的责任，那就是让这个国家准备好迎接不可避免的股市泡沫的破碎。

"我同意这种观点，即这是一个机遇伴随着积极巨变的时代。但是，我十分反对另一种提法，即认为现在有一种新经济能不受长期恶化的严峻形势之影响，"他说，"技术发展、全球化、向市场经济的转变以及对经济运行的更深刻的理解等都是有利的积极因素，"他又说，"但一些人看到的并不仅仅是这些。他们看到的是一种新范式，一种会引发众多不相关的对经济衰退、风险以及开明政治的传统问题的新范式。"

简单地说，格鲁布曼鼓吹的股市增长永不停息理论"将站在人类股市与经济史的对立面，而且这将成为一种使人警醒的警告"。

多数听众不会在意这些话，包括讲话人自己。鲁宾讲到大约一半的时候，人们便开始离开座位；一些人轻声抱怨说听到这种悲观论调真烦人。当那些离开座位的人还在辱骂鲁宾的时候，他又一次开始批评格鲁布曼，并攻击那些来自纽约的金融家和财政官，"在纽约，金融生活的方方面面都充斥着那种假设，即认为一切永远都是好的，因此，任何意外最坏也只是被认为是暂时的，而且无伤大雅"。

演讲十分冗长，持续了大约 40 分钟，但好在终于结束了，而且鲁宾自以为结束语还不很消极。"股市会上下波动，这很大程度上取决于我们个人和国家满足提高竞争力这种挑战的要求，以及维持全球积极经济政策之能力，"他说，"很高兴与各位共处，现在你们可以从这有些乏味或者至少是有些杂乱的观点中解脱出来,回到你们公司前途未卜的现实中去。谢谢。"

会场响起了简短的掌声。鲁宾可能是想为花旗集团搞定另一桩银行交易吧,所以在向大家示意停止鼓掌之前,他先与格鲁布曼握了手。格鲁布曼就站在讲台附近,他与鲁宾握了握手,对于鲁宾对他及其粉丝的攻击表现得泰然自若。

但是并非每个人都没有注意鲁宾的警告。苏珊·卡拉,一位当时正在华尔街找工作的独立电信分析师,刚听到鲁宾一半的讲话,就出了一身的冷汗。卡拉的丈夫曾经与格鲁布曼在 AT&T 共事,而且作为竞争对手,她一直关注着格鲁布曼一路升迁到高层。跟格鲁布曼不一样,通过了解宽带供应,以及那些将电脑及其他电信产品链接到网络的缆线供应的动态情况,卡拉早已经开始置疑电信股票的价值了。在过去的六个月中,宽带价格猛跌不止,根据卡拉的分析,这意味着世通、环球电讯、奎斯特通讯和温斯达通讯这样的公司将会以降价吸引新客户。

正是在那时,她开始渐渐明白,这么多年来格鲁布曼一直鼓吹通过发行债券来实现快速扩张,而那些他首选股票的公司①一直虔诚地追随他的理论,发行了数十亿美元的债券(当然这些债券很多是通过花旗集团发行的)。但当股票价格持续走低的时候,这些公司又将如何支付账单呢?

卡拉环视会场,看有没有人做出反应。而与会者们围聚在灯下,喝着饮品,盘算着会议余下时间里自己的日程安排。"这个演讲怎么样?"她问道。但她听到的回答大都一样:"谁关心呢!"毕竟在过去的五年中,虽然人们无数次听说股市将要暴跌,却看到股票反而如杰克所预言的那样上涨得越来越高。

————————

① 有些公司的股票,格鲁布曼会首先向投资者推荐购买,这里的首选股票的公司即指这些公司。——译者注

卡拉向格鲁布曼走过去，此时格鲁布曼正与几名追随者寻开心。"那么，杰克，你认为这个演讲怎么样？"像其他人一样，格鲁布曼似乎对演讲无动于衷。"股市上涨和股市下跌"，他耸耸肩说，然后继续闲聊。

卡拉离开了会场，径直回到下榻的酒店。第二天，她给自己的经纪人打电话，开始从自己的个人账户中出售科技股。事实证明，这是她做过的最成功的股票交易。

回过头来看看杰克·格鲁布曼对苏珊·卡拉说的那句话，这可能是其颇具争议的职业生涯中最有预见性的一句话了。两个月内，高新技术股票将达到峰值，而这些技术股票使格鲁布曼和其他著名分析师——玛丽·米克、亨利·布洛杰特——因坚持不懈地对网络和电信公司抱乐观态度而得以成名。2000年3月10日，作为测定技术股票价值最高标准的纳斯达克①上涨突破5000大关，这个数字差不多是一年前的两倍，而在随后的三年中，纳斯达克股指下降了近4000点，吞噬了美国经济数万亿美元。格鲁布曼最推崇的世通股票，早在研讨会期间就已经开始下跌，这只股票虽然有格鲁布曼坚定的支持，但也将不可避免地遭受类似的命运。到了2002年中期，世通公司的股票仅以每股几美元的价格成交，不久该公司在巨额会计丑闻中破产，而这些丑闻将导致对其首席执行官伯尼·埃伯斯和其他高级官员的起诉。对所发生的这一切，格鲁布曼这样的华尔街分析师们都不屑一顾，而在股市繁荣期间，他却曾宣称对世通公司的财务状况有深刻的了解。

按理来说，20世纪90年代的股市泡沫有多种成因。股市存在广泛的

---

① ［Nasdaq，是全美证券商协会自动报价系统（National Association of Securities Dealers Automated Quotations）的英文缩写］，但目前已经成为纳斯达克股票市场的代名词。纳斯达克始建于1971年，是一个完全采用电子交易、为新兴产业提供竞争舞台、自我监管、面向全球的股票市场。纳斯达克是全美也是世界最大的股票电子交易市场。——译者注

"大众化"，新一代有能力利用计算机抢购股票的投资者，对于如果股票平均价格下跌将会产生何种结果这个问题没有多想便一头扎进股市。在 20世纪 90 年代中，由于公司开始取消原来的退休金计划，所以雇员们第一次被迫通过 401（K）① 和基奥计划② 为退休存钱。由于债券和其他固定收入投资的利率不高，人们除了购买股票外没有其他选择，特别是那些发展势头很好的技术行业股票，人们相信当他们准备退休的时候，这些股票会给他们最高的回报。

但是在股市泡沫年代，股市何以上升至那种不能持久的高度？这其中，华尔街分析师们偏颇的分析报告可能是最重要的因素。表面上看，分析师的工作是建议投资者购买哪种股票。整个 20 世纪 90 年代，分析师们让数百万新投资者信赖被高估的股市，但是绝大部分投资者并不知道，分析师们在推荐股票和帮助其公司赢得利润丰厚的银行交易这两者之间发挥着更为矛盾的作用，简单地说，分析师们要想从某个公司赢得一笔银行交易（其交易量的多少影响分析师的报酬），那就得推荐这家公司的股票，这就使其对这家公司股票的分析不能做到客观中立。本书就是要讲述面对弱小投资者的利益和自身利益的博弈，分析师们做出了何种选择。正如我想要展示给大家的，当面对自身收入减少的情况时，只要分析师们选择推销炒作股票而非分析批评，那么投资者们几乎每次都会损失大把大把的钞票。

在这种口是心非的欺骗中，这里要提到的几个人更难辞其咎。本书重

---

① 401（K）：一种从工资中扣除部分金额作为退休金使用的退休金计划。英文中称为 "401（K）salary reduction plan"，401（K）这一名称来自于联邦税务局的税务条款，简称为 "401（K）计划"，即由赢利公司设立的一种 "合格的退休计划"。——译者注

② 基奥计划（Keogh plan）：美国一位国会议员提出的一种退休计划，如果是自己雇佣自己（self–employed），或者拥有自己的生意（owns a small business），或者提供专业性的服务（professional practice），调整后的总收入（adjusted gross income）超过 25000 美元的，就可以建立一个 Keogh（又称 HR–10 计划）计划。基奥计划也属于 "合格的退休计划"（Qualified Plan），享受抵税和延税的税务优惠。——译者注

点描写的三个人物中，只有玛丽·米克在经过长达两年的司法调查后，在多次谈话中公开了自己股票分析中存在的所有问题。而本书中的另一个主角布洛杰特，由于签署了秘密协议，因而他拒绝评论自己在美林公司的工作。还得多说一句，此人因为被指控欺诈性分析而被禁止从事证券交易活动。现在，最后一个主角上场了，此人名曰格鲁布曼，他则找了一名发言人来代劳；也得插一句，他也被禁止从事证券业工作。尽管米克有"网络女皇"的美誉，但她在很多方面也无可奈何。她拒绝推荐和承销很多风险股票交易，并使之最终成为竞争对手的囊中之物。她也拿出了充足的证据，证明自己警告过投资者注意即将到来的股市厄运。"我曾经告诉过所有愿意听的人，股市存在风险，"她说，"难道投资者个人就没有责任吗?"

这个问题问得好，在接下来的内容中，我尽量从两方面描写那些被错误的分析报告"愚弄"的人，一方面他们是华尔街炒作者的祭品，另一方面他们也是自己一夜暴富之贪婪本性的牺牲品。但这个问题同样需要米克及其老板摩根斯坦利投资银行来回答。米克可能并非完完全全犯有欺诈罪，但她却接受了一个绝对具有欺诈性的体制，在这一体制下，需要她帮助自己的公司承销数亿元的股票，然后在很短的时间内，发布同一家公司"客观的"分析报告。

长期以来，我一直会听到这样的辩解：股票分析报告中的等级评定其实无关紧要，特别是对于那些资深的互助基金经营者以及其他操控着大量投资者财富的资深投资者来说，更是如此。而本书将要说明的是，不仅是小投资者要利用分析报告来做出投资决策，而且那些被认为是资深的"机构投资者"也是如此，他们一直遵从格鲁布曼、米克和布洛杰特对其分析的公司不得不发布的股市和股票预测。因此，那些所谓的股市专家们也都挤到三个人组织的研讨会上，好像他们是去参加摇滚音乐会。他们要求与明星分析师们面对面交流，以获取他们所在行业的内部信息。一个大型退休基金组织的分析师十分崇拜杰克·格鲁布曼，以至于向他表达爱意，而且渴望与他一天做一次爱（以后可以更多）。话又说回来，通过对大量股市参与者的采访，我发现很多资深的资本经营者并不慎重思考分析师们提前透露给他们的股票内部信息。

最后，有一件事是肯定的。这是一个几乎没有英雄的故事，甚至更没有人愿意诚实地说出问题的症结所在。这些分析丑闻是纽约州总检察长埃利奥特·斯皮策发现的，他为揭露这些腐败发生的过程做了大量工作，但他最终放了华尔街最有权势也最有政治影响力的人物一马。美国证券交易委员会（SEC）的监管者们说，幸亏有了委员会主席威廉·唐纳森①的领导，他们将继续调查偏颇的分析报告问题及其对投资公众的影响。但 SEC的主席却很晚才开始注意这个问题。在 SEC 多任主席的领导下，华尔街的最高监管机构很大程度上忽略了这个问题。而当人们清楚地认识到，在整个 20 世纪 90 年代股市繁荣时期，唐纳森自己的老公司帝杰证券公司也欣然接受了这种冲突体制的时候，唐纳森自己也很少再谈这个问题了。

或许，我能发现的对华尔街股票分析最真实的描述，来自一位即将走到职业生涯尽头的老分析师格里·罗思坦。格里有一个儿子叫迈克，1997年刚完成杜克大学——这是美国最著名的商学院之一——的 MBA 学业。在一次采访中，罗思坦回忆起迈克来的一个电话，向老爸咨询毕业找工作的事儿。因为 1997 年的时候，格鲁布曼、布洛杰特和米克还是股票经纪业的明星，华尔街股票分析好像还是那么一回事儿。所以迈克琢磨着是否步其父后尘成为一名股票分析师，最好是在华尔街最有名的公司。

他父亲的回答简短而中肯："不要这样做，"罗思坦说，"除非你想成为投资银行业的奴才。"

---

① 唐纳森是第一个"独立"分析公司——帝杰证券（DLJ）的创建者之一（三个创建者是：唐纳森、勒夫金和詹雷特）。

CHAPTER ONE
The Seeds of the Scandal

第一章
丑闻的缘起

20世纪90年代股市泡沫开始之时，杰弗里·利德尔作为最刻薄最强硬的律师之一，便已经在华尔街确立了声誉。他秃顶，宽肩，脾气很坏，酷似一位廉洁奉公的先生，利德尔的专长就是让华尔街的一些大公司将大量的欠款偿还给经纪人和其他声称自己被公司"非法解雇"的那些华尔街执行官。

没有谁比利德尔更能让华尔街埋单了，他的对手指出，利德尔成功的秘诀正是他的强硬手腕。利德尔曾经代表一名当事人起诉对方律师至少一人犯有诽谤罪。他自己也好几次因挑衅行为受到仲裁委员会的批评。也许最能说明利德尔这一特点的事，是他公开自吹自擂说自己在法庭上度过的最美好时光，是他花了八天时间盘问一位执行官，而这名执行官正是他的前妻。

但是，利德尔如此锐利最根本的原因，是他了解华尔街操作的内幕。他以前是没什么名气的德崇证券的律师，他比绝大多数前辈更了解经纪公司业务中更为肮脏的一面，从女员工在交易桌旁经常忍受的性骚扰，到会议室中玩弄权势，而置大量的解雇员工和处于劣势的可能客户于不顾……"华尔街大部分公司的管理十分差，以至于几乎什么问题都解决不了。"利德尔曾经这样说。

利德尔相信，华尔街的股票分析符合自己的判断。到了19世纪90年代中期，华尔街的股票分析已经远非那个所谓的"独立"分析公司DLJ（帝杰证券公司）证券公司进行的股票分析了。

那么DLJ的股票分析是何等尊容？让我们从头讲起。对于DLJ，华尔街路人皆知，正是它建立了一种商业模式，即向那些更愿意为诚信的股票信息和商业分析付费的资本经营者发行分析报告，其收入来源于股票交易佣金，其中包括分析师的薪金。

DLJ首次发布的分析报告标题是"普通股与常识"，分析报告认为，妨碍投资者进行股票交易的唯一因素是"缺乏股市知识"。到了20世纪60年代末，由于成功销售以投资者为中心的分析报告，DLJ的创始人比尔·唐纳森、丹·勒夫金和迪克·詹雷特早已成为拥有数百万家财的富翁。唐纳森最终在政界谋得一席，成为纽约证券交易所（NYSE）的主席，而詹雷特和勒夫金则成了华尔街举足轻重的玩家。

但是，DLJ高智商的商业经营模式运转得并非尽如人意，1975年5月，当国会同意华尔街交易规则进行重大调整时，DLJ的经营发生了转折。交易规则调整后，交易佣金不再与纽约证券交易所（NYSE）挂钩，而是使用一种新的浮动利率，允许市场对交易佣金进行调控。

随着交易规则的调整，交易佣金几乎迅即下降了。像华尔街其他公司一样，DLJ被迫调整成为投资银行公司，同时要从投资银行生意收入中拿出一部分来支付分析师的薪水。

现在，既然这一轻松赚钱的美差已经结束了，那么分析师成为事实上的投资银行家，然后参与路演，推销他们对银行业前景的评估，凭努力赢得生意和赚取生活费用就为时不远了。

20 世纪 80 年代到 90 年代期间，随着投资银行的兴起，上述这些行为也越来越多了，这个时候，当初公司创建者们反对的行为 DLJ 现在都开始做了。"我们曾经开玩笑说，原来由证券分析建立起来的机构，现在却成了被投资银行业运营的公司。"汤姆·布朗如是说，他曾是 DLJ 的分析师，自称由于批评了一位重要的投资银行客户而遭解雇。布朗并非唯一一个注意到这种变化的分析师。在上世纪 90 年代的大部分时间里，DLJ 的分析师们都曾公开抗议，认为炒作等级评定以赢得交易给他们带来了压力（一份 DLJ 的合同要求一名预期分析师保证在［合同］约定的日历年内获得银行业相关酬金的数额最少达到 150 万美元）。布朗回忆说，有一天下午，一名 DLJ 分析师与后来成为股票分析主任的马克·曼森聊天，说起公司里承受着炒作等级评定以赢得银行生意压力的分析师，马克曾有一句至理名言。"与投资银行打交道的关键，"当时马克·曼森告诉所有的分析师，"是学习如何说：'主啊，宽恕我吧，我犯了罪。'"（曼森自己却想不起来曾经说过这样的话。）

DLJ 的其他人说话甚至更直接。据一名与会者回忆，在一次管理会议上，一名执行官接到一张申请股票分析工作的求职人员名单。"哪位最有能力不得罪人？我们日历年的任务很重啊！"这名执行官打趣说。很多 DLJ 原来的执行官们都说，公司一直坚持严格的传统分析标准。但在 DLJ 内部，股票分析衰落的迹象却十分明显。举个例子来说吧，在 20 世纪 90 年代，迪克·詹雷特和比尔·唐纳森作为 DLJ 的顾问在公司工作。一天下午，詹雷特突然闯进唐纳森的办公室，让他的老合伙人看看一名 DLJ 分析师发布的最近一期分析报告。"这难道不是你看到的最差的报告吗？"詹雷特问道，唐纳森看了看，也点头称是。

1995 年夏天，利德尔准备证明美林公司的做法与 DLJ 大同小异。他已经代表一名美林公司原石油和能源股票分析师提起仲裁，这名叫苏珊娜·库克的美林分析师说，作为一名分析师唯一重要的工作是赢得投资银行生意，尽管她在这方面一直十分出色，但她还是被公司解雇了。库克为了讨要自己的薪水和一笔具体数目不详的损失补偿，起诉说其主管开除她是为了给一名尚无资格进行金融交易的男性腾出职位。

利德尔钟情这一案例出于以下几个原因：首先，由于华尔街为男性提供的工作种类要远远多于女性（秘书职业除外），因而他认为性别歧视可以使之成为重要案件。同时，利德尔相信，华尔街幕后交易现象在绝大多数大经纪公司仍然存在甚至甚嚣尘上，比如在一些豪华的脱衣舞场所，像纽约的斯科斯就成为交易活动的中心。利德尔认为，美林公司股票分析主任安德鲁·梅尔尼克制定了一个特别的"邀请目标"。库克是在 1992 年被他解雇的，而恰恰几个月前，作为提升公司高级分析师之特殊计划的一部分，库克和其他几名高级分析师受到邀请，与公司首席执行官丹·塔利共餐。库克称，梅尔尼克当时提醒她说为华尔街公司工作是"男人的活儿"。梅尔尼克则拒绝就此做出评论，但是利德尔急不可待地想让梅尔尼克站在证人席上。梅尔尼克单调的嗓音和厚厚的镜片，使他看上去更像一只古怪的鸭子，而不是高级分析主管。案件审理早期的一个下午，诉讼中间休息时，利德尔看到梅尔尼克吃金枪鱼三明治的样子，甚至还给他取了个外号"牲口"。

但让利德尔更信心百倍的，是库克准备揭露美林公司分析部门内部相互冲突的分析行为。美林公司向那些通过经纪公司网络购买股票的投资者们宣传，说公司的分析师如何如何地尽职尽责，但事实远不是这样。翻阅了数千份文件后，利德尔认为，美林公司的最后产品——那份附有专为涉股不深的小投资者提供股票推荐意见的分析报告——只是公司银行家用来赢得利润丰厚的股票交易的工具，除此之外什么都不是。

利德尔相信，梅尔尼克是这种冲突性分析过程中的关键人物。后者保存着一本记录，其中详细记载了每个分析师有多少笔银行交易，交易中有多少银行家参与其中以及他们如何评价分析师的工作，等等。当利德尔从梅尔尼克那份标题为"IBK之影响"① 的报告中发现了一份备忘录时,他好像发现了宝藏。在这份备忘录中,分析师们被要求填写一张表格,其中列有其对公司投资银行生意的贡献,"以便正确评价您的工作成绩"。也许更有力的证据是,梅尔尼克每月都要为他的老板杰克·莱弗里准备一份单独的报告,以帮助高级管理层确定每个分析师的红利。在这些被称为月度行政运行报告(或者MEORs,读音meeors)的文件中,除了记录了影响红利计算的其他因素外,还罗列着他的分析师团队成交的所有交易。正如利德尔将要揭示给我们的,当梅尔尼克为了给自己的分析师争取到更高的报酬而游说时,他喜欢吹嘘分析师在赢得业务中的作用。一份显示为1992年9月份的月度行政运行报告便是十分有力的明证:"随着人们日益认识到IBK(投资银行业)需要凭借分析来开展业务,或者说离开了分析,我们的投资银行家们根本不是能够赢得投资银行业务的那块料,那么年底的酬金应该直接拨给分析部门。"梅尔尼克这样写道。

梅尔尼克进一步说:"考虑到分析师对公司的重要性日益提高,公司应该进行调整,从而使最好的分析师得到补偿,这一点很重要。因为我们和其他公司都愿意出重金招揽好的商业分析师,我们的预算程序应该考虑这一问题。"

利德尔有证据证明,美林公司的高管们对这些做法都心知肚明。梅尔尼克的主管莱弗里就曾自己写过便函,吹捧分析师对公司银行业务的贡献;这些便函每月都会送到高级执行官的手里,包括美林公司的董事长和首席执行官。当然,梅尔尼克和莱弗里都在为自己的雇员着想,但他们同时也在强调美林公司分析实施过程中存在的冲突。他们并没有仅因为手下分析师们选股工作干得不错而为这些人申请更多的酬金,他们也没有宣称选股是美林公司分析师应该优先考虑的事。相反,梅尔尼克和莱弗里揭示

---

① 投资银行的影响。——译者注

的，仅仅是美林公司的分析师在公司更优先考虑的工作方面花费了多少时间，换言之，也就是在赢得银行交易方面花了多少时间。

也就是说，美林公司还没有承认自己输了这场官司。美林公司除了为自己的分析方针辩护外，还将人们的注意力转移到他们所说的库克的糟糕记录上，想借此证明库克只是一个二流的分析师。支持他们这一理由的是1995 年4 月发生的一件事，一位行政法官发现库克犯有证券欺诈罪，但这一结论后来被撤销了。此事缘于一起民事案件，在这起案件中，SEC（美国证券交易委员会）宣称，库克曾为一个小型的能源服务公司准备了一份乐观的新闻稿，其中含有错误的和误导性的金融信息。SEC 说，库克在明知那家公司"几乎可以肯定是在持续亏损"的情况下准备了这份新闻稿（库克坚持认为，她对这家公司误导投资者之事一无所知）。SEC 起诉库克的理由好像更有杀伤力。库克在为美林公司工作的时候，曾以工作身份会见了这家服务公司的官员，而她老公正是在此期间从这家公司获得了一份咨询合同。当然还存在其他冲突问题；SEC 说，经过库克与这家公司的接触，她老公被介绍给这家公司的 CEO，后来就成为这家公司薪水最高的员工之一。库克本人也从这种关系中获得了好处；库克向 SEC 勉强承认，她确实进行过与这家公司有关的几桩交易，包括她向一位美林公司的另一家客户提议兼并这家公司。

1995 年8 月，这一案件，也就是库克起诉美林公司一案被美国证券经纪人协会（NASD）接管，这是华尔街的一个自律性组织。应该提一下，华尔街有一套解决纠纷的特殊方法。在经纪界以外，从雇佣纠纷到不正当的商业交易都是由法庭来裁决。但是在华尔街，经纪客户和雇员有放弃法庭裁决而采用仲裁的权利，在这种仲裁制度中，由被认为是独立的个人组成的委员会做出裁决。

每年，仲裁委员会都会将数亿美元的损害赔偿金判给那些不满的雇员、投资者，以及不计其数的坚持认为自己以这样或那样的方式受到经纪行业不公正待遇的各色人等。投资者们声称，许多仲裁委员会成员经常站在大投资公司一边，他们主张去法庭解决纠纷，这样对投资者会更有利些。无论如何，有一件事是可以肯定的，那就是仲裁审理过程是秘密进行的，这意味着，除非最后得出了结论，否则大量的不利证据是不会公开的。

然而，利德尔似乎从一开始就交了好运。那三个仲裁人（两男一女）同意了利德尔提出的几乎每一个要求。保证公开数千页的机密文件，以及包括梅尔尼克在内的美林公司几名高管的证词，梅尔尼克就是那个开发出公司分析策略的家伙。这一审理过程是在达拉斯进行的；根据 NASD 的规定，仲裁委员会的审理须在雇员最后的工作地进行（库克曾经在美林公司达拉斯办事处工作）。随后的两年中，美林公司的一些高管，比如杰尔姆·肯尼，他直接隶属于公司的 CEO 丹尼尔·塔利以及后来的戴维·科曼斯基，都被迫从繁忙的工作日程中挤出时间，接受委员会的质询。梅尔尼克是在 1997 年 7 月一个炎热的上午陈述证词的。他身穿深色西服，戴着一副已经成为他个人标志的厚厚的角质镜架眼镜，当他走进位于阿道弗斯大酒店的巨型会议室，准备发表自己的证词时，梅尔尼克看上去有些憔悴。他抱怨说自己患了重感冒，但后来说明，那根本就不是什么问题。

开始审理时，利德尔一本正经地开始陈述。他要求梅尔尼克描述一下他的学历和职业经历，过去他管理过多少人，他的专业领域以及他如何付雇员薪水。华尔街执行官们的薪水相对来说只是名义上的，每家公司开出的都是六位数。他们的报酬绝大多数是以红利的形式得到的，通常到年底才发，而且往往比他们的年薪要高出很多倍。利德尔认为他从便函中发现的问题，是投资银行业务被过分看重，而轻视了其他方面，比如分析的准确性，当利德尔思考这些问题时，梅尔尼克出示了红利支票。

利德尔的陈词正面痛击报酬问题。"你何时知道自己在分配红利方面的责任？还有你负有何种责任？"他问道。梅尔尼克指出，1988 年他加入美林公司后就继承了这种红利制度。他解释说，分析师报酬中"最重要的因素"是公司的累积花红数量。累积花红越多，他分的红利就越多。美林公司分析师的薪水与其他很多公司并不相同，他们的收入并非专门的银行业务所得。"我们努力避免的情况是，分析师只为了能从一桩交易中获得收入才进行这笔交易。"梅尔尼克说。

但是利德尔并不接受梅尔尼克的此番解释。他坚持要求梅尔尼克说明给具体的分析师红利分配决策是如何做出的。梅尔尼克说，这样的决策是一笔一笔做出的，其基础是分析师个人在美林公司分析团队中的工作表现，以及他们发布的股票购买建议的准确程度。但最后，梅尔尼克说还得考虑另一个因素，即"来自于投资银行的一种判断"。这句话正是利德尔想要的。"你说的第三件事是你需要得到一种判断，也就是投资银行家如何认识分析师价值的判断。"利德尔问。

"对。"梅尔尼克回答道。

"你说需要得到一种判断，这是什么意思?"利德尔追问，"是你打匿名电话问他们的想法，还是公开征求他们的意见?"

梅尔尼克的诚实回答让利德尔着实吃了一惊。他说，当然如此，美林公司实行的是质量控制。公司选择证券承销交易必须经分析师签字批准，也就是说，如果分析师感觉某家公司的财务不对劲，那么美林就不能承销其股票交易。梅尔尼克说，但是他得到有关分析师与投资银行家合作好坏的"判断"，是借助详细的过程记录、面谈和交叉评估。这里所说的交叉评估，也就是让美林公司的高级管理层知道每名分析师对公司投资银行业的贡献到底有多大。

这种评估过程在每年的早期开始进行，他解释说。在每年的1月或2月，他们要求分析师们提交一张表格，其中列出他们进行的所有交易清单，填写他们在获得的每笔交易中的贡献，以及他们与哪些银行家合作共事。利德尔要求梅尔尼克更详细地说明，他如何计算分析师完成的所有银行交易。事实证明，美林公司并没有按每笔交易给分析师付薪，梅尔尼克创造了另一种最佳制度，即"根据银行交易涉及货币量的多少和对分析师贡献的判断而制定的一个指标"。

事实上，梅尔尼克十分关心分析师在银行业务方面的表现，以至于实际上是银行家们亲自评估分析师在这方面的业绩。库克发表了几份分析报告，其中预计能源股票价格会下降，这通常也是能源股下降的前奏。发行能源股的很多公司是美林的投资银行业客户，梅尔尼克说因为这些报告，他还训斥了库克，告诉她在得到他的同意之前，不能发表与公司乐观评估相反的意见。对于库克而言，此话的含义很简单：不要干涉投资银行客户。当几名银行家向梅尔尼克抗议库克的报告时，这一点就可以理解了。梅尔尼克说过几次，说他"对库克的所作所为感到不舒服"。库克显然与美林公司最有权势的银行家巴里·弗里德伯格交锋了，他向梅尔尼克抗议说，库克没有发布一位投资银行客户的股票报告。利德尔由此证明认为，弗里德伯格已经基本上承认，在美林公司，如果某公司是美林的投资银行客户，那么他们就可以得到美林的关照。

随着仲裁的继续，利德尔的指控越来越耸人听闻。当时，他曾吹嘘说"愿意打赌"，梅尔尼克肯定"在美林公司每一位女性雇员名字旁都标了记号"，这样在向库克之类的女雇员支付薪水的时候，可以比男雇员少发一些。还有一次，利德尔坚持认为梅尔尼克的性别歧视应该是一种潜意识的行为。利德尔说，梅尔尼克"从不满足地以某种潜意识的或是其他方式，向女雇员少付报酬"。

但现在并不清楚，利德尔是否已经能够证明他的当事人是性别歧视的受害者，随着案件审理的拖延，美林公司吹嘘的那种被中国墙①分离的股

————————

① 指投资银行部与销售部或交易人员之间的隔离，以防范敏感消息外泄，从而构成内幕交易。为了强调其重要性，金融界以"Chinese Wall"喻指这一隔离需要如中国的长城一样坚固。——译者注

票分析行业，看起来越来越靠不住了。在一次出庭仲裁过程中，利德尔坚持认为，库克的问题不仅仅因为她是女性，而且还因为她不愿为赢得交易而隐瞒自己的意见。他提到一次向客户宣传的"路演"情况。何为"路演"？也就是巡回演讲，向投资者推介股票。分析师们经常被要求与投资银行家们合作，向投资者推行新股交易。这是一种为正在进行的交易竭力从投资者那里争取利益的方法，这些"路演"不仅仅在美林公司很普遍，而且华尔街所有公司都是如此。库克一直不想这样做。在一次这样的"路演"推介会上，面对大量投资于天然气工业的投资者，库克没有按讲稿演讲，而是向投资者们说天然气价格会下跌，这意味着美林公司的很多银行客户的股票也将下跌。这绝不是美林公司想要传达给投资者的那种信息，因此，按利德尔的说法，库克为此付出了代价。利德尔指控说，那次推介会结束后，库克遭到美林公司男同事的"不公正对待"。利德尔声称，美林公司的执行官们"拒绝与她同车从机场去酒店……拒绝与她共餐……"在其他推介会上，"直到最后一刻，只剩一两分钟的时候，才给她讲话的机会"。利德尔说，梅尔尼克给库克90天的时间来证明她那种预测是准确无误的。

"这已经足以让人震惊了，"利德尔在审理过程中说道，90天快结束的时候，天然气价格居然跌至库克预期的水平。

利德尔宣称，库克不知道自己无意间发现了美林公司一个更大的阴谋。"这个问题之所以重要，原因就在于天然气价格以这样或那样的方式、形式出现直接与这一领域的股票价格相关。发布这样的预测实际上就是对投资者提出了严重警告。"利德尔起诉说，他相信，美林公司交易部门利用库克的分析"卖空"天然气公司的股票。① "您会在美林公司分析师工

---

① 也称沽空、短仓、淡仓，就是允许一名投资者在股票价值下跌的时候获利；交易者在公众得不到信息时进行超前交易。

作规章制度汇编中看到，"利德尔接着说，"其中有一部分内容全部是有关安德鲁·梅尔尼克先生在自己特殊位置上进行的不正当监管，也就是你不应该对客户超前交易，你的立场不应该与为客户推荐股票的立场相左。"

各位看官稍等，容我先解释一下何为"超前交易"。在此之前，纽约证券交易所股票交易采用的是"拍卖制"：在大厅内设置多个"摊位"（Posts），每个摊位都有一个庄家（Specialist）专营几种股票，大小股民，不论是散户还是大银行、共同基金等等，只要是买卖在纽约交易所上市的股票，都要经过庄家之手。当一个公司有坏消息传出，其股票会一泻千里，买家寥寥无几，按纽约股市规则，庄家却是非买不可，价格随他出，以便稳定股价。假定张三要买 10 万股 AT&T，单子下到庄家那里，按纽约股市规定，庄家有两分钟时间做决定，此时他会快速买进 AT&T 股票，再以高一点的价格转手卖给张三，如此从中得利，此为对客户超前交易。而纳斯达克采用的"庄家（Dealer）"制则不同于纽约股市，它没有交易大厅，所有交易全部由电脑完成。与纽约股市不同，纳斯达克由众多股市经纪人（Market Maker）及电子交易网络系统（Electronic Communication Network）组成。股市经纪多由各大银行，如美林、高盛、雷曼兄弟等顶级操盘手充当。

言归正传，再说利德尔和美林公司的狗咬狗之战。美林公司花了两年时间否认利德尔长长的指控。公司认为，梅尔尼克给女性员工做记号并不是什么"阴谋"，只是在库克的名字上标了记号而已，因为她在公司各种客观考察中表现得不好，而且多次因工作质量问题而受到警告。至于库克发表的关于天然气价格的预测，美林公司的律师斯图尔特·博皮说，她超越了自己的职责范围，因为她没有资格就更大范围的股市做评论，她只负责具体的几家公司。而对利德尔指控美林公司分析不客观，博皮则以美林公司在业界的纪录作为证据（根据知名财经期刊《机构投资者》的调查，美林公司的分析报告被认为是业界最好的分析报告之一），他同时指出，美林公司不同于其他公司，美林拒绝为分析师们成交的"具体"交易付薪。

"苏珊娜·库克怎么了？"博皮在审理过程中问道，"她被解雇是因为……苏珊娜·库克成为所有分析师中（注意是'所有'，不仅是在石油业分析师中，而是美林公司所有分析师中）评估最差的人。"

然而，美林公司的分析过程遭到了利德尔极低的评价。利德尔继续进攻他能发现的每一种存在冲突的做法。他让美林公司的高管们来证明，公司是如何将股票分析与银行业掺和在一起的。他以美林公司内部的备忘录为证据，这些备忘录记录了库克为公司净收入的贡献，以及她如何坚持不懈地努力赢取交易，其努力程度及其水平要远远超过她的男同事等内容。如果这些材料与基本的性别歧视起诉没太大关系，那也无关紧要。利德尔正在寻找他能发现的美林的一切污点，而美林公司的分析部门就是一个肮脏之所。利德尔同时又发现了其他相关证据，使他更加怀疑美林的股票分析是其银行交易活动中不可缺少的组成部分。还有一个悬而未决的问题，那就是在 1992 年一份标题为"问题与担心"的备忘录中，梅尔尼克列出了他"最主要的问题"是"那些确实为美林公司带来业务的分析师得到了合适的年底酬金"。这说明了什么？

这是一个令人吃惊的证据，但是当梅尔尼克 1997 年夏第二次站在证人席上作证时，这当然不是唯一让人吃惊的证据，此时，据此案第一次提起诉讼已经有两年时间了。有了证据的帮助，利德尔继续发动攻势，努力寻找一种方法让梅尔尼克承认投资银行业与股票分析之间存在联系。梅尔尼克说记不起来库克对银行业的具体贡献，但承认其手下的分析师被撮合交易所困扰。利德尔以一次交易作为证据，他提交了梅尔尼克 1988 年写的一份便函，这份便函是梅尔尼克写给他的顶头上司莱弗里的，其中说道，分析师们认为"当他们没有促成交易时，他们就得不到薪水"。这一陈述好像与公司的那条不依据具体交易为分析师付薪的规定相抵触。梅尔尼克努力用不同的方式解释这个问题，说他只是努力使自己的员工在分红时多拿点儿钱。

但是利德尔驳回了这一理由。"最终你所做的……是从投资银行的累积花红中要出一大笔钱，然后根据分析师们的投资银行交易，将这笔钱分给他们，对吗？"对此，梅尔尼克回答说，为了回报其分析师在银行交易方面的努力，他"想从公司里拿出更多的钱分给他们"。"因为竞争就是如此，为了保证分析师们仍在我这里工作，我需要从公司拿到更多的钱给他们。"梅尔尼克的此番回答，几乎已经承认了那个显而易见的事实：美林公司的中国墙形同虚设。

当月下旬，在另一次协商会上，利德尔与美林公司的新律师弗雷德里克·布朗同席共坐，准备盘问美林公司的另一位高管杰尔姆·肯尼，此人在权力极大的执行委员会监管美林公司的股票分析业务。当他们看到肯尼正走向会议中心时，利德尔带着"和平的赠品"走向肯尼。"弗雷德里克，机不可失啊！"他力劝布朗提出一个让双方都满意的解决方案。那一年，美林公司并不好过。不管利德尔在证明美林公司对库克的性别歧视方面有无进展，他还是发现了大量证据证明美林多年来一直把股票分析和银行业务混在一起，但却没有考虑这种冲突性分析将对小投资者产生的影响。美林公司要做的最后一件事，是向新闻界透露纷繁复杂的案件细节。同时，库克本人也收到一个令人震惊的好消息：美国证券交易委员会（SEC）撤销了行政法官裁定她犯有证券诈骗罪的判决。

现在，有了利德尔提供的机会，布朗在几名合伙人的簇拥下随即离开了房间，然后给纽约总部打电话征询意见。不到15分钟，他就带着一份协议回来了。根据协议，利德尔为苏珊娜·库克赢得了大约80万美元的补偿。条件只有一个：此案不得公开。利德尔同意了。至少目前，美林公司的分析行为仍是一个谜。

CHAPTER TWO
"This Guy's Going to Be Trouble"

第二章
"这家伙快有麻烦了"

2000 年早期，股市正处于巅峰，亨利·布洛杰特接受了一项任务，这一任务足以说明其在华尔街享有的声誉。这位亨利先生被人们充满柔情地称为"亨利国王"，他年仅 34 岁，是美林公司一位自信、帅气的总经理，年薪即将接近 1000 万美元，这很大程度上得益于他的预言，即技术股，特别是那些网络股，在接下来的几年内将会给投资者带来财富。

现在，这位"国王"要临朝听政了。布洛杰特要给美林公司董事会陈述一下网络及技术投资的未来。很难想象，亨利·布洛杰特这样一个几年前还不能在新闻行业找到工作的年轻人，现在却要给华尔街最有权势的大腕们开讲座，而且讲的是技术股票以及如何使美林公司成为业界的领军人物。

说到这里，我们还得插几句，说说布洛杰特。无论如何，人们不得不承认，布洛杰特的生活有点梦幻色彩。没能在新闻行业找到工作之后，布洛杰特来到了欧本海默的分析部门，这是一家中型公司，他受雇作初级分析师，当时股市狂热正蓄势待发。开始，布洛杰特的勤奋和努力给他的主管留下了深刻印象，但他让人感觉有些乏味。然而两年后，所有这一切都改变了，而原因仅仅是因为他对股票价格一次信口开河地预测：他预测亚马逊网上书店（Amazon. com）———一个网上图书销售商——将以令人吃惊的每股 400 美元的价格交易。当预言真的成为现实时，布洛杰特一下成了明星。他被美林公司招募过去，领导该公司的网络股票分析部，对于一个只有区区五年多一点华尔街经验的人来说，这可谓责任重大。

随着技术股从 20 世纪 90 年代末一直猛涨到 2000 年，布洛杰特的职业生涯也随之飞黄腾达。这种使得众多投资者将一生的积蓄投到技术股的那种狂热劲儿并非布洛杰特所创造，但他有一种本事，那就是对那个时代绝大多数最具投机性的公司进行积极评估，他使尽浑身解数借此刺激这种狂热上升到越来越高的水平。当然，这些公司很多要向华尔街大的投资银行支付数百万的佣金。然而，这种利益冲突及其对那些利用布洛杰特"客观的"分析报告购买股票的小投资者的影响，似乎并没有引起华尔街最大的法律部门之一——美林公司的法律部的注意。毕竟，布洛杰特满足了华尔街唯一重要的那条生存准则——他在为美林公司赚钞票。

言归正传，接着说布洛杰特的讲座。今天跟往常没什么两样，在位于曼哈顿商业区美林公司总部 33 层的 J 餐厅，美林公司董事会的成员们安静地坐在椅子里，听着公司里的神童解释他不可思议的对股市的认识。这里的环境幽雅，有服务生提供公司内部厨师料理的午餐。这个房间可以俯瞰纽约港和自由女神像，是为特殊场合保留的，比如外国团体或大额客户的到访。在庆祝网络股繁荣之时，还有什么庆祝方式比倾听创造这一局面的人的讲座更好呢？

布洛杰特身穿深色西服，利用 PPT① 幻灯片演示了网络将如何改变经

---

① Power Point，一种幻灯片制作软件。——译者注

济，他的讲座持续了 45 分钟。洋洋洒洒的讲话都是那种难懂的新经济语言，他说网络如何创建一种"新范式"，这种新的经济范式将瓦解"旧经济"生意，这迫使他们要接受技术，否则将面临灭亡。这样的演讲布洛杰特以前做多了。会上他发出权威警告：网络"空间"的很多公司将会消失，但那些"行业领军公司"，比如他的首选股票公司，像宠物网（Pets. com）、网络资本集团（ICG）、美国网络搜索服务公司（INFP）、美国在线（AOL）和亚马逊网上书店（Amazon. com）——都是美林公司的投资银行客户，将战胜这场风暴，并让投资者发财。

布洛杰特的观众专心致志地倾听着，美林公司的 CEO 戴维·科曼斯基喜形于色。科曼斯基压力一直很大，因为在座的这些人一直要他利用技术银行业的繁荣来赚钱。他们一直注视着巨额的利润落入竞争对手摩根斯坦利和瑞士信贷第一波士顿①手中，这不足为奇，因为摩根斯坦利拥有著名的分析师玛丽·米克，而瑞士信贷第一波士顿则拥有刚刚开始大显身手的银行业巨星弗兰克·奎特隆。但布洛杰特在美林公司的这一年，抢得了一系列交易，而这些交易如果没有他就会被其他公司抢走，正因如此，布洛杰特使自己小有名气。

而且今天，在场的董事会好像也同意了布洛杰特的观点。陈述结束后，布洛杰特受到了热情而慷慨的款待。在外行人看来，布洛杰特的讲话十分成功，是一个不大可能的股市权威在不大可能的升迁中的另一个晋身之阶。但并非人人高兴。听众中有一位 68 岁的老者，此人名叫约翰·费伦，曾经是一名投资者，进入美林公司董事会之前，还担任过纽约证券交易所内一家受人敬重的"专业"经纪公司的头儿，在 20 世纪 80 年代牛市时期成为 NYSE（纽约证券交易所）董事长，此人后来成为 NYSE 的主席，与我们后文将要提到的格拉索关系不一般。费伦认为，在自己漫长的职业

---

① 瑞士信贷集团旗下的一家银行。——译者注

生涯中，这些东西他见多了。但听了布洛杰特的讲座后，他感到惊奇：这样一个知之甚少的家伙怎么会混出今天这片天地。

他向科曼斯基表达了自己的担心。费伦说，首先他反对"明星"分析师的提法。美林公司需要的是"团队选手"，而布洛杰特是个"推销员，而不是分析师"。但最重要的是，费伦对布洛杰特坚定的自信感到厌烦，布洛杰特坚信新经济意味着未来几年里更高的股价。费伦警告科曼斯基记住："新范式变化不定。"换句话说，美林公司最不需要做的就是与一时的流行扯上关系。

科曼斯基本人说并不记得有过这样的对话，但他并非唯一受到费伦警告的美林公司高级执行官。随后，费伦又找到了美林公关部主任保罗·克里奇洛，后者的工作就是确保公司尽可能远离报纸。

这次，费伦的态度更加坚决，"你看这家伙吧，"费伦说，"他会有麻烦的。"

让我们再说说这位亨利·布洛杰特的身世。亨利·布洛杰特生于纽约曼哈顿上东区，家中有三个孩子，他是老大，他是在一个社交活动频繁、经常出入鸡尾酒会和周末网球比赛的环境中长大的。他经常与老爸的同事一起讨论政治，当然，也谈论股市。他老爸是花旗银行旗下一个中级商业银行家，其工作是帮助华尔街的公司取得银行贷款，因此他可以使一家过上舒适的生活（而老布洛杰特的老婆经常抱怨老公缺乏抱负）。

年轻的亨利并不想得到华尔街提供的一切。他前往贵族学校菲利普艾斯特学院①学习，初步表现出了写作才华，并想在新闻行业找一份工作。然而他至少在一方面好像跟他老爸很像：布洛杰特似乎缺少在金融世界干一番大事业的那种抱负，虽然他老妈不断施压。"她是个野心勃勃的家

---

① 位于新罕布什尔，是美国一所大名鼎鼎的精英寄宿学院。——译者注

伙。"布洛杰特后来会这样评价他老妈。

布洛杰特当然不是一个完完全全的衰佬。他是一名优秀的运动员,网球打得不错,同时也是个好学生。后来,布洛杰特向耶鲁大学提出申请,而且被接受了,在那里他学的专业是历史。他是个政治开明人士,从其经济信仰来看他似乎是个社会主义者。比如后来他曾说:"我相信资本主义是邪恶的。"当大学的很多朋友选择了在华尔街寻找收入丰厚的金融工作时,他仍然坚定地保持自己反传统的价值观。1989 年从耶鲁大学毕业后,布洛杰特在纽约大学继续创意写作方向的研究生学业。写作可能已经注入了他的血液之中——他曾做过自由撰稿人——但在那几年里,他唯一得以出版的作品好像是一封写给《纽约时报》编辑的信,信中批评前副总统候选人丹·奎尔,此人因其无足轻重的简历而受到调查。布洛杰特在那封信中写道:"丹·奎尔只有 42 岁,这是件好事……这样的话,当他完成世界领导能力的课程,闲聊着当上总统后,他还有时间参加专业高尔夫球员协会的旅行。"

布洛杰特当然应该使用奎尔的一些闲侃技巧。后来,布洛杰特在日本找到一份教英语的工作,但是大约一年后,他又回到美国,为旧金山的一个非营利性环境组织工作,同时兼任网球选手。返回东海岸不久,他打算找一份记者的工作,于是便开始在纽约大学上课,以希望获得创意写作方面的研究生学位。当时,他申请《华尔街日报》亚洲版的文字编辑职位,然而没有成功。由于当时几乎没有其他选择,所以他临时在《哈泼斯杂志》① 当了一名事实核查员②。想当一名作家确实太困难了,但是布洛杰特不想用自己灵活的时间换得每天朝九晚五的乏味工作,因此他不断尝试

① 是美国有影响的政治、文学刊物,内容包括政治时事、科学、艺术、文学作品和文艺评论。——译者注

② 美国媒体中,以深度报道见长的周刊周报普遍实行严格的"事实核查"制度。无论什么稿件,表扬稿也好,批评稿也好;无论什么人所写,主编也好,普通记者也好,自由撰稿人也好,都由专门的事实核查员进行核查。——译者注

新工作。他后来会自我解嘲地说："我正在探索世界。"

后来发生了两件事。首先，他老妈惨死于康涅狄格州家里的一场火灾。布洛杰特说，老妈的去世使得他重新思考自己的生活，并决定做一些母亲生前喜欢让他做的事——找一份稳定的工作。"我得出结论，人生并不是一场彩排，"他说，"人生只有一次机会，让一切成为过去吧，我要重新开始。"布洛杰特怀着这样的想法，在美国有线电视新闻网（CNN）财经频道（CNNFN）找到一份制作助理的全职工作，这样，他当记者的想法就被无限期地搁置了。那时，电视财经新闻尚在发展早期，工作几乎也没有什么乐趣。他的主要职责是将有关市场波动的数据制成图表。

布洛杰特发现 CNN 的工作单调乏味；他唯一最接近新闻稿的方式是通过电子提词器（电视广播中所用的设备）提供原稿。但布洛杰特逐渐被股市吸引住了。尽管他一直坚持把自己当作一名社会主义的开明人士，但是布洛杰特还是开始迷上了华尔街文化——极端的自我价值感和高薪，因此他开始考虑是否选择当一名投资银行家。这时布洛杰特读到了一本书，正是这本书使他上钩了。这本书就是 20 世纪 90 年代初期美国很畅销的《骗子的牌术》，该书讲述了所罗门兄弟投资银行管理人员的荒唐故事，也提到了他们巨额的薪水。时至今日，此书仍旧是每一名商学院学生的必读书。

于是，按照他老爸的建议，布洛杰特向华尔街各家公司发出了大量的简历。但是布洛杰特的机遇直到 1994 年早期才姗姗而至。当时，布洛杰特找到以前跟他学网球的一个学生，这名学生认识大型经纪公司培基证券①的人。经过这名学生的牵线搭桥，布洛杰特得以被这家公司的一名银行家面试，这位银行家被布洛杰特对股市的广泛认识和表达能力深深打动了，于是为他提供了一个在培基证券公司财务部门培训的机会，这是一个

---

① 又译保德信证券。——译者注

为有志于成为投资银行家的人提供的学徒工作。

两年的培训课程从 1994 年开始，此时并不是布洛杰特开始在华尔街工作的最佳时间。1987 年的股市崩盘人们仍旧记忆犹新，美联储在这一年里几次提高利率对股市产生了影响。道琼斯工业平均指数①三年来第一次跌至 3834，差不多下跌了 3.6%。度量技术公司股票的纳斯达克股市下跌 6%，以可怜的 752 结束了那一年。当华尔街股市暴跌的时候，布洛杰特每天工作 12—18 个小时，主要是作一名为投资银行家们跑腿的办事员。他好几次想辞职，想回到自己最初所爱——写作，或是尝试全新的工作。但是最后，他还是决定继续这个培训。"我确实想进行一次真诚的尝试。"

布洛杰特很快就发现自己具备了天时地利。1995 年中期，股市开始反弹。其推动性因素就是那些新技术；当时，随着微软公司准备揭开新的视窗 95 程序的面纱，大量的计算机公司几乎在一夜之间突然同时出现在人们面前，这些新技术抓住了人们的幻想。与此同时，由于人们开始在"网上冲浪"来寻找各种信息，网络的价值也开始飙升。曾几何时，互联网还是一项少为人知的美国政府实施的计划，目的是利用计算机传递信息。华尔街几乎没有浪费一点时间就发现了技术行业扩张过程中的财富。很多为网络数据传递提供设备的公司筹措到了资金——若在过去，筹措这些资金需要几年时间。1995 年 8 月，纳斯达克工业股票冲破了一个里程碑式的重要关口，在投资者们对这些新经济公司不断增长的需求中，纳斯达克突破 1000 点大关。这些新经济公司的总部很多坐落在现代技术的诞生地——位于加州北部的门罗 - 帕克和帕洛 - 阿图社区的硅谷。

随后，有了网景公司的 IPO②。网景公司是一家生产"浏览器"的公司，这种"浏览器"是一种使人们可以快速高效上网搜索的新工具。网景

---

① 道琼斯工业平均指数是 30 种在纽约股票交易所及纳斯达克交易所买卖的重要股票的股价加权平均。——译者注

② 首次公开发行股票。——译者注

的创建者是吉姆·克拉克和马克·安德森，前者原是一位数学教授，后者则早已是高新技术界的明星。克拉克创建了SGI[①]，安德森帮助发明了开天辟地的摩塞克浏览器（Mosaic）。网景公司的IPO是由华尔街最佳技术团队——摩根斯坦利星级投资银行家弗兰克·奎特隆和公司的网络分析师玛丽·米克操作的。

这笔交易一经推出就取得了成功。因为当时网络尚在发展早期，像网景这样的公司甚至还赚不来钱，但从需求判断，投资者们相信他们在购买黄金。在这种狂热中，网景公司的股票一天中就暴涨108%。当所有这一切结束时，克拉克作为所有投资者中持股最多的人，其资本超过了6亿美元。

网景公司交易的成功，在那些渴望筹措资金的公司中引发了一场波动，奎特隆和米克也因此成为技术世界中最受欢迎的融资团队。

华尔街已经做好准备满足其参与创造的这种需求。投资公司增加了银行家的数量，以将那些公司上市。由此引发的最大变化也许是分析师的工作，分析师一下成了抢手货。过去，银行家们推动投资者进行交易，分析师则提供一种宝贵的支持功能，残存的古老中国墙将投资银行功能与分析功能分离开了。而在此次网景公司的交易中没有中国墙。米克和奎特隆联手赢得这笔交易，然后米克充分发挥自己的股市知识，同时充分利用她与技术投资者的关系，借此向投资者竭力兜售股票，从而使股票首发取得成功。现在，其他投资公司也都准备好要效仿摩根这种模式。

而此时的布洛杰特正在培基证券的投资银行部门辛勤劳作。他一直对技术很着迷，而且网景公司股票首发的成功也鼓舞他更加喜欢技术。他搞到一份网景著名的"浏览器"软件拷贝，这样他就能搜寻网页了。他开始

---

① 一种基于Linux操作系统的可视化系统。——译者注

如饥似渴地学习有关技术和网络的内容，从刚开始作为政府计划的阿帕网①到技术创建的鼻祖，比如亚马逊网上书店的杰弗里·贝索斯和网景公司的吉姆·克拉克，所有内容他都认真地阅读。当时，很多蓝筹股交易都跑到华尔街技术界有名的交易者那儿去了，但培基公司想努力分得一杯羹，因此布洛杰特被投入到激烈的竞争洪流之中。委派给他的第一个任务是给 500 家可能的银行客户打推销电话。布洛杰特看准了一家叫联网软件的公司，这是电子邮件技术的早期先驱之一。

在布洛杰特的帮助下，培基证券赢得了为这家公司承销 IPO 的业务，尽管后来这桩交易被撤销了。但布洛杰特给培基的管理者们留下了深刻的印象，其中印象最深的是布洛杰特给那些对网络知之甚少的银行家们描述概念——比如电子邮件，当时还鲜为人知——的能力。培基不久便给他一项任务，为最大的互联网络企业之一的美国在线写一份 60 页的报告。这份报告使布洛杰特声名大振，显现出他对技术产业的深刻理解，同时也体现了他表达这一行业价值的能力。

1995 年末，培基的培训快结束了。布洛杰特做好了下一步职业发展的准备。得益于华尔街后网景时代的雇佣狂潮，布洛杰特先后在几家小公司当了投资银行家，同时开始涉足互联网业务。随后，他向欧本海默公司求职，申请该公司技术股票初级分析师的工作。布洛杰特与该公司首席技术分析师斯科特·埃伦斯见了面。埃伦斯和布洛杰特在菲利普艾斯特学院曾见过面，而且二人背景差不多。当布洛杰特还是一名撰稿人时，埃伦斯正努力想成为一名艺术家。一瓶葡萄酒过后，埃伦斯开始向布洛杰特推销了：股市正蓄势待发，他需要一个帮手把欧本海默公司在网络股市方面搞出名。听到此番话后，布洛杰特急不可待地干起来了。

---

① ARPANET，网络的前身是由美国国防部高级技术研究署开发的网络，ARPANET 是其简称。——译者注

布洛杰特这份工作的年薪是 7 万美元，前途当然更多地依赖于股市的好坏。尽管他在华尔街还是一个相对无名的小卒，但在公司的前几周，他就表现出了干一番大事业的干劲和决心。他会晤了很多资深大投资者，以及那些为养老基金和共同基金抢购技术股的新经济专家。同时，布洛杰特还会见了一些主要出版物的技术编辑，开始利用财经媒体寻求发展。

　　布洛杰特喜爱自己的工作，但几乎与此同时，他也为自己的热情付出了代价。仅仅几周后，他发现埃伦斯更需要一名助手而不是合伙人。埃伦斯不只对一名记者抱怨，说布洛杰特背着他向一些媒体说他的坏话，而这些媒体的记者都是他的熟人。知道这些之后，布洛杰特开始找新工作，因为他不准备跟他的老板做无聊的争斗。他向华尔街公司投递了大量简历，甚至还参加了摩根斯坦利的面试，申请作玛丽·米克分析助手的工作。

　　同时，他也决心赌一把。他找到了欧本海默公司分析部门的共同主管克里斯·卡特沃斯基："您瞧，我知道我没有股票分析师的工作经验，但是我能写报告，而且我也了解这个行业。"同时，布洛杰特向这位领导提议：分离出技术分析职位，让他作一名分析师。布洛杰特本以为自己会被解雇，但相反，他升官了。事实证明，欧本海默的高管们喜欢他们看中的布洛杰特。1996 年，也就是网景公司 IPO 后仅一年，几乎没有机构投资者能十拿九稳地抓到网络相关生意，甚至华尔街执行官们也没有谁知道是怎么回事。这时，布洛杰特出现了，他填补了这个空白。在短短的几年时间里，布洛杰特已经积累了网络各个领域的渊博知识，同时，他也有本事把网络狂热归纳为简单易懂的几句话。这不仅给那些寻找指导的投资者留下了深刻印象，而且也赢得了他那些需要"翻译"的网络盲主管们的佩服。当时卡特沃斯基在分析方面的共同主管李·陶斯说："我们正找一名既对网络感兴趣又善于阐述网络理论的人；而亨利具备这些条件。"卡特沃斯基则与埃伦斯讲，网络对两名分析师来说足以大显身手，应该给布洛杰特一个机会。

　　埃伦斯闷闷不乐，而布洛杰特则欣喜若狂，公司给了他一小部分电子商务股票，这虽没什么可吸引人的，但毕竟是个开始。同时，纳斯达克继续高歌猛进。网景公司交易的成功是一个信号，表明技术和网络将对人们的生活产生影响。随着小投资者们一头扎进股市，购买亏损技术企业的股票以希望发现下一个微软公司，华尔街也想加入到这种活动中来。在接下来的五年中，投资公司继续扩张相关部门，致力于推动新技术公司股票上市；同时雇佣大量的经纪人，把这些新股票推销给投资者。

　　这本应该是两全其美的事——大量涌入的新投资者愿意为经纪人的股票购买建议埋单，而华尔街则进行扩张以满足这种需求。然而到了20世纪90年代，华尔街的利益与广大投资者的利益几乎无法结合在一起了。当布洛杰特走进位于纽约市中心的世界金融中心欧本海默的办公室时，股票分析师的作用完全不同于几十年前的传统模式了。分析师们不再提供客观的评估来帮助投资者选股。现在他们成了帮助公司推销和赢得交易的银行"团队"的组成部分。撰写分析报告成了次要工作，是分析师们支付生活必需之后才去做的事情，这意味着他们首先要做的是帮助公司赢得下一桩大的银行交易。包括欧本海默在内的一些投资公司，甚至根据分析师赢得的银行业务收入的多少来为其支付薪酬。发布"积极的"分析报告是交易的一部分，那些公司以此作为选择承销商的前提，而大型机构投资者接受这一点，是因为他们不希望任何事情影响他们的投资组合业绩。同时，经纪公司在收到佣金后会保证发布积极的股票报告。

　　话又说回来，这并不是说欧本海默的每个人都欢迎布洛杰特。有几个人就抱怨他缺乏经验。原欧本海默公司经纪人彼得·瓦格纳回忆起他与布洛杰特第一次共事的情景。一个富有的客户曾让瓦格纳看看，欧本海默公司是否可以为一个小型网络公司公开发行股票。瓦格纳随即跟这位年轻的分析师商量，但是从一开始布洛杰特就显出金融知识不足。他不是用股价和股票收益来讲网络股票，而是用电脑鼠标在网页上的"命中"和"点击"这样的概念。瓦格纳震惊了，他最后发现一位似乎比自己的金融知识还贫乏的股票"分析师"。

据说布洛杰特竟能泰然处之。他带着自己的第一份分析报告披挂上阵了，这是一份标题为"电子商务"的厚达 60 页的巨著，但经过五遍改写之前并不是这个题目。这份报告发表于 1997 年 3 月，正值网络搜索引擎高速发展的时候。在大多数人看来，布洛杰特是以一种审慎的、几乎是一种新闻工作者的风格完成这份报告的，一点儿不像在不远的将来与他的工作联系在一起的炒作。然而，他为这家叫史特林商务公司①的宣传不值一提。布洛杰特称史特林商务公司"是向财富 500 强提供企业内部管理软件和网络服务的独立销售商"，甚至在这家公司的股票正在下跌的时候，他还做出了跑赢大盘的等级评定。你若要问他为什么会有如此热情。布洛杰特会告诉你他喜欢这个公司的股票。当然了，原因不只有这一个：几周内，史特林商务公司宣布签署了"一封有意收购位于宾夕法尼亚州韦恩市的一家 ACS②的信函"，这是更多投资银行生意即将到来的先兆。

那份报告对华尔街造成多大的影响并不清楚，也没有欧本海默公司从史特林公司赢得银行生意的记录。但布洛杰特没有等待可能的客户找上门来。他抓紧时间与那些可能在有关网络革命的报道中引用其语录的新闻记者取得联系。埃伦斯向一位记者抱怨说，布洛杰特正努力抢他的风头。在公司里，当布洛杰特向欧本海默的销售部门推销自己的想法时，他甚至变得过于自信。欧本海默原负责私人股权投资基金的分析师杰拉尔德·罗斯坦记得，有一次在布洛杰特早晨发布股票分析报告时，他第一次听到布洛杰特用"眼球"来衡量网络股票的财务状况。罗斯坦当时只是摇了摇头。当他环顾四周时，罗斯坦注意到其他人好像对此也无动于衷。

---

① 世界最大的跨企业合作解决方案提供商之一，SBC Communications Inc. 独资所有的子公司。——译者注
② 自动检索服务公司。——译者注

　　但历史站在了布洛杰特这边。当欧本海默的一些人发牢骚说布洛杰特还没有资格处理数据和做资深的分析报告时，老规则似乎过时了。当新投资者潮水般涌入股票供给很少的网络行业时，网络股票就会一夜间翻倍。股票不再以传统的诸如股价和公司盈利等价值标准来测量，而是以变化不定的"股涨趋势"作为测量标准，这是一种关注于货币流向的投资理论。

　　布洛杰特可能不具备拆解资产负债表的金融背景，但当动量投资①出现的时候，他找到了自己的职业。与此同时，技术投资者喜欢布洛杰特对新经济的热情，以及他谈论那种主要是由于大量新资金冲击技术市场而引发的主要投资趋势的才能。然而，更多老到的分析师对他的风格嗤之以鼻。布洛杰特认为网络和技术会再改造文明的看法激发了投资者的活力，特别是那些年轻的资本经营者，他们跟布洛杰特一样，相信自己正在参与这场革命。原美林公司一位投资银行家想起第一次听到布洛杰特这个名字时的情景。当时，一位帮助很多网络公司上市的资深资本家提到了布洛杰特，这位老练的资本家说："亨利成功了。"在 20 世纪 90 年代晚期股市繁荣时期，没有比这种评价更高的了。

　　因此在 1998 年早期，当埃伦斯离开公司的时候，对于谁将继承他的宝座做公司的高级分析师几乎就没什么争议了。一些观察家认为，作为一名对金融知识没有很深的理解，而又过于积极地进行交易的分析师，布洛杰特是危险的。但是欧本海默创立了一种奖励这种热切态度的机制。罗斯坦注意到，随着股市狂热为投资银行业的扩张提供了巨大机会，持怀疑态度的分析师们开始为那些给自己带来财富的公司建立自己的评估等级也就再正常不过了。他回忆说，布洛杰特正处在这一滚滚洪流之中。"亨利不精通金融并无大碍，"在一次采访中他这样说，"当涉及银行业务时，他与之一拍即合。"

---

　　① 或趋势投资，惯性投资，也就是根据股涨趋势投资。——译者注

埃伦斯的离去对布洛杰特确实有利。他的薪水比股市涨得还快；其年薪猛涨到 30 万美元，在四年多一点的时间里涨了四倍。那时每天都有网络公司要上市，布洛杰特那样的人炙手可热。让我们再看看埃伦斯，他离开欧本海默后，在贝尔斯登公司落脚当了一名网络分析师。在这里，他帮助公司赢得了环球网络公司的一笔 IPO 业务，这家公司的股票在第一个交易日就狂涨近 600%。环球网络公司的记录是那一年所有 IPO 中最好的业绩，埃伦斯喜气洋洋，他告诉一家报纸说自己完成了使命：使贝尔斯登公司开始了技术银行业务。

布洛杰特也没有抱怨。在过去的那一年中，他明显处于最佳时期。他像一名不知疲倦的工人一样，不断会晤可能的银行客户和投资者，甚至他的报告也越来越有水准。布洛杰特可能并不是一位处理数据的专家，但他却能以记者的眼光和作家的才能来工作。当布洛杰特发现埃克塞特公司存在会错误反映公司未来赢利的可疑会计后，他严厉批评了这家公司。但是，吸引人们目光的是布洛杰特把这种行为描述成"正在消失的超额支付"，言外之意，布洛杰特认为这种暂时可以提高赢利的"会计花招"过段时间就会消失。[①] 与此同时，他说埃克塞特的执行官们想出如此把戏的"创造性和无所顾忌"应该受到赞扬。那份报告似乎树立起了布洛杰特作为高级网络分析师的诚意。因为那时他与米克还不是同一类人，所以他要小心从事，但他是个冉冉升起的明星。"坦率地对你讲，亨利总是理解和体谅新闻记者的要求——并不像玛丽·米克那样傲慢。"一名财经记者说。布洛杰特知道他的成功在于树立自己的"品牌"。他告诉《容汇》[②] 说，他的目标是成为一名权威，那种能够得到股市所有玩家——从资深的资本家到老到的投资者乃至那些运作大型技术公司的管理人员的所有人——尊

---

① 所谓的会计花招是作者的一种委婉说法，实际就是造假账，是为了避免直接指责这样的公司而招来麻烦，如被起诉等。——译者注

② 美国一份著名的新闻评论杂志，也有译为《布利尔内容月刊》、《布里尔内容》。——译者注

敬的人。换句话说，他期望自己能操纵股市。布洛杰特确实是个抢手货，若问热到何种程度，从下面的例子可窥一斑：1998 年中期，一家网络公司愿意给他一份工作，当问他身价几何时，布洛杰特毫无保留地把心里想到的第一个开价说了出来："我想要 100 万。"面对这个数字，那家公司的 CEO 连眼皮都没眨就同意了。布洛杰特当时被镇住了，但真正让他吃惊的是欧本海默公司的反应。他们准备开出更高的价码和那家公司一比高下。

金钱的作用是万能的。那年他在《机构投资者杂志》举办的华尔街分析师"选美"评比中，位列第九。这个评选结果很有效力：它并不衡量股票分析师的水平高低，而是比较分析师被认可的程度。不过，还有一个难题，那就是如何挤进网络分析的精英行列，也就是成为像玛丽·米克那样的人。那位摩根斯坦利的玛丽·米克不仅在第二级别得分高，而且更重要的是，当分析师工作中利润最丰厚最重要的那部分——投资银行业务出现的时候，她也总能一手遮天。

直到现在，布洛杰特一直被看成是网络股市的公牛，但他是一头沉稳的牛，当然与股市钟爱的米克之流的权威们发布的报告中所表现出来的那种超级热情无法相比（米克 1998 年 7 月发布的是关于雅虎的报告，题目是："雅虎，咦吡，嘞!"其内容都是布洛杰特反对的）。布洛杰特认为采取强硬手段的时刻到了。他盯上了亚马逊网上书店。对布洛杰特而言，这个选择很容易理解。这家公司为顾客提供了一种廉价、便捷的购买旧经济产品的方法，它体现了新经济的精髓。可能更诱使布洛杰特采取行为的是，他现在有一次机会可以胜过主要对手玛丽·米克一筹。因为当时米克的公司以银行业务"冲突"为由，决定不能参与亚马逊 1997 年的 IPO 业务，米克还在为此烦恼呢（米克曾公开抱怨说，她不能竞争是因为摩根公司与亚马逊的对手巴诺①存在长期关系）。

---

① 美国最大的连锁书店。——译者注

布洛杰特出手了。在标题为"亚马逊网站，首次给予评估"的报告中，布洛杰特称亚马逊是"我们这个世界上最有争议性的股票之一"，并且告诫投资者这只股票不稳定，之所以这么说，是因为他考虑到一些职业投资者打保票说这只股票将会下跌，这些人因而认为这只股票的"空头指数"较高。但是布洛杰特认为，让股市热起来的将是他对亚马逊股票价格的预测。尽管布洛杰特正式提出的亚马逊目标价格是 90 美元，而且他也向投资者发出了警告，但他还是在报告中写道：在适当的时候，亚马逊"每股会超过 400 美元"。

然而股市并没有火起来，布洛杰特问同事哪儿出问题了。这时，欧本海默一位资深的股票销售员给他提出了建议："亨利，如果你真认为人们应该持有这些股票的话，那你就直截把心里话说出来。"换句话说，此君的意思是，股市需要更少的分析和更多的红肉。

12 月 15 日的下午，布洛杰特与一位休斯敦的客户会见结束后飞回公司，途中布洛杰特采取了行动。布洛杰特还记得当时自己坐的是空中客车，他坐在飞机后部，那时他开始胡乱思考一些想法。他当时想，亚马逊股票是华尔街最有争议的股票之一。新经济型的那种人喜欢这只股票及其富有传奇色彩的公司 CEO 杰弗里·贝索斯，但是那些以赌博股票价格下降来赚钱的专业卖空者[①]认为，从这家公司的资产负债表来看，这只股票的价值被高估了，因为公司资产负债表会突出显示出公司商业模式不确定的特征。亚马逊公司正在亏损，而且接下来几年这种状况还会持续。

但布洛杰特相信亚马逊具有发展的势头。一方面，网络狂热已经使投资者对盈亏失去了判断力。另一方面，对亚马逊来讲还有一个物以稀为贵的问题；这么多人已经卖空了股票（股票卖空过程中，投资者通过借股和

---

① 签定卖出远期股票合同的人，签约时期望股票价格会降低，因此在清算交割前可以更低价格买进。——译者注

立刻将其卖出获利，交割时偿以更低价格买进的远期股票赚钱），以至于任何一点好消息都会使股票价格飙升。

对于布洛杰特而言，问题不是亚马逊是否以更高的价格开始交易，而是高多少。他设想了两种可能：一种是适度的收入增长会推动每股价格升至300美元；另一种更过头的估计是，股票将以500美元的价格成交。若问布洛杰特何以制定400美元的目标价格，他后来会说："我只是进行了折中。"

第二天，他早早来到了办公室，以便在开市前公布等级变化。"亚马逊网站：目标价格升至400美元。"其中，布洛杰特警告投资者说，亚马逊"在证明它能赚钱之前还有一段很长的路要走"。但他补充说，考虑到公司的收入增长率，特别是圣诞节销售季节过后，400元每股是可以实现的目标。早晨5：30左右，布洛杰特正坐在自己的办公室里，这时分析部主任克里斯·卡特沃斯基探进头来跟他打了个招呼。"每股400美元？"卡特沃斯基问。"你看过报告，我就是那么说的。"布洛杰特答道。"好的，好的。"卡特沃斯基回答着，回去工作了。

花开两朵，各表一枝。我们先来看看CNBC①记者米歇尔·卡鲁索看到了什么。CNBC①是股市泡沫期间最受欢迎的财经新闻电视台，米歇尔·卡鲁索—卡布雷拉是该台的一名新记者，他有一项受累不讨好的任务，就是要在早上5：00去上班，在极讯公司②交易大厅进行报道。早上9：30交易开盘铃响之前，投资者可以在这里进行股票交易。过去的大部分时间都平静无事。即使在网络狂热迅速升温的时候，也只有很少的人进行开市前交易。但是今天早上，事情发生了变化。卡鲁索注意到亚马逊网站交易发

---

① 世界著名的财经新闻电视台，由原来美国国家广播公司（NBC）总裁罗伯特·怀特在1989年创建，全名是"消费者新闻和商业频道"。——译者注

② 电子交易系统运营商，是英国路透集团旗下的一家子公司，创建于1969年，路透集团拥有该公司62%的股权。2005年4月22日，纳斯达克证券市场同意完成对其电子市场和经纪子公司的收购，交易价值约18亿美元。其交易大厅设在位于第三时代广场的路透大厦8层。——译者注

生奇怪的猛涨。"老实说，那个时候通常不会有太多的早期活动。"卡鲁索现在回忆说，"随后我注意到，亚马逊股票很活跃，很明显地活跃。"正当人们以每股约240美元的价格交易时，亚马逊股票开始大幅暴涨。发生这种情况有一种可能，那就是像20世纪90年代股市正牛时的很多公司一样，亚马逊公司"被卷入"兼并，成了接管的目标。

其实并非如此。布洛杰特报告的内容不知怎么好像泄露了。当他通过欧本海默公司的"财经论坛"——一种内部广播，分析师通过这种方式讨论当天的首选股票推荐意见——开始早晨电话会议时，他的电话就开始响个不停。事实上，布洛杰特甚至没有开始运作亚马逊股票，而是在运作美国在线，而且他认为取得的一些进展会给股市带来好兆头。此时他像后娘似的把美国在线丢到了一边。"顺便提一下，我们保持买入等级评定是为了那些大胃口的长期投资者，同时把我们一年的目标价格提高至400美元。"他回忆自己当初曾这样说。布洛杰特的理由很简单。根据《容汇》杂志发表的电话会议记录，当时布洛杰特说这家公司正"破壳而出"，还说亚马逊公司正处于"建立全球电子零售特许连锁机构的早期阶段"。布洛杰特说，综合以上因素来看，下一年400美元的目标可以轻松实现。

布洛杰特确实激发了人们的热情。一名股票销售员要求对亚马逊的宣传"锦上添花"。另一个则要布洛杰特解释何以做出如此激进的决定。布洛杰特解释说，这个决定并不是那么极端。现在一些股票几乎一夜间就能暴涨67%。在这样的时代里，他预测亚马逊每年"仅仅"增长67%，这并不为过。消息传开后，华尔街交易者们感到无所适从。欧本海默资本市场主任汤姆·奥特温听到这个股票购买建议时，正坐在交易桌旁。奥特温认为这是个笑话，但是没过不久，人们便开始在交易桌上打赌，说一旦这个消息惊动了新闻记者，那么布洛杰特的预测不仅会推动亚马逊的股票，而且会推动整个股市。奥特温回忆当时的情况时说："当时交易桌旁人声鼎沸，从'你相信吗?'到'这简直是疯了!'说什么的都有。"

如今在公司资产管理部门任职的罗斯坦回忆当时的情况说，自己当时曾认为"这是最大的笑话"。然而，股市并没有附和他。到了当天早上9：14，消息通过彭博新闻①传播开去。还得插一句，彭博新闻是华尔街交易者可以使用的有线服务。几分钟后，CNBC 极富魅力的记者玛丽亚·巴蒂罗姆也加入到这场大合唱中。此人在业界很有名气，原因是巴蒂罗姆能在分析师们的报告发布前，抢先让观众提前略知一二。

根据当年《容汇》杂志的记载，当时巴蒂罗姆在广播中报道说，"现在有一个重要消息要告诉各位，正如我们所说，亚马逊网站的股票涨了 10 美元……欧本海默公司正在讨论这支股票。他们准备把这只股票的目标价格提高到一个难以置信的高度。"

CNBC 的股市记者戴维·费伯是详细报道布洛杰特预测报告的第一人。通常情况下，分析师的报告被认为是"专利产品"，在记者公开报道这些报告之前，投资公司只将这些分析报告交给他们的高端客户。但是费伯得到一份秘密情报，其中详尽地说明了那份报告的内容。费伯在报道中说，"布洛杰特之所以发布这样的预测报告，关键在于布洛杰特相信——用他自己的话说就是——亚马逊才刚刚开始建立一个'电子零售特许经营机构'"。费伯说，按照布洛杰特的判断，亚马逊的"特许机构"将在未来五年内创造 100 亿美元的收入，这将是一个数倍于 400 美元的数字。所有这些成就都将属于一个至今还没有赢利的公司。

瓦格纳记得当时自己正坐在桌旁看录像，看到股票在一天中猛涨了 10 美元，他不住地摇头。"真难以想象！"他对一名同事说。20 世纪 90 年代末，由于投资者在网上搜索内部行情以及关于股票的小道消息，在线聊天

---

① 彭博新闻社（Bloomberg）是一家数据、新闻和分析的全球领先提供商。向世界各地提供实时的和存档的新闻、市场资料、定价、交易和通信工具。彭博新闻社的媒体服务包括一家在世界各地拥有 1600 名记者和 127 个分社的全球性新闻服务和 10 个不同频道、以 7 种语言全天候向世界各地播发商业和金融信息的网络彭博电视台以及向世界各地提供最新新闻信息的彭博广播电台，另外，还有彭博出版社（R）。——译者注

室迅速发展和普及起来。费伯后来说，当时人们在在线聊天室必谈的话题就是亚马逊股票。"谢谢你，欧本海默，"一名投资者写道，"我成了一个超级富翁……首先是雅虎的股票期权，然后是美国在线，现在是这家公司……太好了。"布洛杰特像其他人一样，他也被股市的这种反应惊呆了。尽管他对这个行业很乐观，但他总是宣扬一种混乱不清的消息：网络正在改变这个世界，但并非每个人都适合网络股票。布洛杰特身边的人说，他经常显得烦躁不安：为什么这么多小投资者明知股市变化莫测，而又倾其毕生积蓄投资于股票呢？然而没过多久，由于竞争对手给他贴上了"不负责任"的标签，布洛杰特毫无疑问地成了攻击的目标。面对人们的议论，布洛杰特发表了一份"澄清"声明。他说，400 美元的目标价格是远期预测，而非借此刺激投资者立刻购买股票。但是似乎没有人注意这些。当时，亚马逊股票一天里有时就会上涨超过 51 美元。

布洛杰特对亚马逊股票发布的购买建议不仅震动了股市，也惊动了他的竞争对手。这个国家最高级别的网络分析师玛丽·米克几乎无法相信股市会产生如此大的波动。"真见鬼，这到底是怎么回事？"她问一名助手。随后，她给亚马逊投资者公关部致电，想了解他们的反应。但此时，亚马逊公司的高级管理者们也同样惊恐万状。与公众的想法相反，一些公司并不相信一天的价格波动，因为这种情况也可以同样迅速地发生逆转。接到米克的电话后，拉斯·葛兰奈特想给布洛杰特打电话，让他知道亚马逊公司并不高兴，但电话没打通。布洛杰特的电话留言已经超过了容量限制。与此同时，全国各地的报纸都要采访布洛杰特；CNBC 则要现场拍摄。最重要的是，那些通过买卖分析师选的股就可以成就或搞垮一名分析师的大型投资者，开始把布洛杰特加入了他们的通讯录①。

---

① 也称滚动索引。——译者注

美林公司的高级网络分析师乔纳森·柯恩也加入到这场活动中来了，但这次是反布洛杰特的角色。柯恩是一个秃顶的家伙，还有点笨，他没有布洛杰特好看的外表和引经据典的天赋，但他是一名苛刻的金融分析师，由于股市迅速上升到一个看起来有些荒谬的新高度，所以他对网络股票一直持怀疑态度，特别是亚马逊的股票。那天很晚的时候，柯恩气冲冲地完成了一份有关亚马逊的分析报告，目的是平息布洛杰特已经开始的炒作。他解释说，那家公司的现有股价太贵了。布洛杰特的财务分析是错误的，股票价格应在每股 50 美元左右。

柯恩持续进攻了好几周，但对他来说，这是一招臭棋。那天亚马逊股票高价收市，上涨了 46.25 美元，涨幅达 19.1 个百分点，达到每股 289 美元，正向着布洛杰特的目标价格顺利进发。此时的布洛杰特一反常态，他好几次拒绝了 CNBC 补充采访的要求。那天晚上，布洛杰特回复大量信息，直至午夜才离开办公室，他最后给葛兰奈特和亚马逊首席财务官（CFO）乔伊·科维回复了信息，后者曾大声抗议，认为从长远来看，如此疯狂的股票购买建议会损害股票。然而布洛杰特坚持自己的分析。他说那份报告分析十分合理，而且股市会证明他是正确的。

股市对布洛杰特目标价格的反应不仅巩固了他在华尔街历史上的地位，也昭示了网络革命是真实的，而且听从明星分析师的建议会使普通美国民众从中受益。小投资者们蜂拥到诸如美国交易公司①、电子交易公司②、嘉信理财公司③等在线交易所，在那里他们可以以华尔街报告作指导，轻松迅速地买卖他们看好的网络股票。而很多传统的股市专家似乎与投资者们失去了联系。1998 年早期，有一个被认为是世界最佳投资者之一的人，名曰福斯特·弗里斯，人们之所以这么认为，是因为他了解企业及

---

① 简称 AMD，是美国五大在线证券交易公司之一。——译者注
② 也称电子商务，著名的网上证券经纪商，提供电子交易服务。——译者注
③ 证券经纪业巨人，早在 1996 年就向其客户提供语音股票查询服务。——译者注

其财务状况的能力让人佩服得五体投地。当股价升到了一个十分荒唐的高度时，弗里斯感觉到股市会出现调整，所以他立即卖掉了自己在白兰地共同基金的几乎所有股票，把自己几乎全部的投资组合都换成了现金。尽管多年来他一直根据那种使其受益的分析工具来发布股票分析预测，但随着技术股持续走高，弗里斯则继续毁坏着自己的前程。

由于互联网股票热得难以预测，所以当公司内部一些银行家和销售员要求找一位理解"新范式"的新人时，这位从哥伦比亚大学商学院获得MBA学位的柯恩也遭遇了类似的命运。美林公司技术银行部主任斯科特·赖尔斯一直向高级管理层报告说，那些商业资本家、网络公司执行官和一些大机构投资者已经达成一致意见，他们认为柯恩已经无法控制股市了。这些人告诉赖尔斯，说他的这名分析师"没有能力影响股市"。

1998年下半年，压垮赖尔斯的最后一根稻草出现了。当时美林公司的一大宗IPO业务被摩根斯坦利及其牛气哄哄的分析师玛丽·米克抢走了。事后，赖尔斯请公司董事会的一位商业资本家对此进行剖析。那位资本家开口了："听着，我们喜欢美林公司，我们希望美林公司这次能取得成功，但是如果要给我机会在你们这些家伙和玛丽·米克之间进行选择的话，我每次都会选择玛丽·米克。"

柯恩、弗里斯和另外一些人没有认识到，网络泡沫期间的股票被一种常规分析无法度量的力量驱动着，这种驱动力就是激情。人们愿意相信网络会使他们发财。而玛丽·米克和现在的亨利·布洛杰特只是给人们引了路。

与此同时，布洛杰特正在收获着名声带来的回报。欧本海默现在成了加拿大帝国商业银行①的一部分，随着互联网权威美名的传播，公司成了

① 简称CIBC，是加拿大的第一大银行，发展到今天已成为北美地区金融界的佼佼者。其资产超过了2600亿加元。——译者注

华尔街家喻户晓的名字。布洛杰特本人成为技术股市公认的专家之一。记者们叫嚣着他的名言，CNBC 定期请他做嘉宾，工作机会如潮水般涌来。

布洛杰特发布 400 美元目标价格几天后的一个早晨，欧本海默的老 CEO 奈特·甘特彻正在曼哈顿的丽晶雪酒店用早餐。这时洛斯公司的头儿拉里·蒂施来找他。这里顺便提一句，洛斯公司是一家巨型金融联合企业，是全美最主要的投资者之一。蒂施是新经济网络和技术股票方面富有传奇色彩的空头，但即使他也不能忽视布洛杰特发布的那份股票建议。"奈特，"蒂施说，"我要和你评评理。"

"评什么理，拉里？"甘特彻问道。

"你的分析师说亚马逊要涨到每股 400 美元。如果他说这只股票将要涨到 600 美元，我应该买一些。"蒂施笑着说。甘特彻只是不相信地摇摇头。那时，他并不肯定蒂施是不是在开玩笑。

美林公司并不认为布洛杰特开了个玩笑。1999 年 1 月 6 日，亚马逊股票以布洛杰特发布的目标价格成交了。纳斯达克也上升到近 2500 点。布洛杰特并不是形成网络狂热的唯一原因，但是他十分准确的报告确实在向人们保证：网络是一个赚钱之地。股票价格的急剧上升创造了一种氛围，使得数以千计的新公司渴望通过销售股票实现上市和扩张。但是这些承销股票的机会并没有找到美林公司头上。毕竟，当人们知道美林公司最重要的分析师乔纳森·柯恩不仅可能会破坏交易，而且可能毁掉公司前途的时候，还有哪家新兴的网络公司会选择美林作为其主要的投资银行呢？

就在这个时候，布洛杰特接到一位代表美林公司分析研究部主任安德鲁·梅尔尼克的猎头打来的电话。原来柯恩感觉到公司内部日渐强烈的不满，所以他辞职了，并在威特资本公司找到一份工作，而美林公司这时需要一个人来顶替他的职位。梅尔尼克曾问柯恩谁是取代他的最佳人选，柯恩回答说是亨利·布洛杰特。

梅尔尼克给布洛杰特提供的条件让人吃惊。当时布洛杰特还不到35岁，而梅尔尼克却任命他为公司的高级网络分析师，指挥美林整个分析部门——这个部门正努力使公司在技术分析，更重要的是在技术银行业占有一席之地。梅尔尼克给布洛杰特的开价是，工资和红利加在一起，第一年的收入约为300万美元，这是布洛杰特当时在欧本海默收入的好几倍，同时梅尔尼克许诺今后会更多。当布洛杰特在欧本海默的上司们听到这个消息后，他们准备与美林公司的开价一争高低。

经过几天的讨论，布洛杰特在欧本海默的去留问题最后出现在卡特沃斯基、陶斯和几位高管参加的短会上。会议让布洛杰特回忆起自己在这个公司里确立的那些美好愿望，以及像他们这样的一个中型公司里一个简单的无法回避的事实，即布洛杰特处于一个近乎控制全局的职位上。他们坚持认为，如果布洛杰特到了美林公司，那么在美林公司争取技术银行交易以追上高盛和摩根斯坦利的竞争过程中，他只会成为一个马前卒。

布洛杰特倾听着，但最后他轻松地做出了决定。他承认欧本海默是一个工作的好场所，但是在美林，和庞大的银行部门以及15000名经纪人在一起，他会处在自己长期以来预测的新经济革命的风口浪尖。也许更重要的是时机成熟了。网络狂热像所有的革命一样，不会永远持续下去。如果留在欧本海默，那他出名的机会太小了。

尽管美林公司是专门通过大量的"零售"经纪公司网络向小投资者销售股票的经纪公司，但美林为自己制订了宏图伟业。到了20世纪接近90年代末的时候，为美国企业界承销股票和债券已经成为华尔街利润最丰厚的业务。华尔街在"承销"股票或债券的交易中扮演的是中间人（经纪人）的角色，从那些需要现金来进行扩张的公司买入股票，然后立刻通过美林公司"零售"经纪网络，将股票卖给资深的"机构投资者"——退休基金和共同基金以及小投资者。

这种钱赚得可谓轻松。投资公司开发出一个可以在实际承销之前进行"开盘前"交易的系统，以确保投资者的需求满足他们的股票供给。至于投资公司的收入会依据交易规模的大小和复杂程度而发生变化，但对于一桩复杂的股票交易，投资公司通常都会收取几百万乃至6000多万美元不等的佣金。

从20世纪90年代早期到中期这段时间，美林公司准备采取更大举措。通过从其他公司挖取一流的人才，美林公司借此提高了自己的承销级别，同时帮助公司提高了"竞赛成绩表"上的排名，也就是华尔街最佳承销商年度排行。但是有一个承销领域美林公司一直没有足够的能力去开拓，这个领域就是繁荣的技术和网络行业。在这一行业领域内，诸如摩根的玛丽·米克与硅谷各类企业家建立的长期稳固关系，以及弗兰克·奎特隆享有的华尔街高级投资银行家声誉，这些优越条件无疑是美林公司任何人都无法提供的。

当1999年2月布洛杰特加盟美林公司时，公司的高管们正苦于难以使美林公司在收益丰厚的技术银行业务中更有竞争力。美林公司很快就加大力度提升布洛杰特的形象：为布洛杰特指派了一名专职的公关人员，为他争取更多出镜时间，同时把他的报告作为诱饵，吸引一些公司将投资银行业务交给美林。

作为一个几年前还认为资本主义很邪恶的年轻人，布洛杰特现在完全接受了美林公司的赚钱策略。美林的银行家们在向那些寻找投资商承销股票和债券的技术公司推销行业资质时，开始利用积极的分析报告作诱饵。分析师们被告知要记清自己的交易成交量，以便在年底得到报酬。布洛杰特开始与美林公司的投资银行家们并肩作战了。1999年8月1日，美林公司成为网络资本集团（ICG）利润丰厚的IPO业务的主要承销商，随后还有一个"后续"业务，这两笔业务共给美林公司创造了3300万美元的收入。布洛杰特不久为这家公司——投资于新兴技术公司的网络"孵化器"——发布了一份热情洋溢的报告。对于投资者而言,这只股票在两个方面的风险都是最大的:投资者可能会将钱投到没有任何业绩记录、没有任何利润和生意计划的企业;同时,作为包含 47 家更小的网络公司的"孵化器",可以想象 ICG 的相关资产更有风险。

而布洛杰特并不这么看。他写道,"由于 8 月的 IPO 业务及其不可否认的高股价",这只股票颇受人们欢迎。但是他也补充说,这个公司可赢利的网络市场、"企业对企业"商务或称 B2B 业务之前景"是极好的,而且 ICG 是运作 B2B 最好的方式之一"。几周后,这只股票从 IPO 时的 12 美元猛涨到 164 美元。

从整个 1999 年到 2000 年网络股市持续暴涨期间,布洛杰特的推荐意见继续发挥着刺激作用。他比以前更加努力地工作,睡眠时间很少,经常出差。"接下来的几个月,我不得不像疯子一样工作。"布洛杰特在电子邮件中跟一个朋友说。而美林公司也愿意为他勤奋的工作埋单。1999 年末,他得到近 500 万的薪水和红利,比当初承诺的多出了 200 万。无疑,这是美林公司给布洛杰特传递的信息:继续好好干。布洛杰特给投资者传递的信息与众不同。他说 75% 的网络公司注定要失败(这标志着这些公司的股票具有高风险),但他又补充说,投资者会在余下的 25% 的网络公司中发现长期的胜利者。事实上这些胜利者多半儿是美林公司的客户。

包括 CEO 戴维·科曼斯基在内的美林高管们同样也成为胜利者。1998年,当美林公司首席经纪人约翰·劳尼·斯蒂芬斯宣称网络股票是一种"对美国金融生活的严重威胁"时,美林公司发现自己和那些提供在线交易的竞争对手们(美林公司是一家传统的经纪公司,在这里,投资者通过一名经纪人或"金融顾问"来购买股票)遭到了公众严厉的唾骂。这个斯蒂芬斯原是一名经纪人,他从未对网络投资特别激动过,但当网络股票持续上涨时,他的话又变成了为新经济摇旗呐喊的口号。当时在 1998 年早期，很多投资者都从美林公司逃到施瓦布①的旗下，因而到了 1999 年早期，施瓦布股票市值已经超过了美林公司。对美林而言更糟糕的是，公司的银行家们发现自己被华尔街最热门行业的技术股票交易拒之门外，因为那些网络公司认为美林对新经济怀有敌意。就在这段时间，科曼斯基受到公司董事会的严厉警告，要他马上扭转乾坤，否则就另找工作。

雇佣布洛杰特是美林公司扭转局面的决定性一步。公司委派他帮助公司开发一个系统以与施瓦布竞争。在这个系统中，投资者可以通过他们的计算机轻松交易，而无需像以前那样必须依靠一名经纪人才能进行股票交易。美林公司增加布洛杰特在电视上的出镜时间这一策略，帮助公司把投资者引诱到了几乎分布于全国每个重要城市的美林经纪办事处。在一个重视把投资建议归纳为 CNBC 电视讲话的时代，布洛杰特流畅的表达比美林公司的任何一则广告都要好得多。自从他发布亚马逊股票的购买建议后，《华尔街日报》三年里提到布洛杰特近 100 次，而《纽约时报》引用他的话约 60 次，《华盛顿邮报》50 多次。1999 年，布洛杰特在电视上出现了80 次，平均每三周一次。2000 年，他正在寻找更多出头露面的机会。

据《货币》杂志报道，布洛杰特的七人网络分析师团队业务覆盖多达30 个公司，同时他还为公司其他方面的银行业务提供支持。他在美林公司太抢手了，以致公司技术银行部主管斯科特·赖尔斯措词强烈地向美林公司管理部门抗议，他需要更多地拥有布洛杰特的时间。"我正努力使技术银行部门高效运转，但在电话里我找不到亨利。"他说。布洛杰特自己也抱怨工作负担太重。"生活整个让我筋疲力尽，我完全撑不住了。"他给一个同事写道。

但是他仍然继续前进。美林公司的高级执行官们十分迷恋布洛杰特，

---

① 在线交易商，1973 年一个叫查尔斯·施瓦布的人创立了这家证券公司，到了 20 世纪 90 年代，施瓦布公司首先推出网络股票交易，因而风光一时。——译者注

以致他们很少错过让他展示才能的机会。如果布洛杰特没有会见银行家，那他就是在给美林公司的客户和管理人员作网络方面的报告。下午，他可能在旧金山与一群经纪人会谈，而第二天，他可能会发现自己在意大利科莫湖的斯特拉斯堡胜地，给一些高级经纪客户演说，之所以说是高级经纪客户是因为他们中每个人的净资产价值都有一亿美元或更多。

那么布洛杰特的股票分析在哪儿？就连布洛杰特自己也找不出时间进行股票分析。1999 年 3 月 21 日，布洛杰特曾给赖尔斯和他的主管马戈·维尼奥拉这样写道："（我们）技术部正在处理的网络银行交易达到了 11 至 12 笔，而且至少两三笔以上的交易来自电信方面（包括两笔我们根本没有仔细分析的交易）。"但他补充说，他目前的日程安排是 85% 的时间从事银行业务，只留有 15% 的时间做股票分析。"显然目前紧迫的问题是，不能因为我的一半时间以及分析团队的全部时间不能用于股票分析和机构融资而搬起石头砸自己的脚，"他写道，"如果没有在机构投资者中确立起声誉，那我们很快就没什么可销售的了。"

美林公司的高级管理层好像并没有认真对待布洛杰特的警告。交易流继续进行，布洛杰特打算创建两个（如果可能是三个）能反映不断增加的网络差异性的网络上市业务项目。但是布洛杰特很快就承认，新业务将加剧分析和投资银行间的冲突。在布洛杰特 1999 年 2 月加入美林公司后不久，曾对《华盛顿邮报》说："现在的趋势当然是把公司往好里想，"他说，"最好的分析师会发现一种平衡各方需求的方法。就像一个好的政客。"

然而，布洛杰特策略上最大的胜利是改变了美林公司原来对新经济的警觉态度。转变最大的是科曼斯基，也就是公司的 CEO。科曼斯基生于布朗克斯区，是一个邮政工人的儿子，他从皇后区森林小丘的一个经纪人开始发展，最后升至美林公司的食物链中。但是科曼斯基很少用计算机；他从来不用电子邮件,当他注意到十几岁的女儿通过网络为他老婆买花后,才第一次知道在线购物是怎么回事。但是有布洛杰特的辅佐,科曼斯基没多久就成了网络发烧友。布洛杰特进入公司后仅数月,美林公司便推出了 ML 直接交易平台,投资者们借此可以在他们的计算机上进行股票交易,费率是 29.95 美元,与其在线交易对手查尔斯·施瓦布公司的费率相同。

不久,那个老经纪人被迷住了。他命令将布洛杰特的报告专门发送给一千多名美林公司高级客户和 CEO。此举引起的反响是巨大的。"这些人得不到完全的布洛杰特。"他说。科曼斯基使网络热成为公司内部努力的方向。他给赖尔斯开绿灯去雇用银行家和分析师,以帮助布洛杰特从那些提供网络服务的公司套得更大的交易。科曼斯基一改深色西服的一贯行头,转而身着卡其裤和圆高领衬衫出现在办公室,好像布洛杰特的建议影响到了他的衣柜似的。

事实上,布洛杰特正在给他另一种暗示。偶尔,布洛杰特也会出现在科曼斯基豪华的办公室里,懒洋洋地靠在他的沙发上,跟老板聊聊有关网络的未来及其对华尔街和科曼斯基自己投资组合的影响。据公司内部人员说,事实上布洛杰特已经成了科曼斯基的财务顾问,为科曼斯基及其老婆交易的网络股票提供建议。为什么科曼斯基会求助于布洛杰特?这其中的原因正好可以体现出让全国人民都着迷的那种狂热。作为 CEO,科曼斯基有条件获得那些用钱才能买到的最好的分析报告。而且因为有着 30 多年的华尔街经历,他肯定目睹过股票狂热,他当然也足以认识到上升到一个疯狂高度的股市通常会暴跌。

然而长期以来,布洛杰特及其提供的信息越来越具有说服力。实际上这两人走得很近,科曼斯基给他公司的这位明星取了个悦耳易记的外号。这里还有一段故事。有一次科曼斯基邀请布洛杰特去观赏一场巨人队的足球比赛,那里他可以在公司的私人包厢里与客户闲聊。按着装礼仪,那种场合应穿商务休闲装。科曼斯基回忆说,当时布洛杰特却穿着凉鞋戴着棒球帽来了。

当时有一个最流行的电视商业广告，主角是一个留着红色长发叫"斯图尔特"的疯狂的办公室文员，他利用网络帮助他的老板——一位叫"P"先生的50多岁的糊里糊涂的中层领导买股票。科曼斯基后来说："出于某种原因，他让我想起美国商业广告中的那个家伙……从那时起，我开始叫他斯图尔特。"而且这个名字挺招人喜欢。开会的时候、发言的时候，甚至在一次布洛杰特被安排要向美林公司的董事长发表讲话的聚会上，科曼斯基都会很少错过机会向大家介绍，这是"我们自己的斯图尔特"。

美林公司的执行官们现在还谈论着2000年3月科曼斯基为300多名高级经纪人举行的那次晚宴。当时股市一片繁荣，美林公司表彰那些帮助公司把收入提高到新水平的员工。道琼斯工业平均指数在过去一年的大部分时间中盘旋在10000到11000点之间。但真正的活动是纳斯达克。3月2日那天，纳斯达克技术指数以4754.51点收盘，接近去年同期的两倍，比1994年布洛杰特在华尔街找到第一份工作时高出好多倍。推动纳斯达克达到这一水平的股市狂热有多种成因，其中之一，科曼斯基指出，恰恰在于美林妈妈①。

那种场合的特邀演讲嘉宾非亨利·布洛杰特莫属。当时听众原计划要听布洛杰特作一次权威演讲，内容是有关网络投资和技术如何改变每个人的生活的。

但科曼斯基稍微调整了一下议程，他告诉听众，他得到一盒有关他与布洛杰特第一次见面的"秘密录像带"，他准备给大家播放一下。科曼斯基让人把灯光调暗，一个大屏幕电视上出现了斯图尔特的广告。斯图尔特的红头发比布洛杰特的长，但听众中很多最老到的经纪人还是能看出二者之间在技能上很相似。让人不可思议的是，秃顶肥胖的"P先生"与科曼

---

① 美林公司一直对这一昵称感到自豪，因为这是对其服务客户的慈爱特征的认可。——译者注

斯基也很相似。

现场一片哄笑。科曼斯基自己也禁不住笑了。作为这一奇怪举动的目标，布洛杰特自己也挤出了笑容。但科曼斯基并没有就此罢休。"当亨利——化名斯图尔特——来到美林的时候，他不得不去理了发，"科曼斯基提示说，"亨利，为了让你感觉更像，我们送给你一件东西，"说着他拿出一个红色的假发。"为了让你在市场发展不合意的时候保持信心，这还有一件东西。"他说着，递给正哈哈笑的布洛杰特一个橡胶小鸡。这一举动空前绝后。

陶醉于葡萄酒和牛市的人们为科曼斯基的表演欢呼雀跃。布洛杰特自己也开怀大笑，并不理会大家把他跟那个对技术投资几乎一无所知的办公室文员相提并论是一种讽刺。

至此布洛杰特才开始自己对网络的高谈阔论。他权威演讲的内容大体如下：他将给听众讲多种经营的问题，伴随着网络投资而来的风险，警告投资者股市"动荡"，华尔街表达股市上升与下降的方式，这些内容也与网络有关。但是最后，他说网络为那些准备尝试冒险的投资者们提供了大量的机遇。

从听众热烈的掌声来看，布洛杰特好像说服了大家。毕竟，布洛杰特是让他们发财的那个人。在接下来的几周里，纳斯达克指数猛涨冲破了5000大关。但是正如华尔街不久发现的，时代在发生变化，那位仅凭借为一家正在亏损的公司开出难以置信的400美元目标价格而开辟这一时代的家伙需要鼓足最大的勇气。

CHAPTER THREE
"Aren't You the Internet Lady?"

第三章
"难道你不是网络女皇？"

1998 年晚期，玛丽·米克正站在世界之巅。仅仅三年前，她通过帮助网景公司（现在是一家著名的浏览器公司）IPO 而成为高科技投资时代的领军人物。从那时开始，她成了那些新型公司最主要的公众发言人，而这些公司无一不希望利用人们的热情发财，比如在线拍卖行易趣、流行的搜索引擎雅虎，以及不计其数的其他公司。米克确实有名，连好莱坞的明星、著名的棒球运动员，甚至亿万富翁沙特王储阿尔瓦利德·本·塔拉尔都想向她咨询。随着网络狂热波及普通大众，米克越来越受到人们的欢迎。《机构投资者》杂志作为一家受到华尔街分析师广泛关注的出版公司，专门创建了一个栏目叫"网络分析师"，很大程度是以玛丽·米克现象为基础。这本杂志的首选是谁？自然是玛丽·米克，除了她之外还会有谁呢？

但是麻烦正在酝酿之中。尽管米克是 20 世纪 90 年代技术狂热的发起人之一，但她却是这一事业不情愿的斗士。她信任网络，或者更准确地说，她相信网络大有前途，然而一些公司的期望值太高，因此她同时担心会有太多的公司无法实现这种期望。她的这种怀疑态度体现在她不情愿地将很多高新技术公司公开上市的过程中，而这些公司叫嚣着希望得到她的赐福。她的这种不情愿使她与公司内最有权势的人物产生了矛盾。（米克经常吹嘘自己帮助公司拒绝了超过10亿美元的银行佣金。）

1998年晚期，米克正准备进行下一次战役。她在摩根斯坦利的顶头上司丹尼斯·谢伊要求她做出让步，而且谢伊认为这对米克而言是一个小小的让步，也就是让米克不要再拒绝承销业务。谢伊本人至今还是一名分析师，在20世纪90年代早期负责银行股票，他完全理解分析师面对出盘时的压力。最重要的是他知道要屈服于这种压力。米克则坚持自己的立场。谢伊曾说："如果有银行家请她承销银行业务的话，她恐怕连理都不理。"但数月来，谢伊看到了分析师为网络公司制定不可思议的目标价格所引发的不可思议的骚动。现在他想让米克如此照做。谢伊认为股市喜欢这样，投资公司的许多客户也喜欢这样。他对米克说，摩根斯坦利那些向小投资者发售抢手股票的经纪网络同样需要指导。想想你所有的名声。为什么要在远离竞争之外呢？

但是米克不会让步。米克相信股票价格似乎受到情绪的推动而不是现实。即使很多她钟爱的股票，那些她认为在任何股市调整下都能存活下来的股票还是没赚到钱。"你如何测量那些无法测量的东西呢。"她回答说。

谢伊不再坚持了，但随后出现了布洛杰特对亚马逊的股票购买建议。当时，米克正坐在那间能俯视时代广场的办公室里，一位助手告诉她这一紧急消息，"亨利·布洛杰特把亚马逊的股票目标价格定到了400美元！"而且那只股票开始暴涨。米克本人并不了解布洛杰特，但她知道他是一个渴望得到认可的分析师。而且在米克看来，此人极其危险。"现在没有人提防他。"她告诉一位同事。米克相信，布洛杰特更愿意通过降低标准来竞争，而他的400美元的目标则明显是朝这个方向迈了一大步。

现在她有更直接的担心。谢伊一直问她目标价格的事。她知道，一旦谢伊看到布洛杰特的股票购买建议，不久他便会要求他们也这样做。

果不其然，一天，谢伊冲进了她的办公室。看到米克准备开战的样子，谢伊让她放松。

"好了，你赢了！"他说，"亚马逊400美元……真他妈疯了！"米克的回答既让谢伊宽慰又让他失望："这让您花了这么长时间。"

如果布洛杰特是新经济的终极推销员，那么被美国著名的财经杂志《巴伦周刊》称为"网络女皇"的那位女士就是这个时代的终极武器。来自中西部的娇小而又以勤奋著称的米克，看上去更像高中图书馆管理员，而不是华尔街最有能力的玩家。

但是在20世纪90年代的大部分时间里，她是网络的试金石，是那些盼望上市的公司的第一站，是希望得到新经济股市建议的小投资者们寻找的权威。在泡沫年代，她的选股水平让人吃惊。真正使米克鹤立鸡群的是她即使在华尔街之外也是一位明星。如果人们在街上碰见她，也会请她提些股票建议。这时米克会笑笑，不安地表示她对自己推动起来的这种狂热失去了控制。"难道你不是网络女皇吗？"一位出租车司机曾这样问她。

"我听说是这样的。"这就是她的回答。

玛丽·米克在印第安纳州波特兰的一个小镇长大，距印第安纳波利斯约100英里，但距华尔街印钞机却很远。她老爸J. 戈登·米克是一家小钢铁公司的二号人物，在20世纪60年代，他帮助将其卖给了特力戴公司。她老妈凯瑟琳是个家庭主妇。玛丽是两个孩子中的老小，她父母四十多岁才喜得她这个千金。她哥哥是一位21岁的大四学生。"快长啊，我总感觉自己像棵独苗。"她后来回忆说。

但是做独生女也有它的好处。J. 戈登·米克是个热情而有紧迫感的人，他把女儿也带到自己热爱的事情上了：高尔夫和炒股，而且他家后院有一个小高尔夫球场。在杰伊县读高中时，米克成了高尔夫球队的队长，经常早上 5: 30 就早早起床练习挥动手臂的击球动作。在父亲的坚持下，她也成了《巴伦周刊》和《华尔街日报》的固定读者，还参加了一个投资培训班，在那里她第一次提出了自己的股票推荐意见，这是一家总部设在明尼亚波利斯的炼油厂的股票，当时是以每股 1 美元的价格交易。三个月后，这只股票翻了一番，米克也上钩了。

高中毕业后，米克进入了一所文理学院——迪堡学院学习，主修经济，但不久由于受她的一位心理学教授的影响而改学心理学。那时她作为一名摄影记者参加学生报纸工作，并在欧洲度过了大一的学习时光。但她仍然无法摆脱股市对她的呼唤。还是一名大学生时，她就一直订阅《华尔街日报》，而且继续关注股市。她对此感到骄傲，曾经说："20 世纪 80 年代早期，有多少文理学院的学生会订阅《华尔街日报》呢？"大一时，她又改副修专业为企业管理，开始期望在华尔街找到一份工作。

大四一开始，米克的一位朋友告诉她，他曾在芝加哥与一位叫乔治·亚雷德的经纪人一起实习的事，此人在天惠雷诺丝工作。"我想你会喜欢的。"他说。他说对了。米克在那个公司呆了大约一个月。虽然米克说："我并没有太大长进。"但是亚雷德给她的那份工作还是很有趣的。他让米克通读一堆大约四沓的分析报告，从中选出她喜欢的股票。米克选择了MCI（美国微波通讯公司），这是一家正努力与工业巨头 AT&T 正面竞争的新兴长途电信公司。米克写了一份报告，详细说明了她对股票的好恶，以及投资者为什么应该购买这家公司的股票。米克不记得亚雷德如何处理那些信息，但她意识到自己找到了喜欢的职业。

随后几年，米克申请了康奈尔大学的 MBA 课程，并被该大学接收。康奈尔大学坐落于纽约州北部一个孤立的地区，这所大学在两个方面闻名于世：浓厚的学术气氛和寒冷的冬季。在康奈尔大学第一年和第二年间，米克经受了一次几乎致命的打击——在一个暴风雪天，她被车撞了，她不得不与轮椅相伴了一个月。很显然，米克继承了她父亲坚韧的基因。虽然经受了严重的脑震荡和骨盆粉碎性骨折的痛苦，但米克仍然在逆境中尽力而为，阅读了许多金融专业的经典书籍，包括波顿·G. 麦基尔的《漫步华尔街》。

正当亨利·布洛杰特异想天开地想写作伟大的美国小说时，米克则梦想着将来搞股票投资。那年夏天，米克康复可以走路了，她又作了几个月的实习经纪人，随后在一个叫基里尔·索科洛夫的人办的大众市场业务通讯做办事员兼勤杂工。索科洛夫的公司位于纽约市基梭山的一间小办公室里，米克说她在这家公司找到了工作，但她要在微薪和无津贴的情况下"同意扫地"。没过多久，米克开始了真正的工作，定期为那些旨在被公司偷袭人接管的公司整理归档。根据证券法，大的投资者在购买一家公司5%以上的股票时，必须在 SEC 登记，以此向股市预警自己的行为。索科洛夫以这些文件为依据，引导其业务通讯客户购买 20 世纪 80 年代大接管艺术家们的股票，比如 T. 布恩·皮肯斯和亨利·克拉维斯，这样股票会被抬得更高。米克对此很着迷，不仅是因为投资过程，而且由于身处华尔街如何运转的巨大场景之中。在这些数据背后，既有英雄色彩的人物也存在着巨大风险。米克丝毫不会意识到，几年之内她将同时成为这两者的标志。

从康奈尔大学毕业后，米克于 1986 年参加了所罗门兄弟公司的分析师培训课程，在那里，她的业务范围涉及多个行业，她希望获得一名资本经营者必备的技能。她的第一个项目是为一家纺织厂撰写分析报告。后来，她还曾为可口可乐公司国际业务撰写报告，这份报告得到了公司当时的 CEO 罗伯特·戈伊苏埃塔的称赞，他写给所罗门的信中称，米克的报告是他见过的最好的。但是米克想要取得更大的成绩。后来，她又接手负责必能宝、柯达和宝丽莱等摄影和图像公司的业务。1989 年，所罗门技术分析师米歇尔·普雷斯顿接见了米克，让她作为自己的二把手，负责有关计算机公司的工作，从此米克的业务转入技术领域。米克对技术几乎只是一时的兴趣。她有关技术的所有经历，就是参加过一门初级计算机课程，再就是后来买了一台 IBM 个人电脑，用来在康奈尔上管理课。但米克把这个新职位看作自己向最终的资本经营职业迈进的另一个跳板。"我只想先干一段时间，然后继续往前走。"她后来说。

米克当时并没有意识到自己已经站在了干大事的有利位置。硅谷开始连续不断地大量推出高技术的 IPO 业务，米克也被那些统治技术行业的神气活现的创业者们吸引住了，像微软的 CEO 比尔·盖茨、思科系统公司 CEO 约翰·钱伯斯，以及硅谷图像公司和后来网景公司的创始人吉姆·克拉克。她一头扎进工作，显示出那种几年后成为其商标的竞争热情，工作加班加点，还跑到硅谷去发展人际关系，事实证明这种人际关系将使她受益匪浅。

在同事眼中，米克甚至从一开始就好像是位难以捉摸的单调人物。工作好像是她的世界，她很少谈及个人生活。虽然米克似乎确实有一种业余爱好，但她在纽约城一个人生活仍显得形单影只。她的爱好就是工作之余玩"终极飞碟"。这是一种像英式橄榄球那样累人的运动，而且陪伴她的只有飞碟。米克参加了一个当地的联队，周末会举行联赛。米克说，这种比赛能刺激她的竞争意识，而且米克的目标就是胜利。下班后，她会一溜烟儿地跑到场地，迅速进入比赛状态。米克说她被那种运动爱好者们所说的"竞争精神"完全吸引了，这种所谓的"竞争精神"是一种信奉公平和残酷竞争的信条。

所罗门公司本应该为像米克那样有干劲和抱负的人提供完美的工作环境。但事与愿违，20 世纪 90 年代末，公司被约翰·梅里韦瑟这样狂妄自大的债券交易商控制着，此人在迈克尔·刘易斯的经典之作《骗子的牌术》中被描写成一个不道德的家伙。而他对米克和她的老板普雷斯顿感兴趣的技术行业并不十分感冒。所以在 1990 年，当普雷斯顿在科恩公司找到一份工作后，米克也跟着过去了。这是一家专搞技术股的中等公司，正是在这里，米克引起了弗兰克·奎特隆的注意。当时，奎特隆正处于营造技术银行帝国摩根斯坦利的早期，不久摩根就成了华尔街最主要的投资商之一。

奎特隆早已是一位传奇人物。五年前，他劝服摩根斯坦利在加利福尼亚的门罗帕克市开了一个办事处，他成了最先在硅谷开设营业机构的银行家之一。由于奎特隆与这些技术公司的大腕们离得近，所以当这些公司需要华尔街帮助他们通过发行股票和债券来筹措资金时，就给他带来了巨大的优势。在他的帮助下，诸如卡西欧和苹果这样的一些技术公司已经上市了，现在他需要更多的业务。

奎特隆认为股票分析是一把双刃剑。如果一个独立分析师发布了降级报告①或批评公司的策略，那他将是投资银行家最可怕的梦魇，特别是当交易迫在眉睫的时候更是如此。事实上，多年来奎特隆一直试图说服摩根斯坦利管理层把技术分析师的报告直接给他，而不是作分析主管，因为他需要更好地控制他们的等级评定。但他同时也清楚，那些知道如何成为银行家"团队成员"的分析师们在赢得或失掉一笔利润丰厚的承销业务中发挥着至关重要的作用。当奎特隆和他的团队开始寻找合适的经纪业务时，米克的名字一次次地出现在他面前。她聪明机敏，工作勤奋，而且很年轻，有足够的时间精力来塑造自己的形象。

一开始，米克拒绝了奎特隆的邀请。虽然这份工作对于大多数三十多岁雄心勃勃的人来说求之不得，但米克还不能肯定自己是否准备好了加入这个知名的团队。同时，她还考虑从事资本经营。但是奎特隆坚持不懈，接二连三地来找米克，这时他的二把手比尔·布雷迪施展出个人魅力，他邀请米克到西海岸讨论她的职业目标。布雷迪劝米克说，奎特隆和他的团队跟所有真正的信徒一样，坚持他的那个理论，即随着计算机的普及，必

---

① 降低某种股票价格的预期或债券的信用等级。——译者注

将出现一场技术革命。对于华尔街来说，计算机应用越广泛，华尔街的金融理财机会就越多；同时摩根斯坦利比其他任何公司都更善于利用这笔财富。加入我们吧，布雷迪对米克说，你将成为改变世界之力量的一部分。

然而这种卖力的推销并未奏效。后来，米克向她业务上最亲密的导师求教，这时事情才发生了转机。她的这位导师叫鲍勃·科尔曼，是一位资本经营者，在杰尼桑合伙公司工作，这是一家专门为那些投资于新兴技术公司的富人们理财的公司。科尔曼认识股市的所有玩家，从那些为雅虎、亚马逊等公司提供种子基金的风险资本家到希望通过业务赚钱的华尔街银行家。他说，奎特隆是一个远见卓识的人，同时股市将会爆发，而摩根是一个巨大的发展平台。他最后告诉米克："像这样的一份工作，五年才会出现一次。"经过一番谈话，米克最后知道自己应该做什么了。

米克最初的不情愿并没妨碍她早早制造出轰动效应。1991 年 1 月，纳斯达克证券列表上的技术股还没有抓住主流投资者的幻想。但是米克相信这种情况正在发生改变。在她的第一份报告中，她发布了包括十只股票的信息，其中八股她建议"买进"，她还在报告中宣传了"投资技术股的十条戒律"。在这份报告中，她提醒投资者，"要购买那些没人感兴趣的技术股票"，而当"每个人都对技术股票感兴趣的时候"，就应该卖掉它们。她的这些话几年后被证明很有预见性。在这份报告中，她同时告诉投资者，"不要爱上技术公司"，而且"记住把它们当作投资"。对于摩根公司分析部门老到的分析师来说，米克的这份报告似乎过于简单，而且充斥着陈词滥调。"什么样的白痴不知道把这些公司当作投资呢？"一位原分析师说。当米克此次选股遭到惨败时（这个糟糕的购买建议在前两年中破坏了她的选股成功率），她的名声也臭了。对米克而言，这是她年轻的职业生涯中最艰难的时刻。公司的销售部门因为遵循米克的股票购买建议而受到了损失，因此出现一些闲言碎语在所难免。此时，有一个叫安迪·凯斯勒的同事开始兴高采烈地传播他从公司销售人员口中听到的有关米克的有趣花絮。米克并没有因为凯斯勒而发疯；当得知凯斯勒旅行时从不带手提箱，而只在用两片硬纸夹做的文件袋里带一套新内衣时，米克就告诉人们，她认为凯斯勒是个"怪人"。

但在公司内部，凯斯勒的闲话引起了共鸣，而米克不久便感到了这种话给她带来的压力。那条传言是这样说的：如果你听米克的分析报告，你就会被激怒。于是一些管理人员开始把米克说成"激怒的探索者"。当一位助手把这个称谓告诉米克时，她感到心神不宁。背运的一年只是其一，但如果她再出现失误，她就得另找工作了。米克知道，她得迅速扭转局面。

在接下来的几个月里，米克进行了深刻反省，甚至想到了辞职，虽然这只是一闪而过的念头。公司的销售人员竟然在分析师提出选股意见的晨会上公开嘲弄米克。那时的米克感到孤立无援，是啊，那时的华尔街几乎少有女性榜样，而愿意向米克伸出援助之手的更是寥寥无几。年轻的米克在华尔街首屈一指的公司里正努力摆脱不好的开端。一天下午，米克正在阅读她分管的一家公司的年度报告，其中解释了该公司的成功之处和几处失误，这让米克突然明白，也许自己也可以采取这种方法振作起来。几天里，米克写了一大段个人的"年度报告"，也就是自我评估，其中记录了在过去的12个月里，她做对了什么，但绝大部分是做错了什么。

米克后来对这种总结大加赞赏，正是这种总结帮助她从第一年的沉闷中重新振作起来。与此同时，也有另一种力量支持着她。那就是弗兰克·奎特隆。奎特隆在招聘米克的过程中是一个关键人物，他不打算让一个明星学生失败。他也受自身利益的推动。据以前的同事说，在接下来的两年中，奎特隆把米克置于自己的羽翼庇护之下，同时利用她的分析专门谋取银行交易。这将是米克职业生涯中重要的转折点。在投资银行界，奎特隆是一个纯粹主义者。他相信在本质上相互联系的这两种功能之间从来就不应该存在中国墙；同时他继续争取控制技术分析。最终奎特隆并没有得到自己想要的控制权，但是这并没有妨碍他与米克并肩战斗为公司赢得交易，而这些交易不久便使摩根成为首要的技术银行公司。

这个小团队几乎是一夜成名的。当时有一个在线服务巨头叫美国在线。这个网站的界面很友好，提供从电子邮件到网页搜索服务在内的所有在线服务。当米克的业务开始涉及这家公司的时候，美国在线已经挂牌一年多了。摩根斯坦利并没有得到这笔业务；事实上，摩根的管理者们宣称他们放弃美国在线的 IPO 业务是因为这家公司正在亏损。但是一年后，摩根与美国在线的关系发生了变化。奎特隆确信他会领导该公司的下一次股票交易，而米克则以一份预期业绩"优于大盘"的分析报告开始负责这家公司的业务。这份报告一时间成了米克最好的股票购买建议。在报告中，米克向投资者们介绍说，美国在线继续吸引着客户的"眼球"和"点击"，公司借此增加了收入并提高了股价。在奎特隆的保护下，米克早期失败的阴影随着技术股的反弹而逐渐消失，米克成为公司技术银行业务中必不可少的关键人物。随着米克不断地取得成功，即使公司里的批评者也开始注意到米克比任何人都加班加点地努力工作。上面提到的那位凯斯勒先生还有一段趣闻。他本人回忆说，有一次出差回来后，晚上睡得正香，老婆把他摇醒了："米克给你出难题了。"当时他很吃惊，不禁脱口而出："这个女人停止过工作吗？"

米克后来说，她给美国在线写的那份报告是她职业生涯中的一个分水岭，但她真正步入超级明星界还是几个月后的事。1994 年，米克在《纽约时报》上偶然看到一篇文章，文中介绍了一家叫摩塞克的公司①开发出一种叫"浏览器"的软件，能让用户轻松快速地搜索网页。文章说这家公司由两个超级聪明的企业家经营，一个叫吉姆·克拉克，原来是数学教师，创建了硅谷图像公司；另一个叫马克·安德森，一名计算机高手，正在推

---

① Mosaic Communications，后更名为网景公司。——译者注

动技术产业向新的动态方向发展。米克说，读到这篇文章后，她马上给奎特隆打电话："我知道你认识吉姆·克拉克，而且这种技术是一种创新。"至于谁打的第一次电话是有争议的。（奎特隆身边的人说摩塞克早已经成为他的眼中之物。）但是有一件事情是可以肯定的：没人会与结果争论。现在摩塞克已改名为网景通信公司，而且奎特隆也找到了包括时代明镜公司在内的一群一流的投资者向这家公司注资，现在这家公司正为即将到来的 IPO 做准备。

像网景这样的公司提出 IPO 想法肯定是激进的，即使根据华尔街宽松的标准来衡量也是如此。过去，如果一家公司要首次公开招股（IPO），就必须保证连续四个季度赢利。而网景公司几乎一季度都没赢利过。但是这没关系，网景有奎特隆和米克。这两位不知疲倦地号召人们对这桩交易产生兴趣。他们的炒作经是：网景将彻底改变在线世界，快来成为它的一员吧。他们还为这次交易举办了一次投资者研讨会，地点定在了纽约皮埃尔大酒店。奎特隆利用自己在公司内的实力，争取到了摩根深受敬重的 CEO 理查德·费希尔，让这位 CEO 在此次研讨会上做开场陈述。让费希尔讲话对奎特隆—米克团队来说是一招成功的妙棋。因为摩根斯坦利已经树立了自己为美国电报电话公司、通用电气和通用汽车等美国顶级公司提供服务的专业投资银行的声誉。费希尔出席研讨会，表明华尔街首要的投资银行相信新生技术将要变为现实。

此举确实起效。会议室里挤满了来自于高级共同基金公司的资本经营者，但米克可没时间沉醉于费希尔的表演。因为根据监管规则规定，只有一个规定的"平静期"结束后，也就是公开招股后不少于 30 天，米克才能发布正式的分析报告。米克不满足于坐在场外旁观，她向人们分发交易"说明书"——一种提供有关此次交易有用信息的法律文件，同时向人们解释"路演"中的宣传有着本次交易的信息。从这些举动来说，米克成了一名实际的投资银行家。

最后，米克的努力工作得到了回报。1995 年 8 月 9 日，网景公司的 IPO 由于需求巨大而冲击了华尔街。股票从发行价猛涨 108 个百分点，成为首日招股涨幅最大的一只股票。摩根公司几乎无法满足本公司内部经纪人网络对股票的需求，更不要说公司外的需求了。但此次交易如此成功的原因，是所谓的股票发行新环境。网景公司还没有一分赢利，而且基本上是在赠送其著名的浏览器。然而投资者们忽略了这一事实，而且基本上是根据一种概念来购买股票的，什么样的概念？是一位像银行家那样工作的分析师推销给他们的概念，这位分析师许诺将来要将这只股票评定为买入等级，而且几乎就是凭借这种许诺来支持这只股票。在接下来的几年中，米克及其同事将继续成功地利用这种推销方法。

网景公司的成功消除了人们对玛丽·米克的所有疑虑。网景股票以每股 28 美元开盘，但在米克的分析报告不懈地支持下，其股票在当年年底以高达 171 美元的价格成交。随着米克打开这种局面，其他技术股票价格也开始上升。自从米克 1991 年出道以来，纳斯达克股市已经增长了 135 个百分点，达到 1059 点。由于没有了奎特隆的影响，米克自己现在也成了气候。约翰·多尔，这位硅谷最主要的风险资本家开始像对待奎特隆的股票购买建议那样迅速对米克做出反应。硅谷的高级企业家们也都来征求米克的建议，技术界的其他大腕也都这样。她成了股市的女皇。

网景公司并非只是米克的一个里程碑，同样也是华尔街股票分析发展的一个分水岭。此次交易的成功证明，股市可以接受那些以传统标准判断似乎靠不住的新经济公司。也许更重要的是，米克证明了股票分析师并不仅仅是赢得交易中的增值成分，而是赢得这种交易中最重要的因素。

然而米克并不满足于这种胜利。网景公司首次公开招股后四个月，她完成了一份厚达 300 页名为"互联网报告"的分析报告，以寻求准确解释她发动起来的这种狂热。这份像书一样厚的报告，大部分是由米克和同事克理斯·德普伊完成的，其中包括一些图表以及对主要网络公司的描述，同时也有网景公司创始人安德森和美国在线的 CEO 史蒂夫·凯斯等网络界名人的感谢信。

米克将这份《互联网报告》宣传为必读的报告，是此类报告中第一份描写网络及其各类玩家的报告。"现在只有几家挂牌的网络公司，所以这份报告引起了巨大轰动。"一位竞争对手说。其他分析师则没有这么友善。一位分析师说："这份报告完全是宏观的说明……其中很少有深入的金融分析。"人们猜测，这份报告实际上是奎特隆的作品，是他竭力争取投资银行业务的一种努力。这些评论并不离谱。这份报告完成时突出报道的许多公司仍在亏损。而且在这份报告发布之前，奎特隆在审查这份报告中发挥了主要作用。当然了，摩根公司的那些高级银行客户在报告中一直被突出强调。

虽然有人鸡蛋里挑骨头，但《互联网报告》仍是一个巨大的成功。随着有关米克"高端"分析报告的消息传开，《华尔街日报》中读者众多的金融投资版重点报道了这份报告。由于人们纷纷索要报告的副本，摩根公司的电话线不久就堵塞了。甚至有个日本人要定 5 万份。米克最远曾收到来自新西兰的电子邮件，也是索要这份报告的。面对大量的需求，摩根公司根本无法满足。米克提出了一个解决办法，即在网络上张贴这份报告，让人们免费下载。而分析主管梅瑞·克拉克则建议公司要收费。米克不同意，"我们要做什么，让人们给我们邮支票吗？"她反驳说。最后，公司决定以每页 10 美分的价格收费，这是摩根公司分析报告的标准收费，但后来公司找到一种方法，可以靠米克与日俱增的名声赚更多的钱，即把报告的经营权卖给哈珀商业出版公司，这家公司将《互联网报告》印刷成平装书，每本 20 美元（米克收取部分版税）。

米克当然是吉星高照。那些需要请专家来解释新经济的报纸、电视和广播电台都来找米克。多年来，电视财经新闻之后有一个小节目，主要是商业人士和股迷们的中坚力量参加。但是随着牛市波及更大的范围，米克自然成了大众发言人。在各种研讨会上，米克总是被资本经营者、小投资者和试图了解网络股市的人们包围着。一位朋友曾评论米克说，她会"被啄而死"，因为每当她走进房间，总会被人们狂热地包围。选股时，米克会挑选出被她称为"十个装袋工"的十只股票。她相信这些股票会在五年内增值十倍。她选择的股票时不时会发生变化，但像美国在线、网景、康柏和戴尔这些股市最抢手的股票总在她的选择之列。

米克继续飞黄腾达，她的发展前途本无人能够预测，但在 1996 年 4 月的时候，时局发生了变化。这次上场的是奎特隆。虽然奎特隆在高技术领域很成功，但他在摩根越来越得不到满足。多年来，他一直要求对手下人实现几乎完全的自主管理，同时对分析实现完全控制，然而这些要求都被摩根拒绝了。与此同时，另一家公司正在密切关注着奎特隆，这家公司就是德意志摩根格伦费尔公司——德意志银行美国经纪人子公司，该公司一直希望在崛起的技术领域有所建树，因此管理者们在招募奎特隆上不遗余力。这场招募交易包括高达 1.2 亿的年薪，以及对技术分析的部分控制权。

也许更为重要的是，对方给他开出了一个条件，即他可以带来他想要的任何人。奎特隆实在无法抗拒这种诱惑了。他说服团队中几名高级成员和他一起走，包括布雷迪和乔治·博特洛。现在，要完成这招成功的妙棋就差劝服米克了。

摩根公司感觉到这种危险后，由二把手约翰·麦克领导的摩根高管们立即采取行动。摩根的高级银行家之一特里·麦吉德被火速派往硅谷，以阻止奎特隆进一步侵袭西海岸的员工。米克当时在汉普敦，只能通过寻呼机与她取得联系，彼时她正在那里权衡去留问题。奎特隆给米克开的条件似乎是终其一生努力才能得到的：薪酬的大幅提高，可能达到 1000 万美元（当时高薪分析师拿到的薪水约 200 万美元左右），而且许诺将来还会有相关报酬，包括技术部收入分成。摩根则以包括股票和大幅提高薪水的一揽子条件与之抗衡，但这些条件远比不上奎特隆的开价。

米克被此事扰得心神不宁。奎特隆曾是她的良师益友，但同时她喜欢摩根的企业文化及其声誉。米克跟很多人提到自己下一步该如何走的问题，包括几位资深分析师，这几位十分了解奎特隆是多么想控制他们的行为。但米克最终下定决心是在与公司高级投资银行家约瑟夫·佩雷拉会见之后。佩雷拉在华尔街经历了起起落落。他和他的同伴布鲁斯·沃瑟斯坦在第一波士顿创建了华尔街巨大的投资银行特许经营机构之一，随后又建立了自己的公司沃瑟斯坦佩雷拉公司。他给米克的建议直截了当："摩根斯坦利之所以伟大的一个重要方面是，它是一个巨型企业。"奎特隆走后，米克将拥有属于自己的华尔街上最大的平台。

摩根没有辜负佩雷拉的诺言，提高了米克的薪酬，而且许诺将赋予米克在网络分析方面尽乎完全的自主权，而且在银行业务上她同样享有这种权力。这当然是根本性的进步。因为在绝大多数经纪公司里，由于至少还保留着一点中国墙的影子，所以这两种功能仍旧是截然分开的。但是在摩根公司，虽然多年来一直防止银行家负责分析，但现在不同了，一名分析师被赋予了控制银行业务的权力。

奎特隆走后，米克一直怀疑自己是否走对了这步棋，然而没过多久，这种疑虑便消失了。那是一个下午，米克接到了约翰·多尔的电话，多尔是硅谷有名的风险资本家。由于他投资于很多新兴企业，所以在什么样的投资公司应该承销 IPO 业务和其他交易方面很有发言权。多尔和奎特隆的关系很近，因而弗兰克走后，米克眼巴巴地等着失去这份宝贵的关系。

但是多尔传达了一个不同的信息。"银行家可以促进交易，但分析师也有名有分，"多尔说，"而且我们关注着分析师。"米克知道自己能够与奎特隆一比高低了。（多尔说他不记得有过这样的对话。）

奎特隆不久便发现自己面对的是何许人也。1997 年，摩根管理层下达了放弃亚马逊 IPO 业务的重要决定，此时米克的竞争力开始全速运转。虽然亚马逊还在亏损，但米克喜欢通过网络购书的这种想法，而且认为亚马逊的创建者杰弗里·贝索斯是新经济时期最聪明的一个家伙。但是有一个问题。摩根公司与亚马逊的竞争者巴诺之间存在着长期关系，巴诺也推出了网上书店服务，因此这两者间存在着冲突。摩根与巴诺的关系可以追溯到公司的高层：摩根的董事长理查德·费希尔与巴诺的 CEO 莱恩·里奇欧之间有关系，因此公司一直是巴诺的主要投资银行。

但米克不想放弃。她跟上司解释说，亚马逊是摩根的一个宝贵机会，这是一桩能提高摩根首要技术银行声誉的"特许交易"。但这次努力失败了，随后她又请求与费希尔进行一次私人会谈。米克对费希尔说，如果摩根公司不做这笔交易，那么亚马逊就很可能委托奎特隆及其德意志银行的投资银行家做这笔交易。"这会让他们成名。"她说。费希尔被米克生龙活虎的干劲深深打动了，但最终他并没有被米克说服。摩根公司放弃了这笔交易，亚马逊找到了奎特隆。亚马逊首次公开招股后不久，米克为这家公司发布了"买入"等级评定，从而开始将业务触及亚马逊公司，这是米克第一次为亚马逊发布一系列积极分析报告。

奎特隆在华尔街的支持者们则不这么看好这笔交易的成功，也就是说，他们认为摩根公司与巴诺之间的关系与米克失掉这笔交易没有任何关系；而是奎特隆和他的分析师比尔·格利比米克的团队"略高一筹"。无论如何，米克成功地弥补了这次损失。由于她热情洋溢的报告（在一份报告中，米克总结自己对美国在线的支持只用了两个字"牛市"），摩根成了亚马逊高级投资银行之一，一笔笔交易接踵而至，在随后的五年中，摩根赚得的佣金达到数千万美元。奎特隆不可能比米克搞得更好。

确实如此。1997 年夏，也就是在奎特隆带着团队入主德意志银行大约一年后，一个叫杰伊·沃克的人想出一个利用网络订购空位机票和酒店空余房间的经商之道。他认为，可以先订购机票和空闲的酒店房间，然后在线"拍卖"，这样就能够更便宜更快速地将之卖出去。不久他说服了几个风险资本家投资他的梦想，而且在 1998 年 4 月，他发布了自己的网页，也就是大家知道的普赖斯网上销售公司。

普赖斯好像是新经济的天堂。沃克是一个来自康涅狄格州的企业家，他与花旗银行的一位原经理理查德·布拉多克共同创建了现代大多数互联网新兴企业没有考虑到的老练的经营方式。这种服务一经推出，立刻吸引了机智的投资者的眼球，他们认为网络会使生活更轻松，一切更容易变得唾手可得。对于普赖斯公司来讲，下一步就是找到一个承销商进行 IPO 操作以进一步融资，同时使最初的投资者获得高额回报。米克成了他们首先找的人之一。

普赖斯公司主要的资金赞助商泛大西洋伙伴集团①开始跟米克联系。现在为泛大西洋工作的一个叫比尔·福特的人是摩根斯坦利的投资银行家，他深知股票分析与银行业之间的混杂程度。所以他直接给米克打电话安排与沃克见面。米克很清楚普赖斯公司的发展进程，当她与沃克见面后，立刻被沃克对自己产品的认识及其对未来的设想所折服。普赖斯当时正在亏损，但亏损的部分原因是因为其发布了一则昂贵的广告，广告的主角是演员威廉·沙特纳。而公司的核心业务——卖空位机票——正在大幅增长。

没过多久，米克便从两方面开始着手这笔交易，一方面作为摩根公司负责这笔交易的主要投资银行家，另一方面准备在交易结束后立刻完成分析报告。此次交易的竞争十分激烈，不仅对手高盛公司在争夺这笔交易，而且米克的老朋友奎特隆也在努力。

① 也有译为得克萨斯太平洋集团，泛大西洋集团。——译者注

到目前为止，米克已经调集好人马力争此次交易，同时与弗兰克·奎特隆和高盛的一群蠢人直接对抗。米克此次出马的团队成员有露丝·波拉特，公司里众人皆知的最聪明的人之一，也是一个刻板的资深投资银行家，还有米克的一位助手安德烈·德·波比尼，此二人是米克随从人员中的关键人物。这三人组成了一个完美组合，何出此言？原因有几个方面。比如他们都相信网络，都渴望打败对手，但同时，他们对当前股市环境也都抱着强烈的怀疑态度。

对于这种看起来相互矛盾的态度而言，普赖斯的 IPO 业务是一个有趣的试验案例。让我们先看看 1998 年春的股市。纳斯达克股市当时正在发飙，股价迅速提高，指数向 2000 大关平稳上扬。网络 IPO 成为华尔街最抢手的业务。当时投资者对此的需求太大了，以至于首次公开发行的股票刚准备在股市上交易——在承销商将股票分配给他们钟爱的客户之后——投资者便以高出发行价数倍的价格哄抬股价，结果导致股价狂涨两倍或三倍有时甚至是四倍。事实上，将首次公开发行的股票卖给投资者成为利润极其丰厚的交易，因此投资公司找到一种有趣的方式从这种激动人心的交易中获利。正如随后将出场的瑞士信贷第一波士顿，在大型投资者要得到大量抢手的上市股票时，这家公司就会在股票交易中向这些人索要更高的佣金。但米克的团队相信，所有这些骗局都明显有不利的一面。即使最好的网络公司也不值得投资者们在开盘钟声敲响时主动投入金钱，普赖斯公司也是如此。米克团队中的资本市场专家露丝·波拉特为普赖斯公司做过分析。她认为普赖斯股票在其第一个交易日最高可涨到每股 100 美元。

米克她们的这个小花招旨在让普赖斯公司的管理层相信，摩根能够为首次公开发行的股票定出最接近实际的价格。在交易推介会上，波拉特解释了如何根据股市为此次交易定价。"根据所有反馈信息，我们希望股票价格会增长到 100 美元。"她说。这句话让普赖斯董事会很高兴，但她随后话锋一转："但这是荒唐的。"她强调指出，目前的这种狂热会在某个时候结束，而结束之后股价会大幅下降。她之所以这样说，是为了控制管理层不要期望在这场骗局中大捞一把。如果摩根根据市场为普赖斯定价，结果在面临股市调整时，其股票大幅下跌，那么这会对普赖斯产生很大的影响。综上所述，"我们认为普赖斯股票价格应定为每股16美元，"波拉特说，"这才是正确的。"听完了波拉特的解释，普赖斯公司的CEO布拉多克很平淡地说："那就让我们做正确的事吧。"

股票公开发行后的事实证明波拉特的预测恰到好处。普赖斯公司的股票价格涨到每股69美元，而非她预测的每股100美元，但差得不多。对此米克解释说，较低的发行价表明公司并没有成为网络骗局的股东，而公司的职员则简单地认为他们虽然手上有钱但却无所作为。摩根斯坦利的银行家们开始怀疑米克是否了解股市。

所有事情几乎都是一把双刃剑，成功也带来了麻烦。历史性的低利率助长了美国经济巨大的自信。股市的汹涌澎湃和低信誉标准打开了数以千计新兴公司理财的闸门。当数千家新兴网络公司发现华尔街能够接受他们发行股票和挂牌上市的计划，以此来满足投资者巨大的需求时，这种浪潮与公众交易新经济股票的绝对狂热结合在一起，"泡沫"便被创造出来了。

1998年行将逝去的时候，又出现了一个形容米克高贵身份的名词："Ax"。米克就是这样一位一挥手就能枪毙一只股票的股市最重要的分析师。米克的影响力并非仅仅表现在《机构投资者》杂志连续三年将她列为全美首屈一指的网络分析师上，米克的能力远比这更大、更有影响。她可以承销任何她想接手的网络交易。

这种能力的含义很丰富，不仅对米克，而且对摩根公司来说也是如此。作为最有能力的网络分析师，这意味着米克的赞同几乎是每一个希望上市或挂牌的技术公司所垂涎欲滴的。当客户开始要求米克出席交易推介会时，摩根公司立刻认识到这一点。所以没过多久，米克就成了银行业务部的领导。

现在，她负责审查数百笔准备上市的新交易，而且绝大多数情况下她会考虑其中每一笔交易。这可是一种累垮人的工作，是对她高水平极限的最终检验。她的一天从早 6 点左右开始，一直持续到夜晚，有时晚至午夜。几乎大半时间她都在审阅堆在桌上的各种提案，努力决定哪些公司能满足像网景和普赖斯这样取得巨大成功之公司的标准。这里还有一件趣事。由于工作越来越繁重，一天夜里，米克竟盖着一件佩里·埃利斯①外套在桌子下面睡着了。丹尼斯·谢伊当时正在分析美国股票，他不经意间在米克的办公室前停下来，竟发现米克的腿从桌子下面伸了出来。"玛丽，你好吗？"他问道，米克则直率地回答道："你他妈的在跟我开玩笑吗？"

然而绝大多数情况下，压力好像促成了米克的成功。她对自己的"忍耐力"有一种不合常理的骄傲感，经常跟人们吹嘘她老爸和老妈，好像这种忍耐力是他们遗传给她的。但是波拉特对她这位同事如此单调的生活感到担忧，一天下午她把米克拉到一边，告诉她别那么紧张。"你做的只是一份工作，"她对米克说，"从中解脱出来一点吧。"而米克只是不以为然地耸耸肩。

对于米克来说，一天的时间不够用。所以在滑雪度假期间，她会随身带着一部传真机，以便在空闲时可以处理交易。有一次在感恩节晚宴上，她老妈看到米克在活动的间隙，还停下来用黑莓②发电邮处理即将进行的一笔 IPO 交易。

米克一直热爱竞争，现在她极其狂热地维护自己网络高级分析师和交易撮合商的地位。一位同事曾说："如果你不跟米克合作，那你就会成为她的敌人。"何出此言？有事实为证。有一位资本经营者叫丽斯·拜尔，

---

① 一种著名的服装品牌。——译者注
② 欧美很流行的无线企业电子邮件系统，在金融界已经相当普及。——译者注

在 20 世纪 90 年代中期，她是罗普合伙共同基金公司的高新技术投资组合经营者，那时她与米克走得很近，但 1998 年拜尔加入了奎特隆的团队。据拜尔回忆说，一次会议上她碰到了米克，那是她加入奎特隆团队后第一次见到米克，当时拜尔很想跟这位老友聊聊天，但米克竟连招呼都不打一声。

摩根斯坦利在高技术承销业务竞争中的对手并非奎特隆一人，还有高盛公司的银行家们。从某个方面而言，高盛的网络分析师安东尼·诺托从明星身份上来看确实不敌米克，但高盛公司在与米克争夺银行业务方面有其他优势。在摩根斯坦利，米克作为质量控制专家享有封杀交易的巨大权限，在摩根的银行家看来，米克把这项工作搞得过于严格。直到 20 世纪 90 年代末，摩根公司的银行家们仍旧为 1996 年关于雅虎的 IPO 业务决定懊恼不已，雅虎现在成了网络世界中的重要网站之一。而米克则开始担心公司的长远生存问题。当她利用手中的"封杀大权"使摩根不能接手一些交易的时候，她会说："我只是不想惹麻烦。"当然了，这些重要的承销业务就只能白白送给高盛了。

这是一个巨大的错误。随着雅虎股票的暴涨，摩根公司的银行家们将她的股票购买建议视为证明网络女皇错失部分市场的进一步证据。米克只得向网景公司的前 CEO 吉姆·巴克斯代尔征求建议，请教这位网络股市德高望重的贤士自己如何从那份灾难性的股票购买建议中恢复元气。巴克斯代尔的解决办法很简单："当你看到游行的时候，你就努力挤到前面去。"听到这样的建议后，米克确实这么做了。1998 年 7 月，她开始向投资者推荐雅虎股票。虽然她当初曾担心这只股票，但现在从她那份标题为"雅虎，咦呋，嘢！"的报告来看，她已经转变成一个真正的网络信徒。

米克在这份报告中写道："随着时间的推移和至今还在不断增加的 4000 万双眼睛的关注，完全应该使雅虎股票比目前市值的 100 亿美元更高。"虽然雅虎当时还没有一分赢利，但是随着其股票价格不断上涨，米克对雅虎的等级评定似乎恰到好处。不久,摩根便成为雅虎公司未来业务的主要承销商。

不久,米克发现自己处在一种相当尴尬的境地。当时一个叫易趣的在线拍卖行准备公开招股,这是一家与普赖斯的经营模式相似的公司。考虑到她自己与普赖斯合作的经历,米克认为在这笔交易中自己铁定是"首席经营者"。然而事情并未像她想象的那样发展。由于易趣的 CEO 梅格·惠特曼此前给米克打电话商量即将进行 IPO 时没有得到答复,所以他很生气。还有一次"筹备会"上,正当银行家向易趣董事会发表专家意见的时候,摩根公司的一名银行家的寻呼机响了,此人说了一声就突然离去再也没回来。由于摩根没给易趣公司面子,所以易趣的管理人员打消了与其合作的想法。尤其是在这次会议期间,米克似乎对是否能赢得这笔生意并不十分在意,这更让易趣公司的高级职员不放心。

但是不久,易趣将会引起摩根公司和米克专心一意的关注。几天后,米克听到一个不幸的消息:易趣公司准备与高盛携手进行 IPO 业务了。米克因此被搞得心神不宁。由于她还在为雅虎的事懊恼,所以米克认为在这件事上要采取果断行动。

她推迟了在科罗拉多的滑雪假期,在丹佛国际机场附近的一家酒店租了一个房间,开始与波拉特和德·波比尼一起商讨对策。米克说她正在为一场"特许"交易而战,意思是说把强有力的管理与能使公司赢利的潜能结合起来,恰恰就是她为这家网络公司设定的模式。她的计划是为易趣公司写一份热情洋溢的分析报告,并准备在洛根机场仓促进行的一次会面上亲自交给该公司的 CEO 惠特曼。如果所有的努力都不奏效,米克就只能求这位 CEO 了。

会议是在美国航空俱乐部举行的。惠特曼对米克的报告及其所讲的内容十分满意。惠特曼指出,这份报告对易趣公司股票及其未来充满了激情,其内容正是摩根公司和米克在那次推介会上所欠缺的。惠特曼对自己读到的这份报告很满意，但这并不足以使他改变主意。"我们已经保证过要与高盛公司合作了。"惠特曼说。

为了征服惠特曼，米克使出了另一个手段，那就是揭露高盛作为这笔交易的主要承销商所面临的不利条件。她指出，按照证券法规，在 IPO 没有完成之前，高盛公司不能发布分析报告。这些"平静期"限制条件只适用于那些"跨越中国墙"进入投资银行业的分析师。因而高盛公司显然不能很好地履行交易责任；而对于米克而言，她不会受到任何限制，她能够为易趣公司提交一份积极的报告，从而为它赢得好声誉。

然而米克最终还是失去了这笔交易，但她继续努力以争取将来的交易。就在易趣挂牌的当天，米克采取行动了。早上 7：30，她出现在摩根公司销售部，"我们要以一个优于大盘的等级评定来把业务扩展到易趣。"她说。随后她又进一步补充说，由于摩根在这次交易中被拒绝了，因此这一行动不同寻常，特殊公司需要特殊对待。"这是我们第一次也是最后一次做这样的事。"实际上，米克以前也曾发誓再不放弃这样的大型交易。这一天早上晚些时候，米克发布了那份报告，从而为与易趣公司建立一种长期有利的关系奠定了基础。这份报告将易趣公司股票评定为"优于大盘等级"，其中不乏至理名言，比如："这是另一家网络公司？不，你们自己调查一下吧。"其中还提供了易趣公司的网址，前面加了一句，"我们认为机会就是你们将被这只股票吸引住"。正是因为这些内容，这份报告可谓达到了极致。

随着首日交易后易趣股票不断上涨，米克和摩根公司声称这笔交易是网络兴盛期间最成功的 IPO 之一，而且易趣也终将成为最成功的网络公司之一，而正是这份报告使得米克和摩根可以以此自居。可想而知，竞争对手对此会有许多怨言。一名对手分析师说："这真是前所未有的。"他认为米克只是为了骗取易趣公司的下一笔交易。其他人则对米克胡说八道的策略印象颇深。"现在看来，米克此举是一种进攻性的策略，"亨利·布洛杰特听到消息时这样说,"但这是一步好棋。"

与此同时,摩根公司差不多随即就得到了回报。易趣公司将两笔银行交易给了摩根,一笔交易是在 1999 年,另一笔是在 2001 年,在这两笔交易中,摩根公司共赚得毛利 1380 万美元。米克将在后来描述她与易趣的这段经历,其中提到:"当我们失去一笔诱人的 IPO 时,我们应该像……财务运作管理者对待后续投资那样疯狂地工作,以寻找新的机会。"

到 1998 年底,玛丽·米克赚到了 1000 万美元的薪酬,这个数字对于一个股票分析师来说几乎是闻所未闻的,但是如果她在其他公司肯定会比这里赚得更多。有事实为证:曾有一家网络公司的知名 CEO 为了拉米克过去,开出包括股票和期权在内价值 4 亿美元的一揽子薪酬。其实就连米克也无法相信怎么会有人(包括她自己)值这么多钱。米克并没有接受这名CEO 的邀请,她告诉谢伊:"我不打算接受对方提供的这份工作。""你做得对,"谢伊对米克说,"因为我们没有达到拿那份钱的水平。"奎特隆也力邀米克加盟,说只要她愿意加盟他在瑞士信贷第一波士顿的团队,条件肯定很优越。据知情人士透露,这位网络银行业之王给米克开出了包括工资、股票和期权在内 5000 万美元的年薪,这笔钱虽然不及奎特隆从技术部门拿走的年收入的一半,但仍然是一个巨大的数目。米克又一次拒绝了。正如她十分崇敬奎特隆一样,好像多少钱都无法让她放弃在摩根的那种王者般的地位。大约同一时期,高盛公司的几名管理人员也给米克开出了类似的价钱,但她都回绝了。

米克成了明星。那段时间,每份主要报纸和杂志的头版新闻人物都有米克。《巴伦杂志》1998 年 12 月 21 日的封面是喜气洋洋的米克,坐在自己的桌旁,穿着她那件商标似的黑色套装,留着齐耳短发,上面是大字标题"网络女皇"。这篇新闻报道的内容是华尔街每个人早已知道的事实:"一只网络股票只有得到摩根斯坦利的玛丽·米克的同意才能出现在华尔街上。"文章同时提出一个重要问题：考虑到新兴公司未经检验的经营模式可能带来的风险，米克是否过于乐观了呢？对此，米克回答说，这种经营方式当然存在风险，而且风险很大，但她同时补充说："但像这样的事情以前从来没有发生过——只是到现在为止没有发生过。我们都知道电视和广播的发展经历了很多年。而网络实际上只发展了几个月。"这篇文章还指出，网络狂热成为摩根公司巨额收入的来源，米克也因此成为"公司里收入最高的人之一，她的一揽子报酬每年高达数百万美元"。

尽管对米克的新闻报道很多，但她还是尽量保持低调，多次拒绝电视台请她参加电视商务节目的要求，包括越来越受欢迎的 CNBC 电视台。即便如此，随着网络股票的诱惑力扩散到中美洲，米克在大众中的名声还是随之传播开去。普通人，不仅仅是华尔街那种类型的人，开始在机场接近她，在大街上叫住她。米克一位以前的同事曾回忆说，有一次米克又被人们碰见，他看见米克一身冷汗返回办公室。"她不敢相信发生的这一切。"那位同事说。尽管米克陶醉于自己在摩根斯坦利享有的权力，而且经常因细小的差错就责骂下属，但她发现自己很难接受人们对她的奉承和有些怪诞的名人生活。在一次为《纽约客》杂志拍摄的过程中，这份杂志给"网络女皇"安排了一个长篇报道，米克在摄影室里穿着她平常穿的裤套装（摩根内部的人发誓她有好几套这样的衣服），但摄影师不同意她这身装束，想让米克穿上橙色的夹克，身上绕着电线，扮作正在用手机通话。米克回答说："你在开玩笑吗？"最后，他们互相做出了让步：米克穿夹克，一名艺术家把电线画在她的衣服上。这篇报道公开赞扬米克崇高的地位，称她是："泡沫中的女人"、"华尔街最有影响的网络分析师"。

高处不胜寒，上层人的生活并不那么容易。这段时间，米克说她开始检查从 1980 年以来挂牌的所有技术股的业绩，然而她发现的情况让她多少有些震惊。米克发现自己能找到的所有技术股票都增加了市值。同时，除了有微软、思科和其他几家公司明显取得成功外，其他大部分公司是失败的，新经济制造的失败者实际上要比成功者多得多。事实上，在过去 15年挂牌的技术公司中，5% 的企业几乎创造了全部的财富。

这项检查工作形成了米克投资理论的基础："让最好的公司挂牌上市，同时帮助建造未来最杰出的公司。"对于那些她认为不能创造效益的公司实施其"分析师否决权"，米克确实经常为此感到特别的骄傲。摩根的几名银行家甚至还坚持记录下米克拒绝批准的所有交易，以及由此给公司带来的损失。由于与众人意见相左，"网络女皇"正在失去其股市高级交易撮合商的地位。因为从 1995 年以来，米克已经拒绝了 200 多家公司的 IPO业务。一位银行家表示，如果摩根将米克拒绝的一半交易接手，那么公司的银行业务收入就会增加 300%。摩根的员工们也议论说，在四年多的时间里，米克使摩根公司损失了约 10 亿美元的巨额收入。

被米克拒绝的公司并非都像雅虎那样大名鼎鼎，其中也有大量的小公司；这些小公司在被米克拒绝后更愿意去寻找其他投资银行。比如 1999年晚些时候，有一家叫宠物网的在线宠物供应公司，这家公司就被米克拒绝了。当时米克和波拉特花了大量时间与宠物网的人在一起了解情况，米克和波拉特接见这家公司的行政人员时，有人还将公司流行的喜剧木偶放在桌子上，作为他们品牌力量的象征。然而米克并没有因此被打动，只是对玩偶报之一笑。在检查完公司的财务后，米克对波拉特说："这家公司的亏损程度让人吃惊，而且市场不够大。"因此米克拒绝了宠物网。被摩根公司拒绝之后，宠物在线的管理层找到了另一家最佳承销商——美林公司。美林公司和布洛杰特接手了这笔交易，从中赚得几十万美元的佣金，而这笔钱本来应该轻松地写入摩根公司的账表。

还有一个叫电子村的公司，是一家专门针对女性的网站，在被米克拒绝后，高盛插手了这笔交易，并使这家公司的股票在交易日当天就涨到了原来的三倍。几乎在同时，米克宣布放弃华尔街在线的业务，这是一家由专栏作家和投资者詹姆斯·克拉默创办的在线商务报纸。这个决定特别棘手，因为摩根公司好像与这家公司的股票交易有着内部关系。当时华尔街在线的CEO凯文·英格利希是摩根斯坦利一位高级投资银行家的兄弟，而且摩根公司的银行家们都曾利用这种家庭关系争取过交易。但米克认为亏损的企业挂牌上市需要时间，因此拒绝了这家公司。然而这个决定实在太糟了，连股市都表示了反对。高盛公司接手这家公司的IPO后（克拉默说高盛总是他的首选），华尔街在线的股价一路狂涨。

当时米克曾向谢伊征求建议。谢伊于20世纪90年代中期进入管理层，此前他做了15年的分析师，米克把他当作自己的朋友和信得过的人。对于投资银行家对米克的抗议，谢伊一直扮演着调解人的角色。当米克问他："我们错过了什么?"谢伊直言不讳地说出了心里话："股市告诉我们，我们不应该放弃这些公司的交易。"

到了1999年，摩根公司的网络银行交易市场份额开始下滑；摩根内部的数据显示，瑞士信贷第一波士顿和奎特隆成了最大的网络交易撮合商，他们有足够的资本来吹嘘。他们成交的业务量占所有交易量的19%，而摩根公司只占有9%。高盛也超过了摩根公司，其承销业务占那一年所有交易量的11%。拥有像米克这样的人物其实是一把双刃剑。米克是吸引网络业务的主要人物，但她对于上市或挂牌公司过分挑剔，而对手们却没浪费一点时间利用米克的严格标准来对付摩根公司。被米克拒绝的公司会把高盛当成他们的首选，谁又会责怪他们呢?不仅如此，米克同时要求摩根公司的交易撮合商只培养最好的网络公司，高盛的分析师当然无法与摩根公司这些有能力的投资银行家相比。曾在摩根工作的一位原投资银行家说，事实上，他和同事就能够编辑分析报告，并能弱化或删除对可能用户有负面影响的评论。

在摩根，米克是明星报告人，即使银行业务处于危险状态，也没人敢碰她的报告。谢伊开始听到公司里有人批评米克的银行业务决策。有一次，一位高管把谢伊拉到一边，直率地问他："你确信你们这群人做的事正确吗?"谢伊当时说他确信,但他也心存疑问。米克拒绝接受的股票似乎在继续上涨,特别是那些被高盛承销的股票。华尔街每一个主要的投资银行都拒绝了全球在线的承销业务,但是贝尔斯登公司接手了,结果这只股票在第一个交易日就猛涨了600%。高盛公司的股东们投资了一个叫网络货车的在线杂货店,并在1999年12月份将其上市,结果这家公司的股票也猛涨了66%。

并非只有投资银行家个人感到坐立不安。摩根公司投资银行部门主任约瑟夫·佩雷拉也想知道米克到底怎么回事。虽然佩雷拉为那些被米克拒绝的交易跑到高盛公司这种情况感到忧心忡忡,但还有另外一件事更让他如热锅上的蚂蚁。这是怎么回事?那得从头讲起。原来曼哈顿南部有一个区被人们称为"硅巷",那里聚集着很多网络和计算机企业群,比如像华尔街在线、电子村、全球在线等等,而且这些企业还在不断增加。佩雷拉担心的就是米克在这些公司的股票承销业务中也表现得这样平淡无奇。一位知情人透露:"佩雷拉想知道为什么我们不做纽约的交易。"

米克决定如实澄清自己决策的缘由。她让波拉特安排一次会议来解释自己的投资哲学。米克的解释固然证明了中国墙所剩无几,但由于米克渴望得到支持,因此只得这么做了。这次会议持续了大约两小时。在波拉特的陪同下,米克平静地解释了部门最近做出这些决策背后的原因。米克说,全球在线业务是一个愚蠢的想法,而华尔街在线上市则"太早"了。至于网络货车,米克说:"我们根本不要相信它能成功,它就像《未来水世界》那样虚无缥缈。"

佩雷拉和他的二把手特里·麦吉德静静地听着。米克的解释很让人信服。那一年快要结束了,虽然最近米克的判断受到了质疑,但米克仍旧是华尔街最热的股市权威。因为那一年米克个人负责了53笔交易任务,其中包括17桩IPO,共为摩根公司净赚1.8亿美元。以网景公司为例,由于微软公司开始涉足浏览器领域导致网景的股票开始下跌,但网景公司肯定已经看到了好前景。随着美国在线以 42 亿美元购买了这家公司，米克的"买入"等级评定被证明是向投资者提出的正确的股票购买建议。摩根公司负责了这笔交易，赚得 1620 万美元的佣金。

尽管米克使摩根公司失去了一些交易机会，但是从结果来看，谁都很难与米克理论。谢伊在对米克 1999 年的银行业绩进行评估的过程中，激动得简直无法控制自己。"这是怎样的一年啊！"他写道，"对于银行部门来说，这一年太不同寻常了。"正是由于米克如此抢手，才使得"所有分析部门和 IBD（投资银行部门）都享受到了（她）网络特权带来的好处"。

在摩根公司，分析师的级别评定不仅仅由其上司决定，同时也由他的同事们决定，包括银行家，这些家伙会不失时机地攻击那些不进行银行交易的分析师。但随着股市狂涨以及米克交易量的增加，即使她最大的批评者也欣喜若狂。一个银行家写道，米克是一个"商业动物"，她"建立了华尔街最重要的网络特许经营机构"。

米克本人不会放弃吹嘘自己成就的机会。几年来，她一直坚持年底写一份自我工作评估，在管理层讨论她的业绩及其年底红利的时候，米克会把这份个人的"年度报告"交给他们。米克在报告中这样写道：这是艰难的一年，来自奎特隆的竞争仍然令人生畏，而且每天都会出现新玩家。大型的投资银行"占据并彻底击溃了硅谷"的那些小型投资公司。德意志银行、蒙哥马利证券公司和罗伯逊－斯蒂芬斯投资银行都被那些拥有更雄厚资本和更强影响力的玩家们操纵，这些人给摩根公司带来极大的竞争压力。为了应对这些挑战，"有一点至关重要，那就是摩根公司要给它的网络分析部门/IBD 团队合理的报酬"，她写道。米克还代表她那个超负荷工作的团队向管理层发出警告，"在 MSDW① 技术市场部门工作的人"要离

---

① 摩根斯坦利（MSDN）集团下属从事资产管理的分支资产管理集团（ASSET MANAGEMENT GROUP），下设两个分支机构分别对机构和个人提供不同的资产管理服务。专门服务于机构客户的 MSDW INVESTMENT MANAGEMENT 和专门服务于个人的 MSDW ADVISORS。——译者注

开的一个重要原因，就是"我被累垮了，而且看不到尽头"。

米克不仅仅为自己说话，她还要为自己的那个银行家团队争取利益。这个银行家团队是由露丝·波拉特和安德烈·德·波比尼领导的。米克说这个团队需要得到"一个保证他们成功的合理支持"。然而如果摩根公司采取行动的话，摩根会大有前途。"可以预料，网络对摩根业务的影响不仅过去规模空前，而且将来也将是史无前例的。"她写道。就像 AT&T 和通用汽车"对摩根斯坦利的过去至关重要，而美国在线、亚马逊网上书店等则对摩根斯坦利的未来十分重要"。

网络到底对摩根业务有多重要？从下面的数字中可以看出来。1991 年米克刚来摩根时，该公司技术银行收入增长 800 万美元，而到了 1999 年底增幅狂升到 5.05 亿美元。而且米克预计这只是个开始。"归根结蒂，我的最大价值就是帮助摩根斯坦利赢得最好的网络 IPO 业务。"

在那份厚达八页而且不隔行打印的报告里，满是强调米克能力和声望的数据和分析。那真是绝妙的推销。报告中几乎没有丝毫的自我怀疑，而且是用新经济那种毫不负责的轻松乐观的方式写作而成。这很像她的分析报告，其中她描述其网络团队"新手频繁更换"，他们创造了辉煌的一年。尽管报告中大部内容主要集中在她为摩根带来的交易上，但她同时要让管理层确实知道她是用股票分析来支持工作的。"我选择的 YTD 股票……上升了 172%，"她写道，"……IPO 收入上升了 69%。"这份报告起了作用。几个月后，米克收到了有史以来自己收到的最大一笔薪酬，包括薪水和年底红利在内共 1500 万美元。

CHAPTER FOUR
The Bloviator

第四章
夸夸其谈者

1997 年晚期，伟大的金融家桑福德·韦尔刚刚购买了所罗门兄弟公司，这是建构其金融帝国，也就是最终大家都知道的花旗集团的一个关键组件。此次交易完成后，韦尔邀请十几个所罗门高级股票分析师来品尝开胃前菜并小酌几杯，这是一次与该公司最优秀和最显赫的人士见面并表示问候的机会。当他正与米歇尔·阿普尔鲍姆交谈——后者是一位负责钢铁公司的分析师，深受人们敬重，他的话被人们广泛引用——时，韦尔注意到一个衣着体面的人出现在他的视野中。这张脸并没让韦尔花太长时间就想起此人的名声。此人就是杰克·格鲁布曼，是负责华尔街最抢手的行业——飞速发展的电信业——的最重要的分析师。

转眼间韦尔就从阿普尔鲍姆身边转开了，走过来跟公司这位新的最宝贵的资产握手。阿普尔鲍姆在一次采访中回忆当时这一幕时说，韦尔走得太急了，"他差点儿把我撞倒"。

见面会余下的时间里，阿普尔鲍姆并没有同韦尔说话，然而对于韦尔来说，他确信与格鲁布曼呆了足够长的时间，而且他有充分的理由这样做。因为到韦尔掌管所罗门的时候，格鲁布曼已经成为美国少数几个通过跨越中国墙而打破传统的最成功的分析师之一，当然也有人不这么认为，他们认为那不是跨越中国墙，而是去除中国墙。无论如何，格鲁布曼通过为那些希望发展的通讯公司承销股票，使所罗门成为这些公司最主要的银行家。

当时一切似乎进展顺利。到了 20 世纪 90 年代晚期，影响网络股票的狂热已经成功地扩散到电信业，特别是那些格鲁布曼喜爱的公司——像世通公司、环球电信和奎斯特电信，以及所有那些听从其建议迅速扩张以满足电信服务不断增长之需求的公司；当然这种所谓不断增长的需求只是格鲁布曼做出的预测。这些需求都来自宽带服务，也就是帮助人们连接网络和移动电话的通信服务。格鲁布曼定期为那些能给所罗门带来丰厚收入同时也给自己带来巨额薪水的公司发表分析报告，他在撰写分析报告中的作用明显证明了他赢得交易的能力。

格鲁布曼显然精通这种冲突体制。他不仅仅支持自己喜欢的股票，更是在为这些股票而战，为此他会攻击那些不同意其分析报告的竞争对手，也会抨击那些拒绝相信其理论的新闻记者。多年来，他一直信口开河地谈论 AT&T 的缺点，直到 AT&T 公司选择承销商进行巨额股票交易时他才收声。随后，格鲁布曼做出了一个泡沫时代最让人惊奇的 180 度大转弯，突然推荐这位蹒跚而行的电信巨人的股票，而且预测其前景辉煌。

但此举与格鲁布曼对世通公司没完没了的支持不可同日而语。世通公司在五年的发展过程中，支付给所罗门近一亿美元的佣金，同时成为所罗门最大的投资银行客户。在世通公司成为华尔街最大的投资银行客户时，格鲁布曼在其报告中叫嚣道："装满卡车，尽可能多地购买世通的股票吧！"

要想与格鲁布曼竞争实在太困难了，几乎没有人可以与格鲁布曼的炒作术及其与电信业高管们的关系相比。当摩根斯坦利的一名员工在一桩重要的银行业务上准备与格鲁布曼直接对抗时，公司的一名高级投资银行家特里·麦吉德立刻向手下发出命令："根本不要碰他。"其他公司，比如美林正在研究格鲁布曼的一举一动，以搞明白格鲁布曼怎样使他控制的电信公司保持最快的发展。与此同时，高盛公司却采取了一个不同路线。高盛公司有一位很受敬重的分析主任叫史蒂夫·艾因霍恩，此人不赞同格鲁布曼的风格，同时反对公司招徕格鲁布曼，但高盛对此置之不理，仍然为格鲁布曼提供了数百万美元的薪水，以图让他加盟。但最后，格鲁布曼仍与所罗门站在一起，并利用高盛的开价及其可能会跑到竞争对手那里的潜在威胁，敲诈到了华尔街历史上最大的一笔薪酬。

格鲁布曼好像暂时愚弄了每个人。随着他支持的股票稳步上升，他在那些操作共同基金和退休基金的资深投资者中的名声也膨胀到极致。这些人也就是在《机构投资者》杂志中投票参加民意测验，推选华尔街最佳分析师的那些人，他们把格鲁布曼看作了圣人。这些人对格鲁布曼忠心耿耿，这种忠心到了何种程度？有一个例子。1997年，摩根斯坦利原分析师斯蒂芬妮·康福特降级了格鲁布曼喜欢的电信股票，结果当天，她就接到了一位叫斯图尔特·鲁宾逊的著名金融家打来的电话，其话语中充满了愤怒，还夹杂着咒骂："你是错的，杰克将是正确的。"鲁宾逊说完就"啪"地挂断了电话。从这件事，康福特算领教了格鲁布曼的追随者们对他们的"主"是何等的忠心。

在随后的几年时间里，格鲁布曼一直是"正确的"，这是因为监管者、资深投资者以及许多新闻界人士对格鲁布曼欺骗性的分析熟视无睹！说格鲁布曼的报告具有欺骗性，是因为他总能从自己喜欢的公司存在的每一个问题中找到闪光点。

从表面上看，格鲁布曼在华尔街的职业生涯像一个真正的美国式的成功故事。他向朋友们吹牛说，他是个出身贫苦但干成了大事业的人，他说自己小时候，在距童年生活的南费城贫困区很远的一个地方，曾作过一名业余拳击手，并想以此为业。他宣称自己曾与费城犯罪团伙成员一起在邻近的工人阶级街区闲荡。

但事实完全不是这么一回事。格鲁布曼在费城东北部长大，那是一块飞地，绝大部分是中产阶级的犹太人组成的白种外国人后裔，这些犹太人居住在整洁的联立房屋，为自己的孩子积攒着上大学的学费。事实上，格鲁布曼家族中真正粗野的家伙是杰克的父亲伊兹，此人是一名城市工人，曾做过拳击手，力气很大，赤手空拳就能把一本电话簿撕成两半。杰克的妈妈叫米尔德丽德，一个典型的家庭妇女，在一家百货商店上班以勉强维持生计。

尽管格鲁布曼吹嘘自己智商高，但据大多数人说，年轻时候的他只是一个不差的学生，精于数学，但却有一个特别爱唠叨的毛病。暑假的时候，格鲁布曼在大西洋城卖过伞，做过餐厅侍者助手。根据他的高中学校年鉴，他在距南费城穷街陋巷很远的费城东北高中上学，曾参加过辩论队和高中乐队。但并没有明显证据显示格鲁布曼曾在拳击台上打过一拳，而这并不妨碍他向任何想听的人推销他的拳坛经历。"我一直认为他原来是一个拳击手，因为他说拳击的事太多了。"他的一个朋友说。

高中毕业后，格鲁布曼没有随朋友们一起申请位于费城市区的坦普尔大学，而是进了波士顿大学学习，他在那里获得数学学位。格鲁布曼下一步是哥伦比亚大学，在那里他获得了概率理论硕士学位。插一句，一般学理工科的人都知道，概率理论是数学的一个分支，是一种确定一个给定事件是否真正发生的理论学科。1977年，格鲁布曼决定放弃攻读博士学位后，在国内最大的电信公司AT&T做了一名分析师，在位于新泽西州贝德明斯特的长话部工作。在AT&T，他被分派到一个数学怪人团队，这些人花费大量时间制订那种叫"需求分析"的经济模式，以帮助AT&T项目向长途业务扩张。

但格鲁布曼后来的表现说明，他不是怪人。格鲁布曼的披肩长发一直梳理得整整齐齐，从这一点来看，格鲁布曼好像与AT&T公司那种领尖钉有纽扣，高级管理人员身穿古板的白衬衫、打着暗色领带的公司文化一点不搭界。几位同事私下里发牢骚说，他的个人形象似乎被他那从不修饰，还经常带饭粒的络腮胡子给毁了。格鲁布曼还自负地认为自己是一个有女人缘的人，经常在工作时穿双排纽扣的衣服，还打上色彩艳丽的领带。"我每次看到他，他都好像将有一个新约会似的。"一个以前的同事说。

但据绝大多数人说，格鲁布曼是一个了解电信业务及其监管环境的严肃稳健的分析师，但这种监管环境可能要发生重要变化。他经常抱怨工作时间太长公司却没有发展。几名原来的同事说，他经常花很多时间看报纸，谈体育运动，而且更重要的是，网罗他认为会成为电信业主要玩家的其他管理人员，像丹·赫西，AT&T公司无线业务部一名未来的高级经理，还有约瑟夫·纳齐奥，AT&T公司原高级经理，后来掌管奎斯特通信公司，并成为格鲁布曼最亲密的伙伴之一。

格鲁布曼也表现出将来对他做分析师十分有帮助的一个特点：雄辩的口才。在AT&T公司，这种雄辩不仅与工作环境有关，而且有时也殃及其工作结果。据一位同事说，在工作中，格鲁布曼举止招摇，他的批评也显得言过其实。另一个同事认为格鲁布曼"经常失控"。当批评一份报告的时候，格鲁布曼经常以一种夹杂着污秽漫骂的方式提出自己的理由，以至于没人怀疑他在这个问题上的立场。一位格鲁布曼身边的工作人员说："他会说这个模式是一堆牛屎，或者那是一堆垃圾等等这样的话。"

那段日子里，格鲁布曼有一个最好的朋友也是一名分析师，此人叫杰伊·亚斯，与格鲁布曼有着相同的兴趣和背景。亚斯跟格鲁布曼一样是一个数学高手，在布朗克斯科技高中获得了数学硕士学位。亚斯的出身和经历跟格鲁布曼也一样，他出生于工人阶级，在美国一家最有白人中产阶级特色的公司中努力打拼。

格鲁布曼与亚斯几乎一见面就粘在一起了,夜晚时分经常在当地酒吧里小酌几杯,谈论内容从音乐到体育无所不包。这段时期,格鲁布曼还远远不是大家熟知的那个在后来的职业生涯中自以为是的管理人员,而且据一些人说,他把亚斯当作一个共鸣板,从买车到重要的职业决策,事事如此。"杰伊,我们永远是好朋友,对吗?"一天夜里,经过极度劳累的工作后,格鲁布曼问亚斯。"当然,"亚斯说,"我们像亲兄弟一样。"

有一次可能换工作的时候,格鲁布曼同样相信了亚斯的直觉。此事还得从头说起。当年亚斯跟格鲁布曼一样,认为 AT&T 公司不欣赏那些花大量时间处理数据为公司制定经济模式的数学怪人,而且在 20 世纪 80 年代早期,亚斯曾应聘过一份华尔街分析师的工作,但没能成功。而格鲁布曼则听从他朋友的劝告,也开始在分析行业找工作。格鲁布曼选择的时机恰到好处。那时司法部刚刚认定 AT&T 违反了反垄断法,因此要将 AT&T 分解成七个地区性的贝尔运营公司①,这是一个将永远改变长途电信行业的决定。司法部给 AT&T 两年时间将资产分配给这些地区贝尔运营公司。因此那时华尔街需要人手来分析这种公司环境的变化,格鲁布曼这样的人也因此变成了"抢手货"。

华尔街将不得不等格鲁布曼再长些时间。1982 年,格鲁布曼离开了那个怪人流放地,转到 AT&T 公司设在纽约的公司信贷部,帮助公司安排即将到来的资产剥离。这次调动为格鲁布曼接近公司高管提供了更方便的机会,这些人虽然无助于促进格鲁布曼在 AT&T 的职业发展,但在他后来作华尔街证券分析师的下一次人生历程中证明是有用的。

新生活开始于来自惠普投资银行的一个电话,这是一家管理着数千名

---

① 1985 年,美国司法部认定 AT&T 违反了美国反垄断法,从而将 AT&T 分解出七个区域 Bell 公司(Bell Operation Company,BOC)或地方贝尔运营公司(RBOC),其分析分部称为 Bellcore。——译者注

小投资者账户的重要经纪公司。这时格鲁布曼向亚斯征求意见，后者已经在环球电讯找到了一份新工作。"你认为怎样，杰伊，我应该接受这份工作吗？"他问亚斯。亚斯建议他说，考虑到 AT&T 公司资产剥离后不断变化的政治风向，他没有太多的选择。"生活中的变数太多了，而且听起来这是一个不错的选择。"格鲁布曼听从了朋友的建议。

1985 年，格鲁布曼接受了惠普公司的分析工作，而且没浪费一点时间就使自己出了名。开始他并没有通过分析师必须的一项认证考试，也就是"7 系列"①，可能是他一直忙于侃大山而没时间学习的缘故吧。但是格鲁布曼的网罗能力这时发挥了作用，由于很多人引用他的话，所以他迅速确立了自己在全国分析师中的这种地位。格鲁布曼吹嘘说自己凭借着个人魅力与记者建立了友谊，这使得他早期工作中所说的话被大量引用。不久他便成为华尔街为数不多的几位在那些电话公司挂牌前就能准确预测其赢利的分析师之一，从而为自己树立起了名声。

人们普遍认为，格鲁布曼维持着一个由以前同事组成的关系网，从而为格鲁布曼提供他们本公司内部的财务信息。毫无疑问，格鲁布曼确实拥有一个最好的业内名片夹；AT&T 公司的解体使得公司数千名管理人员被解雇，而这些人现在几乎工作在每一个重要的电信公司，因此格鲁布曼是依靠自己建立起来的关系网来获得比竞争对手更多的优势，对于这一点他并不感到害臊。他原来的老板马蒂·海曼离开 AT&T 后在斯普林特公司工作，此人回忆起第一次见到分析师格鲁布曼时的情景。"现在你们公司运营得怎么样啊？"格鲁布曼问道，希望能探听到公司的赢利情况。海曼则回答说："杰克，即使我知道也不能告诉你。"杰克只是笑了笑，但这并没有妨碍他一而再再而三地追问。

海曼宣称自己坚持立场，不会透露 AT&T 的消息。但 AT&T 公司像一

---

① 纽约股票交易所注册投资顾问（NASD Series 7）认证。——译者注

个筛子，各种消息还是都传了出去。到了 20 世纪 80 年代末的中期，格鲁布曼估算的 AT&T 公司赢利几乎准确到分钱，这在当时成了神话。人们通常会怀疑是他的那些朋友走漏了消息，因为这些人在 AT&T 公司资产剥离后仍然分布在公司巨大的机构之内。但也有一些人认为格鲁布曼有更好的信息来源。这个消息来源是什么呢？且容我慢慢讲来。此人名叫露安·利维克，是一个精明优雅、满头褐色直发的女性。20 世纪 80 年代晚期的时候，格鲁布曼承认自己正与露安·利维克约会，当时她在 AT&T 公关部工作，负责编制公司季度收入报表。在杰克和露安刚刚成为恋人的时候，这种猜测并不很多；但当他们的关系公开后，华尔街都猜测说露安是格鲁布曼报告中消息的来源。尽管没有强有力的证据证明这种猜测，但据 AT&T 公司一名职员证实，当 AT&T 公司财务人员知道露安与格鲁布曼关系的时候，她被重新安排到公司的另一个部门。

不管有没有他的女友，格鲁布曼仍以极高的准确率预测 AT&T 公司的赢利，并使自己成为电信业的关键人物。据反映，格鲁布曼曾吹嘘说，富达投资公司传奇式的基金管理者彼德·林奇开始找他商量股票买入时机。格鲁布曼向朋友们说他喜欢他的工作，以及华尔街对他的敬重，也许更重要的是，他喜欢赚到的大笔大笔的钱。到底这笔钱有多少？曾有这么一件事可以说明。一名证券分析师叫苏珊·卡拉，她在 20 世纪 80 年代曾在电信业做顾问，她回忆起大约在同一时期，她想在华尔街找份工作，这么做的动力是什么？她说："我记得当时听说杰克一年能挣 100 万。"

格鲁布曼生活很夸张，而且不害怕夸耀自己新积累起来的财富和权力。他的商务会议经常在体育比赛过程中举行，绝大多数是在麦迪逊广场花园和大西洋城举行的高级别的拳击赛，还有棒球比赛。"对于杰克来说，个人与工作的事儿总是混在一起。"一位原电信公司经理说，此人现在成了格鲁布曼慷慨赠予的受益人。这个经理记得还出现过一次特殊情况。一次，格鲁布曼来到自己办公室出席一次会议，会议还没开始，格鲁布曼就关上门，拿出一包可卡因，他把这些可卡因在经理办公桌上分成一条一条的，然后吸起来。会议开始几分钟后，会场上便传来了格鲁布曼的鼾声（格鲁布曼的发言人说，杰克并不否认此事）。

现在格鲁布曼发展很快，到了1990年，他所有的努力开始得到回报。不久他便成为《机构投资者》杂志排名上榜的电信业高级分析师之一，这意味着在参与民意调查的资深投资者中他有了追随着。更重要的是，随着投资银行业务成为衡量一名分析师如何工作的最主要因素，格鲁布曼在这方面表现同样出类拔萃。1991年，他帮助惠普公司承销了价值3250万美元的长途折扣服务公司①的股票，这是一家规模不大但却在不断发展的电信公司，位于密西西比州的杰克逊。此次交易对格鲁布曼来说是一次重要的成功。

惠普公司投资银行业务是华尔街的笑柄，因为大部分交易都成了三大巨头的囊中之物：高盛、摩根和美林。但格鲁布曼不信邪，他施展自己的迷人魅力，飞到密西西比，在埃伯斯的私人酒吧彻罗基小酒店与LDDC那位批判传统信仰的CEO伯尼·埃伯斯一起吃黄油汉堡，喝啤酒，并努力劝服对方。他们之间的关系就这样建立起来了。一个月后，为了判断埃伯斯是否忠诚，格鲁布曼发布了"进攻性购买"的建议，并借此开始涉足LD-DC，称这家公司是"定位准确，运转良好的长途电信转销商"。结果他成功了。事实证明，这是一段美好而且利润丰厚的友谊。

更多的成功随之而来。1992年，格鲁布曼以一次重大胜利震惊了华尔街。这一年，通用电话电子公司（GTE）以62亿美元合并康特尔公司，格鲁布曼帮助惠普公司成功地完成了这笔交易，从而捍卫了惠普公司的地位，并赢得了后续10亿美元的股票业务。惠普公司后来在1999年9月GTE 9.63亿美元的股票发行业务中发挥了主导作用，超过了行业巨人高盛

---

① LDDC，世通公司的前身。——译者注

和美林。这一系列的胜利对惠普公司来说有着十分重大的意义，对格鲁布曼更是如此。多年来，他一直以了解业内每家公司的内情而知名。而现在他表现出了更有价值的才能：接近那些能分派巨额投资银行交易的高级管理人员的能力。他的潜能似乎没有穷尽。如果他在惠普公司这样的中型企业能够创造出这样的成绩，那么想象一下，在更高级别的公司里他能做什么？

为了适应自己杰出的工作，格鲁布曼找到了合适的妻子。他与露安·利维克结婚了，就是那个AT&T公司原公关部经理。他们在纽约城举办了一个小型仪式。利维克与格鲁布曼是截然不同的两个人。她平静忧郁；而格鲁布曼举止招摇而且有时让人憎恶。而格鲁布曼在向家人和朋友介绍美丽的新婚妻子时却是喜气洋洋。"她是中西部上层白种人。"格鲁布曼后来会谈到妻子很酷的行为举止。露安认为格鲁布曼有吸引力似乎因为其他原因。"当我遇到他时，我发现最有趣的是他的双重名声。"她对《华尔街日报》说。

但并非每个人都会分享这份喜悦。米尔德丽德·格鲁布曼与自己的儿媳没有一点共通之处，她并不喜欢儿媳。当时她转过来问亚斯，"你怎么看，杰伊，他是否找错了对象？"亚斯说他并不这么认为，他心里想："杰克正收获成功，他将会成为一个明星。"

1993年的某时，所罗门兄弟公司电信银行部主任爱德华多·梅斯特雷也这么想。梅斯特雷是一位资深的投资银行老手，他深知赢得投资银行生意的条件正在发生变化。原来那种一家公司只依靠一个投资银行，一家投资银行单独处理这家公司所有承销业务的陈旧关系体系已经结束了。越来越多的情况是，一家公司开出一笔交易的价格，然后在大的投资银行之间举行"选美比赛"。而在这种竞争中取得优势的一种方法就是雇用大腕级分析师，也就是那些不仅可以发布股票分析报告，而且能够宣传炒作自己喜欢的股票的那种拉拉队长。从这一点考虑，没有人能比格鲁布曼叫声更大了。

此时的格鲁布曼还有其他事需要做：自从 LDDC 的 CEO 伯尼·埃伯斯将公司更名为世通公司（World Com）后，虽然格鲁布曼与 LDDC 的关系取得了长足发展，但还有事情要做。到了 20 世纪 90 年代早期，通过兼并一系列小公司，埃伯斯已经把世通公司建设成为一个地区性的电信帝国，正因如此，世通公司也成了华尔街最佳公司客户。但埃伯斯对于投资银行的选择甚是挑剔。埃伯斯把大量的合并咨询业务交给了一家位于亚特兰大的小型经纪公司——布雷肯里奇集团（因为帮助世通公司兼并，每年收入数百万美元）。所罗门公司的管理者们嗅到了这个公司仍在发展，并想分得世通公司的承销业务，而且他们认为格鲁布曼可以帮忙。

如果格鲁布曼作为一名分析师被华尔街高级银行家追求看起来有点奇怪的话，那么所罗门公司的人不会在意。梅斯特雷只是从办公室给格鲁布曼打了个电话，邀请对方在耶鲁俱乐部共进早餐。这家环境幽雅的餐厅坐落于曼哈顿市中心，是为常青藤盟校毕业生而建的。格鲁布曼当然欣然接受了邀请。因为梅斯特雷当时是电信竞争圈内的高级银行家之一，有着完美无缺的履历，也是一位格鲁布曼认为会对自己职业生涯下一步发展有帮助的人。同样重要的是，格鲁布曼钦佩梅斯特雷的名门出身。梅斯特雷出生在古巴，长在阿根廷，是一位成功的媒体企业家的儿子，他高大健壮，在美国接受教育，在耶鲁大学获得学士学位，随后从哈佛法学院毕业。梅斯特雷虽然有紧迫感而且很有纪律性（他认真培养起来的），但朋友们说他没有一点华尔街典型的成功人物的那种外表特征。他买成衣穿，住在曼哈顿一套舒适的公寓里，开着一辆有九年车龄的道奇货车，经常停在世贸大楼的停车场，在 1993 年爆炸中幸免于难。据说，到了 20 世纪 90 年代中期的时候，由于与每个重要电信公司都有关系，梅斯特雷已经将所罗门公司发展成为电信银行业的高级玩家。

让我们再来看看他们两位的见面。会见定在上午8:00。格鲁布曼迟到了,他发牢骚说是因为梅斯特雷给了他错误的地址。格鲁布曼后来说,他是充分准备后去的,草拟了25个关键问题要梅斯特雷回答。但最后,最重要的问题却是由梅斯特雷提出来的。"你是电信业最杰出的分析师,而我们有特许经营权。"他告诉格鲁布曼。他请格鲁布曼来所罗门工作,而且补充说,他会赚到做梦都想不到的那么多钱。

格鲁布曼同意了,并在随后的几周会见了所罗门公司的一些高级玩家,包括CEO罗伯特·德纳姆和分析部主任吉姆·克兰德尔。但据公司的一位人士说,格鲁布曼并不十分喜欢梅斯特雷的推销,因为这妨碍了他吊惠普公司的胃口。最后的决定留给了惠普公司的金融家乔·格拉诺。格拉诺曾是越南服役的绿色贝雷帽,宽肩膀,方下巴,坏脾气。作为一名股票经纪人,格拉诺从美林公司和惠普公司地位卑微的经纪部发家,他帮助惠普公司成为向小投资者销售股票的重要玩家。1994年,惠普公司CEO唐·马伦指定格拉诺为自己的二号人物,让他负责扩展公司争取投资银行生意的业务,这也是格鲁布曼开始崭露头角的领域。

但格拉诺并不喜欢格鲁布曼的工作习惯。早在几年前,他和格鲁布曼曾为AT&T做过分析报告,格拉诺当时很讨厌格鲁布曼对可能客户表现出来的那种无所不知的态度。格拉诺还有其他疑虑。早在华尔街的管理者开始将分析作为争取银行业务的关键组成部分之前,格拉诺几乎一直是作为经纪人或经纪人管理者来为小投资者服务的。他十分清楚,一个好的分析师应该帮助公司赢得银行交易,同时他也清楚利用冲突性的分析欺骗小投资者是何等的容易。

坐在他那间装饰着军事大事记的办公室里,格拉诺还记得别人告诉他所罗门给格鲁布曼开的价钱:根据他搞掂的银行业务多少,年薪300万美元或可能更多。格拉诺,这位在康涅狄格州东哈特福德贫困的意大利街坊里长大的人明察秋毫，他知道格鲁布曼是想借此敲诈他一番。"根本没他妈门儿，"他厉声说道，"告诉格鲁布曼，出门的时候别让门撞了他的屁股。"

格拉诺还在满口脏话地骂着。有人则把他的反应转告了格鲁布曼。既然如此，格鲁布曼就可以轻轻松松地走了。

1994 年 3 月，格鲁布曼带着两项任务来到了新公司：其一是改造国家电信业，在完成这项任务的过程中，产生了第二个任务：他要发财。实现这两个相关目标最快的方法在密西西比的伯尼·埃伯斯的公司里找到了。

让我们先来看看埃伯斯的经历。此人以前曾是一名高中篮球教练，做过送奶工和保安，第一眼看上去，他好像与领导一家重要的长途电信公司的高管很不相称。他的经商生涯开始于他投资当地的一家酒店兼饭店，最后竟发展成了连锁企业。当 AT&T 公司解体后，埃伯斯和几个哥们儿看准了一个一生的机会，即销售低价长途服务。他们将个人资金筹集起来，在密西西比的杰克逊投资了一家小电话公司，即长途折扣电话公司，也就是LDDS。

埃伯斯也许出身卑微，但他清楚地知道如何赚钱。他为 LDDS 制定的最原始的商业计划看起来好像正好来自于华尔街套购桌上。公司购买长途"话时"，成本加成①后再销售给当地的电话公司。因为 LDDS 不拥有电话线路，所以这一切就是为了赚钱。早期经历了一些困难后，LDDS 获得了成功，埃伯斯决定扩张到地区电信的其他业务领域。1988 年到 1995 年间，LDDS 进行了 11 次兼并，从一个夫妻店成长为一家吸引了华尔街主要投资公司眼球的大公司。然而，埃伯斯仍然忠于那些使他走到今天这步的人们。布雷肯里奇，一家位于亚特兰大的小型公司，曾在华尔街拒绝 LDDS

① 加入企业管理费和利润金额后的价格。——译者注

时帮助其理财，因此 LDDS 一直让布雷肯里奇在这 11 笔兼并业务中做顾问。

所罗门公司现在想分得一杯羹。在加盟所罗门公司不到五个月的时候，格鲁布曼开始安排一系列与埃伯斯的会面。在第一次会面中，他安排埃伯斯飞到纽约，与梅斯特雷和所罗门银行部的成员相见。格鲁布曼和梅斯特雷施展个人魅力，解释像所罗门这样一流的投资银行会怎样帮助像世通这样正在发展的公司。

埃伯斯看上去并没有被说动。不久，格鲁布曼决定飞往世通总部所在地密西西比，再试试自己的运气，这次他除了约见埃伯斯外，还与世通的首席财务官（CFO）斯科特·沙利文见了面。

布雷肯里奇公司仍旧继续负责世通公司最大的业务，包括 1995 年结束的世通公司的三项兼并业务。世通公司到那时已经与当初的 LDDS 大相径庭，成为一家格鲁布曼认为会与全国最大的电信企业 AT&T 一比高下的公司。在谈判过程中，格鲁布曼尽其所能地吹捧世通的股票。1996 年 4 月，他发布一份建议世通公司进行"进攻性的发展经营"的报告。这份报告中推荐的另一份股票是 MFS 通讯公司——所罗门的另一个银行客户。MFS 之所以重要还有另外一个原因：埃伯斯盯上了这家公司，并准备兼并。

很明显，埃伯斯一定程度上为自己能抓牢这家能使自己功成名就的公司而感到自豪。但即使埃伯斯的忠实也是有条件的。1996 年 6 月上旬，所罗门的银行家刚刚为埃伯斯策划好兼并 MFS 的计划———个被命名为"新浪潮计划"的提议书。几天后，他们又采取行动以博得埃伯斯的注意。6 月 10 日，所罗门成为麦克劳德通讯公司一项 IPO 业务的首席承销商，这是一家像世通公司一样受到格鲁布曼赞扬的新兴电信公司之一。但是这笔交易醉翁之意不在酒。这笔交易完成之前，所罗门分配了 IPO 的 20 万股股票列入所谓的"×账户"，事实证明这是为伯尼·埃伯斯个人新设立的经纪账户。虽然世通公司的这位 CEO 还没有成为所罗门分销经纪商的客户，但这个分配额太大了——比所罗门公司任何一个个人客户的分配额都多四倍，也比所罗门向几个大的"机构投资者"保证的股票分配水平要高很多，比如共同基金巨人富达投资公司。

对于埃伯斯来讲，这是一笔免费得来的钱。他以卖价购买了股票，而且当股价开始上升时，他可以自由地"抛出"或出售这些股票，就像在股票泡沫时代他们买卖抢手的 IPO 股票一样。在这场交易中，埃伯斯轻松得到了 200 万美元。这比完全没要好得多。但这笔钱与他现在挣到的薪水根本没法比，这很大程度上要感谢格鲁布曼坚持不懈的支持。现在，埃伯斯的收入主要与世通公司的股票期权联系在一起，这样，股票价格越高，他就越值钱。

两个月后，格鲁布曼和所罗门大获成功，这一点也不奇怪。埃伯斯亲自给格鲁布曼打电话，告之世通公司准备让所罗门在公司计划兼并 MFS 通讯的过程中做顾问。格鲁布曼立刻将这个好消息告诉给了梅斯特雷。所罗门还要再开会并提出开价，这由格鲁布曼负责组织了。为了让世通公司的董事会明白这次兼并的意义，格鲁布曼和梅斯特雷举行了一次推介会。所罗门公司的一名银行家向她的上司提出了一个显而易见的问题：为什么会是一名分析师参与这样一笔交易，而在未来几周他肯定要为这笔交易定价？这位银行家曾经受邀与格鲁布曼和埃伯斯参加一次会议，而且她注意到这两个人一直在"谈笑风生"地侃所罗门公司在这次交易中的作用，而不是谈论任何一个典型的分析师所关心的问题，比如世通公司的财务状况是否良好。她迅速将这种情况报告给所罗门公司的执行部门，说她认为这是一系列破坏中国墙的行为。

令人啼笑皆非的是，所罗门并没有破坏中国墙。格鲁布曼现在是骑在中国墙上，在一桩交易中，他先履行一名银行家的职能，这时他不能写分析报告，否则是违法的；而当他的银行家职能结束后，他又以分析师的身份写分析报告。在世通兼并 MFS 这笔交易中，他们确实是这样做的，也正因此，所罗门公司在这个过程中，赚得了 750 万美元的佣金，这是所罗门电信部门最大的一笔收入之一。

这笔交易不仅突出了格鲁布曼相互冲突的交易行为，而且也表现出他的远见，即怎样才能在新兴的即时通信、移动电话、高速网络的无线领域以及由 1996 年《电信法案》引发的肆无忌惮的竞争中生存和发展。这部《电信法案》是 1996 年 2 月通过的，其本质就是让小的贝尔公司对自己的服务"分类定价"，同时为那些像世通公司这样新进入这一领域的企业开放竞争市场。格鲁布曼相信，世通公司已经准备借助迅速扩张采取重要措施以占有巨大市场份额。在格鲁布曼眼中，随着对 MFS 的收购，世通公司已经准备好接管整个世界。MFS 给世通公司带来了可与更强的对手竞争所需的大量光纤容量。MFS 在其军火库中还有一件秘密武器，那是一个叫 UUNet 的公司，一家提供商业网络接入服务的公司。随着网络使用量每年翻一番，世通公司经过一次兼并将自己定位成了新经济的宠儿。

在格鲁布曼看来，新兴技术企业像一项永远不会输的事业。消费者对电信服务有无穷无尽的需求，这意味着电信业的发展差不多是可以收回成本的。同时，为了延长电话线路，创建新的无线、移动和高速电缆业务，电信业会大量转向华尔街，他们需要价值数千亿美元的股票、债券和银行理财服务，同样这会给经纪业带来数亿美元的佣金收入。格鲁布曼似乎从来不考虑与自己理论明显对立的观点，那就是这些竞争会挤占利润空间，同时会将这种最新式的技术变成一种商品。

但是他为什么应该考虑这些呢?《华尔街日报》1997 年的一篇报道用赤裸裸的语言阐述了格鲁布曼理论成功的原因：1989 年对世通公司 100 美元的投资，到了 1996 年就值 1580 美元。更让人吃惊的是世通与其对手较量的方式。世通公司的股票投资收益是"由……AT&T 公司、MCI 通讯公司和斯普林特公司这三大长途电信巨头组成的最佳投资收益的 10 倍"。埃伯斯—格鲁布曼组合成功的诀窍很简单：努力扩展业务，推销股票，随后顾客就会找上门来。

现在，格鲁布曼需要做的就是把这种"理论"销售给投资者。与其明星对手玛丽·米克和亨利·布洛杰特不同，尽管多年来有不计其数的采访请求，格鲁布曼一直回避电视镜头，包括 CNBC。但这不是说电信之王在新闻界没有朋友，因为有证明显示，一些重要的商业出版物开始出现一系列积极的新闻报道，无一例外地都强调格鲁布曼在繁荣的电信业中的突出作用。

这些文章中最重要的一篇出现在《华尔街日报》的封面上，还配有大字标题："万能博士：对于所罗门来说，格鲁布曼是电信部门一位重要的通天人物。"对于格鲁布曼来说，那篇报道是自己职业生涯中决定性的时刻。《华尔街日报》在挑选自己的形象代表时十分谨慎，特别是那些将要出现在封面上的人物。那篇报道认为，格鲁布曼值得得到像沃伦·巴菲特、亨利·克拉维斯和格鲁布曼后来的老板桑迪·韦尔这样的金融界名人一样的关注。原因很简单。那篇报道说，格鲁布曼远非只是一名分析师，在急速变化的电信业务中，他作为一个最重要的玩家正崭露头角。他的报告能推动股市变化。他的建议成为这一行业最有权势的 CEO 们急切搜寻的目标。使格鲁布曼成为电信业明星的，是他凭借自己的知识帮助所罗门兄弟公司赢得一些电信业最重要交易的能力。格鲁布曼不仅仅告诉投资者购买哪些股票，他还告诉人们整个电信业应该成为什么样子。

那篇报道说，格鲁布曼并非你想象的那种华尔街管理人员。他成长于南费城，打过拳击，后来进入大学。但是"把格鲁布曼从分析师堆里区分出来的特征，是他游刃有余地行走在银行业务和分析之间的分界线上，同时保证信誉不受丝毫损伤"。

当格鲁布曼读完这篇报道，看到自己的"点画"，也就是这本书的商标形象素描——主要在《华尔街日报》封面出现——格鲁布曼如同达到了性高潮。但《华尔街日报》未能对其背景提出疑问（一些内容被证明是编造的），而且向世界发出信号，说他的分析是正确的。就格鲁布曼而言，他已经正式入主华尔街。

应该指出，这篇报道并非完全是一篇吹捧性的文章。格鲁布曼可能本应该就是一个明星，但这篇报道就其操作业务的方式提出了一个根本问题，即在其魅力的影响下，格鲁布曼实质上是在提高那些公司的股票价格，而这些公司会在他完成一笔银行交易后为其支付薪酬。1996 年，格鲁布曼的年薪达到 350 万美元，是华尔街最高年薪之一。这些薪水是以公司的人所说的"格鲁布曼单元"来支付的，主要基于其完成的交易数量。更奇怪的是监管者们对格鲁布曼分析师兼交易撮合商的双重作用的反应——他们没采取任何措施。SEC 执行部主席威廉·麦克卢卡斯好像根本不关心更重要的问题，即投资者是否被格鲁布曼这种受其冲突性操作行为影响的报告骗来购买股票。"联邦法律中并没有严格的条款规定你不能这样做或你不能那样做，"文章引用麦克卢卡斯的话说，"关键是理顺问题的方方面面。"

不管麦克卢卡斯是否知道这些问题，他只管为格鲁布曼一路开绿灯，让格鲁布曼继续按照自己的方式行动。

1997 年夏，英联邦巨型电信企业英国电信（BT）与当时美国第二大长途电信公司 MCI 商讨兼并事宜。MCI 曾经有过好日子。1992 年以前，在当时具有传奇色彩的董事长比尔·麦高恩的带领下，MCI 慢慢开始在长途电话市场与 AT&T 竞争，但自从比尔 1992 年去世后，MCI 的决策一直错误百出，比如它竟在一些几乎没什么赢利的项目上花费了数十亿美元。英国电信希望跨过大西洋进行扩张，认为可以不费吹灰之力就能合并 MCI，然后创建"全球首家明确定位于发展迅速的电信市场的电信公司"。

格鲁布曼也认为这笔交易可以轻松搞掂。在一篇新闻报道中，他讲了这笔交易的益处，而且好像确信 MCI 会接受英国电信的开价。"实际上根本不用再次举行谈判。"他说。格鲁布曼十分喜欢这笔兼并交易，然而有一些人则反对这起兼并，其中一个重要人物是美林公司电信分析师丹·莱因戈尔德，他也是格鲁布曼主要的竞争对手之一。对此，格鲁布曼发动了大反击。他开始疯狂地给那些高级金融家打电话，攻击莱因戈尔德的分析是一种误导。"他不知道自己在说什么。"格鲁布曼说。

但莱因戈尔德并没有让步。"这笔交易应该以更低的兼并价格重开谈判。"否则就不会成功，莱因戈尔德在一份报告中这样说。他的担心是有理由的，因为越来越多的证据表明 MCI 的赢利将继续恶化，这会导致 BT 公司重新考虑自己的开价。"那些没有看到这种可能性的人，"莱因戈尔德在报告中说，"一定已经接受了我在大学期时拒绝的那些'左'倾思想。"他并没有直接点格鲁布曼的名字，但格鲁布曼心知肚明。

这并非是两人第一次交锋。莱因戈尔德和格鲁布曼不仅仅是竞争对手，而且是死对头，在整个 20 世纪 90 年代，在他们争夺《机构投资者》杂志最佳分析师评选过程中，二人在各自的报告中一直互相攻讦。这种敌对态势始于 20 世纪 80 年代中期，当时年轻的格鲁布曼正供职于惠普公司，在一份报告中他猛烈攻击了 MCI。而莱因戈尔德那时正在 MCI 投资者公关部工作，看到这份报告后立刻进行反击，指出这份报告中存在大量错误。"这是对同行的亵渎。"他对格鲁布曼说，而后者气得一顿痛骂。

1990 年，当莱因戈尔德跳到华尔街分析行业时，他发现格鲁布曼成了他最强劲的竞争对手，而此人愿意挑战极限。这里得提一下莱因戈尔德，他并不完全对电信业持消极态度，同时也不屑于帮助他的公司赢得交易。他跟格鲁布曼一样相信电信业在未来几年会得到发展，但他看好那些"小贝尔公司"，而格鲁布曼也声援那些"新手"。但他们不同之处是他们的激情位于不同水平。莱因戈尔德首先把自己当作一名分析师，而且在对世通公司或其他电信公司提出"买入"推荐时，他从不试图控制那种使格鲁布曼成功的冲突体制。

事实上，莱因戈尔德经常抱怨自己不能与那些为了赢得一笔交易而什么都愿意做的人相竞争。当听到人们猜测说格鲁布曼开始向客户泄漏敏感信息，在兼并公开前给这些人提供内部情报时，莱因戈尔德告诉几位证券金融家说："这个家伙正在走向监狱。"对于格鲁布曼来讲，他认为莱因戈尔德没有胆量做那些能让他取胜的事。

在 BT 欲兼并 MCI 这个问题上的较量是格鲁布曼对莱因戈尔德最近的一场抗衡。时至仲夏，MCI 与 BT 兼并的谈判明显陷入了困境。在 MCI 于 1997 年夏发出警告，说自己正遭受着比预期更大的亏损之后，莱因戈尔德先下手为强，警告投资者这笔交易可能有问题。MCI 的股价开始猛跌，BT 也被迫商量提出更低的开价。这笔交易显然处于危险之中，但格鲁布曼继续坚持自己原来的预测，即这笔交易将以原价成交，同时他说莱因戈尔德不知道自己在说什么。

不久，事情的发展证实格鲁布曼有充分的理由来促成这起兼并。原来所罗门的"套利者"一直听从格鲁布曼的意见。在继续讲下去之前，各位看官请容我先解释一下何谓"套利者"，这是对专业交易者的一种称呼，也可以称之为"套汇者"，就是那些从目标公司（成为兼并目标的公司）买入股票，再将股票卖给购买者（兼并那家公司的公司）以从中渔利的人。正是由于所罗门有这么一群"套利者"，他们由于听信了格鲁布曼的预测，因此下了大赌注认为这笔交易会成功，也就是说，MCI 的股价会迅速上升，因为他正在被兼并。但随着这桩交易陷入困境，出现了相反的情况。BT 的股票价格稳步上升，而 MCI 的股价则开始下降。所罗门的"套利者"亏了数千万美元的血本，据华尔街一些人士估计这笔损失可能在一亿美元左右，而原因就是听信了格鲁布曼的建议。

格鲁布曼根本不考虑这种巨额损失，仍不打算认输。有一次，莱因戈尔德在办公室接到一个金融家打来的近乎发狂的电话，此人是他最好的一位客户。这个金融家说他刚刚跟格鲁布曼通过电话，格鲁布曼在电话中宣称他能搞到 BT 与 MCI 兼并合同的"秘密附件"，而且声称那份文件里有一个 BT 和 MCI 兼并合同中的条款，正是这一条款使得 BT 无需再谈这笔交易。实际上这个条款就是 BT 公司将以原来标明的 2000 万美元购买 MCI。听了这话，莱因戈尔德大发雷霆。大家都知道所罗门公司的套汇桌在 BT 与 MCI 这场交易中正在垮掉，这几乎不是什么秘密，而现在格鲁布曼却铤而走险。"让他给你看看那份文件。"莱因戈尔德告诉那个金融家。这个人说他会的。莱因戈尔德再也没听到回音，但到最后，他根本不需要得到什么回音了。8 月下旬，BT 公司向 MCI 清楚地表明自己的意图：以一个相当低的价格兼并，否则我们就此结束。实际上这笔交易已经没戏了。

作为一名分析师，格鲁布曼在本应该最有优势的方面大败而归，把投资者扔到 MCI 的狂风暴雨之中，而让 BT 继续为自己的愿望不辞劳苦地远行。但不久格鲁布曼就发现了一个扭转败局的方法。他与梅斯特雷和另外一个叫汤姆·金的电信银行家联手，与世通公司的首席财务官斯科特·沙利文举行了一系列会议，因为沙利文说他对收购 MCI 可能感兴趣。格鲁布曼的推销方法很简单：收购 MCI。格鲁布曼认为，有充分的理由证明世通公司与 MCI 联合意义深远。如果这笔交易取得成功，那么就会诞生全国第二大长途电信公司，其规模与 AT&T 公司差不多。所罗门公司认为，与 MCI 联合后，世通公司就具备了成为著名电信公司的所有条件。沙利文爱听这话。

这次兼并是格鲁布曼职业生涯中最为重要的一次交易，正当格鲁布曼忙于处理这起兼并的决定性环节时，他接到一个电话，但这次不是来自于他的高级客户。打电话的人叫杰米·戴蒙，是旅行者公司的二号经理，他想要见格鲁布曼。这是为什么呢？原来当时这家由桑迪·韦尔掌管的金融服务巨头正在兼并所罗门兄弟公司，可不能小看这个桑迪，此人可是华尔街最有本事的一个人物。如此看来，杰克·格鲁布曼的人生将要发生巨大改变。

这次午餐会见是在旅行者公司的办公室里举行的。戴蒙，这位哈佛大学 MBA 的职业生涯一直是与韦尔一起度过的，当时陪同戴蒙的是他最亲近的同事史蒂夫·布莱克，还有旅行者公司经纪业务的资本市场主任史密斯·巴尼。戴蒙的目的就是要让格鲁布曼高兴。他认为所罗门公司是一个混乱的公司，里面满是职业杀手般的证券交易商，一旦时机成熟这些人就努力挣大钱，但这同时给公司的资本带来了巨大风险。而格鲁布曼则是一个坚定的挣钱者。当这三人开始开会时，格鲁布曼还在全神贯注地想着世通公司和 MCI 的交易，戴蒙立刻意识到了这一点。"杰克，你看上去心烦意乱的。"戴蒙说。格鲁布曼很惊奇戴蒙如此坦率，他点头称是。"在某种程度上你会知道个中原因。"格鲁布曼回答道。

会议第二天，旅行者公司宣布将以 90 亿美元收购所罗门兄弟公司，将之并入美邦投资银行。戴蒙对所罗门公司的预感相当准确，这迫使他大幅裁员，包括解雇那些在风险交易中花费公司大量金钱的风险证券交易商。不到一周，世通公司以 370 亿美元收购了 MCI，这时戴蒙发现另外一件事。原来由于格鲁布曼的努力工作，所罗门公司从此次交易中最终挣了 5000 万美元佣金，这是所罗门最大的一笔收入之一。

格鲁布曼新公司的高级经理们欣喜若狂，投资者们亦是如此，他们将格鲁布曼视为上帝。"这真是一招妙棋。"1997 年 10 月 13 日《商业周刊》的一篇报道中，一名叫威廉·K. 纽伯里的投资者这样说，此人是全美教师保险和年金协会的分析师，同时也是世通公司的一名投资者。好像没有人关心这笔交易是否有什么金融意义，更不用说格鲁布曼了。埃伯斯不得不掏出 70 亿美元购买 BT 已经在 MCI 中持有的股份。总共算下来，MCI 和世通公司共产生 300 亿的债务，还有这笔交易额外产生的估计有 5 亿美元的利息。兼并结束后，格鲁布曼让世界了解到他的那种感觉："装满卡车，尽量多买世通公司的股票吧。"

　　且说美林公司有一个叫埃米·巴特的初级分析师，她刚刚完成自己第一笔大额交易。巴特是哈佛大学商学院的毕业生，她一直把那个时代一些伟大的投资者当作自己的指路明灯，比如彼得·林奇和沃伦·巴菲特这些人，也就是那些分析资产负债表进行远期投资的人。1990 年代中期，她听到一些很有意思的建议，于是也想到华尔街调查行业闯荡一番。世通和 MCI 的交易结束后，有一次她与威特资本公司投资银行的头儿马克·洛尔一起饮酒，巴特被告知要忘记大学所学的大部分知识，专心注意目前华尔街正在书写的一个新的传奇故事。

　　"如果你真想增加能力和影响力，你需要同时扮演两个角色，既是投资银行家又是分析师，"巴特想起当时马克对她这样说，"你需要像杰克·格鲁布曼那样。"

　　让我们继续讲格鲁布曼。到目前为止，少有人怀疑格鲁布曼赚大钱的本事。他的选股水平正在书写着华尔街的记录。再说世通公司兼并 MCI 后，虽然 MCI 尚隐藏着危险，但世通公司还是成为股市最抢手的一只股票。所罗门被旅行者公司收购后更名为所罗门美邦，因此从现在开始我们要称之为所罗门美邦了。在所罗门美邦内部，格鲁布曼骑在中国墙上的方法正在被当成一种在华尔街职业生涯中要遵循的模式，而且正在传授给新一代年轻分析师。格鲁布曼忠实的助手舍林·麦克马洪告诉一群新毕业的MBA，作一名"调查分析师是一种令人兴奋而又刺激的工作，特别是在电信行业更是如此"。在这个行业里，在有关公司高级电信银行客户世通公司的"每笔合并与收购交易中"，格鲁布曼都参加了。"我们相信杰克"与世通公司"拥有最长期最巩固的关系"，而且该公司的股票会持续走高。

　　很多投资者也这样认为，这些人不会顾及格鲁布曼的上司，也忽略了他与公司的矛盾关系，只要股票价格持续走高就行。20 世纪 90 年代中期到末期，国内一些最老到的资本经营者们都确信格鲁布曼是每笔交易的中流砥柱，是迅速变化的股市最终的信息来源。通过向买方客户传播内部情报，格鲁布曼并非仅仅提高了自己最终线人的名声，更重要的是，对于其批评者，甚至一些其内部信息的接受者来说，格鲁布曼的行为似乎接近了非法的边缘。

但是格鲁布曼通常似乎把闲聊和内部情报这二者处理得恰到好处。举例来说，20世纪90年代末，一位共同基金的管理者回忆说，当时格鲁布曼告诉他，一家叫空中接触（Airtouch）的无线通信公司的CEO萨姆·吉恩多年来拒绝了大量的接管报价，但最终准备将公司卖掉。虽然所罗门没有参与这场交易，但格鲁布曼坚持说他的消息是准确的。第二天，在购买了几千股空中接触公司的股票后，那个资本经营者意识到格鲁布曼是多么地精明。随着该公司可能被接管的谣言纷纷而至，这家公司的股票价格开始稳步上升。这位证券经营者给圈内的几个同事打了电话，结果证明，他并非唯一一个受到格鲁布曼内部情报保佑的人。"这不是内部情报，"有人告诉他，"杰克正在把这个消息告诉给每个人。"

几天里，CNBC公开透露说空中接触公司正准备被收购。十多天后，由于一个叫沃达丰的公司在收购该公司的大战中胜出，空中接触公司的股票价格上涨了近20美元。

正当格鲁布曼与野心勃勃的电信团队忙着处理世通和MCI兼并的交易时，他发现自己有了新老板。这位新老板就是桑迪·韦尔，这位伟大的华尔街金融家正忙着将所罗门兄弟公司及其向小投资者销售股票的巨大的美邦经纪部整合在一起，并入其正在发展中的金融帝国。对于数百万通过旅行者公司的经纪子公司所罗门美邦购买股票的投资者来说，格鲁布曼现在成了官方发言人。

格鲁布曼给世通和MCI合并所做的股票预测虽然使其一跃成为全国高

级交易撮合商之一，但在公司内部的一些部门里，他几乎是不受爱戴的角色。韦尔首先采取的行动之一就是去除所罗门公司的套汇部门，因为该部门听从格鲁布曼的建议而在 BT—MCI 交易失败后使公司遭受巨额损失。韦尔在其长期的华尔街职业生涯中，对经济风险并不陌生，但他痛恨财务冒险，而且据韦尔所知，像所罗门公司的那些股票交易商是最危险的人。然而，他对格鲁布曼的看法却截然不同。这两个人并非朋友。事实上，格鲁布曼与公司老板们只有有限的接触，也就是根据不同的情况，可能每两月见一次面或交流股票价格预测。但韦尔清楚地知道格鲁布曼增加净收入的能力。在 1998 年到 2000 年间，格鲁布曼帮助所罗门美邦在电信企业方面承销了价值 530 亿美元的股票和证券交易。这也就是说公司佣金进账达数亿美元，使得格鲁布曼可能成为公司最佳交易撮合商。世通公司显然也成了格鲁布曼的高级客户，因为自从埃伯斯抛弃布雷肯里奇作为自己兼并和其他收购交易的主要咨询商后，世通公司为格鲁布曼贡献了 1 亿美元的佣金。

但并不是只有所罗门公司绽开了笑脸。随着所罗门公司在各种金融交易中对埃伯斯的任命，他或是高级管理者或是顾问，此人不久便成为各种 IPO 股票的稳定受益人，并将这些收入划进自己的经纪账户。1997 年，所罗门在世通公司更大的一次债券交易中作为主要承销商赚得 800 万美元的佣金，在世通公司接管 MCI 的交易中作为顾问，所罗门赚得 3750 万美元佣金，在 MFS 的一次证券交易中赚得 150 万美元的佣金。从这一年开始，埃伯斯的 IPO 股票使他净赚收益近 1000 万美元。

到目前为止格鲁布曼已成为华尔街最抢手的商品之一，而且在 1998年，声名显赫的高盛投资银行的高级经理们开始打格鲁布曼的主意，认为此人如果到了高盛，那将为他们的团队锦上添花。包括副执行总裁约翰·科尔津和汉克·保尔森以及投资银行家约翰·桑顿和约翰·塞恩在内的高管们都向格鲁布曼许诺，说公司一旦挂牌后就给一笔巨额财富。格鲁布曼喜欢这种被人注意的感觉，他跟别人吹嘘说科尔津亲自上阵来拉他入伙。然而，高盛的这种推销提供给格鲁布曼的不仅仅是金钱。何出此言？且请各位看官先来看一看花旗集团的建立，从中我们就可以明白高盛的用意。1998 年 4 月，桑迪·韦尔将其旅行者经纪部、保险帝国和银行巨头花旗银行合并，从而创建了世界上最大的金融超市。理论上讲这次合并十分简单。新成立的公司叫花旗集团，由于这次是将旅行者的投资银行家及其向小投资者销售股票的庞大经纪销售部门与为花旗银行赢得一笔笔交易的商业银行家们合并在一起，因此花旗集团将从这三者合作的"协同增效作用"中受益。但高盛的官员们则强调认为，由于商业银行家会与像格鲁布曼那样的人争夺对关键客户的控制权，因此花旗银行模式最终将会失败。

这些人说，在高盛格鲁布曼将负责所有这些业务。高盛与格鲁布曼的这一谈判持续了好几周仍无进展，直到高盛的官员们突然意识到他们忘了点儿事，这时格鲁布曼看起来才好像愿意接受他们的邀请了。到底是什么事儿？且容我慢慢道来。公司有一个合伙人叫史蒂夫·艾因霍恩，他是调查主任，按说他要跟格鲁布曼见面才能达成这桩交易。艾因霍恩不仅没能像对待其他分析师申请人那样先跟格鲁布曼见见面，而高管们在艾因霍恩提出意见之前，就早已准备好雇用格鲁布曼了。如果格鲁布曼需要一个信号来了解高盛到底多么不注重分析，那么这就是那个信号。

准备仓促的会议在早上 7 点钟举行了，由于在这一过程中被晾在一边，艾因霍恩看起来很生气。他当时冷冷地问格鲁布曼："你为什么想来高盛？"好像他并不知道格鲁布曼已经被公司高层聘用了。"你让我来的。"格鲁布曼回答道。

会议结束后，艾因霍恩确信格鲁布曼并不适合这份工作。他的主要反对意见是格鲁布曼只是名义上的分析师，如果让他进来，那么公司就是在自找麻烦。但公司里更多的人急不可待地想让格鲁布曼来公司开始工作。最后事情也没成。格鲁布曼让所罗门的高级经理知道高盛对他感兴趣，而所罗门准备要进行反击。格鲁布曼是否会离开所罗门去高盛仍是一个有争议的问题。格鲁布曼私下说，如果高盛计划保持合伙公司的性质（但高盛公司正努力想挂牌上市），那么他会跑到高盛那边。换句话说，如果高盛保持合伙公司的性质，他本来可以享受到跟公司高级经理们一样的巨额年底红利，他就愿意去高盛。"那一天我本应该成为另一家公开招股公司的管理主任。"他告诉他的朋友说。同时，花旗银行中颇有几个人认为，格鲁布曼并没有真正想离开所罗门到像高盛那样一个拥有呆板、特权的企业文化且内部存在无尽的人事争斗的地方去的意图。

但失去全国高级的电信分析师和交易撮合商是很少有人愿意接受的一种冒险。所罗门高级主管杰米·戴蒙让史蒂夫·布莱克为格鲁布曼起草了一份新合同，将之提交给所罗门的统治主体以征得他们的同意。如果没有桑迪·韦尔，这个因吝啬而声名狼藉的 CEO，所罗门美邦什么事都做不了，格鲁布曼的合同也不例外。但即使像韦尔那样的吝啬鬼——他曾经因为过度的水浪费而命令雇员将办公室里养的花草搬走——也知道他不能拒绝格鲁布曼的要求。

最后，韦尔同意了那份合同，那是任何一名分析师，也可能任何一个管理人员曾经收到过的报酬最为丰厚的一份合同。然而这份合同并没有专门根据格鲁布曼帮助赢得多少交易来支付其报酬，而是退而求其次。合同中的条款规定按照"高级管理者的标准"要求的业绩，格鲁布曼每年可赚到数亿美元。这也就是说，只要他让公司赚钱，公司想给他多少就给他多少。

CHAPTER FIVE
Sucker Money

第五章
受骗者的银子

1998 年 7 月，桑迪·韦尔及其金融服务帝国旅行者集团董事会的管理委员会悄悄地创造了华尔街的历史。由于害怕主要对手高盛可能会挖走他们的高级明星，公司决定让杰克·格鲁布曼负责所有的合同，并许诺在未来五年内，每年支付给他包括股票、股票期权和现金在内的共 2000 万美元。当然，格鲁布曼以前的报酬一直也不错。1997 年，根据公司的文件，他赚了近 800 万美元。但由于达成了新的报酬合同，格鲁布曼在华尔街取得了特殊的地位。不仅仅是格鲁布曼成为调查史上收入最高的分析师，而且他现在作为华尔街一名报酬最高的管理人员开始了自己的统治。

事实证明，花旗银行有充足的理由让格鲁布曼高兴。众所周知，在 20 世纪 90 年代末期，格鲁布曼已经成为所罗门高级交易撮合商，从那些依其积极报告而受益的公司身上为公司赚得数千万美元的银行佣金。但是像玛丽·米克和亨利·布洛杰特一样，格鲁布曼的价值还体现在另一方面。在 20 世纪 90 年代末股市繁荣时期，所有这三人都努力让中产阶级相信华尔街并非风险之地，而是投资未来的安全之所，借此他们成为"民主化"股市收入最高的推销员。普通民众，就像"比尔兹敦女士投资俱乐部"的人们，曾经习惯于在宾戈室里玩游戏，开始用他们的积蓄赌博股票了。从建筑工、秘书、酒吧招待到学校教师，甚至从未上过经济课程的人都把钱从银行里取出来，开始争相进入股市，投资共同基金或向经纪人直接购买股票。分析师们鼓励投资者"在股价下跌的时候购买"，从而在他们神魂颠倒的时候向大量反复无常的高技术公司注入大量的资金，借此支撑股市。

股市涨得越高，就有更多的人担心被抛出那个买股群体。1980年，美国家庭共持有价值8750亿美元的股票，在2000年股市泡沫高峰期，这一数字涨至7万亿。像1987年的股价猛跌这些暂时的失败，华尔街置之不理，指出股市的疯涨是长期"买入和持有"投资真正在发挥作用。道琼斯工业指数作为国家重要公司的关键量测标准，到1999年时在近11000点左右徘徊，是1996年的近两倍，是1990年1月2590点的数倍之多。纳斯达克股市是量测许多由布洛杰特和米克拥护的正在亏损的新经济网络股票的指数，它也在增长，与过去十年开始时的仅仅415点相比，涨幅甚至更让人吃惊，超过了2000年的5000点大关。

在某些方面，投资者们除了相信华尔街欺骗机器外别无选择，这台欺骗机器几乎不提（与他们印刷精美的报告中所讲的不同）在鼓吹股市的益处之时，分析师们自己也有巨大的利益。很多公司很久以前便停发了公司养老金，强迫美国公众通过投资401（K）计划来为退休存钱，这个计划为雇员们提供共同基金选择，而共同基金中很多是具有风险的高技术股。对于想得到较高投资回报的人来讲，债券与他们个人存款相比，一直是一种安全的投资方式。但较低的利率使得债券特别是低风险的美国财政部债券和市政公债，与高额回报的股票相比就没有吸引力了。

就像这些新兴技术企业有能力吸引绝大多数资深投资者购买股票一

样，明星分析师们知道如何结束这种华尔街有史以来受骗者下注最多的交易。亨利·布洛杰特在美国民众中吸引了一批追随者，他要指引这些人购买高技术网络公司的股票，因此他不仅在其分析报告中为新经济利益布道，而且会作为电视新闻评论员出现在像 CNBC 那样的财经频道中，在对公司经营着全国 300 万小投资者的经纪人的讲话中这样做。

在泡沫时代最疯狂的时候，经纪人如饥似渴地希望得到布洛杰特给他们的一切东西，以至于美林公司曾将他的一次讲话通过公司内部的计算机网络发送，以让公司所有 15000 名经纪人都能听到。这篇讲话还是那种老套的布洛杰特式的讲话。他说网络及其孕育的大量新经济公司已经创建了一种"冲击"美国经济"各个部分的意义深远的经济浪潮"。他警告人们说，"大量的公司会倒闭"，但是由于"纯赌博"网络公司正在"从旧行业一些领头企业中盗取市值"，因此股市并不存在真正的风险。这里得解释一下何为"纯赌博"，这是股票（尤其是和因特网有关的）交易中的一个术语，指的是公司的所有者致力于某种特殊的产品或者服务，而拒绝其他的机会，以期在某一个领域中获得巨大的市场份额和品牌认同。好了，我们接着说。布洛杰特的话好像是经纪人喜欢听的消息。讲话结束后，布洛杰特被经纪人们的提问包围住了，他们问布洛杰特应该告诉自己的客户去购买什么样的股票。布洛杰特提醒那些经纪人说，在推荐这些股票之前，应该考虑他们客户的风险容忍度。也就是说，这些网络专家们推荐的所有股票都是美林公司银行客户的股票。

布洛杰特在华尔街的对手也利用类似的方法影响人们，比如格鲁布曼。多年来，这位电信调查之王从不在大屏幕（电视）上露面，他拒绝在电视上推销自己的股票，但这并未妨碍他同意出现在那些他认为接受其推销的大量报纸和杂志封面报道中。事实上，格鲁布曼将自己的选股建议传达给民众的最有效的方式之一，就是通过那个叫 FCN 广播的东西，这是所罗门美邦向其遍布全国的销售人员进行的每日广播。

所罗门的管理者们就是喜欢这种广播秀。在这个广播中，一个叫李·德根斯坦的主持人会问像格鲁布曼这样的分析师一些"软垒球问题"，也就是容易让对方自由灵活回答的那些问题。然后，鼓动经纪人利用股票内部情报召集他们的客户。一位叫菲尔·斯帕蒂斯的原经纪人回忆起当时听格鲁布曼推销股票时的情景。当时德根斯坦问格鲁布曼一个有关世通公司的问题，这既是格鲁布曼喜欢的股票，也是他最大的银行客户。斯帕蒂斯说，当时格鲁布曼单调低沉地讲了足足十分钟，讲的都是这家公司的发展前景，描绘的美好前景让人吃惊（却没有提及他与这家公司的投资银行关系），德根斯坦想插话换个话题，格鲁布曼却执意坚持大肆吹捧这家公司。斯帕蒂斯恶心地关了那个广播秀，但其他收听者却并未像他那样玩世不恭。据所罗门美邦的经纪人们讲，这个广播秀是公司领导们非常有效的工具，他们借此来提醒经纪人应该最先推销哪些股票。世通公司得感谢格鲁布曼在这个广播秀上的多次露面，使它成了所罗门美邦公司经纪客户们持有最多的股票之一。

与布洛杰特的激情万丈和格鲁布曼夸大其词的乐观相比，玛丽·米克发布的信息当然要细腻得多而且不那么肯定，但她同样在引诱小投资者参与股市的过程中发挥着关键作用。多年来，米克一直宣称自己的报告是给那些资深的投资者看的，也就是摩根斯坦利投资银行的传统客户。但事实绝非如此。像美林公司一样，米克的分析是通过摩根自己的经纪人网络传播的，摩根的管理者们经常将她有关股市的讲话和推介传送给经纪人，以让他们将她的这些话和至理名言再转达给小投资者。

纳斯达克达到其3月份第十个最高峰顶时，米克就搞过这样的一次讲话。那时网络女皇出现在一个适时举行的"在线网络聊天室"，这是一个面向摩根斯坦利的经纪人和其他管理人员的广播，主题是："网络：我们现在和未来的位置。"米克冷静地指出："对于投资者而言，现在十分关键的问题是应该认识到很多这样的公司是高风险的企业……人们不得不接受这样的事实，即自己的投资可能会在某个月很容易地大幅上涨或下跌。"

但与此同时，这位网络女皇跟布洛杰特一样指出，对投资者来讲网络是他们无法忽略的巨大市场。简单说一句，网络正在变革商业，正在"打破"传统的商业模式，同时创建很多很多新的商业模式。"网络的应用前景是巨大的"，因为"人们在网络上做着他们在现实生活中从事的同样的事情"，她同时补充说："因此美国在线的第一个频道就是个人财经频道，这一点也不奇怪。"同样各位也不用奇怪，美国在线一直是摩根投资银行客户，然而这个事实却没有在米克的长篇大论中提到。

要问投资者们为什么从不听取明星分析师们偶尔发布的警告，这其中的原因很多。当然，其中的原因之一是很多投资者就是不想听到好机会不能持续到永远；另外一些投资者则只是像接受命运和赌博那样接受股市风险；而更多的投资者则感觉到他们成为牺牲品，成了花旗、美林和摩根这些公司凭借其庞大的经纪网络向小投资者兜售股票的过程中传达这种微妙信息的牺牲品。

20 世纪 90 年代股市兴盛时期，在投资公司想从小投资者的这种狂潮中寻找利益的时候，股票经纪人成为华尔街综合体中重要的组成部分。华尔街的高级经纪人们获取的年薪达到数百万美元，而且最资深的经纪人也清楚地知道那种冲突性的分析以及各种骗局，也正是这些银行业与分析的冲突和欺骗把不够老到的客户置于不利位置。这些经纪人向投资者们推销金融、股市知识以及那些不能导致股票极其危险的分析报告，然而更多的经纪人与他们的推销对象并没有什么太多的不同。

举个例子，让我们来看看约翰·库尼亚的经历。此人曾在惠普公司新泽西州艾瑟林办事处做实习经纪人，1998 年由于他未能通过 7 系列的认证考试而被炒了鱿鱼。但这并没有妨碍他追求自己的梦想，他想在股市大赚一笔。离开惠普公司后他来到华尔街，填了一份摩根的求职申请表，然后就跟这家公司签订了聘用合同，成了一名股票经纪人，实际上他当场就被聘用了。事情就是如此简单。

在 20 世纪 90 年代牛市时期，华尔街的一种骗人把戏是美化他们的经纪销售人员，把他们说成不是那种希望迅速发财的指令①的接受者或推销员。如果用华尔街认为正确的话说，像库尼亚这样的经纪人是"金融咨询员"，其主要任务是帮助投资者为未来存钱。然而随着华尔街继续无节制地大规模雇佣数以千计的经纪人，以满足不断增加的个人投资者的需求时，事实远不是这样。接着说那位库尼亚，他除了在华尔街两家公司曾有过短暂的工作经历外，还在科罗拉多的一处旅游胜地修理过雪橇，此前在大学期间还卖过书。在摩根公司他通过了 7 系列考试，然而他的股票销售知识并非主要来自金融书籍和推销手册。"我以前直接读玛丽·米克的报告，然后就销售股票。"他在一次采访中说。

话说 1997 年摩根斯坦利与添惠公司合并，此次合并是将摩根杰出的股票承销团队，特别是在技术领域的承销人员与拥有 11000 名"金融咨询员"的添惠庞大零售力量结合在一起。一年后库尼亚找到了一份工作，开始的薪水是 3 万美元外加佣金。

同样是在新泽西艾瑟林，不过是在摩根公司的办事处，库尼亚他们一共有二十几名经纪人。他经验不多但却如饥似渴地想迅速赚大钱。库尼亚说他的上司们并不太好。当时负责办事处的是一些管理人员和经验丰富的经纪人，办事处经理是布赖恩·罗杰斯，经理助理凯文·约翰逊是一个头发灰白长得有点像汤姆·塞莱克的人，他的工作是看管像库尼亚这样的新手，但他一天大部分时间都花在客户账户上。办公室干事是一个叫埃德·蒂尔尼的严厉男人，他的工作职责是确保办事处的所有交易满足纳斯达克标准，他几乎不跟像库尼亚这样的人说话。蒂尔尼将自己公司监管人的职

---

① 证券交易所要求经纪人买进或卖出的指令。——译者注

责丢在一边，也搞着很多经纪业务。在交易日，当经纪人们忙着处理那些会影响大量小投资者一生的数千万美元时，人们会发现蒂尔尼插上门呆在自己办公室里，原来他正帮着自己的客户赚钱。（摩根公司说，蒂尔尼的经纪活动与公司的政策不矛盾。）

一开始库尼亚认为这份工作是天赐良机。原来他成长于一个中产阶级下层家庭，养母是一位家庭主妇，养父是新泽西州郊区的一名电工。32岁的时候，他还跟父母一起住，因此他急切地渴望凭一己之力搬出去过，然后结婚，更重要的是，他想在经纪行业找一份工作。摩根斯坦利要求公司的经纪人要完成三周的培训，地点是位于纽约世贸中心的零售经纪总部。那种培训即使对库尼亚这样的新手来说也太简单了。库尼亚还记得一次培训课的内容是一名教师读雇员手册上的内容，而雇员手册中要求经纪人要"以他们的客户的最大利益"为活动准则。

然而当库尼亚1998年末开始工作的时候却发现，即使这些简单的规则也很大程度上被忽略了。不管库尼亚自己是否已经意识到，他已经成了华尔街最有攻击性的销售机器中的一员。摩根斯坦利的经纪网络规模仅次于美林公司，是华尔街获利最大的系统之一，这很大程度上归功于摩根那种受到竞争对手鄙视的不设限的销售行为，偶尔也得感谢那些股票监管者，无论如何，这种销售行为将公司的钱柜子装满了巨额利润。

据摩根公司原雇员说，公司的高压策略中有一项是销售竞争，也就是经纪人可以根据推销任务的不同而自由采取行动；还有一项内容是管理层要求向可能的新客户打"推销电话"，就是随机拨打电话簿上的电话号码，然后以"今天给您打电话就是想了解一下怎样才能成为您的经纪人"这样的话进行推销。

摩根内部的竞争者们一度不能再扩大公司内部的共同基金，但摩根找到了确保公司低劣基金占所有经纪人办事处销售总量80%的办法，包括额外支付经纪人以扩大内部基金。当监管者提出疑义时，管理层就简单地将报酬转而分配给分支结构的管理者，这些人会要求自己手下的经纪人继续推销公司的内部基金。1999年5月的一天，约翰·奥尼尔在给康涅狄格州格林尼治一个分支机构的经纪人就公司正在发行的新基金发布指示时写道："我需要一名百分之百投入的经纪人，如果你帮助我实现了目标，那我就会帮助你实现目标。"

摩根斯坦利办事处这种充满压力的环境让库尼亚感到不快。刚开始的几周时间里，他每天工作20个小时，办公地点是办事处的"开放式办公场所"，新来的经纪人坐一排桌子前办公。他每天在当地社区中寻找可能的客户，而且最重要的是，通过直接阅读米克的分析报告发行摩根公司的技术股票。他的标准线是"她是最优秀的，她热爱股票"。对于很多投资者而言，这是他们最想听到的，特别是在技术股持续走高的时候。20世纪90年代牛市时期那些令人兴奋的日子里，股市创造了一个虚幻的世界，即使正在亏损的股票好像也从来不会下跌，而当这些股票的价格跌落的时候，也正是购买的好时机，因为它们最终会涨得更高。不久以后，那些不读《消费者报告》①就不买洗碗机的普通美国人开始把自己一生的积蓄委托给经纪人，而这些经纪人所具备的本事，并不比米克分析报告中那几句谁都能背下来的话多几分。

这并不是说他们缺乏经验的弱点会立即表现出来。当股市从1999年末到2000年期间继续上涨的时候，库尼亚和其他新手还是取得了一定程度的成功。他早出晚归地工作。接受的培训教会他提醒投资者"长期"投资好处大大地，借此不让客户卖出股票。如果股市发生波动怎么办？库尼亚说，只要股市发生波动，经纪人就会告诉投资者业内流行着一句谚语："毋皱眉头毋伤心。"他们会选择在出现特定事件的时候进行推销，比如美联储主席艾伦·格林斯潘发表讲话的时候，发布有利的经济数据的时候，

---

① 美国的一份杂志，经常对一些商品进行测评和排名。——译者注

最后也是最重要的是玛丽·米克发布分析报告的时候。

但在 2000 年早期，随着股市开始崩溃，特别是纳斯达克技术股票数月间将其过去两年的疯狂收入一洗而空的时候，投资者们要求得到真正的答案。纳斯达克在 2000 年 3 月 10 日达到峰顶，当时达到 5132 点，而随后两年却开始缓慢持续而令人心痛地下跌。库尼亚记得当时投资者们的电话洪水般打进办事处，经纪人根本应付不过来。最后他们干脆将电话转换成录音留言。但随着股票持续下跌，永远忽视这个问题是不可能的。在 1987 年股市崩盘期间，股市中几乎没有无经验的投资者，而且当时那场暴跌刺激了蓝筹股不久就出现了反弹。而使得当前股市下跌如此让人感到恐怖的原因，是经纪人们在过去的五年中一直推销高风险的新经济股票。这些公司并非仅仅是暂时出现挫折，许多公司被指责为犯有欺诈，稍有不同的是这些公司的名字叫网络公司。

很多经纪人知道米克对此也束手无策。她不仅经常根据传统的资产负债表来评定网络股票的购买等级，也常常根据所谓的"使用标准"来进行评定，比如网页浏览量的大小，以及对一个特定的网页有多少"眼球"在浏览的估算。尽管绝大多数小投资者对这些测量标准一无所知，但米克相信，这种测量方法是评估那些虽在亏损但前途光明的网络公司最好的方法，因为这些指标是在测量公司的未来业绩。在摩根斯坦利与添惠公司联手之前，米克的客户是那些能将她的报告驳得体无完肤的资深机构投资者、共同基金和退休基金管理者，他们理解她对股票"强买"和"优于大盘"等级评定之间的区别，他们同时也知道她所谓的浏览一个网页的所有眼球意味着什么。

但是现在不同，米克的分析报告被分发给那些经纪人和小投资者，这些人既无相关背景，而且某些情况下也没有抓住这些细微差别的智商。在漫长的间歇期，库尼亚和其他经纪人愤怒地抱怨，说米克 2000 年很少升级其对几支股票的分析报告，而这一年正是网络股票崩溃的时候，也是投资最需要她的指导的时候。其中一只股票就是美国在线，该公司在 2000 年早期已经与媒体巨头时代华纳合并。这是多么可耻的阴谋，库尼亚想。同样是一家公司，可以不惜重金让它最优秀的经纪人去一流的旅游胜地进行昂贵的旅行，却挤不出几美元来升级分析报告。

摩根公司的管理人员们将归罪于公司严格的"平静期"规则，他们说这些规则从美国在线与时代华纳于 2000 年早期历史性合并后持续了整整一年。摩根是时代华纳的咨询顾问，而米克在这笔交易中的作用极其重要。她是向时代华纳董事会推销这笔交易的关键人物，她发表了一次激动人心的讲话，对美国在线的 CEO 史蒂夫·凯斯的远见表示欢迎，她将此人与时代公司传奇式的创立者亨利·卢斯相提并论。

然而，米克的报告可能已经过时了，而且自相矛盾，库尼亚说他和其他经纪人把这些报告视为黄金一样珍贵。在向投资者推销美国在线合并前的股票时，他说自己和其他的经纪人直接阅读米克的旧报告。"没有人告诉我们不可以这样做，"库尼亚说，"而且管理层知道我们所做的一切。"这种做法一度奏效，但到了 2000 年底，库尼亚的许多客户已不再相信他和米克了。2000 年下半年的一个下午，一名愤怒的投资者向库尼亚吼道："你这个杂种，我在这只股票上损失了一半的积蓄！"库尼亚知道自己理屈词穷。"对不起，"他说，"我是根据玛丽·米克的报告做的。"

从很多方面来说，库尼亚的麻烦只是刚刚开始。他说自己一直听从办事处经理助理凯文·约翰逊的建议，向客户推荐一个叫语音网络的小型电信公司，该公司被认为是语音识别技术的先驱。约翰逊说投资这家公司不会亏损——因为当时公司股票以约 8 美元每股进行交易，但其价值可达"一百多块"，库尼亚记得当时约翰逊这样说。（当我打电话就此事向约翰逊求证时，他并未回电话就此发表评论。）库尼亚正是根据这些开始向他的客户吹嘘这只股票，几名家庭成员还成了他的客户。由于包括摩根斯坦利在内的主要投资银行没有对这家公司发布过分析报告，所以按公司规定，经纪人不能为这家公司"招揽"投资者。库尼亚说约翰逊给他提供了一个简单方法，从而可以绕过公司相关的限制。"如果你告诉某个人一只股票的内部信息，然后他给你回话并且买了那只股票，那你将之标记为主动购买就行了。"

库尼亚按照约翰逊的这种推销术，对投资者说这支股票价格可以超过每股100美元，这样到了2000年中期，他已经让几个人购买了语音网络公司的股票。其中有一位库尼亚的家庭成员花了10万美元购买这只股票，"你现在抢占了一只重要技术股票的先机。"库尼亚告诉这位家庭成员说。他父亲是美国最大的无线通信服务提供商威瑞森的一位退休技术员，也购买了价值25000美元的股票。约翰逊听后欣喜若狂，并向库尼亚保证："这是一只不会亏损的股票。"库尼亚说，他对这只股票保持乐观的最重要原因之一，是约翰逊告诉他摩根公司正在认真考虑为这只股票发布分析报告。

由于有摩根斯坦利分析报告做后盾，因此语音网络公司将肯定是个赢家。但实际上这是一家亏损企业。随着网络泡沫的破灭，语音网络的股票价格开始暴跌，而摩根斯坦利的调查部门从没有为这只股票发布分析报告。由于股票价格的下跌，语音网络公司的股票正以个位数进行交易，从当年早期的每股50美元降到大约每股3美元，从而卷走了库尼亚全家的全部财产。这并非只是股市崩盘导致这家公司的股票暴跌。其中还有许多值得注意的问题，且容笔者慢慢道来。其实，约翰逊是凭赊账方式从这家公司的CFO那里购买了股票，当股票价格暴跌时，约翰逊告诉人们要保持冷静，要持股，而自己却卖出股票以满足补仓通知的要求，而这种股票卖出又进一步导致这只股票价格的下跌。那么什么是补仓？就是当保证金余额低于维持保证金时，统一期货的风险控制中心会以电话和书面通知，请交易人补缴保证金至原始保证金所需数额，这个保证金追缴通知的动作，就叫补仓通知，也可称为追缴保证金。话再说回来，让我们再来看看可怜的库尼亚在干什么。为了改变一下情况，库尼亚自己对这家公司做了一些分析研究。他在雅虎网上查看了语音网络公司的形象宣传，知道这家公司的总部在曼哈顿。但当他打开这家公司的网页时才发现，这家公司除了有一个邮箱外什么都没有。

让投资者失望的是，摩根斯坦利艾瑟林办事处的这种行为几乎不是什么不正常的行为。杰出的高盛公司以其神通广大的银行家和虚张声势的股票和证券交易商而闻名，而这些交易者在给股市带来了巨大风险的同时也经常带来些利益。高盛公司的行为被广泛地认为是华尔街的黄金标准，公司在远远高于其竞争者的伦理平台上进行运作，但事实却与此大相径庭，特别是当投资银行业务处于危险的时候更是如此。在股市泡沫期间，高盛由一位叫亨利·保尔森的热情的投资银行家掌管，这是一个彻底的基督教科学家和鸟类研究者。在不研究野生动物的时候，保尔森便会拼命向更高的职位爬，封杀其副执行总裁约翰·科尔津，而科尔津曾领导着公司成为一家公开招股公司。在保尔森的领导下，高盛致力于与摩根公司苦战，争夺华尔街高级投资银行的名头。20 世纪 90 年代，高盛承销了一些最有争议的 IPO 业务，这些都是被摩根公司和玛丽·米克拒绝的交易，因为这些公司的经营模式看起来比摩根正在向投资者推销的一些摇摇欲坠的公司更难以为继。20 世纪 90 年代末，高盛已经成功地取代了米克和摩根斯坦利，从而成为网络公司最主要的投资银行。

但是高盛的经商之道很有启示意义。高盛公司看起来精于欺骗，也擅长将抢手的 IPO 业务分给公司的经理们，而这些人能报之以利润丰厚的承销业务。大家可能还记得那家野心勃勃的网上拍卖行易趣网，正是高盛帮其挂牌的。而易趣网的 CEO 梅格·惠特曼则在 1996 年到 2002 年间悄悄地从高盛 100 多桩 IPO 业务中接受了股份。高盛说惠特曼是一位长期经纪客户，但在那段时间里，高盛也从易趣那里赚得了 800 万美元的佣金。20 世纪 90 年代晚期，就在高盛从泰科国际公司接到一笔关键的银行业务后的第二天，一位摩根原银行家注意到泰科奇迹般地列在公司股票"推荐清单"上，而这份清单上的股票是摩根销售人员专门向超级富有的投资者积极推销的。

当摩根被一些大公司的银行交易拒之门外的时候，公司会在其他方面成功地保全面子。比如在美国在线与时代华纳这一规模巨大的合并交易中，由于未能成为首选承销商，高盛公司感到很尴尬。（当时美国在线选择了所罗门美邦，而时代华纳则雇了摩根。）据一位知情的高盛公司原经理说，正是因此，当时高盛帮助美国在线搞了一次"金融炼金术"。这笔交易完成后，高盛的 CFO 戴维·文尼亚与公司的媒体银行家弗兰克·英格拉西亚一起同意了由美国在线金融家迈克·凯利策划的一个计划，即将美国在线欧洲合资企业的一部分净收入暂时放在高盛的资产负债表上。根据会计规则，这种转移可以使美国在线在合并交易完成后的数月内，掩饰其由于股市开始变坏而在合资企业中出现的亏损。同时高盛也把一笔巨额利润塞入自己的腰包。大约一年后，这笔交易被冲账，高盛赚了几百万。至于公司在将美国在线推荐给自己的经纪客户的过程中赚了多少钱就不需要再说了。

据高盛公司一位原经理说，事实上，高盛的分析活动和银行业务过度地混杂在一起，因此投资银行家实际上对分析报告的内容具有否决权，因为公司要求银行家审查分析部门的报告，正是在这个过程中银行家具有这种权力。特别是那些被分析的公司渴望发行股票的时候，银行家更容易使用这种否决权。实际上，这种审查有时除了确认数据点和确保报告中的基本事实正确外再也没有别的内容了。但是如果一家公司正准备进行股票交易，那银行家改变报告的内容可能就更具有实际意义了。"我们基本上就是将人们理解为负面信息的内容删掉。"那个经理说。"投资银行业务会防止分析师降级一支股票。"高盛一名原分析师说。

同样，所罗门美邦在向小投资者推荐他们的银行客户的时候，也会强调积极的内容。比如1999年11月下旬的一个早上，菲尔·斯帕蒂斯打开公司内部的"小广播"，听到杰克·格鲁布曼宣布了一条与原来态度截然相反的有关AT&T的重要声明，即将其股票改为"买入"等级。

格鲁布曼的这一指令在所罗门美邦庞大的零售人员中产生了极大轰动；当时所罗门美邦有近12000名经纪人，是华尔街仅次于美林和摩根的第三大经纪队伍。与其竞争者一样，所罗门鼓励经纪人积极推扩那些分析部门"推荐"的股票。（斯帕蒂斯并不是唯一证明存在这种规则的人，美林和摩根斯坦利的原经纪人也坚称他们面临着类似的压力。）听了格鲁布曼的指令后，斯帕蒂斯开始打电话。他的第一个电话是打给一个叫迈克尔·格里姆利的客户，此人是世通公司的一名经理。"今天早上杰克将AT&T评为买入等级了。"斯帕蒂斯说，这可是格鲁布曼"五年来第一次"升级这只股票啊。格鲁布曼为这只股票定的目标价格是每股75美元，与当前50美元左右的价格相比长了一大截。

"12月6日有一个分析师会议，"斯帕蒂斯又说，而且考虑到这一新策略将带来的骚动，"他（格鲁布曼）认为他们将不得不租用麦迪逊广场花园。"斯帕蒂斯相信，如果AT&T坚持完成其计划的话，那么其股票会达到2000美元。斯帕蒂斯的这种推销确实奏效，格里姆利马上买了约3000股，但他不久后就发现，格鲁布曼预测的价格并不准确。大约一个月后，由于AT&T的股票开始暴跌，他命令斯帕蒂斯抛掉其持有的AT&T股票。最后格里姆利亏了3万美元。然而所罗门公司却利用格鲁布曼的预测赚得盆满钵满。升级这只股票的预测发出数月后，所罗门在承销AT&T公司一笔巨额股票交易中赚得6000万美元佣金。

斯帕蒂斯在2002年早期被所罗门美邦公司解雇了，同时他也以非法解雇起诉所罗门美邦。现在他成了监管调查的一个目标，被指控将客户置于不正当投资之中。但斯帕蒂斯说他不应该成为被指责的目标，他只是按照公司的指令销售格鲁布曼推荐的股票。"杰克是这个国家最主要的电信

分析师，"斯帕蒂斯在一次采访中说，"而我们被公司培训来推广他的股票
预测报告。"

与华尔街经纪人将明星分析师的意见传达给小投资者一样重要的是，
他们只是一个更大阴谋的一部分，而这个阴谋是为了尽可能多地引诱受骗
者将其金钱投入股市。正如我们前面曾提到的，20 世纪 90 年代，大型华
尔街投资公司已经摆脱了他们传统的业务轨道，欣然接受金融服务超市的
想法。按照这种想法，一家投资公司可以向小投资者提供从分析和投资银
行到股票交易和经纪业务的一切服务。

这种新的金融模式给华尔街带来了巨大的利润。通过将旅行者集团及
其所罗门美邦投资银行与世界上最大的银行——花旗银行合并，一个叫花
旗集团的终极金融超市诞生了，而且它成了华尔街赢利最多的公司之一。
但这些巨型金融公司也将巨大的风险带给了小投资者。随着华尔街有代表
性的公司规模的扩大，那些依靠股票分析报告和经纪人建议来购买股票的
普通美国人所面临的冲突也加剧了。原美联储主席保罗·沃尔克称这些巨
大的实体"充满了冲突"，这也许是最完美的表达。这些金融超市最好的
顾客是那些巨型公司，他们为投资银行业务和商业银行专家们支付巨额的
佣金，同时也要为那些在泡沫年代成为交易先决条件的积极股票分析埋
单。由于华尔街花费大量时间来满足美国企业的需求，沃尔克相信，小投
资者从来不会得到公平的待遇。

他的观点是正确的。到了 20 世纪 90 年代中期，华尔街几乎每一家主
要的公司都接受了一种将经纪客户视为二等公民的经营模式。美林公司是
基于利用庞大的经纪销售队伍将"华尔街献给美国中产阶级"这一原则建
立起来的，但在泡沫年代，公司通过扩张进入投资银行业，研究股票和证
券交易，甚至还涉足商业银行领域，而远远偏离了其根本。美林对自己的
根本业务如此轻描淡写，以至到了 20 世纪 90 年代晚期，它不再为中产阶

级提供全日制的经纪人，这些中产阶级主要包括那些资产评估在 10 万美元左右的人。这些投资者如果想得到建议，就得被迫去位于新泽西州的客户服务中心。美林公司位于长岛巨型花园城市的经纪人办事处经理杰弗里·利珀特曾经在一封电邮中对他的员工说："我们没有时间为穷人提供个人服务。"这话也许是对公司对传统客户群采取的新态度最好的概括。

美林公司那家远离闹市区的对手摩根公司也发生了类似的转变，但是从一个完全不同的起点开始的。从其历史来看，摩根公司一直是美林公司在华尔街的对头。当美林当初在服务大众基础上建立起来的时候，摩根则是在服务富人的基础上成立的（这家公司的根基在著名的摩根银行），在其历史发展的绝大部分时间里，摩根斯坦利是作为美国企业的国内首席投资银行存在的。这样看来，在 20 世纪 80 年代末到 90 年代早期，当大量的技术公司需要一名承销商的时候，摩根公司一名叫弗兰克·奎特隆的银行家已经在硅谷建立了分部，并准备好搏杀一番，这就不足为奇了。但在 1997 年，当小投资者开始大量涌入股市，摩根斯坦利突然转变方向，并与添惠这家大型经纪公司合并。几乎是在一夜之间，一家根基可以追溯到华尔街高贵地位的公司，已经加入到向小投资者提供服务的洪流中，甚至还在西尔斯罗巴克百货商店设立了一家办事处。

人们预计这种公司合并会带来文化冲突。摩根斯坦利的董事长约翰·麦克由于与掌管公司的添惠高级经理菲尔·珀塞尔发生了公开的争吵，不久便从公司退出，成为瑞士信贷第一波士顿的 CEO。但人们普遍期待的灾难性后果并没有出现。对于这两家公司间的文化差异，摩根和添惠以一种 20 世纪 90 年代的方式完美地协调好了。多年来，添惠经纪人一直在没有一个名牌分析师的情况下推销股票，但现在他们有了包括德高望重的玛丽·米克在内的华尔街一些最优秀的分析师，在他们的管理下帮助销售股票。而摩根公司在其历史大部分发展过程中，一直负责像共同基金和退休基金这样精明的"机构投资者"。现在公司拥有规模庞大的经纪人网络，其中多是"夫妻经营"的那种投资者，他们渴望接手由摩根投资银行部帮助挂牌上市的下一个微软或 IBM。

尽管经过了这种优势互补的大规模合并，但是有一家公司还是超过了这两家公司。那就是花旗集团。20 世纪 90 年代末，经过多年争议颇多的职业生涯，桑迪·I. 韦尔创建了世界上最大也是最能赢利的金融服务公司花旗集团。当美林公司有组织地发展之时，当摩根通过一次大规模兼并而扩张的时候，韦尔在 20 世纪 90 年代的大部分时间都在一砖一瓦地建设着自己的帝国，随着他与花旗银行的老 CEO 约翰·里德达成合并协议这一关键步骤的完成，花旗金融帝国于 1998 年宣告建造完成。此次合并作为一次世纪合并而受到欢迎，而且它将不辜负上涨的广告费。

当然最重要的问题是公司将一直是不合法的，因为著名的《格拉斯－斯蒂格尔法案》依然具有法律效力，而这部法律规定不允许投资银行和商业银行合并。但是毫无疑问，由于华尔街向对其友好的政客捐款数百万美元这种战役的影响，《格拉斯－斯蒂格尔法案》在 20 世纪 90 年代已经式微，但并未完全被废除。也就是说，直到韦尔和花旗集团开展业务的时候，这部法律仍然具有效力。韦尔要采取行动，以保证花旗集团的合法地位。于是他的华盛顿朋友派上了用场。比如他的二号经理，原高盛 CEO 和原美国财政部长罗伯特·鲁宾，还有将韦尔转变成院外活动集团成员的民权领袖杰西·杰克逊，正是在这些华盛顿朋友的帮助下，韦尔踩着残存的《格拉斯－斯蒂格尔法案》前进，敦促国会废除这一法案。

花旗集团并没有傻呵呵地等着国会给它开绿灯就在华尔街闯出了名气。合并不久，商业银行家和投资银行家开始共享客户。竞争者抗议说花旗将其商业借贷业务与证券承销业务联系在一起；也就是雇佣花旗集团销售证券的公司会获准得到商业贷款。一份标有"AT&T 债务投资/2000 年 6 月 16 日"的文件列出了花旗为 AT&T 提供的大量服务，从格鲁布曼的分析到爱德华多·梅斯特雷投资银行的专业评估，再到花旗公司的现金借贷，甚至还有公司能呼风唤雨的终极高手韦尔自己为 AT&T 提供的建议和咨询。花旗集团另一份便函实质上是自吹自擂与另一家大客户（世通公司）之间深厚而错综复杂的关系网。那份便函写道："花旗集团是（世通公司）关系最亲密的金融机构之一……花旗银行是为世通公司提供借贷、股票交易、现金管理和 FX 服务（外汇交易）的最主要的国际银行之一……而所罗门美邦显然成为世通的首要投资银行。"

韦尔谨慎地确信他伟大的设想有了结果，因为在整个20世纪90年代，集团一直在创造可观的利润。但是他绝对没有在意自己漠视了新公司的结构将对那些需要不偏不倚的股票信息的小投资者产生影响，因为花旗集团生产着华尔街最富于欺骗性的分析。让我们看看乔治·吉卡尔利的例子。这是一位在 CBS（哥伦比亚广播公司）工作的录像带编辑师，吉卡尔利可以说是那个时期经纪人喜欢的完美客户：他不顾一切地想在股市赚钱，而完全忽视表面现象之后经纪人和分析师们不择手段的欺诈行为，而这种行为将扭曲其作为购买股票依据的分析报告。

到了 55 岁的时候，吉卡尔利由于对赌博、酒和可卡因的嗜好，已经赚得而又失去了大量美元。多年来，他一直寻找治疗滥用可卡因和嗜酒这种毛病的方法。他对赌博的偏好也使他开始交易如酒般醉人的未来，1999年下半年，他在股票交易中一次获利 45 万美元。但吉卡尔利贪心不足。作为位于曼哈顿的纽约运动员俱乐部的会员，吉卡尔利经常能见到华尔街的管理人员，比如贝尔斯登公司的高级银行家艾伦·施瓦茨。这些人一周赚的钱相当于吉卡尔利整整一年的收入。看到这些不由得让吉卡尔利眼红。所以当年晚期，当他找到经纪人想要投资抢手的电信股票时，他立刻决定以身家性命作赌注，购买了行情一直很好而分析师格鲁布曼说未来几年将会带来滚滚财源的电信公司的股票。

1999 年，吉卡尔利开始购买环球电讯的股票，这是一家由原德崇证券的一名银行家掌管的公司，此人想在大西洋底铺设高速电缆以创建真正的环球电信公司。一提到环球电讯，华尔街人都知道这是格鲁布曼首选推荐的股票之一，同时在吉卡尔利看到杰克的一些分析报告后，他上钩了。数月中，吉卡尔利将全部资产的 80% 全部投到了这只股票上。

电信股票价格一度达到峰顶，但最终又在 2000 年中期开始崩溃，此时吉卡尔利知道自己赌砸了，于是他向自己的经纪人求助。吉卡尔利还记得当时的情形，经纪人给他的建议十分简单：格鲁布曼喜欢这只股票，股市会反弹的。但是经纪人并没有告诉吉卡尔利格鲁布曼推广这只股票有着很强的目的性，这是建立在花旗集团与该公司深厚的投资银行关系基础之上的。

2001 年春，格鲁布曼的另一只首选股票温斯达通讯公司刚刚申请破产。吉卡尔利再次找到他的经纪人，这次他问环球电信是否会遭遇同样的命运。"绝对不可能，"吉卡尔利声称自己的经纪人这样告诉他，"环球电信完全是另一回事。"经纪人再次指着格鲁布曼对这家公司的报告说。但事实并非如此。吉卡尔利说他接受了经纪人的建议，但到了 2001 年底，随着环球电信紧随温斯达之后进入破产状态，他的环球电信股票几乎不值分文，吉卡尔利几乎完全崩溃了。

还有一位人士与吉卡尔利差不多。他就是德巴赛斯·坎吉拉尔，一位住在纽约皇后区的儿科医师。坎吉拉尔是怎么上套的？且听我慢慢道来。一天下午他正在收听 CNBC 的时候，听到一个叫亨利·布洛杰特的分析师在谈论股票。当时布洛杰特一直在警告投资者，说有很多网络股票，也就是给股市带来风暴的"75%"的网络公司无法生存下去。但布洛杰特向投资者保证，他有那些获胜公司的内部信息，于是坎吉拉尔，这位印度移民在几个月内将孩子的所有教育基金——约 50 万美元——拿出来投到那两只股票上，一是捷迪讯，另一个是美国讯通公司，后者被布洛杰特称为"无线网络的最佳技术平台"。

坎吉拉尔并没有吉卡尔利的个人嗜好，但两人都有渴望发财的特点。

在泡沫年代，捷迪讯和讯通的股票都急剧上涨，而且坎吉拉尔相信它们会一直上涨。当然，他也忽略了投资过程最基本的一个前提，也就是"分散风险"，或者说将自己的钱投资到不同的股票上，然后祈祷每只股票都不会立刻下跌。坎吉拉尔置这一观念于不顾，将全部赌注押在两个几乎同样基于网络经济模式而且是泡沫催生出来的股票上。

像 20 世纪 90 年代股票疯狂年代波及的大多数人一样，坎吉拉尔只能为自己的投资结果部分地承担责任。1998 年，他在曼哈顿寻找并最终找到了美林公司的一个经纪人，此人被认为是负责他的账户并帮助他了解股市的。确实，当坎吉拉尔把他的钱投到讯通公司的时候，这种荒谬的赌博本应该引起美林公司执行部门的震动，因为根据纳斯达克规则，这种执行部门要在"适宜性"的基础上监管客户的投资。相反，美林公司却递给他一些亨利·布洛杰特关于这家公司的分析报告，尽管当时网络股市已经开始下滑，但他继续宣讲着 1999 年到 2000 年的各种报告和调查记录。到了2000 年夏，讯通公司股票已经从坎吉拉尔首次购买时的 120 美元左右下跌了近一半。当坎吉拉尔要求自己的经纪人对此作出解释的时候，那名经纪人又开始说那条咒语——"亨利认为那是只好股票"。

一年后，坎吉拉尔在网络股票大范围的抛售氛围中失去了几乎全部投资。他老婆被迫去找工作，坎吉拉尔也放弃了支付自己孩子去哈佛读书费用的梦想。美林公司的员工也许会争辩说坎吉拉尔知道可能会出现这种结果，他在为此付出代价。他们讲得有道理：坎吉拉尔几乎是无知的，甚至公司最天真的客户都应该知道，分析除了是一种意见之外什么都不是。

但这只是故事的一部分。坎吉拉尔不知道的是美林与讯通公司的投资银行关系，而且很多人相信的是，即使在股市不景气的情况下，布洛杰特也要努力维持这种关系。

CHAPTER SIX
Oh, Henry!

第六章
哎呀,亨利!

20 世纪 90 年代在华尔街工作是让人愉快的经历。1998 年到 2000
年间,作为网络繁盛中心的华尔街因承销各种与网络和技术相
关的业务,收获了近 40 亿美元的佣金,创造了美国历史上财富创收最丰
盛的一个时期。联邦政府一扫不利的财政赤字,总统比尔·克林顿也因失
业率降低至历史最低水平而成为受人欢迎的经济天才。随着全国范围内中
产阶级纳税人的金钱流入到各级市政预算,国家和各地政府也因为这种财
富效应而富有起来。一些住在皇后区的工人阶级以前节衣缩食地生活,然
后攒钱送孩子到教会学校,现在他们正考虑早点退休,在佛罗里达再建一
处居所。在纽约城里,也就是股市及其制造的财富中心,一群只比大学学
历高一丁点儿,但却具有空谈天才的经纪人们赚的钱太多了,他们得挥霍
一些来抵消他们数百万的收入和由投资获得的资本利得①,于是他们经常
举行毫无价值的音乐会或是开个好莱坞明星经常光顾的时髦餐馆。

但是华尔街真正的明星是那些时刻掌控股市动向的分析师。玛丽·米

---

① 也称资本收益。——译者注

克，现在是一个家庭主妇，随着她的年薪在 2000 年底激增到近 1000 万美元，她在曼哈顿买了一处豪华公寓，距办公地点不太远；她在硅谷也有一套房子，距她的新经济客户不远。而当布洛杰特的年薪涨到近 1000 万美元的时候，他在时尚的纽约城西村找到一间新式住宅。格鲁布曼也成了巨富，他在曼哈顿富人聚集的上东区一个雅致的地段买了一桩新式住宅，位置接近中央公园，大概是为了早晨可以跑跑步以摆脱忙碌的交易吧。

但是结束的时候不远了，不仅是股市泡沫快要结束了，而且那些推动股市繁盛的分析师们的职业生涯也快走到尽头了。对他们来讲，审判日出现在 2000 年 3 月 10 日，这一天，新经济的符号，纳斯达克股市指数增长突破 5000 点大关，是去年同期的近两倍。但是从那时起，这一指数就开始一路下滑。一开始，股市崩盘几乎没有被华尔街注意到。很多人不相信会发生这样的事。据一个人讲，布洛杰特几个月前曾看到过相似的股市下跌，没想到即日就反弹了，所以他并不太担心，面对《华尔街日报》的采访，布洛杰特说："我能说的就是'哇噻！'"

米克与过去几年一样，仍旧劝投资者要谨慎，当然也有例外，对于米克所有"十只必买股"——这是她给自己喜欢的股票贴的新经济标签，她说这些股票会增值十倍。而对于那位拳击手格鲁布曼，看来股市崩盘并没有在他的雷达上显示出来。他继续发布报告，特别是他喜欢的股票和银行客户——世通公司，即使在股市让人们像疯子一样抛售股票的时候，他依然叫嚣着"买进"。有一个小投资者，由于听取了明星分析师们的建议，已经将 8 万美元的投资变成了 50 万的储备金，现在只得不断叨咕那句泡沫年代经纪业最流行的推销语："为将来投资"，而且要"在股票下跌时买进"，借此来安慰自己。

自从 2000 年 3 月 10 日那天开始到当年夏天、秋天，纳斯达克的每一点下降都给投资者，然后是给那些帮助发起这种狂热的明星分析师们带来压力。从纳斯达克达到最高峰顶后仅三个月内，股市已经降了 1500 点，接近大约 3400 点，卷走了数千亿美元的财富。华尔街也同时感觉到了刺痛。各种使分析师发财的交易形式都开始萧条。IPO 业务，这个曾经最让投资者、分析师和银行家们垂涎三尺的交易属于受冲击最严重之列。在股市泡沫期间，IPO 业务是华尔街的命脉——这些交易所得佣金是一般股票发行业务收入的两倍之多，而且投资者们也恳求他们的经纪人进行这样的交易。

但是当股市开始跳水，IPO 的吸引力也随之土崩瓦解。公司开始在投资者们一脸怀疑的神态中发行股票。那些怀着赌博心态购买了上市公司股份的投资者们，不久就发现手里拿的是一叠几乎分文不值的证券。

暴跌的股市本应该告诉那些明星分析师们，他们那种股市从不停止上涨的理论是错误的，同时也告诉他们，那些亏损企业如果希望投资者持有其股票的话，那么它们必须要赢利。但当这些分析师疯狂地争取出现在眼前的交易时，他们很多人甚至比平时更不按规则行事，他们的预测显得更稀奇古怪，而且更努力地叫卖他们的报告以赢得银行业务。如此滑稽的表演可能在泡沫年代隐藏在股市上涨的大潮之中，一直没有引起人们的注意。但是随着投资者损失的增加，华尔街分析的巨大缺陷是无法被忽视的。多年来，像格鲁布曼、米克和布洛杰特这样的人一直草率地对待他们的分析工作，而将大量时间花费在寻找投资银行交易上，现在这种情况也开始显现出来了。在其职业生涯的早期，米克曾因"糟糕的一年"而引以为自豪，而 2000 年她有了自己第二个糟糕的一年。因为在摩根只有四位分析师对 13 只跌幅达 74% 的股票坚持"优于大盘"的等级评估，而她就是其中之一。

格鲁布曼活得也并不滋润。随着技术股崩盘开始波及到那些经营模式建立在网络发展基础上的行业，格鲁布曼钟爱的电信公司属于受重创之列。比如环球电讯、奎斯特通讯和世通这样的公司，曾经发行数百亿美元昂贵股票和债券以建立和维护其通讯基础设施，格鲁布曼当年也曾为这些公司摇旗呐喊，然而没过多久他们就面临着破产的命运，除非投资者们改变态度。环球电讯的 CEO 利奥·欣德瑞对格鲁布曼那种认为股票从来不会停止增长的理论直接发起了进攻，2000 年 6 月，他向自己的老板，也就是公司董事会主席加里·温尼克发出警告："我们就像那些色彩艳丽的大马哈鱼，从大海逆流而上到河里去产卵，在行程的最后，我们必将死去，而非存活下来取得成功。"几个月后欣德瑞失去了工作，但没过多久，他的预言变成了活生生的现实。随着股市的暴跌，格鲁布曼从一位国王变成了公司经纪人眼中的小丑，而这些人曾经被迫向投资者推销这位分析师拙劣的选股意见。"简直无法形容他的指导是何等的糟糕和令人作呕。"一位愤怒的经纪人给所罗门美邦的管理层这样写道。

然而亨利·布洛杰特才真正成了重灾区。在短短的六年中，他从一个失败的记者转变为公司金融实习生，现在又成为全国最大的经纪公司高级的网络调查员。在这个过程中，他将业务娴熟而又受人敬重的乔纳森·科恩从美林公司的职位上拉下马，然后最近又把深受欢迎而且很有能力的玛丽·米克从受到人们密切关注的《机构投资者》选美比赛中挤下台。

到了 2000 年晚期，布洛杰特来到美林公司的时间还不足两年，但他似乎经历了一生的时间。一段时间里，他原来浓密的红发变得稀疏了，而且同事们也注意到由于长时间工作，他一直处于一种筋疲力尽的状态。布洛杰特当初是以一名坚定的自由主义者的身份来到华尔街的，那时他把注意力集中在网络上，他相信通过帮助普通投资者参与到伟大的经济复苏之中，股市可以发挥更广泛的作用。但是现在，他已经变得有点像个机器人，他要加班加点地为美林各种相互竞争的部门提供服务，包括公司最苛求的机构投资银行部门，因为该部门将之视为赢得丰厚利润的股票交易的头号武器。

这不，身心疲惫的布洛杰特刚刚遭到一位银行家的严厉批评，原来他向一位不可能为他提供建议的人求助时，对方责怪他日程安排不合理。这名银行家叫斯科特·赖尔斯，是美林公司技术银行部门的头目，在过去的两年中，他与布洛杰特建立了亲密的关系，并因 1998 年末曾建议美林公司雇佣布洛杰特一事一直引以为荣。

但赖尔斯本人一直严格要求美林公司这位成就卓越的青年拿出更多的时间，去赢得那些跑到美林公司对手——高盛、摩根斯坦利和瑞士信贷门下的交易，所以，当格鲁布曼找到他时，遭到批评就在所难免了。"你应该好好安排一下你的日程表。"赖尔斯回忆当时自己曾这么说。

现在看来，布洛杰特只落得形单影只。

布洛杰特值得多少同情那是另一回事。在过去的五年中，他一直愿意接受自己工作中的冲突，也就是在推销银行业务的同时为同一家公司提供分析这种双重工作性质。据公司里的人介绍，在如何将分析和银行业务结合起来为公司赚钱这方面，他几乎从不认真考虑，但这同时也误导了小投资者，使他们认为布洛杰特的分析报告是"客观的"。其实，只要股市按他说的那样发展，谁会注意这些问题呢？

但是股市并未像布洛杰特曾经预测的那样发展，而且他的选股建议好像面具一样，慢慢地但肯定会暴露出其欺骗性。布洛杰特不仅没有得到明星待遇，相反他开始受到冷落。投资者开始公开批评他的调查方法，而经纪人们愤怒的电子邮件也出现在他的电脑中。

布洛杰特本人也如热锅上的蚂蚁一般惊慌失措。在给朋友和同事的私人电邮中，他公开质疑自己的股票选择建议，经常将这种把银行业务与分析业务相混杂的方法指责为自己陷入困境的原因。在一封写给上司的电邮中，他甚至威胁要降级股票，"就像我们看到的实际情况那样……开始发布股票预测"，而不顾对公司敏感的投资银行关系会产生怎样的影响；在另一封电邮中，他抱怨说自己被判进了"银行地狱"。因为过去布洛杰特一直花大量时间搞银行交易，这使得他很少发布分析报告。虽然日程比较紧张，但他本来也可以发布分析报告，对此他"感到恐慌"。在给团队内一名分析师写的电邮中，布洛杰特这样写道："去年我花在银行地狱上的时间更多，"他接着说，"在接下来的几个月里，我要像疯子一样工作。肯定会累得我筋疲力尽啊。这种工作就是累人的活儿。"赛耶尔告诉她的老板不要被困难吓倒："亨利，你有成果，"她写道，"让自己休息一下，毕竟人生苦短啊！"

但是随着批评越来越多，好像没有什么可以阻止布洛杰特内心的古怪想法。话说美林公司有一名经纪人的客户由于听信了布洛杰特的建议而亏了一笔钱，于是这名经纪人给布洛杰特的老板调查主任安德鲁·梅尔尼克写了一封电邮，梅尔尼克随手把这封电邮转给了布洛杰特，这封电邮写道："为什么在地狱里我们还要为这群家伙这样的工作支付数百万美元的薪水？"布洛杰特推翻了这种论调，他告诉一位同事说："这种说法我听得越多，我越不愿意放过那些公司，尽管这样做肯定会出现发脾气、受威胁的情况，有时很有可能导致与银行关系的破裂。"

但是布洛杰特缺乏那种按实际情况发布股票价格的勇气。进入熊市后三个月，布洛杰特出现在路易斯·鲁凯泽那档受到广泛关注的电视商务秀节目《华尔街一周与路易斯·鲁凯泽》中。在采访中他大胆地预测说，在股市继续暴跌的过程中，他首选的几只股票会存活下来。"我认为从长远的发展来看，我们会被证明是正确的，"布洛杰特说，"我认为这（网络）是一种极其强大的经济发展趋势。"

对于布洛杰特来说，美林公司这种冲突性业务规则太强大了，因而他只能继续根据这种规则开展业务，继续同公司的银行家们尝试承销各种摇摆不定的网络股票。然而布洛杰特和他的团队没有赢得一份交易，而已经成为美林公司客户的那些公司欣赏布洛杰特那种几乎是顽固不化的支持，即使在股市继续暴跌的时候布洛杰特依然支持它们。这里举一个例子。有一家公司叫做网络资本集团或称ICGE，这是一个网络"孵化器"，通过投资小型网络公司创造利润，当这些网络公司挂牌上市时，它会向投资者推广它们。时间回到1999年8月，当时美林和布洛杰特取得了一次重大胜利，即帮助ICGE上市，自此布洛杰特从来没有停止鼓吹这只股票。当年8月下旬，他为这家公司的股票发布了125美元的两年目标价格，并将这只股票标示为投资者"必须持有"的股票，称这只股票在迅速发展的"B2B"网络股市中是"蓝筹股"，布洛杰特相信，投资者持有这只股票的话前景一片光明。

布洛杰特如此热爱这只股票的原因，除了ICGE与美林公司的银行关系之外，好像再也找不到其他因素了。自从ICGE挂牌后，其股票已经上升了2800%。2000年1月，当财经杂志《巴伦周刊》的一位记者对ICGE如此虚高的价格提出质疑时，布洛杰特同一天就发表了反驳意见，指出在股市上升时对价值的担心是错误的。数周后的4月末，ICGE要美林公司销售一些可转换债券，借此机会布洛杰特又一次对这家公司进行了一番吹捧。布洛杰特不顾股市当时存在的问题及其对网络股票产生的影响，他解释说ICGE拥有足够好的经济模式，借此这家公司的股票"最终会反弹"。

布洛杰特在公开场合就是这么说的，而在美林公司内部，随着2000年末这只股票从170美元降至约10美元，ICGE正在成为一个笑话。当这家公司的股票产生剧烈波动时，布洛杰特及其团队里的一些成员甚至承认了他们报告中存在错误，虽然是在私下里。在给他的一位同事索菲娅·格切姆的电邮中，布洛杰特写道："很遗憾，我想3月那封标题为'卖出'的便笺应该是英明的，但是我们现在要充分利用它。从来没有什么比股市先生/女士/小姐更容易打败的了。"布洛杰特团队里有一个分析师叫爱德华·麦凯布，他好像在嘲笑自己的老板在股票下跌的时候为股票定级。"布洛杰特先生，"他写道，"ICGE最近也一直疲软。你对其中原因有什么评论?"布洛杰特则建议麦凯布不要指责别人。"你喜爱200美元时的ICGE股票，"布洛杰特在回信中写道，"现在，当ICGE的价格变成35美元的时候，你他妈的像一只老鼠似的沉默了。因为你喜欢200美元的

ICGE，那你他妈的为什么不买进呢?"

布洛杰特最终在几个月后将 ICGE 降为"股利累积中级"。11 月，ICGE 宣布其第三季度亏损 23600 万美元。这期间其股票价格降了 6 美元，达到 10.38 美元，但最终这家公司的股票将以便士股交易，成为网络历史上规模最大的一次破产。但这是在美林从这家公司赚得数千万美元的佣金之后发生的事，这两者间的关系也成为牛市时期与网络公司的关系中回报最丰厚的一起交易。

ICGE 不是第一个，也肯定不是最后一个布洛杰特团队公开表示支持而在私下里进行攻击的股票。这段时间，布洛杰特和其他网络分析师开始冷落以太系统公司，这是一家由美林公司帮助挂牌的计算机软件和程序公司，美林从中赚得 4000 万美元的银行佣金。2000 年 11 月，美林公司的一名网络分析师，弗吉尼娅·赛耶尔发出一封电邮，其中谈到随着股市的低迷，以太和另外两家网络公司可能会降级。赛耶尔向分析部门提出警告："我可能十分冒失，但其实并非如此——如果银行业务是我们最关心的问题，我希望大家同意这种看法。"

赛耶尔当然知道这其中的操作方法，布洛杰特也不例外。从一份监管文件中可以看到，美林的分析师们与银行家早已会面讨论过可能出现的降级。但是降级以太公司被认为是第二选择，美林公司首要的目的是赢得银行交易。最后，三家公司中只有以太公司未被降级。

布洛杰特似乎伤害了另一家银行客户，那就是讯通公司。这是一家提供手持信息设备的公司，同上面一样，表面上布洛杰特对这只股票表示支持，没想到在私人电邮中他又质疑了自己的决定。1999 年和 2000 年的大部分时间里，当技术股在全国崩盘的时候，由于讯通公司股票于 2000 年 3月 2 日达到 262 美元，所以布洛杰特将讯通公司的股票评定为最高的购买等级，此时恰好是网络泡沫破灭的前一天。对于布洛杰特来说，好像讯通公司从来不会出差错。在一份分析报告中，布洛杰特说这家公司"拥有发展无线网络的最佳技术平台"。尽管无线网络股市不稳定而且发展很可能"时断时续",但布洛杰特相信讯通公司必定会成功。"该公司在美国六大电讯公司中居第五位,而且在欧洲和亚洲的发展势头迅猛。"

布洛杰特明确地将讯通公司确定为能够从正在扩大的股市风暴中幸免的技术公司之一。但是布洛杰特的乐观很大程度上不是建立在深入分析的基础之上,而是基于与这家公司管理人员的对话。2001年3月,布洛杰特在接受《华尔街日报》采访时承认,他从来没有独立查证讯通公司的全球扩张计划,而事实证明,随着这家公司的股票在第二年跌至个位数,这个计划完全是夸大其词。

有足以令人信服的事实证明,布洛杰特完全清楚这个计划是夸大其词的。从下面的电邮中就可以看出这一点。就在股市泡沫破碎之后,在他与同事一系列的电邮中,布洛杰特把讯通公司说成是一堆"垃圾",一个"火药桶",而且表达了他对这家公司命运的"强烈怀疑",当这家公司的股票被列上"推荐名单"准备向小投资者销售的时候,他甚至为此感到发愁。

布洛杰特的警告好像从来没有出现在美林公司的电邮系统中。2000年4月,布洛杰特开始帮助美林公司的银行家保住与Go2Net公司的银行业务。这是另一家网络公司,不久就与讯通公司合并。根据这笔交易的合约规定,在公司出售过程中,Go2Net公司的管理人员将不接受现金而接受讯通公司的股票。因为股票价格越高,他们得到的钱就越多。对美林公司来说,这笔交易的收入也是巨大的。要知道在股市繁荣时期,股市调整开始降低曾让华尔街高兴且受益的交易流量。一份便函说,如果这两公司的合并通过的话,美林将至少赚得1600万美元,因此为讯通公司提交积极的分析报告显得更重要了。

布洛杰特似乎理解这种交换关系。当两家公司都开始运作合并事宜时,他发布了一份关于讯通公司的报告,其中重申了其购买等级评定,这也就是通常所说的"强化剂"。这些报告除了吸引投资者兴趣以使股票价格更高外再也没有其他目的。美林公司零售系统的一个经纪人戴维·阿维格立刻看穿了这种骗局。因为通常情况下，如果一家公司要用股票或现金进行重要收购活动时，其公司股票会下跌，所以阿维格提出一个很明显的问题：为什么美林让客户去购买这家公司的股票？他给布洛杰特写了封电邮，其中提到："我们把这只股票列为最受欢迎的 15 种股票之一，而我们却没有说明 Go2Net 正在合并……每个人都应该知道计划交易公布后，（讯通公司）的股票会急剧下跌；所以为什么要把 INSP（讯通公司）的等级评定得这么高呢……我的客户已经在这家被高度推荐的公司身上亏了很多钱。"

布洛杰特是否对此置疑做了回答不得而知，但是讯通公司股票购买建议在美林公司的经纪人销售网络中继续产生着强烈反响，然而却不是布洛杰特和美林公司真正希望的那种反应。看看这些经纪人是怎么说的吧。美林公司有一名经纪人叫杰弗里·塞克斯顿，他在股票下跌之前已经将讯通公司股票卖给了自己最好的客户，当股票下跌的时候，他给布洛杰特发了封电邮，其中引用了《华尔街日报》的一篇报道，其中攻击讯通公司的年度报告是跟"高中考试模式"一样的"恐怖故事"。

杰弗里·塞克斯顿说："在加入美林公司之前，我是一名证券律师……真为自己没有谨慎小心而感到害臊，因为当初我和那些财务咨询专家认为你和那些分析师都会这样……"最终美林公司在 2000 年 12 月 11 日将讯通公司降级，但这是在合并之后美林把 1600 万美元咨询费拿到手之后的事了。降级将讯通公司股票挤出美林推荐股票名单的行列，同时这支股票也开始以个位数交易。布洛杰特好像如释重负，毕竟这个小插曲结束了。"哦，天啊，"在给一名分析师的电邮中他这样说，"真不敢相信这件事竟一直持续到现在。"

讯通公司的多少钱直接流入布洛杰特的年终红利中已经不可能计算。

但 2000 年 11 月的一份便函说明，布洛杰特肯定从其与投资银行业务冲突的关系中获利了。在这份便函中，布洛杰特叙述了他及其团队在当年完成的 "21 笔交易"，从而为美林公司赚得 9000 万美元的收入。这些便函在分红的时候会被美林公司的分析师们交给管理层，以提醒这些人他们对公司净收入所作的贡献，布洛杰特当然要得到他应得的那份。在那封便函中还提到另外两笔 "已经完成的交易"，使布洛杰特团队当年的总收入达到11400 万美元。布洛杰特当然还会指出另外 32 笔交易团队也有功劳，"其中大约一半未定，一半被取消"。

布洛杰特和他的助手十分注意他们的收入与其银行业务之间的关系，所以只要可能的话，他们直到最后时刻仍要更新他们的业务成交清单。"我们做的 GoTo. com 公司的这笔业务的收入给了吗？"网络部一名叫柯尔丝腾·坎贝尔的分析师在给布洛杰特的一封电邮中这样写道："如果还没算上，那你就应该把这笔业务加到我们 IBK（投资银行）业务的清单里去。"

让我们再来看看这个叫 GoTo. com 的公司。这是一家基地设在硅谷的网络搜索引擎公司，其实 2000 年底的时候，这家公司就已经成为美林公司开展银行业务最重要的目标了。这家公司在当年 6 月，也就是网络泡沫破碎后的几周挂牌。像许多新经济公司一样，这家公司向投资者许诺将来会巨额返利。这家公司的经营模式是向使用其搜索引擎找到结果的公司收费，但这种经营模式显得有点可疑，然而美林公司仍然将其视为潜在的金矿。与其他网络公司不同，GoTo. com 公司并没有在其迅速发展的过程中 "烧钱" 或者说花费大量的现金。尽管股市现在紧缩了弱小公司的市场，但从 GoTo. com 公司良好的财务状况来看，股市好像对这家公司的股票交易有所偏爱。美林需要这笔交易，而布洛杰特的分析报告就成了一个关键的卖点。

我们很容易理解这其中的原因。虽然股市正在下跌，但到了 2000 年底，布洛杰特刚刚把米克从《机构投资者》杂志年度排行榜上拉下马，这成了美林公司银行家争取 GoTo. com 公司银行业务时可以炒作的一个方面。布洛杰特清楚地明白对美林公司来讲什么利害攸关，于是他将这家公司的业务交给了坎佩尔，当美林的银行家们开始全面设计坎佩尔的分析报告时，她开始跟这家公司联系银行业务了。

一开始，坎佩尔对在银行业务中发挥这种冲突性的作用感觉不自在，但布洛杰特好像接受了这种工作方式。坎佩尔认为这家公司的等级评定应该比银行家们要求的低。当布洛杰特建议她再考虑一下时，坎佩尔生气了。"我不想成为可恶的管理者的妓女。"她在一封电邮中写道。

最终布洛杰特同意一个折中意见，只为这只股票发布了一个"长线买进"的报告，但提醒投资者在接下来的 12 个月中要小心，附带一份中期"持守"等级评定。2001 年 1 月早期，当 GoTo. com 公司的股票跌至低于 10 美元时，布洛杰特发布了他的那份报告（尽管坎佩尔做了绝大部分事务性工作，但他还是将自己的名字写在报告的最前边）。他在这份报告中写道：GoTo. com 公司"正在迅速发展，而且可能有足够的现金做到收支相抵"，这种情况可能会出现在当年的第一季度。

这就是他告诉投资者的。而在私下里他对这家公司的前景却更加谨慎。就在这段时间，一个名叫约翰·费格的基金管理者给布洛杰特发了封电邮，其中问道："除了佣金外，什么使你对 GoTo. com 公司如此感兴趣????"布洛杰特的回答很简洁："什么都没有。"

在接下来的六个月中，那些通过经纪人购买了股票的小投资者本可以利用这种坦率，但布洛杰特有其他事需要处理无暇顾及此事。网络泡沫破碎约一年后的 2001 年春天，布洛杰特加入了银行家托马斯·马祖卡推销 GoTo. com 公司股票的路演，并为不久的一次股票交易争取作为承销商的信誉。

自美林公司开始负责 GoTo. com 公司的业务后，爱德华·麦凯布第一次发布了一份升级这家公司的报告，此后 GoTo. com 公司的股票增长了近 20%。马祖卡现在正寻找利用所有信誉的机会。他直截了当地向 GoTo. com 公司提出建议：在能为公司带来急需现金的股票交易中，美林应该做首要承销商。GoTo. com 公司的管理人员给马祖卡回电话说，他们喜欢他的想法，但没有足够的理由指定美林做首要承销商。由技术明星弗兰克·奎特隆领导的瑞士信贷第一波士顿将获得这笔交易。闻听此言，马祖卡，这位美林公司首席银行家大发雷霆。他给 GoTo. com 公司的高管们草书一封，表达他的失望。"布洛杰特不仅"在 GoTo. com 公司股票"接近低位的时候发挥了领导作用"，发布这只股票的等级评定，"而且他最近又升级了这只股票，还主持了一系列投资者和美林公司销售人员的会议"。

布洛杰特看起来也不高兴。他在凌晨 5 点的时候接到 GoTo. com 公司的决定。当时他正在西海岸旅游。得到这个消息后，布洛杰特采取了股市泡沫期间少有的行动：降级一只股票。就在美林发布这份降级报告前，麦凯布给布洛杰特发了一封电邮，其中写道："从 20 世纪 90 年代中期以来，我认为我们不会因为一只股票的价值而降低其购买等级。"

"那就让他们滚他妈的蛋吧！"布洛杰特回信说。

但生活对布洛杰特来说并不美好。2001 年秋天，纳斯达克技术股票已经跌至 2000 点大关以下，在不到两年的时间里降了 3000 点。尽管布洛杰特已经降低其几只首选股票的购买等级，但美林公司庞大的经纪人网络还是骚动起来了，这些经纪人要求为他们的客户提供更好的分析报告，而且事实上他们把公司的权威当成了笑柄，他们这样对待权威的主要理由①就是布洛杰特竟然把讯通公司、网络资本集团和宠物在线这些公司的股票当作首选。就连调查部主任梅尔尼克也采取了行动。他提醒自己的分析师们"要通过大家联合起来进行更艰巨的日常工作使自己的分析不同一般……"

① 按原文翻译应为"证据甲"，但出于理解方便，这里按其意译。——译者注

134

而且他特别批评了那种利用等级"择机买入"的行为，而这正是布洛杰特在不想影响银行业务关系时使用的一种权宜之计。梅尔尼克警告说：这种三心二意的报告"无益于你的信誉或者长期的经营特许"。

梅尔尼克的至理名言无法阻止布洛杰特的灭亡。那些曾经使布洛杰特成为明星的报纸现在将之视为网络泡沫的代表人物。以前他经常会在电视上露面，这使他成为华尔街最容易被人们认出来的分析师，而现在他在电视上出现的时间急剧减少。1999 年他在电视上出现过 80 次，而到了 2000年只出现了 46 次，到了 2001 年只有 2000 年的零头儿了。屋漏偏逢连阴雨，在《华尔街日报》一篇报道揭露了他 2001 年 7 月一份自相矛盾的股票购买建议后，包括鲜为人知的纽约州总检察长在内的监管者们开始注意到他恶劣的股票推荐意见，他们核查了 GoTo. com 公司的状况后认为，他的那份降级报告是一种"报复式的降级"。布洛杰特的问题已经堆积如山了，而当他面对德巴赛斯·坎吉拉尔这位小投资者的仲裁案件时更是雪上加霜。这名来自皇后区的儿科医师说，由于听取了布洛杰特的股票购买建议，他把孩子们的教育基金全赔进去了。

至少在公众场合美林公司依旧支持布洛杰特。美林公司的一位发言人将布洛杰特的问题推到其团队身上。这位发言人说公司的分析团队已经很大程度上解散了，而且由于布洛杰特曾经发布过几次低于标准的报告，他们数次要求"布洛杰特下台"。那位发言人说，虽然布洛杰特的分析报告大部分是由其手下的分析师们完成的，但他的名字还是经常会出现在分析报告的最前面。但是由于有人正虎视眈眈地盯着他，布洛杰特明显地是在寻找逃跑的路线。2001 年 12 月，他宣布从美林公司辞职，他对《纽约时报》说："这好像正是追求下一个目标的好时机。"其实就像两年前被布洛杰特取代的乔纳森·科恩一样，很难确定在布洛杰特的"辞呈"中有多少是自己的选择。毕竟华尔街对于那些失去市场的人来讲，是个无情之地。

然而布洛杰特所有的麻烦大部分都是在其短暂的华尔街任期中制造完

成的。就在几年前，他甚至在《华尔街日报》无法找到一份文字编辑的工作。现在，他成了拥有数百万家产的富翁，而且在曼哈顿时尚的西村拥有一套新式住宅，一位刚结婚的老婆，还有一定的知名度，如果运气好的话，这种知名度也许会促使他成就新事业。布洛杰特离开美林时带着 1200万美元的薪水、红利与公司一刀两断，此外还有一份协议，其中规定如果那些自认为被布洛杰特股票购买建议搞惨的人坚持起诉的话，公司将为他的法律"账"埋单。为了找点事儿做，布洛杰特决定回到最初的所爱——写作。他与出版界巨擘兰登出版社签订了一笔报酬丰厚的写作合同，撰写自己对整个网络股市风行的看法，大概也有他在其中的活动吧。

这是一次疯狂之旅，但布洛杰特在离开美林公司之前，必须向其最大的支持者表示一下自己的敬意，此人就是美林公司的 CEO 戴维·科曼斯基。不久前当网络股票正在暴涨时，这位 CEO 选定布洛杰特为自己的网络官方咨询家，还将他请到自己的办公室。那是一间以少有的日本艺术品装饰的办公室，在房间里就可以俯视曼哈顿闹市区，也正是在这里，他们闲谈着科曼斯基及其夫人喜欢的风险重重的股市。在那些醉人的日子里，科曼斯基牢牢地掌控着公司，而且布洛杰特也帮助美林公司成为网络股票承销竞争中的一员。

但这些天，科曼斯基也像换了个人似的。公司利润的缓慢增长（甚至布洛杰特到来也无法使公司的财务状况有多大起色）最终使美林公司的董事会决定改辙易道。科曼斯基只是名义上的 CEO，真正发挥作用的是公司董事长及科曼斯基的法定继承人 E. 斯坦利·奥尼尔，这是一个注重实际、只关注公司净收入的管理者，他想抛弃公司不创收的部分，布洛杰特就包括其中。

现在，科曼斯基所能做的，就是与原来被自己推崇的这位神奇人物握手说再见了。

CHAPTER SEVEN

The Queen Falls

第七章
"女皇"倒台

据说在 1929 年，当权威人物开始传出股票内部信息的时候，老到的投资者们就预测到了股市崩盘。而我们的米克，在 2000 年早期股市崩盘的那一刻，可能正在纽约城里的一辆出租车里坐着，而且当时那位司机可能转过头问她："嗨，你是那个网络'女皇'吧。"当 20 世纪 90 年代行将逝去时，米克可能是华尔街新经济最重要的符号。那时她已进入不惑之年，曾帮助数百万投资者理解了新经济是如何改变了他们的生活，她作为一种文化偶像受到人们的欢迎。随着每一笔新交易的达成，每一个成功的 IPO 业务的实现，每个分析报告的完成，米克的明星地位冉冉上升。《纽约客》杂志在一篇吹捧她的报道中将其称为"网络女主角"，其中介绍了她作为网络高级交易撮合商的丰功伟绩及其对网络股票的小心翼翼。会场上，她会被那些想听一句她的至理名言的人团团围住；大街上，她会被蜂拥的人群挡住；西海岸机场，她会被定期在那里寻找她的人发现；从纽约乘坐夜航后，那里会有许多网络企业界人士递给她公司的商业计划，并乞求她给他们几分钟时间。在米克名气达到顶峰的时候，摩根被迫雇了三个全职助手阅览她每天收到的来自经纪客户、风险资本家的数百封信，其中也有各种各样的难题，希望能得到这位华尔街历史上最时尚人物的指导。

网络已经把世界翻了个底朝天。但米克依然高高在上。其他分析师乞求能与这位新经济的领军人物共度几分钟，而米克只把亚马逊网上书店的创立者杰弗里·贝索斯和易趣的 CEO 梅格·惠特曼这样的人当做自己的密友，只与谷歌搜索引擎的创建者拉里·佩奇和瑟吉·布林共进午餐。专为她设计的各种稀奇古怪的工作（一位电视制片人听说她喜欢垂钓，就提议让玛丽·米克来参加飞虫钓鱼秀）也蜂拥而至，经营网络公司的机会也纷至沓来。她的老朋友弗兰克·奎特隆现在瑞士信贷第一波士顿，基本上为米克加入其团队做出了长期有效的许诺。"我们不与摩根斯坦利竞争——我们与玛丽·米克竞争。"这是奎特隆在《华尔街日报》的一篇报道中说的话，这篇报道曾差点儿在摩根公司的管理人员中引发恐慌。米克跳槽的威胁导致其薪水大幅增加，从 1999 年的 1500 万美元涨到 2000 年的2300 万美元，对摩根公司来讲，这笔钱值得花。那段时间米克赢得的银行交易比她职业生涯中任何时候都多，而且她工作也更加努力。在 2000 年早期，网络狂热达到登峰造极的程度时，即使是高级客户也很难找到她。那时她手下有 20 多人，其业务范围扩展到那些勉强具有新经济成分的公司。比如有一家叫玛莎斯图尔特生动多媒体的公司，这家公司从网络派生出来的收入只占总收入的 8%，但米克的名字却出现在这家公司的分析报告上。

但是玛丽·米克的市场已经做好冲至峰顶的准备。1999 年，她创造的银行业收入超过了两亿美元，2000 年她正准备超越这一纪录的时候，她的好友亚马逊原 CEO 乔伊·科维告诉她麻烦已初露端倪。当时两人正在参加在瑞士达沃斯举行的世界经济论坛，当时的经济形势，至少美国的经济形势是最好的。跟米克一样，科维在过去的五年中一直处于高压工作状态之下，同时网络好像要激起的"革命"也消耗了她大部分的精力，结果她只得把家庭和正常的生活推到了一边。会议期间，有一次当两人摆脱了一整天的小组讨论和会议之后，她俩在午夜电话中交谈起来，科维记得当时她告诉米克，推动她职业发展的那种狂热不会永远持续下去，她建议米克去寻找工作之外的生活。"这也许是淡出繁华的好时机，"她说，"那其中的痛苦可能会比快乐多。"

"我不打算退出，"米克说，"我想了解这一切。"

数月后，科维离开了亚马逊网上书店，结了婚，开始了家庭生活。而米克则相反，继续在那条路上拼杀。2000 年早期，希望挂牌上市的网络公司数量多得惊人，而摩根公司的银行家们想承销每一笔业务。因而米克的一天似乎更长了——她的工作时间已经达到了每天 18 个小时——她的脾气也渐长，与象征其权力的黑色服装一起成为其商标的那种乏味的幽默也没有了。这不，米克发脾气了："这一堆烂东西一点儿意义都没有!"米克向一位助手吼道，这位助手为一份紧急的分析报告收集了一些数据。米克的老板丹尼斯·谢伊不得不提醒她："你没有必要大吼大叫来命令别人。"

摩根公司内部的一些人认为是过于繁重的工作使得她频频发脾气。他们的看法至少有一部分是正确的，但还有更让人信服的原因来解释米克为什么好像失控了一样。那就是，尽管她公然地支持那些她帮助上市的公司，但米克也知道科维说的对：网络狂热不可能永远持续下去，而当这种狂热结束的时候，有人将为投资者们一生积蓄的损失负责。

米克不希望那人就是自己。在讲话中、主题演讲中、在她的报告中，她开始警告投资者这种繁荣很可能会引发大规模的破产。米克显然希望这两种情况都出现。因为她对一些网络股票的激情与对新经济最重要的 CEO（亚马逊的杰弗里·贝索斯以及美国在线"邪恶而精明的花花公子"史蒂夫·凯斯）的崇拜交织在一起，同时还有对其他公司的悲观情绪，这导致她拒绝了一系列股票交易。1999 年中期，米克曾警告摩根销售人员不要对网络股票太乐观，结果消息被 CNBC 知道了，记者戴维·费伯因此发表评论说，米克怎么会对摩根的销售人员说不要对网络股票"过度乐观这样的话呢"。那年晚期，米克在一份便函中提醒上司说，她正尽其所能地保证在批准交易的过程中有"最大的收益，最小的风险"。插一句，米克批准的交易都是与那些能最终逃过股票动荡的公司进行的。2000 年早期，当纳斯达克冲向 5000 点大关的时候，米克提醒摩根公司的投资银行家们：开始缓和你们的"销售便函"（一种用来向大额投资者销售新网络股票的营销方式）。她不再希望摩根的名字与到处都是的浮夸的新经济股票项目联系在一起。当她的话传到《华尔街日报》那里的时候，米克充满讽刺意味地提示说："你从来不想去抢反弹。"

米克的警告从理论上听起来不错，但结果却是摩根公司开始付出巨额的金钱代价。摆在投资银行主任乔·佩雷拉桌上的一份报告将米克的问题纳入了他的视线。摩根公司在一个特殊行业的 IPO 业务方面已经落后于高盛了。这个行业就是那些来自纽约城硅谷的业务，那个地方有大量新的网络公司要挂牌上市，因而增加了高盛的收入。据摩根公司的银行家估计，到 2000 年早期，米克拒绝的交易佣金已超过数亿美元。当谢伊调查这一问题时，摩根公司内部怨声载道。玛丽·米克已经成为公司付出代价的怨府。

眼睁睁地看着损失了这么多金钱，摩根的许多银行家事实上都想废黜他们的这位女皇。开始这种压力只是慢慢地积累。但到了 2000 年的前几个月，当纳斯达克达到新的高度，渴望挂牌上市的公司成群结队出现的时候，对米克的大范围进攻开始了。关键的时刻出现在 2000 年早期，当时摩根为微观战略公司——这是一家生产电子商务软件的公司——处理一笔潜在利润丰厚的股票交易，米克表示强烈反对——公司里的人称之为"女主角的冲动"。"我可不买这家公司的账。"米克在与摩根公司全球调查部主任梅瑞·克拉克谈话时严厉地说。

在米克心中，这次讨论到此结束了。但事实并非如此。没过多久，米克被召集去公司 34 层的会议室开会，陈述自己反对这桩业务的理由。那次会议可谓摩根公司银行和分析部门的名人集会，参加会议的人包括克拉克，那位调查部主任，还有公司的软件分析师查克·菲利普斯，如果摩根选择参与这项交易的话，查克将直接负责此事。出席会议的还有一大群银行家，包括佩雷拉和他的二号人物特里·麦吉德，形势看来有点不妙。大家也许对佩雷拉并不陌生，此人曾是米克的良师益友，在米克向他请教时，他曾以摩根是"一个巨型机构"这一理由而让米克明确拒绝奎特隆，在困境中这曾让米克感到有人支持，但那似乎是太久远的事情了。现在这种支持似乎没有了。

克拉克首先发言，她给米克讲明了这笔交易的利害关系。克拉克解释说，微观策略公司希望销售 4 亿美元的股票，摩根公司会在这一"二级销售"或者说 IPO 之后的一次股票交易中获得 3000 万之巨的佣金。那家公司希望摩根成为承销商，但如果摩根不迅速采取行动的话，它们会找到高盛。这将是摩根的损失。

米克也阐述了自己的理由。她不熟悉这家公司的高级管理层（米克认为强有力的管理是成功的关键因素），而且公司的网络业务是推动其巨额股票价值的主要因素，这是一个过热的股市中新经济股票面临的主要问题。会议持续了半个小时仍无太大进展。直到克拉克指责"女皇"玩弄权术时，事情才出现了转机。克拉克说米克反对这笔交易的原因，是因为菲利普斯将作为最主要的分析师而获得所有荣誉。听了这些话，米克愤怒了，因为她一直把菲利普斯当成公司里她最亲密的朋友。"我不会以可恶的任何方式做任何有害于查克的事。"她说道，然后怒气冲冲地拂袖而去。

不久，克拉克看见米克在办公室哭。她向米克道歉，然后请米克回去把问题讨论完。米克说她会回去，但她并没有让步。最后摩根没有做这笔交易，高盛接手了。

但事实证明，米克关于微观策略公司的直觉是正确的。曾让摩根公司的银行家垂涎三尺的那笔交易发生在 2000 年早期，而此前微观策略公司曾宣布将大规模重估赢利，这导致其股票在一天里就降至 140 美元，而且还上了《华尔街日报》的头版，这篇文章主要报道了这家公司的可疑会计。当米克看到这篇报道时，她突然大笑起来。"我告诉过你会这样的。"她对谢伊说。

米克虽然在微观策略公司这一仗上打赢了，但她却在与公司投资银行部门的另一场更重要的战役中败下阵来。从 2000 年中期到末期，由于米克预计将会充分发展的那些网络股票开始暴跌，摩根公司的银行家们开始展开全面攻势，以将那些能从技术公司得到的残余项目流量推出门外，而这些交易在整个 1990 年代都是利润最丰厚的。

米克立刻就感觉到了这种压力。但她坚信，华尔街没有哪家公司会像摩根这样，能把为银行交易而进行的分析运用得这般炉火纯青。奎特隆离开摩根公司的一个原因，是他未能获得对公司技术分析师的全部控制权，但那是就公司的分析和银行业两个部门之间的分离而言的。米克可能已经具有对挂牌上市公司交易的最终"否决权"，但每个人都记得，很早以前华尔街的分析师和银行家们就开始手拉手地寻找 IPO 业务、兼并和收购（M&A）目标以及二级股票发售业务，从而为华尔街向小投资者提供的最具冲突性的分析报告做好准备。

在摩根斯坦利投资银行的行为好像没有跨越为分析师划定的界限。在"路演"过程中，分析师们把自己看作旅行推销员，他们去掉所有"客观"的虚伪外表，以帮助公司客户向投资者销售股票。公司期望分析师们最大限度地参与到交易中，以至于他们经常帮助自己喜爱的公司精心准备生意策略，而且银行业务和分析业务广泛地串通在一起，以至银行家在对分析师的评估中起到了关键作用，并对分析师的交易撮合技巧评头论足，而分析师的交易撮合也成了影响其年底分红的标准。

对于分析师来说，有条信息再清楚不过了：如果撇开银行业务而发布客观的分析报告，那就得做好收入减少的准备。在决定一名分析师应该拿多少银行业务相关的报酬时，公司会搞清分析人员参与的每笔交易，即使在为分析师评定等级时也会涉及这些。如此看来，米克因其交易而得到最高等级的评定也就不足为奇了。

这种冲突并未到此结束。公司雇佣了一些被称为"联络人"的员工，他们直接对银行业务与分析业务的关系进行协调。您瞧，一个联络人正在提醒一名银行家为一家叫皮尔格林斯普赖德的公司推销承销业务，我们不能保证为这家公司发布积极的分析报告，"除非我们在接手这笔业务之前拿到了公司的账簿，并且这家公司从银行里给我们打入至少300万到500万美元的佣金"。其他人也没闲着，公司银行主任佩雷拉实际上向一个叫响雷的公司许诺，如果这家公司选择摩根作为其IPO的承销商，那么摩根就为它发布积极的分析报告。他在给这家公司官员的一封电邮中说："摩根斯坦利"已经"为响雷公司在资本市场上正确定位……开发出一种将最佳技术和电信分析结合在一起的成功模式"。而且这种模式确实发挥了作用；摩根赢得了承销合同，并在这笔交易中赚到近500万元的佣金。

摩根公司的政策赋予其分析师在各自领域内享有对一笔银行交易的最终封杀大权，不过这一政策也是一把双刃剑。米克在泡沫时期的声望给了她力量，使其最终拱手送走了超过10亿美元的网络银行业务佣金，同时也使她有能力避开那些为损失痛心疾首的银行家的抱怨。但是2000年第一季度，当股市持续上升时，米克那种认为公司应该十分挑剔地选择承销公司的策略看来越来越不可信了。一些银行家们看到奎特隆和高盛将那些被米克拒绝的交易统统收入囊中，不禁牢骚满腹："这些交易被其他公司接了。"这是谢伊和米克最经常听到的抱怨。

米克努力去反击，但压力来自四面八方。她在给谢伊的一封便函中写道，高盛像一个"神风突击队员"①，而奎特隆只要见到交易就像一条"垃圾场的狗"。米克从未把亨利·布洛杰特当作太大的威胁，但布洛杰特要开始采取行动了，他坚持不懈地努力冲击米克作为网络高级权威经纪人春风得意的地位。整个 2000 年，布洛杰特好像遍布全国各地（米克在亚马逊分析师会议上碰到过他），在米克决定放弃宠物网的交易后，布洛杰特便插手进来。而米克认为这家公司没有赢利，商业计划无力，其广告上出现的那个喜剧木偶也将这家公司塑造成了愚笨的形象。但当美林帮助这家公司挂牌后，摩根的银行家说这是米克过分挑剔的另一个例子。接下来几个月里，在美林公司还没有将 IPO 业务最大的一份价值 500 万美元的佣金拿到手时，宠物网便随着网络股灾而沦落到破产的境地了（布洛杰特那时已经利用一份"择机"等级评定开始该公司的业务）。看到这一切，米克问菲利普斯："我错过了什么？"

摩根的银行部门有答案，那就是在会议上或在与米克上司的私人对话中攻击她，说这种由网络创造的"新范式"极大地改变了传统的投资标准，意思是说，像宠物网这样的公司尽管有不足之处，但会在消费者中找到市场，而且会通过投资而幸存下来。这种压力积蓄到了一定程度，让米克形成了一种华尔街版的"斯德哥尔摩综合征"②：她开始支持打压自己的那些人，在这里就是摩根公司的投资银行部门，她也开始帮助公司承销自己几个月前本应该拒绝的交易。"我们公司居然有人在能够赢得几乎所有交易的情况下却大量弃之不做，真让人泄气！"摩根的一位高级官员说。米克更泄气，她发现自己慢慢地但确实开始屈服并批准了一些股市上最有风险的交易。2000 年米克帮助女性网、家常食品销售公司等残存的网络公司挂牌上市，而现在米克开始为自己的这些决策辩解。"如果给我同样的

---

① 指二战末日本空军"敢死队"队员，他们驾驶装载炸药的飞机撞击目标，与之同归于尽。——译者注

② 著名的心理学现象，说的就是人质会奇怪地对加害他们的人表示同情。——译者注

信息，我将会做同样的事，"米克轻蔑地说。"股市正在告诉我们，如果我们拒绝宠物网那就是错误的。"

可能是这样吧。但不可否认，米克降低了自己的标准从而满足了批评者的要求。一年前还被米克赶出门的公司现在居然不顾米克的审查过程而自行其是。以前"如果有银行家叫她，她不会走过去"的同一个女人，现在则为这些人敞开了建议的大门。她所谓的"三条规定"（米克曾说在她让银行家们"滚蛋"之前，他们有三次机会向她说明一笔交易值得做）突然间变成了"四条规定"，又多给了银行家们一次让她改变主意的机会。米克以竞争为由合理说明了自己改变标准的原因。她会详细说明有多少家被她拒绝的公司现在被其他公司接手挂牌上市了，而且投资者们急不可待地抢购这些公司的股票。

包括佩雷拉在内的公司银行家们欣喜若狂，因为摩根公司现在有机会开战以把高盛拉下马。高盛现在已经爬到了"竞赛成绩表"的最上面，或者说成为华尔街网络股票的高级承销商。在收复失地的战役中，米克的分析报告在投资者最需要的时候开始变差。米克对自己喜欢的公司一直超级乐观，但2000年2月她给亚马逊的报告却不同，"调整：转折！亚马逊.平静！"这次比平时更言过其实。在网络股市崩盘前夕，亚马逊的财务只有平静了；卖空者开始聚集起来，指出在线书商不仅没有赚到钱，而且该公司切断与外部供应商的联系，好像借以增加收入，保持公司股票价值的高水平。但是米克认为亚马逊股票在收市后交易中增长了13%，不是因为股市过热的原因，而是投资者对公司经营模式做出的"积极"反应。

"说我夸大其词？那就接着说吧，"她在报告中写道，"但我们仍旧坚持认为，亚马逊网上书店会成为我们这个时代最伟大的公司之一。"但正如《巴伦周刊》后来指出的，米克的分析糟透了。而米克却说供应商交易将产生45000万美元的现金收入，亚马逊确实收到了如股市一样风险的股票。她也没有清楚说明在这份报告出台期间，摩根准备承销该公司的一大宗交易。

2000 年 3 月上旬，也就是纳斯达克达到 5000 点大关的前几天，米克的分析报告达到了一个更低的水平。一年多前，她曾放弃了那家叫网络货车的网上商店的 IPO 业务，这笔业务后来被高盛接手。当时她放弃的主要理由是，她认为这家公司没有可持续发展的经营模式（这家公司正在亏损，但却制定了扩大业务的宏伟计划，而且其销售业务主要集中在旧金山地区）。而现在米克准备帮这家公司的对手——一家经营模式更有风险的家常食品销售公司挂牌，这一年可真是不同一般啊！

直到今天，米克仍然没有充足的理由解释为什么消费者对第一家食品配送服务公司没有太大兴趣而需要第二家。但不久后，米克就从投资者那里获悉家常食品销售公司是个亏损企业。米克开始呼吁最好的"买方"或大投资者收集他们的账户并计算他们的利息，但米克的呼吁受到冷落。"人们好像厌倦了。"她说。事实证明，厌倦并不能说明当时的实际情况。当这家公司挂牌后，其股票价格收盘时仅高出发行价两美元，这是网络泡沫走向穷途末路的重要预警信号。但这并没有妨碍米克将这只股票评为"优于大盘"。事实上，当这支股票下跌超过 80% 的时候，米克也没有降级这家公司的股票。虽然米克后来降级了这家公司并给出了合理的解释，但这肯定是在摩根接到巨额的投资银行佣金之后发生的事，并被对方标榜为"真正信徒"。

与之类似的其他灾难行将到来，特别是随着纳斯达克从那时起一直持续到 2001 年的下跌，事态更是不容乐观。诸如网上药店、在线票务和在线折扣旅行社[①]等公司让摩根赚走了数百万美元的佣金，但他们同时给那些相信摩根的积极分析报告的投资者们带来了巨大损失。投资者如此惨重的损失并非仅仅由于米克拥护的那些新网络公司的股票发行，当然还有更

---

① 名为最后一分钟，被评为英国最糟的网站，2004 年退出纳斯达克股市。——译者注

重要的原因，那就是分析报告。在整个 2000 年中，摩根的经纪人们一直在推销与时代华纳合并后的美国在线的股票，而他们所有的工具就是米克那份已经无法反映出股市恶化情况的旧报告。当经纪人们大声疾呼重新评估的时候，米克却正在吹嘘此次合并后她帮摩根获得的这笔佣金是公司"本年度最高收入"之一。

但随着股市节节下挫，米克变得越来越自豪不起来了。一年前还奉之为女皇的媒体现在也改变了态度。报纸的报道不再关注她多年来的警告，相反却开始将她对那些已经垮台的网络公司做出的虚假的分析与其银行业务联系起来。在摩根内部，随着股票下跌最后演变为股市崩盘，经纪人也不再阅读米克的分析报告了。"我们开始不看她的分析报告了。"一个老经纪人说，他提起米克的分析报告气就不打一处来。休息间隙，另一位经纪人说："我们每次看到她的名字就想骂娘。"那些投资者们也是如此。2000年里，米克好像与公司有权势的投资银行部门言归于好了，但其在公众中的明星权力却慢慢消失殆尽了。电视台的邀请没了，与那些言听计从的投资者的聚会也没有了。2000 年早期的时候，摩根公司的公关部曾开始限制米克在公开场合露面，担心他们的网络女皇"曝光过度"。而现在他们又有了新的担心：玛丽·米克将成为这种冲突分析的形象代言人。

在摩根内部，米克的朋友开始站出来为她辩护，提醒人们注意她在股市繁荣时期曾表现出悲观情绪。"多年来玛丽一直提醒那些有心人，好时光将结束。"谢伊对公司里的一名管理人员说。露丝·波拉特是米克团队的一位投资银行家，她向每一个想听的人解释米克曾经放弃的所有交易，以及由于其严格的标准给米克带来的矛盾冲突。同时米克也站出来为自己辩护。她说自己的报告是为那些理解"买入"和"优于大盘"这二者之间差异的资深机构投资者写的。可能如此吧，但是 1997 年摩根与添惠合并时曾保证：要将米克的分析报告交给股市中那些最不谙股市的投资者。

当摩根公司两年后推出自己的在线交易平台——为那些想通过电脑低价购买股票的小投资者提供的服务——米克的分析报告是吸引这些小投资者的关键。

本来米克这样做是很好的，但事实是摩根公司的人从来没有警告过投资者，告诉他们米克自己的标准也在股市发展过程中土崩瓦解了。到了20世纪90年代末，华尔街几乎没有人相信所谓的中国墙是完整的，但是对广大普通投资者来说，像摩根这样一家声誉良好而且由米克批准的"分析"着实应该说明一些问题。但摩根好像对赚钱更感兴趣，至于警告投资者依赖米克的报告从事股票交易会面临风险这样的问题就显得没那么重要了。1999年，摩根斯坦利作为最重要的资本经营者，其IPO业务量占全部网络IPO业务的9%，即301笔IPO交易中摩根搞到了27笔。2000年是技术股市崩盘以及寻找理财公司质量开始下滑的一年，米克帮助公司将IPO业务占有量提高到10%。虽然拒绝了绝大部分交易，但摩根仍然赚得了数亿美元的佣金。

米克自己似乎知道这种情况在其2000年"年度报告"中的重要意义，因为她要在年底将这份工作总结交给摩根负责分析部门的管理层。在这份报告中，她承认在一年的工作中有些"令人不快的事"，可能是指那些在她的帮助下挂牌的网络公司由于股市的崩盘而开始陷入四面楚歌的境地。她说，这一年是"我职业生涯中最富挑战性的一年"，很大程度上要感谢"摩根的IBD同人……他们努力、努力、再努力，从而争取到了IPO业务市场份额"。米克在报告中引用一位投资银行部主任的话："我几乎无法相信，公司里的人竟对你如此卑鄙。"由于自己与银行家间的冲突仍然很尖锐，米克在报道中说自己，"为我们没有做的交易感到骄傲，为我们没有参与的财富的毁灭感到骄傲，为我们跟对手竞争的业绩感到无比的骄傲……这些决策的做出是困难的，是孤独的，是艰难的"。

米克做决定是孤独而艰难的，但其他很多人则是大把大把地赚钱。米克指出，在网络股市崩盘的 2000 年，她及其团队接手的 IPO 业务比自己职业生涯中的任何时候都多，是"创纪录的一年"。摩根斯坦利认为，米克工作的绝妙之处在于她本人是个讨厌的分析师但仍然能给公司赚得巨额收入。随着米克的名声受到抨击，2000 年末和 2001 年，华尔街上流言四起，说摩根公司 1999 年已经大幅削减了她 1500 万美元的年薪，主要因为她的报告太烂了。（在 2001 年 3 月《华尔街日报》对她的采访中，米克巧妙地回避了薪水问题，这使得人们猜想她好像被减了薪金。）但事实却大相径庭。那一年米克被评为公司最差的选股者，但她的薪水却因其银行业务而增加了 800 万美元。

米克曾经表示，"对我而言最大的挑战是"当她不同意银行家的股票销售意见时，他们的愤怒给她带来的"冲击"。但更大的一个冲击正在逼近。明星分析师们已经合理解释了网络股票的崩盘只是高潮期中的一个暂停，并将投资者选择远离股市的原因归结为围绕着 2000 年总统大选而普遍产生的不确定性。但随着纳斯达克的节节跌落，随着又一家网络公司的破产，米克的名声也下降到一个新水平。2000 年底，米克不仅仅被认为是错失股市机会的分析师，而且也成为投资者发泄愤怒的对象，成为媒体追踪的目标，这些媒体一直关注着那些因听从分析师建议而遭受巨大损失的投资者。米克感觉到了这种冲击，因此她出现在 CNBC 的电视节目中，希望能解释清楚网络灾难，并为投资者指出一条明路。当时主持人马克·海恩斯提出一个显而易见的问题："你怎么会在这么多股票上犯这么大的错误？"这给了米克一个解释的机会。根据《新闻周刊》对此次采访节目的报道，米克当时说："如果我们再乐观一点，这实际上是现实为我们创造了一个买入机会。"海恩斯几乎不相信自己的耳朵。"你是说从现在开始，将我们的钱投到合适的地方？可是听了你的建议后，结果我们把钱投到了错误的地方。"

米克最后总结说，股市时好时坏，但是网络股市会被普遍接受。采访结束后，她看起来显然受了刺激；摩根斯坦利向 CNBC 的制片人抗议说，你们把米克当成一块红肉呈现给那些在网络泡沫破碎中受冲击最严重的观众，因此她受到了诬陷。

米克将不得不习惯于这种关注。想当年她曾尽力避开这些人和这些媒体的疯狂追捧，而眨眼间她就成了众矢之的。现在，在投资者和媒体追捕"罪犯"的过程中，以前那些她曾经拒绝的交易，那些来自银行家的压力，还有她发布的股市将走低的警告信号都毫无价值了。对于米克而言，这是她职业生涯中最糟糕的时期，远比当年让她发脾气的那些情况要糟得多。在过去的十年中，她为业务而失去了太多钟爱的事物——朋友、家庭和正常的生活。她成了股市兴盛时期华尔街疯狂工作的标志，也是华尔街回报成功人士之报酬体系的具体体现。那时她心安理得地认为网络不是昙花一现，不会像豆宝宝毛绒玩具或郁金香狂热①那样转瞬即逝。她相信，像亚马逊、雅虎、美国在线和其他不计其数的公司会被人们接受，因为公众已经将网络作为生活的一部分。现在只有一个问题，那就是股市不再"买入"她的理论。

股市崩盘近一年后，纳斯达克仍旧在下跌，从当初神奇的 5000 点大关下跌超过 50％，而且还在继续跌落。记者们从米克既做银行家又做分析师的双重角色中得出一个显而易见的结论：玛丽·米克为了迅速赚钱而背叛了投资者。此时，米克身上的压力很快就转变为危机。对于米克来讲，这是一种毁灭性的指责，这也是她的密友们一次次努力想驱赶走的指责。有时这种努力可以让人信服，因为确有准确的消息表明米克曾发出过警告而且拒绝过一些交易。

---

① 17 世纪 30 年代出现的荷兰郁金香狂热，郁金香球茎的价格受投机影响，上涨几十万倍以上。有人发了大财，更多人则在泡沫破碎后倾家荡产。——译者注

但米克的痛苦才刚刚开始。多年来监管者们一直对分析师冲突性的行为视而不见，现在他们开始意识到这个问题。国会下属的一个专门委员会开始举行听证会，将米克及其明星分析师同行亨利·布洛杰特和杰克·格鲁布曼作为调查的主要目标（要求每个分析师自愿作证，但每个人都拒绝了）。2001年5月，由于人们对这种冲突性分析的兴趣持续增长，米克突然发现自己成了问题的中心。正如《巴伦周刊》几年前标榜她帝王般的地位一样，现在，一本《财富》杂志的封面报道的标题是："玛丽·米克哪里出错了"，讲述了一个人如何迅速地从闻名遐迩到臭名昭著。米克的垮台是很明确的，因此那份有着广泛读者的财经杂志封面上那个郁郁寡欢的肖像让她透不过气来。

《财富》像绝大多数财经杂志一样，无不指责她利用网络股票和夸大其词的明星分析师的声誉炒作股市。在安然公司大量的会计丑闻导致这家总部在休斯敦的能源巨人申请破产之前，这本杂志曾赫然将其列为最受尊敬的公司之一。但在描述米克时，这本杂志毫不手软。"在米克负责的15种股票中，她对两只股票几乎一直持强烈买入建议或将其等级评定为优于大盘，"这本杂志叙述道，"在她从未降级的股票中，赖斯网上销售公司、亚马逊网上书店和自由市场公司——所有这三家公司的股票均从其峰顶下跌，跌幅均在85%和97%之间。"米克被描写成一个不能善始善终的分析师，那种为了把自己的腰包塞得更鼓而背叛投资者的人。

在过去的数年中，由于一直受到媒体的讨好，米克赢得了一个媒体老手的名声，但是这次她的老练并没有发挥作用。《财富》报道说："米克拒绝承认——甚至拒绝看到——她是多么善于折中。"报道强调了其分析冲突从股市泡沫一开始就一直在伤害着投资者，其中引用米克的话说，她认为自己不是小投资者（这些人根据她的分析去炒股而亏了钱）的"代管员"，而是面对那些在她的帮助下挂牌上市的正在努力奋斗的公司，各位可能也清楚，这些公司同时为她支付了巨额薪金。米克说自己在考虑为这些公司降级时犹豫不决，因为"如果你使一家公司挂牌上市后，那你就确实不愿意降它的级，那是很让人泄气的事儿"。

当这份杂志上了报摊，同事们惊呆了。"玛丽明显是在说她希望能够不做那些事。"摩根斯坦利的一位经理描述自己内心反应时说。与此同时，米克灰心丧气，她向公司的法律部门提交了一份清单，其中列出了报道中错误表达其意思的话，然后简短地表明要以诽谤罪起诉这本杂志。但这些并非是使她心烦意乱的真正原因，真正让她闹心的是报道强调的主题，即她背叛了。她真的在泡沫高峰期间降低了自己的评定标准吗？当然是的，而且米克会第一个承认来自银行家的压力和股市不可遏止地上涨使她重新考虑自己技术投资的规则。但米克一直引以为自豪的一件事是诚信。当这篇报道在位于曼哈顿市中心的摩根办公室里传阅的时候，她提醒同事，如果她想背叛，她本应该与奎特隆一起工作，挣双倍的钱，并让更多的具有风险的公司挂牌上市。

最后，米克放弃了起诉的想法，相反她想自己澄清事实。业界的朋友开始为她说话了。科维当时正在参加由《财富》杂志主办的一个研讨会，会上她公开为自己的朋友辩护。科维记得自己当时说："媒体先吹捧人"，然后她提醒杂志的编辑们想想他们批准发表的那些吹捧文章，那些文章都是报道投资者可以获得新经济财富。"而现在，当为玛丽·米克做封面报道不起作用的时候，媒体就想诋毁人"，她补充道。科维说，她的讲话结束后，受到十多个人的欢迎。米克也没闲着，在米克的老朋友弗兰克·奎特隆和不计其数的新经济权威们曾经就读过的斯坦福商学院，米克发表了演讲，以表达她对这则报道的立场。这次演讲是斯坦福"高层看世界"系列讲座的一部分，在讲座上，米克强调自己是以"接近最底层的视角看世界"。"我们尽力而为了吗？"她问听众，"是的。我们比其他人做得更好吗？是的。"

然而是否有人在听她的讲话那就不清楚了。跟布洛杰特一样，到2001

年底，米克已经被贴上了骗子的标签。同样是这个女人，曾经在股市繁荣的时候，从不离开办公室，还曾在桌子底下睡着，但现在，她发现自己很难去工作了。随着仇恨的电邮涌入她的邮箱，她也失去了那些在股市狂热达到极点时曾面临着与她同样压力的银行家和分析师们的支持。安德烈·德·波比尼曾同米克一起帮助许多公司挂牌，现在米克的这位朋友和伙伴从公司辞职了，这是一个劳累过度和股市过热的受害者；波拉特，这位网络狂热中米克的至交，正在伦敦负责一项银行业务；软件分析师查克·菲利普斯，米克的好友之一，仍旧在公司工作，但她同米克一样承受着相似的压力，此人由于持有自己负责的一家公司的股票而被 SEC 盯上了。哦，还有一位米克坚强的辩护者谢伊，他现在好像也在提醒米克注意。"你现在处于职业生涯的紧要关头，"他在为米克 2001 年的业绩评估中这样写道，"你还想成为一名股票分析师吗？"

波拉特同时还面临着另一个麻烦。2001 年 6 月她被诊断患有癌症，当时正在接受化疗。米克曾去探望。当时米克问她最近好点儿了没有。波拉特回答说，她很有信心，但世事难料。波拉特反过来问米克身体怎么样，"玛丽，你最近好吗？"米克的回答极度痛苦："他们在攻击我的诚信，"随后又问道，"交易所怎么样了？"

波拉特最终从病痛的煎熬中幸存了下来，并重新开始了她摩根高级投资银行家的工作。米克是否也会逃过这一劫？那就不清楚了。

CHAPTER EIGHT
Jack in a Box

第八章

进退维谷的杰克

20世纪90年代股市繁荣时期，明星分析师之间存在着激烈的竞争，同时这些明星分析师在华尔街各界的支持者之间的竞争也很激烈。尽管这些明星分析师之间很少谋面（米克见过格鲁布曼和布洛杰特），但他们彼此间对对方的职业都表现出了浓厚的兴趣。一开始，他们之间的竞争主要集中在谁最受媒体的关注，谁的明星地位更高。但到了2001年早期，随着股市全线下跌，他们之间的大多数竞争便变得更积极了，也就是说，开始关心谁受到了来自于投资者、客户和那些曾经崇拜他们的商业媒体的最严重的冲击。

数月来，由于网络股票在2000年早期开始了调整，从而暴露出布洛杰特和米克分析报告的缺点，更重要的是暴露了投资银行业对其股票等级评定的显著影响，因此使这两人成了冲击的重灾区。但随着这种痛苦扩散到华尔街的另一边，也就是电信部门的时候，格鲁布曼发现自己成为众矢之的只是时间问题了。对于格鲁布曼而言，这是一种突然的猛醒。在20世纪90年代的大部分时间里，旅行者集团也就是最终的花旗巨型公司下属的所罗门美邦公司中，这个虚张声势的分析师一直是媒体的宠儿。由于受到媒体的吹捧，他赢得了华尔街上"拥有麻省理工学院毕业文凭（尽管他从来没有在这所声名远播的大学学习过）的斗士"的称号，被认为是生意场上最精明、最刚强的男人，在其几近事业顶峰的时候《华尔街日报》把他描述成"万能博士"。

但随着近一年的股市亏损之后，格鲁布曼的选股记录及其名声受到了严重的打击。在那些依据其分析购买全球电讯、奎斯特通讯和他的最爱——世通公司股票的大量投资者中，他不再是受欢迎的人。尽管在这一年的股市下跌中，每家公司都遭受了巨大的损失，但格鲁布曼仍然对这些公司的前景表现出极大的乐观，这差点儿激起了股票经纪人的反抗，这些人不久前还说自己的客户依据他的意见购买股票。现在媒体也来凑热闹了。2000年12月，《纽约时报》开始对明星分析师冲突性的分析报告发表一系列报道，一篇详细而冗长的报道叙述了格鲁布曼跨越中国墙的行为使其成了华尔街收入最高的分析师之一，其中把格鲁布曼报道为"做得太过头的众多分析师之一"。

那篇报道将格鲁布曼，还有玛丽·米克，描述成华尔街分析制度存在问题的鲜活体现。其中提供的证据表明格鲁布曼吹嘘夸大对一些公司的分析及其等级评定，而这些公司正是那些以巨额投资银行佣金向所罗门投桃报李的企业。文中还论述了格鲁布曼巨额收入的一揽子计划，也就是他从相同的公司赢得交易能力的直接结果。这确实不是讨论格鲁布曼经营特征的第一篇文章，但来得早不如来得巧，再加之股市每天对其选股报告敲敲打打，所以格鲁布曼直接感受到了冲击。经纪人甚至一些投资者，早已对格鲁布曼的股票预测恼羞成怒，更把这篇报道当成格鲁布曼作为一名失败的分析师的进一步证据，呼吁他立刻辞职，而另外一些人则只想拧断他的脖子。

据其朋友和同事介绍，格鲁布曼对自己突然变得臭名昭著感到震惊。

也是在这段时间，他收到了一位朋友的电邮，他的这个朋友叫卡萝尔·卡特勒，是新加坡政府投资基金会的一名分析师，卡特勒已经成为格鲁布曼的高级客户，利用格鲁布曼的分析报告购买股票，并通过所罗门股票交易桌进行股票交易以示对格鲁布曼的信任。2001 年 1 月上旬，卡特勒正在亚利桑那州斯科茨代尔旅游，以参加格鲁布曼每年举行的电信会议——即使是在长达一年的股票下跌中，这也是电信业名人必须参加的一次盛事。

卡特勒焦急地想看到格鲁布曼还有没有更多回复。多年来，他们两人之间的关系已经远远超出了业务范围，而显得更加暧昧。确实，这两个人几乎每天都要联系，大部分电邮是带有明显性提示的，其中身在亚洲的卡特勒经常说，当她回到家的时候，她渴望能够使他们之间的关系超出正常而更加圆满。在会议举行期间，卡特勒告诉格鲁布曼，她希望他能最后满足她的一个愿望，即送给她一件费城老鹰足球队的运动衫，这样他就可以看到她"穿着它"了。

但格鲁布曼可没那份心情。他仍然在因《纽约时报》对他的态度而伤心，他给卡特勒发了一封简短的电邮，说他坐着花旗集团的商用专机在斯科茨代尔"刚刚着陆"，并没做更多解释。"听说玛丽·米克坐过商务包机，现在终于轮到你了，"她在回信中说，"肯定特美，我能适应它［原文如此］。"

看来，没有什么可以改变格鲁布曼糟糕的心情。"是的，"他回答说，"她和我现在正一起看新闻报道。"

感觉到她击中了要害，卡特勒尝试着直接把事实澄清。"听着，你和她①有很大不同，她并不知道自己在做什么，而且正在走上邪路。你是正确的，而且你将永远是股市之王。事实上，由于不知道她在做什么，她给我们带来了很多问题……《纽约时报》狗屁不懂。"

---

① 指米克。——译者注

从格鲁布曼电邮的一份复本来看，他没有回信，但卡特勒并没有结束。"事实上，对桑迪如此正确地待你，我深深地感动了，"她写道，指的是格鲁布曼的老板，花旗集团的CEO桑迪·韦尔，此人好像没有在意糟糕的媒体宣传，仍然给了格鲁布曼一次坐公司飞机的机会。"我正想着能与你一起坐在飞机上，喝着咖啡、茶或我……"

有一件事情是肯定的：电信之王已经看到了好前景。20世纪90年代技术股繁荣时期，并非只有格鲁布曼一个证券分析师鼓吹电信服务大规模扩张的好处，这些扩张包括从高速电缆到各种无线产品。但格鲁布曼是第一个全面认识到如何把撤销管制和网络发展两者结合在一起，从而为华尔街创立一个特殊的环境，使大量的新公司由于需要资金来进行扩张而走进股市的。

成为第一人肯定有优势。格鲁布曼对行业新秀，像世通、环球电信、奎斯特和温斯达通讯这样的公司的支持，超过了对长途电信的掌旗者AT&T及其所谓的小贝尔这些公司的支持，这些公司曾在全国提供了本地电话服务，也使所罗门美邦及其母公司——花旗集团，第一次承销了价值数十亿美元的股票和债券，从而建立起其庞大的经纪人网络。20世纪90年代晚期，随着电信承销成为华尔街利润最丰厚的业务之一，格鲁布曼掌握着扩大财富的金钥匙——这些公司将价值10亿美元的承销佣金摆在华尔街投资银行面前。

格鲁布曼当然拥有竞争这些财富的很多优势。到现在，那种为交易而分析的模式在华尔街公司中根深蒂固，而且格鲁布曼知道如何操作这个系统以获得最好的结果。格鲁布曼推动那些公司通过花旗集团的投资银行销售股票和债券，同时投资数百亿美元建设或购买通信网络——在他们甚至还没有足够的消费者来购买其产品之前。一些迟钝的反对者则认为格鲁布曼鼓吹的电信大规模扩张是治疗股票灾难的处方，对于这些人，格鲁布曼同样也给出了解释，那就是把世通公司——真正开始赢利（至少账面上如此），而且具有"丰富经验"的管理队伍——与大量走进股市而没有赢利、管理队伍也没有经受过考验的公司相比较。

这样的答案奏效了。20世纪90年代股市繁荣的大部时间里，格鲁布曼的分析报告卖得相当好，这些分析报告的对象是那些资深的投资者、所罗门经纪部门的零售客户。对于格鲁布曼来讲，更重要的是他的上司找到了让他开心的所有方法。1999年以前，他平均每年赚得2000万美元，而且频繁使用公司的专机，同时对他接手的交易有几乎无限的权力。同一年，公司批准了另一项有趣的实惠条件，以突出其在华尔街的能力。到底是什么条件呢？且容我慢慢道来。原来绝大多数经纪公司有严格的规定，防止管理人员或其配偶持有公司以外的经纪账户。这种担心是因为公司的律师们无法监督分析师们是否根据其跨越中国墙而获取的内部信息来进行股票交易，或者从事敏感的投资银行业务。

但是对于电信之王来说，一切皆有可能。公司的法律部门同意格鲁布曼为其妻子露安开绿灯，可以在所罗门美邦公司外拥有一个经纪账户并从事股票交易。"在通常情况下，我们不允许公司员工的配偶在公司外拥有账户，"所罗门执行部门的一名职员在1999年8月16日写给格鲁布曼的便函中这样说。"根据附属规定，我们已经批准你在所罗门美邦之外保有经纪账户……我们批准你要求的账户是根据你表示不在其中拥有实益股权益、控制和影响，或者对其进行投资。"格鲁布曼经常宣扬说，他十分担心自己会以牟取暴利之名而被起诉，所以他不购买自己宣传的电信股票。但这并没有妨碍她老婆持有一些他喜爱的股票，比如世通公司的股票。

但是随着20世纪90年代的逝去，股市开始从永远乐观转向悲观失望。格鲁布曼的角色也开始失去吸引力。2000年5月15日，《商业周刊》以"大腕经纪人：从其华尔街栖息处开始，杰克·格鲁布曼正在改造电信业，从而引发了争论"为标题，以封面新闻的形式特别报道了格鲁布曼。这篇新闻报道的题材并不算稀奇；但是《商业周刊》发布了一则重要的轰动新闻：它们揭露说格鲁布曼是一个撒谎的家伙，是一个为了成功就可以编造任何故事、什么谎都可以说的人。格鲁布曼并非像他很久前对很多人说的那样长在南费城，那篇报道说，他也不像其简历中所说的毕业于麻省理工。事实上，格鲁布曼是在费城东南部一个中产阶级城区长大的，从不太有名气的波士顿大学获得了学士学位。（甚至格鲁布曼自吹自己曾是一名拳击手好像也是杜撰的；他的发言人连一家格鲁布曼曾经训练过的拳击俱乐部的地址也说不出来。）

正如1997年《华尔街日报》的一则新闻确立了格鲁布曼冉冉上升的名人地位一样，当《商业周刊》的这篇报道开始在格鲁布曼的客户、大量的共同基金投资者和交给他银行交易的公司管理人员间传播的时候，这篇文章标志着格鲁布曼的垮台。虽然格鲁布曼对自己的商业行为坦白地发表了看法，但这也于事无补。记者彼得·埃尔斯特罗姆问格鲁布曼，他是否足够"客观"地为那些诸如世通、环球电信和其他为所罗门支付巨额佣金的公司发表了正确的分析报告，格鲁布曼简单地回答说："曾经的冲突现在成了协同。"客观的分析，格鲁布曼用"另一种话语表达了不可告之"的意思。

正是这些被重点圈引的话痛苦地纠缠着格鲁布曼。当这篇报道在花旗集团传开时，同事们愤怒了。仅仅用了几句话，格鲁布曼就将偏离华尔街分析的所有事情具体化了。一些银行家由于担心SEC的人有一天会调查格鲁布曼在比较"客观"和"不可告之"的时候到底说的是什么意思，因此要求格鲁布曼保持低调。这篇报道发表之后，所罗门在内华达州里诺办事处的经纪人迈克·海斯转达了一位投资者对格鲁布曼的抗议："人们认为他会对一些公司进行客观分析，他跟这些公司的关系可能过于密切了，"同时评论说，"这可能表达了这一领域内绝大多数经纪人的疑惑。"

但这并非仅仅是所罗门公司内部渴望得到答案的大量经纪人持有的客

观评论。那篇文章实质上是说花旗集团那位电信业革命的"主要发言人"是个捏造事实的人，是一个编造家庭背景和教育履历的不尊重事实的家伙。很多人认为他应该为那种基于需求无止境理论而引发的业务大量增加而负责，而且，如果格鲁布曼要想澄清他生活中这些细节问题，那么他还有另一件事需要考虑，那就是他曾经编造了给所罗门美邦带来巨额佣金并使他自己成为千万富翁的那些公司的前途，他如何找到澄清这一事实的机会呢？即使约翰·奥托，一位负责电信业务并从格鲁布曼的建议中受益的经纪人也向所罗门电信部门的头头爱德华多·梅斯特雷质疑格鲁布曼的简历，并问是否应该采取什么措施。梅斯特雷说他不关心这事儿。"那就是杰克。"他又加了一句。

并非每个人都以另一种方式看待格鲁布曼。在伟大的电信业繁荣时期，普里斯基金管理公司的一位共同基金管理者罗伯特·根斯勒十分喜欢格鲁布曼。根斯勒赞赏格鲁布曼，因为在她20世纪90年代中期刚进入这一领域的时候，格鲁布曼曾经教授她电信股票的知识，当时格鲁布曼早已是名牌分析师，他同意来到巴尔的摩普里斯基金管理公司的办事处，并给了根斯勒一本关于这种不稳定行业的入门读物。

据一位了解根斯勒与格鲁布曼对话内情的人说，当《商业周刊》摆到根斯勒的办公桌上时，根斯勒愤怒了。"你怎么能说这样的话呢？"她问格鲁布曼。格鲁布曼局促不安地把简历问题描述成一个无辜的错误。他说自己在早期申请一份工作时加入了在麻省理工取得学位的内容，但从那时起他就没有时间把这些内容从简历中去掉。根斯勒接受了这种解释，但自此以后，她在相信格鲁布曼各种声明之前总要三思而后行。

随着网络股票的下跌波及电信股票，格鲁布曼开始对越来越多的公司产生怀疑。格鲁布曼理论的核心是，对电信服务的需求永无止境，而电信业的发展又会推动他喜爱的公司的股票上涨得越来越高。但是要把小投资者从格鲁布曼导致的那种麻木不仁中拉出来可不容易，那就好像让他们损失钱一样。由于技术股票价格开始下跌，精明的投资者不再关注格鲁布曼一直炒作的无止境需求，而是开始注意不断增加的竞争对公司资产负债表的影响，以及像世通那样的公司能否偿还其巨额债务，而这些债务很多是在格鲁布曼的帮助下产生的。世通公司的股票从泡沫期间的 70 美元左右开始下降，到了 2001 年后期跌至不足 20 美元，2002 年，这只股票的价格已经不足 10 美元，此后格鲁布曼才改变自己对这只股票长期坚持的"买入"评级。对于另一只格鲁布曼钟爱的股票——环球电信的股票，其跌幅也同样是灾难性的。在其峰顶时，这只股票的交易价是每股 64 美元，但到了 2001 年后期，这只股票的交易价格只有 1.07 美元，直到这时候格鲁布曼才降低了这只股票的购买评级，而仅仅几个月后，也就是 2002 年 1 月，这家公司就申请破产了。格鲁布曼的乐观好像也蒙蔽了环球电信内部的人——比如公司董事会主席加里·温尼克，他在 2002 年早期公司申请破产前，卖掉了 13 亿美元的股票——此时，格鲁布曼在资深投资者中的名声遭受了又一次重创。那段时间格鲁布曼是以非正式咨询顾问的身份为环球电信公司提供服务的，同时他帮助所罗门成为环球电信的首选投资银行之一。

在所罗门美邦内部庞大的经纪销售人员中，对格鲁布曼的反对尤为强烈。一次所罗门公司的经纪人投票选举最佳分析师，格鲁布曼不一会儿就成了众叛亲离的人物，他相信自己的分析报告会让数百万小投资者投资。最让经纪人愤怒的是他不断地指导销售人员，说这些摇摇欲坠的电信公司——特别是世通公司和环球电信，即使正面临着丑闻和破产，不久也会恢复生机。

"我个人损失超过了 25000 美元，因为我认为他不会在一切灰飞烟灭后置我们于不顾。"一名所罗门美邦的经纪人给一位管理者写的电邮中这样说，他是针对格鲁布曼在泡沫过后的一次选股意见说的，"这个杂种本应该将股票降到每股 10 美元。唉，真是的，这可是我女儿上大学的学费啊!"

那个经纪人又说:"即使股票的走势打了格鲁布曼一记响亮的耳光,他也不会承认的。真遗憾,我一直信任他。"

很大程度上,对于给小投资者带来剧痛的庞大的电信股市的崩盘,格鲁布曼应该是主要罪人。格鲁布曼的炒作超过了华尔街历史上所有的股票分析师,包括有名的布洛杰特和米克在内。当格鲁布曼发布了一只股票的购买等级或者感觉需要对此加以评论以加强宣传效果时,格鲁布曼不会只是发布一个分析说明,他会通过语音信箱"吹嘘"自己的意见,这些意见会在瞬间传递给数千名资本经营者。当他需要保卫一家正在遭受对手攻击的公司时,他就担当起这家公司的宣传员角色,像自己曾经宣称的职业拳击手那样向对手发动猛攻。惠普公司的一名分析师曾建议世通公司收购一个叫北方电讯的公司,此后他便充分品尝到了格鲁布曼狂怒的滋味。"那是我的地盘,我在那儿负责,"格鲁布曼当时说,"那个惠普公司的白痴不懂那一行,我可以告诉你,世通公司不会再为北方电讯开价。"

在格鲁布曼的权力处于顶峰期间,他列出了一份敌手名单,其中包括那些不赞同其意见的人,也包括不支持其吹牛策略的人。这些敌人有电信分析师对手,像美林公司的丹·莱因戈尔德,为了方便,格鲁布曼给他起了个代号"笨蛋",当时格鲁布曼和他的追随者也称此人为"愚蠢的奇才"。他的敌人还包括迈克尔·阿姆斯特朗——世通公司的主要对手——AT&T 公司的 CEO,是格鲁布曼经常攻击的目标。有时阿姆斯特朗被格鲁布曼持续不断的批评搞得很是愤怒,于是就向他的好友——花旗集团的 CEO 桑迪·韦尔(韦尔是 AT&T 董事,而阿姆斯特朗是花旗集团的董事)抗议他所看到的格鲁布曼的粗鲁行为。

韦尔想让人们知道他希望格鲁布曼的行为更专业,但只要他想继续努力取得成果的时候,格鲁布曼几乎总是能摆脱他的控制,仍旧为所欲为。

而且格鲁布曼确实如此。曾有一天早上，华尔街的分析师们在 AT&T 公司举行一次会议，大部分与会者都斯文地小口抿着咖啡，穿着体面的卡其布裤子和开领短袖衫。一名 AT&T 的官员却看见格鲁布曼穿着内衣在大厅里走来走去。

格鲁布曼的各种古怪行为在华尔街各界流传已久。其他分析师由于担心无法赢得交易，因而只得被迫去学他那样谈笑风生。另外一些人为了讨好世通和环球电信，也开始模仿格鲁布曼那种电信服务无止境增长的论调，好像世通公司和环球电信的成功是必然的。那些无法让自己屈从格鲁布曼的分析师感觉自己好像成了公司的弃儿。丹·莱因戈尔德，这位股市泡沫期间格鲁布曼的主要竞争对手，承受着强大压力，美林公司的分析师们要求他与竞争对手一样表现出撮合交易的那种才能。然而莱因戈尔德既没有那种关系，也没有与股市最高的交易撮合商直接对抗的勇气。"我不能跟这个家伙竞争。"他痛苦地向一位朋友抱怨说。不久莱因戈尔德离开美林去了瑞士信贷第一波士顿。

对于格鲁布曼所有的错误而言，并非完全是他一个人造成的。事实上，他的业务行为、他的不合作态度、他夸大其词的作风，早被所罗门兄弟公司以及后来的花旗集团高层所熟知，而且通常会得到他们的宽容。格鲁布曼的各种行为活动可广泛见于大量的电邮、通信和花旗集团内部文件，从这些记载中可以看出，格鲁布曼的各级领导不仅对其行为视而不见，而且成了促使其采取这种行动的人。这些人会强迫格鲁布曼误导投资者，有时这比格鲁布曼自己对投资者的误导更甚。而且这种压力始于花旗金融帝国的最高层。

桑德·韦尔并非一个诡计多端的人。他会像一位年薪百万的投资银行家那样随意严厉责骂一个职员。韦尔喜欢喝杜松子酒，抽廉价的雪茄，吃油腻食品，因此他的腰围很粗。韦尔的一切都可以用"大"来形容，包括他的抱负。20 世纪 60 年代，他将一家中型的经纪公司发展成为华尔街最大的一家，也就是希尔森·洛布·罗兹经纪帝国，然后在 1981 年将其卖给了美国运通公司。此后数年，当他被美国证券交易所解雇后，韦尔着手准备东山再起，韦尔的这次崛起在华尔街历史上屈指可数。他接手了一家中等规模的保险公司，并慢慢将其建设成为全国最大的经纪公司。此后，由约翰·里德掌管的银行帝国花了 830 亿美元收购韦尔的旅行者集团，再加上花旗的所罗门美邦，三家合并共同创建了华尔街有史以来最强大的公司——花旗集团。韦尔成了华尔街最有权势的人。

多年来，韦尔陶醉于对自己重新崛起的正面报道。但韦尔也有未被外界认清的阴暗一面。那就是他以威胁和恐吓的手段管理员工，其最为伟大的经营似乎都要归功于每次兼并后，他冷酷无情地减员和削减职工的津贴。（曾经在一次兼并后，他命令搬走那家被兼并公司的咖啡机，据猜测是为了节省日常用品支出和耗电。）随着其权力欲望的增长，韦尔开始削减公司里华尔街经验最丰富的管理人员，比如他的老员工杰米·戴蒙，显然韦尔认为他抢了自己太多的风头。

他的恐吓策略极富传奇色彩。他曾经痛斥一位投资者关系部的要员，以至这位高级职员竟被训斥得痛哭流涕。1999 年韦尔陷入对花旗控制权的激烈争夺之中，他努力想免掉里德副总裁的职务。公司里的人说，韦尔正希望用尽各种方法战胜里德。当花旗集团 CFO 海迪·米勒辞职去了赖斯网上销售公司后，韦尔终于按捺不住了。"这是因为约翰的原因吗？"他说，目标直指里德。米勒否认了他的说法，但韦尔并不接受这种解释。"我要置他于死地。"他气急败坏地说。

韦尔最终将里德挤出了公司，但当他听说《华尔街日报》听到风声，说他讲里德的坏话，并打算加以报道时，他立即发表声明否认此事。此后不久，米勒也发表声明否认此事。这是一种偶然的巧合？可能是吧。但米勒告诉同事说，她迫于压力才支持韦尔对此事的看法，不久她又否认了这种说法。（那句"置他于死地"出自《华尔街日报》海外版，但在发行量更大的美国版中被删掉了。）

与米勒一样，杰克·格鲁布曼也处于韦尔的恐吓之下，特别是当他的报告——或者更准确地说，是他关于某个公司的报告——在韦尔追逐权力的过程中制造了一个不算太小的障碍时，更是如此。

那家公司就是 AT&T。

杰克·格鲁布曼并非从一开始就痛恨 AT&T。他曾经在这家公司工作过，他老婆也曾就职于这家公司，而且从 20 世纪 80 年代到 90 年代中期，他一直断断续续地为这只股票发表积极的分析报告。1996 年，随着联邦电信法案出台，格鲁布曼对这家公司的分析报告骤然消极起来，这一法案极大地促进了这一领域的新兴企业的兴旺发展，比如像世通公司还有其他一些公司，这些公司经过发展，其股票逐渐为格鲁布曼所钟爱。但即使"母贝尔"面临的竞争压力越来越大，格鲁布曼的悲观态度也是有限的。

但所有这一切随着 C. 迈克尔·阿姆斯特朗就任 AT&T 的 CEO 结束了。友好而又圆滑的阿姆斯特朗曾是 IBM 的最佳销售员，后来成为休斯电子公司的 CEO，并将这家因循守旧的国防工程承包商成功地转轨为一家重要的商用卫星经营商，阿姆斯特朗因此受到了高度赞扬。他受雇来到 AT&T 也就是想让他发挥类似的魔力作用，而且从他到达位于新泽西州曙日谷的 AT&T 公司总部那一刻起，阿姆斯特朗就发誓要对公司进行彻底调整。

没多久，格鲁布曼就对阿姆斯特朗的这一策略表现出消极态度。阿姆斯特朗上任几个月后，格鲁布曼对其股票发布了"持有"等级报告，这表明这个国家的最高分析师，对这位新 CEO 通过削减支出和进行一系列策略性兼并来增加收入的计划没有信心。格鲁布曼说自己对这只股票的悲观态度完全是公事公办，因为这家公司甚至不准备与同类的世通公司竞争。但在电信行业内部，人们知道格鲁布曼这样做还有个人因素掺杂其中。简单地讲，格鲁布曼不喜欢阿姆斯特朗。在行业研讨会上、在讲演中、在与其最佳客户的闲聊中，格鲁布曼从不错过机会攻击 AT&T 的 CEO 是"徒有皮囊"，一个"骗子"，或者一个"该死的冒牌货"，一个正在将一家伟大公司搞糟的人。

尽管华尔街是一个以数字和错综复杂而闻名的地方，但这里事实上是一个关系网织就的经营场所，在这里，交易是在鸡尾酒会或是在这座城市最好的意大利餐馆——坎帕格诺拉举行的奇妙晚宴上进行的。而格鲁布曼对 AT&T 不顾前因后果的攻击就属于华尔街最互惠互利的关系之一。

桑迪·韦尔和迈克尔·阿姆斯特朗多年来关系一直很近，因为在建立花旗集团的过程中，阿姆斯特朗一直是韦尔公司中的董事。当韦尔和里德开始选择新成立的花旗集团董事时，韦尔当然地将阿姆斯特朗圈定为自己人。与此同时，作为回报，1998 年阿姆斯特朗请韦尔加入了 AT&T 的董事会，这种联姻从而宣告完成。由于韦尔和阿姆斯特朗的联手，所以所罗门美邦就成了 AT&T 首席承销商之一，在 20 世纪 90 年代后期，所罗门美邦承销了价值数亿美元的债券和股票交易。韦尔的关系网确实是所罗门美邦极宝贵的资产，而且每当公司业务处于危险中时，这也是花旗银行喜欢拿出来招摇的资本。所罗门美邦公司有一份内部文件，是公司为承销 AT&T 的一笔巨额交易而为其制定的推销计划的一部分，其中列出了"花旗集团的 AT&T 公司人员"名单，据猜测是那些可能会保证成功交易的人士。位列名单第一名的即是韦尔。这份材料中甚至还包括韦尔的电邮和电话号码，之所以如此详尽就是以备大老板不时之需。

到了 20 世纪 90 年代后期，AT&T 明显陷入混乱之中，阿姆斯特朗那个包括收购有线电视巨人电信传播公司的复兴计划彻底宣告失败。事实上，此次收购后一个月，AT&T 的股票即下降了 2%，而世通公司的股票则高歌猛进，这很大程度上要感谢格鲁布曼欣然接受了世通公司与 MCI 的兼并。格鲁布曼向投资者保证阿姆斯特朗什么事情都会做错，而世通公司的 CEO 伯尼·埃伯斯则什么事都会做对。

"请转达我对杰克的祝贺，他为 AT&T 公司发布了一份伟大的分析报告，"一位资本管理者保罗·克罗弗写道，"杰克应该得到'A＋'的评价，因为他的报告真是客观，而且对 AT&T 的财务状况及其为所罗门美邦带来的银行收益视而不见，而所罗门美邦很愿意通过闲扯［AT&T］来赢利并帮助他们从事交易，真是糟透了，那么多卖方分析师就是为了得到银行业务而推荐这支股票，他们把'灵魂出卖给了魔鬼'。"

当这封电邮出现在格鲁布曼的电脑里时，他两眼发亮，随即将这封电邮转交给银行业务主任爱德华·多梅斯特雷，并附上以下评论："爱德华多，这反映了事情的另一面——反映了（《机构投资者》杂志）投票选举结果。杰克。"

但对花旗集团来说，特别是对韦尔，还有比格鲁布曼在《机构投资者》杂志排名更重要的事情。对于韦尔而言，身为 AT&T 董事会的一员，最糟糕的事情之一就是得长期忍受其他董事对格鲁布曼悲观看待这只股票的抱怨。同样，阿姆斯特朗对格鲁布曼的容忍已经到了极限。据一位知情者说，阿姆斯特朗跟韦尔说，他希望格鲁布曼的行为更"专业"一些。阿姆斯特朗对同事总是有一大堆抱怨，说格鲁布曼报告总是夸大其词，并对业内专业人士进行大量的人身攻击。但格鲁布曼确实有一件事做得让他生气。当阿姆斯特朗在分析师会议上讲话时，他竟故意地清嗓子并发出令人厌恶的噪音。

这种行为太讨厌了，以至于阿姆斯特朗告诉韦尔，这是对 AT&T 和花旗集团之间"关系"的一种威胁。通常情况下，这意味着 AT&T 不再将花旗集团及其所罗门美邦银行部门当作其首选承销商，但对韦尔而言，这句话表达的意思更危险。因为当时韦尔已经十分清楚地将自己要驱逐里德的意图向最高顾问表达出来了，而花旗集团董事会最终分化为势均力敌的两种分歧，因此韦尔知道，他不能让自己这一方的任何一个人变节。换句话说，他与 AT&T 阿姆斯特朗的"关系"必须得保持住。

韦尔微妙地处理着手头的这项任务。一天晚上，他在卡内基音乐厅偶遇格鲁布曼。韦尔当时与自己的妻子琼在一起，他向妻子介绍格鲁布曼时说，这位就是"让我在 AT&T 不受欢迎的原因"。随后，韦尔甚至比这更直接地表达了自己的意思。他告诉格鲁布曼说，他应该重新考虑一下自己对 AT&T 股票的等级评定。据韦尔身边的人说，他一直在"暗示"格鲁布曼要看到阿姆斯特朗复兴策略的价值。韦尔自己后来说他告诉格鲁布曼要"重新审视"其对 AT&T 的消极态度。不管当时具体是怎样表达的，格鲁布曼直接得到的信息是：那个签字为自己发薪的家伙让他提高这只股票的等级。

但是，当韦尔听阿姆斯特朗抱怨说，在一次行业研讨会的讲话中，格鲁布曼将 AT&T 从全国最佳电信公司名单中去掉了，韦尔顿时火冒三丈。他要求格鲁布曼给阿姆斯特朗写一封道歉信，赞美一下阿姆斯特朗的成就及其公司在电信领域的地位。"除去我们当前在 AT&T 上投资态度不谈，"格鲁布曼写道，"我认为 AT&T 是这一行业最重要的公司之一……我真心诚意地虚心接受对其投资意见的改变。"

1998 年里，格鲁布曼承受的压力不断增大。当电视评论人路易斯·鲁凯泽选定格鲁布曼参加那个受到广泛关注的节目《华尔街一周与路易斯·鲁凯泽》时，格鲁布曼激动万分。即使在名望不断上升时，格鲁布曼也尽量避免在 CNBC 上露面，因为收看 CNBC 希望成为股票交易者的人越来越多。但这次出镜体现了这个节目的经典风格，并受到高级专业人士的关注，而满头浓密白发的鲁凯泽及其绅士风度让人感觉返回到了另一个时代。不仅如此，格鲁布曼乐于借此机会阐明其世界观，其中包括提高自己最喜爱的股票等级，同时对像 AT&T 这样对他没有用处的公司股票进行攻击。

但就在他准备上场出镜前几分钟，格鲁布曼的电话响了。是梅斯特雷打来的，告诉他："不要攻击阿姆斯特朗。"格鲁布曼反唇相讥，说自己不打算在 AT&T 上花很长时间，但从这个节目的记录来看，格鲁布曼知道什么时候听从命令——多少有那么一点意思。在采访中，他详细说明了取消管制对消费者产生的影响，他喜欢哪些海外电信公司。"我会一直买世通公司的股票。"格鲁布曼评论说。即使鲁凯泽都无法错过机会戏弄格鲁布曼对世通的支持，这家公司因格鲁布曼在其与 MCI 兼并过程中的关键作用支付给他数千万美元的佣金。"他们接受了你的建议，现在你喜欢他们，啊哈？"

随后，至关重要的时刻到来了。"有好多人持有 AT&T 公司的股票，你能否给他们一些建议？"鲁凯泽问道。格鲁布曼尽量按梅斯特雷的建议说话。"我很喜欢迈克尔·阿姆斯特朗。我认为在任职期间……他在调整公司经营思路方面做了很多大事。他所做的第一件事是削减开支，这是长期以来早就该做的。"但即使有两名花旗集团的高级人物坐在他身后，格鲁布曼也不会错过机会对阿姆斯特朗进行最后一击。"如果想让我对 AT&T 感兴趣，"格鲁布曼说，"他需要拿出顶线增长①计划。"

阿姆斯特朗十分愿意迁就格鲁布曼。1999 年年中，当韦尔正在谋划对里德采取最后行动的时候，阿姆斯特朗刚批准给格鲁布曼一次接近 AT&T 高级官员（包括他自己）的特殊机会，以让他完全理解公司新的发展策略。分析师们并非每天都可以对一家大公司及其重要的经营活动进行如此大范围的考察。分析师们通常通过公司的投资关系部门获悉需要的信息，这些部门只会提供公司最好的信息，而且分析师们经常得卑躬屈膝地请求与公司的 CEO 会面以了解情况。但格鲁布曼不是普通的分析师。他与世通

① 也称赢利增长。——译者注

公司的伯尼·埃伯斯和环球电信的加里·温尼克建立了特殊的关系，借助这种关系，这些公司得到了格鲁布曼对他们前途的赞美。通过亲自发展与格鲁布曼的关系，阿姆斯特朗可能也会得到相同的待遇吧。

格鲁布曼的考察持续了好几个月，韦尔也定期得到新信息。在公司内部，人们从来不记得韦尔什么时候如此关心自己的一名分析师关于一只股票的等级评定，但这不是一般的股票等级评定，而且格鲁布曼也不是其他的分析师。尽管阿姆斯特朗对这位电信之王痛恨得咬牙切齿，但他还是花了两个半小时与格鲁布曼讨论 AT&T 新的经营模式，这一模式主要集中于公司新的缆线策略，以及与世通和本行业其他新公司竞争的所谓计划。格鲁布曼在公司的丹佛办事处和 AT&T 在新泽西曝日谷的总部呆了好几天，丹佛办事处主要集中进行公司的缆线经营活动。格鲁布曼在这里的大部分工作看起来很乏味；当时，他向韦尔汇报说自己在 AT&T 办事处呆了一整天，仔细察看那些"乏味的、神秘的支出和工程分析"。格鲁布曼正迅速结束这项工作，他告诉韦尔说，他想在公司的新泽西总部会见更多的人，然后"了结此事"。

AT&T 的要员们相当确信，他们最终将使格鲁布曼成为公司的一名支持者。8 月，韦尔陪同格鲁布曼在 AT&T 新泽西总部会见了阿姆斯特朗。阿姆斯特朗开门见山，责怪格鲁布曼"想方设法地把我们描述成笨蛋"。格鲁布曼说他准备给 AT&T 一次公平的诉说机会，但在所罗门内部，人们了解到的却是一个完全不同的说法。舍林·麦克马洪自从格鲁布曼 1996 年来到公司以来，一直就是他的助手。她的主要工作就是把各种数据输入到格鲁布曼的收入计算模型中，这个模型会计算各种金融比率，用以处理像世通公司那样的公司的等级。但对于格鲁布曼而言，麦克马洪不仅仅是一名助手。麦克马洪是为数不多的几个能辨认格鲁布曼潦草手写资料并将之整理成分析报告的人之一。她经常直接接触格鲁布曼核心集团的各色人等，比如埃伯斯、世通公司有权有势的 CFO 斯科特·沙利文，而且格鲁布曼对麦克马洪也信任有加，有时甚至允许麦克马洪偷窥他与卡萝尔·卡特勒的亲密关系，也就是那个几乎每天通过电话或是电邮与他联系的新加坡退休基金的买方分析师。有时，格鲁布曼还会给麦克马洪演示一下卡特勒发来的性感的语音邮件，其中极其细腻地表达了她对电信之王的爱有多深，以及她计划如何表现这种爱。麦克马洪只是不相信地摇摇头。

在格鲁布曼继续分析 AT&T 公司的时候，他很少想到性的问题。格鲁布曼告诉麦克马洪说，他对 AT&T 坚持当前消极的等级评定。麦克马洪后来会提到，格鲁布曼的游戏计划是用写写算算的文书工作埋葬 AT&T，要让 AT&T 回答各类问题，并向他透露秘密信息，据此他才发布升级报告。他估计没有哪家公司愿意泄漏这么多的信息。

后来发生了两件事。第一件事是有消息说，AT&T 准备进行巨额的股票交易，以便为其分离无线通讯部门提供资金。这笔交易将成为华尔街有史以来交易额最大的交易之一，它会将数千万美元的佣金分摊给列于承销名单前列的承销商。像绝大多数大公司一样，AT&T 喜欢把钱分摊开，而且可能指定三家公司"管理其账目"，或者管理这笔交易中最大的部分。考虑到这笔交易的规模和复杂性，首选承销商将赚得超过 6000 万美元的佣金，这是华尔街历史上最大的一笔同类收入。

赢得这笔交易成为所罗门美邦内部最先考虑的问题。投资银行家约翰·奥托估计，尽管韦尔与阿姆斯特朗有关系，但由于 AT&T 开始将承销佣金分摊给对公司怀有积极态度的承销商，所以所罗门仍旧会将数千万美元的佣金留给其他承销商。当有关这笔交易的谣言开始在所罗门美邦内部传开时，格鲁布曼感觉到公司高层领导间新的紧张气氛：这是一笔他们不能错过的交易。

走进家门，格鲁布曼面临着另一个难题。一年多来，他和妻子露安一直为他们的双胞胎女儿向同事打听纽约的幼儿园。最近他们选中了最好的一家，曼哈顿的第 92 大街 Y，坐落在豪华的上东区，第 92 大街 Y 不仅仅是一所出类拔萃的幼儿园——它更像是一所专门精心培养小孩的学校。这所幼儿园的入学条件高得有些不正常，孩子要进行 IQ 检测，而且接收前要进行面试，孩子的父母也不例外。除了要支付高昂的学费——大约每年15000 美元外，学校还期望孩子的父母为运转学校的非赢利性组织慷慨解囊。

格鲁布曼不久便发现，金钱也并非万能。尽管他无数次会见学校相关人员，而且许诺要表示支持，但他的双胞胎甚至连学校的入学候选名单都进不了。虽然格鲁布曼是电信市场之王，但他在掌管曼哈顿幼儿园的人面前竟然没有什么影响力。

然而他知道有人具备这种影响力。

杰克·格鲁布曼和桑迪·韦尔的关系并不太近，但到了 1999 年晚秋的时候，由于电信之王对 AT&T 的股票等级持有"新看法"，他们便每天都有交流了，有时一天要沟通好几次。对于韦尔而言，格鲁布曼对 AT&T 的等级评定成了他的一块心病，而格鲁布曼则清楚地知道，如果阿姆斯特朗不高兴，他的老板会受到怎样的影响。格鲁布曼没花费太长时间就想出了一个让每个人都开心的解决办法，这在他给韦尔的一份标题为"AT&T 和第 92 大街 Y"的便函中清楚地体现出来了。其中，格鲁布曼句句说到点儿上。他提醒韦尔自己与阿姆斯特朗的会见，还有他对 AT&T 公司新策略的新看法，以及他与包括阿姆斯特朗在内的 AT&T 高管们"极富成果"的会见，同时阐述了他如何计划"向（韦尔）及时汇报他工作的进展情况"。

但到此，格鲁布曼的话还没讲完。他说他需要详细说明"另一件事"，格鲁布曼将之描述为"在曼哈顿申请幼儿园可笑但必须的过程"。格鲁布曼开始说明戴维丝和伊丽莎白·格鲁布曼——两岁半的双胞胎准备在今年9 月份进入幼儿园，而他们需要韦尔的帮助。"在我们看过的学校中，第

92 大街 Y 毫无疑问是我们想让孩子去的学校。"格鲁布曼说那个地方太好了，具备"教育和发展课程的完美结合，同时具有健康的犹太文化，而非夸大其词地吹嘘一种宗教的影响"，但还有一个问题，格鲁布曼特别提到。"从统计学的角度考虑，进入第 92 大街 Y 要比进入哈佛一年级还要困难"——（格鲁布曼告诉韦尔说，他证明过自己所说确实是事实）——"现在到了'你认识谁'的问题……"

"无论如何，桑迪，我会十分感谢您所做的一切。正如我所云，我会及时向您汇报 AT&T 的工作进展情况，我认为进行得很顺利。"格鲁布曼甚至还附上了一份 Y 董事会的名单，以备韦尔所需。"如果您感觉不困难，而且熟识董事会的人，那么您能请他们在感觉不麻烦的情况下利用他们的影响帮助我们的话，我将万分感激。"

韦尔没有等多久就满足了他最后的商讨条件。格鲁布曼说他已经找过了第 92 大街 Y 的董事帕特·凯恩，她是贝尔斯登公司的 CEO 吉米·凯恩的漂亮老婆，所以他应该开始从别处入手。事实上，格鲁布曼是通过一名电信管理人员——威瑞森公司的 CFO 弗雷德·萨勒诺——贝尔斯登的董事——与帕特·凯恩联系上的。凯恩开始接受了萨勒诺的要求，但当她向自己的丈夫征询意见时，她丈夫只说了一句："格鲁布曼？滚他妈的蛋！"吉米·凯恩是华尔街最精明的 CEO 之一，他已经看到格鲁布曼接手了太多的交易，因而帮了对手的忙。所以，帕特·凯恩只是简单地告诉萨勒诺，说自己无能为力；学校根据孩子的优点选拔学生，而不是根据社会关系。

韦尔更深谙此事。他联系了 Y 的董事和纽约社会名流琼·蒂施，后者是洛斯公司的董事长普雷斯顿·罗伯特·蒂施的夫人。琼·蒂施乐意提供帮助，同意找一下 Y 的领导层，包括其执行董事索尔·阿德勒。韦尔提出：如果格鲁布曼的孩子被接受，就一次捐赠 100 万美元。不久，花旗集团的这位 CEO 就得到回信，说学校愿意接受这笔交易。这其间，格鲁布曼越来越乐意接受 AT&T 的经营模式，虽然他一直悄悄地进行着升级计划，但直到 10 月的第三个星期才公开。当时他刚刚从 AT&T 公司的缆线设备基地——该公司丹佛办事处回来，随即就向麦克马洪通报信息，"我想我已经准备好了"。他说。想到公司内部不断增加的压力，麦克马洪几乎没感到惊奇，只说了一句："真的？"格鲁布曼交给她约 24 页的手写材料，其中包括他对 AT&T 新缆线策略的分析，当然还有他从"持守"到"买入"等级的升级计划。

11 月 29 日，格鲁布曼开始采取行动，在早间股票分析预测中，他将这一升级计划通报给所罗门美邦的经纪人。格鲁布曼提供的材料相当充实。他吹嘘道，由于新缆线策略已经到位，并没有明显的迹象表明这只股票会上升多少。如果一切都按计划发展，那么 AT&T 的发展势不可挡。股市认可了他的说法。AT&T 的股票是当天纳斯达克最活跃的股票，升级报告发表后上涨了两美元。当晚，他的好朋友卡萝尔·卡特勒从新加坡打来电话。她正在寻找格鲁布曼，但却遇到了麦克马洪。卡特勒哭了。"我不相信他会让步，"她说，很快又补充道，"为什么不首先告诉我？"麦克马洪告诉她，她会向格鲁布曼转告她的失望。

格鲁布曼同时通知所罗门美邦公司的出版部，告诉他们将其 36 页的 AT&T 报告"必须于本日编辑出来，并邮发给出版商，以便在桑迪·韦尔规定的最后期限之前发行"。

在 AT&T 董事长们正随着所罗门美邦期望承销的无线业务股票交易准备大干一场的时候，有一种猜测在华尔街传开了，这种猜测认为格鲁布曼发布升级报告只是为了在这场竞争中取胜。首先着手对此进行报道的是《华尔街日报》的记者莱斯利·考利和兰德尔·史密斯，他们将格鲁布曼对 AT&T 态度的大转变，与 AT&T 在报纸受到广泛喜爱的专栏"向华尔街进发"上发布的交易联系在一起。这篇报道还提到一个棘手的问题，即韦尔可能参与"敦促"格鲁布曼升级这只股票。银行家向分析师施压以改变其等级评定，这已经是常事了，但现在格鲁布曼好像面临着根本性的压力，这种压力直接来自有权势的 CEO。更加印证这一报道的是韦尔古怪的、令人怀疑的否认。"我从来没有告诉一名分析师如何写报告。"他通过一名发言人说。格鲁布曼和 AT&T 更是断然否认此事。"任何了解我的人都知道，我根据了解的情况来发布股票报告。没人告诉我做什么。"阿姆斯特朗拒绝发表评论，但一名 AT&T 的发言人说，"这是对 AT&T 和格鲁布曼的侮辱。"这恰恰表明升级报告是骗人的。

几周后，《纽约》杂志采访了格鲁布曼，并以"缆线青年"为标题，配以一张格鲁布曼容光焕发的侧面像。在这次采访中，格鲁布曼更加直率，他说《华尔街日报》是小题大做，无事生非。"《华尔街日报》想就升级之外大做文章，但事实是分析师在公司的银行业操作中越来越重要，不仅仅是承销股票，而且可以负责收购和兼并。事实就应该如此，这是业务的一部分。"

这种业务对于那些懂得如何根据交易来分析的人来讲，利益实在是太大了。几周后所罗门收到了喜讯：在即将到来的无线交易中，所罗门成了三家承销商之一，这标志着公司将有 6000 万美元的佣金进账。与此同时，由于阿姆斯特朗坚定地和他站在一起，韦尔也成功地排挤了副 CEO 里德。尽管格鲁布曼公开支持 AT&T 及其"新的"发展方向，但对自己的圈内人——那些资本经营者和电信管理人员，他仍旧不错过任何机会攻击这家公司及其 CEO。圈内的一个人跟格鲁布曼开玩笑，说他为了赢得银行业务而"背叛"了自己的分析，这时格鲁布曼索性把事情说清楚了。他说，自己的升级报告与无线业务分离几乎没有什么关系，"我需要让我的孩子进第 92 大街 Y"。

由于自己的孩子上了贵族幼儿园，格鲁布曼可能感觉到自己现在与当时在东北费城的童年生活有天壤之别。他 1999 年的收入达到 2500 万美元，大部分是由于其将所罗门美邦发展成华尔街首位电信承销商的结果。他已经在豪华的曼哈顿上东区花 620 万美元现金购买了一所褐沙石房屋。在加利福尼亚棕榈泉的高级旅游胜地腊第五处举行的他的电信研讨会是最成功的盛事之一。所罗门公司原经纪人埃利奥特·多尔宾现在是一位独立投资咨询顾问，也许引用他的话最能总结格鲁布曼绝对的权力，他曾对《货币》杂志说："当格鲁布曼说一家公司好的时候，那是一剂麻醉药——每个人都想要。他像上帝一样四处走动，而且业界也把他当做了上帝。"

不管他是上帝还是仍叫格鲁布曼，对于股市的坚挺，他似乎有一种超自然的力量在作怪。2000 年第一季度，新经济主要领头羊纳斯达克技术股市全盘坚挺，显示电信股票暴涨到历史最高水平。多年来，格鲁布曼与印刷媒体的记者建立了牢固的关系，其中包括《华尔街日报》的记者，格鲁布曼常为其提供记者最需要的最新消息——主要是有关华尔街电信业变化特点或其他一些事件的。但是有一天早晨，在看到《华尔街日报》的记者约翰·凯勒写的报道没有引用电信之王的话时，格鲁布曼勃然大怒。据凯勒讲，格鲁布曼当时说，他是代表所罗门美邦传达信息的，"这些最新消息是为那些开始股票交易的人提供的，"他说，"那些得不到消息的人会被冷落的。"

随着格鲁布曼权势的增加，所罗门抓到电信市场内所有交易的能力也增加了。当哪家公司对是否雇所罗门公司产生犹豫时，银行家们就会打着格鲁布曼的旗号施压，指出如果所罗门被忽略了，那他们无法"控制杰克"在他的分析报告中"会采取什么措施"。看到 AT&T 的遭遇，哪家公司也不敢冒这个险。

到 2000 年 3 月的时候，格鲁布曼可能已经是华尔街历史上最有权势的分析师了。玛丽·米克，那位有名的网络女皇，与格鲁布曼的绝对权力根本无法相提并论，他们两人喜欢的股票都有投资者购买，都有为其推销股票的公司管理人员。亨利·布洛杰特，这位网络帅哥，似乎因其经常在CNBC 上露面，所以在投资者中有很高的知名度。但是与格鲁布曼相比，布洛杰特只是公司的马前卒，他的主要工作是帮助美林公司在伟大的网络兴盛时期收复失地，这期间有太多的利润跑到对手摩根斯坦利和高盛那里了。

　　格鲁布曼最大的客户群继续数以千万计地从腰包里向外掏佣金，而格鲁布曼继续收获着最高的荣誉，虽然有时甚至与业务一点关系都没有。这使得格鲁布曼从雍容华贵到轰然倒台的变化成为一段特别的历史。几乎一夜之间，随着2000年技术股的暴跌迅速波及电信股市，格鲁布曼发现自己并没有比布洛杰特好多少，后者在股市泡沫破碎之后成了利用分析报告炒作的标志。对于格鲁布曼来讲，这场变故开始于公司庞大的经纪网络。格鲁布曼最乐意兜售的股票——世通公司的股票是所罗门美邦公司的经纪部门和经纪人持有最多的股票之一，而经纪人们又将之出售给小投资者，因此一旦股市开始暴跌，这只股票首当其冲受到冲击。第二个受到冲击的是杰克·格鲁布曼自己，虽然这只股票已经毙命，但他依然痴心不改地推荐人们购买。公司的经纪人开始要求格鲁布曼作出回答，为什么在面对明显相反的情况时，他还对这只股票如此乐观，此时，格鲁布曼在所罗门销售人员中间的摇滚明星地位已经变成粪土。

　　一开始，格鲁布曼为自己持续不断地支持这只股票还有相当坦率的解释：他是这只股票的一个真正信徒。"我的盲点是我倾向于考虑长远。"格鲁布曼曾经这样说。换言之，他的意思是说股票出了问题，而不是他的理论有毛病，而且他选的股最终会胜出。但事实不久便开始证明，格鲁布曼的理论同样也是错的。格鲁布曼的形象出现在《商业周刊》上后不久，大量来信开始涌入所罗门美邦公司，质问是否他冲突性的角色导致他炒作一家现在股市中正遭惨败的公司。一次，所罗门公司全球调查部主任约翰·霍夫曼给公司的一名调查人员写电邮，说他"十分清楚"格鲁布曼冲突性的分析及其给投资者带来的问题。

　　"很显然，分析和银行业之间冲突的程度在股票出现问题的时候表现得最为突出，就如现在电信股市中出现的情况一样，"霍夫曼在一封电邮中这样说，"我认为杰克是一名很优秀的分析师……他必须区别对待自己推荐的股票与正跟他作对的股市。我希望这种局面能得到控制，以防止对我们的客户群造成更严重的损失。"

格鲁布曼不久便希望通过发布一份长篇分析报告来证明自己的无辜，这是一份"重要的行业报告"和"对我投资位置的重申"，同时他也希望借此提升他喜爱的几只股票，包括环球电信和奎斯特通讯。这份报告的梗概记录于一系列秘密函件中，第一份标为 2000 年 8 月 17 日，是发给他首选股票的公司管理人员的。"很显然，我们相信你们所有的公司会创造出巨额的股东价值，但只有我们具备条件反击来自投资者不断增加的强大进攻时，我们才能做到这一点。"他写道。格鲁布曼随后就询问起详细的财务信息——"光纤里程……价格和成本……经常性收入"以及其他通常不会出现在公开信息中的重要细节，从而证明自己的观点，即行业正在复苏。

一开始，没人有对此做出反应。可能是格鲁布曼需要的信息详细程度把那些管理人员们吓跑了。于是，他发出第二封信，其中说，"为了让我们"对投资者的恐惧和忧虑"做出积极反应"，提供这些信息是很关键的。再一次没人反应。格鲁布曼不习惯被人忽视，于是他开始绝望了。"我们异常地保持沉默的时间越长，越会使投资者担心地认为你们——在那些公司里的人没有理解这些信息。"他在 2000 年 9 月 19 日写道，"投资者们正等着听我们的观点呢，因为他们知道我们将推动股市。"在他发出最后一次请求后，格鲁布曼从那些管理人员那里得到了什么信息——即便有的话——也无从知晓。但就在第二天，一份吹捧电信股票的热情洋溢的报告不可思议地在华尔街横空出世。

2000 年年末，事态已经十分清楚：格鲁布曼已经回天乏术。格鲁布曼的薪水少了数美元，降到2300万美元，但他的理论给他人造成的损失则远比这个数字要大得多。由于听从了格鲁布曼的世界观，新兴的电信企业狂热地急剧扩张缆线和系统，这让格鲁布曼和所罗门公司发了财，但由于他们创造出来的产品和服务远远超过了商业和消费者对其的需求，所以他们同时也自掘了坟墓。由于这些公司不惜一切代价进行扩张，包括巨额举债，所以当股价减少了本已经很小的利润空间时，其结果更是灾难性的。

世通公司和环球电信的股票——格鲁布曼的首选股票，此次受到的冲击尤为严重。世通公司的股票从1997年接近70美元的高点跌至2001年初的25美元。环球电信也遭受了同样的命运。但并非只有格鲁布曼钟爱的股票暴跌。1999年晚期，AT&T受格鲁布曼升级的暂时影响而有所波动，但到了2000年中期，格鲁布曼态度的突然转变证明是当年最错误的选股。AT&T股票在升级后下跌近50%，而且股市损失迫使格鲁布曼做出了他一生中最不可思议的事：降级一只股票。2000年10月1日，格鲁布曼将AT&T的股票连降两级，从"买入"等级降至"持守"。格鲁布曼说，自从他升级这支股票后，AT&T的核心业务——为消费者提供长途服务比预期降得更快，而其新的缆线策略并没有达到预期要求。当然，格鲁布曼要针对AT&T的扩张大肆宣传一下世通公司，指出AT&T无法与伯尼·埃伯斯小贝尔公司的"全球规模和范围"相比。在公开场合，格鲁布曼表现得比较缓和，他告诉《华尔街日报》说，"短期股票选择从来不是我的拿手好戏"，但私下里他却很激动。格鲁布曼跟一位朋友说，他对AT&T及其CEO迈克尔·阿姆斯特朗，也就是那个"空皮囊"最坏的担心，最终还是被印证了。2001年1月早期的一个周六下午，在与其电邮伙伴卡萝尔·卡特勒聊过之后，格鲁布曼的怒火爆发了，这将改变这两人的生活。

作为一名老到的选股人，卡特勒在华尔街还是小有名气的。她曾经一直依赖格鲁布曼的理论，即与网络能量结合在一起，管制取消将为电信公司提供广阔的发展空间。卡特勒有过多种经历，她开始在纽约银行作一名分析师，后来甩手不干，又作了一名艺术家。再后来她在新加坡政府投资基金会工作，在华尔街上被称为"GIC"（新加坡政府投资有限公司的简称），在20世纪90年代末，她是一名分析师，向大量的投资国家外汇底储的证券投资者推荐股票。她的选股多半会表现出格鲁布曼的特征，虽然有时卡特勒的投资风格并不局限于格鲁布曼的分析报告。朋友和同事说在其职业生涯的不同时期，她曾宣称自己在投资决策上具有超人般的远见。

不管她使用何种方法，在20世纪90年代大部分时间里都是行得通的，而且考虑到新加坡有价证券的规模——在股市泡沫期间基金会持有总共1000亿美元——卡特勒是格鲁布曼的关键联系人，因为那时格鲁布曼正希望用他的股市预测报告及其在《机构投资者》杂志确定无疑的评选结果来影响资深投资者。格鲁布曼回报了卡特勒对他的忠诚。她经常像电信业皇室一样受到格鲁布曼的招待，在他每年的研讨会上，她会坐在他的桌旁。一份所罗门美邦的机密文件显示，新加坡基金曾在1999年收到当时抢手的电信公司——威廉姆斯通讯集团IPO的50万股，这个数字要比给其他知名机构投资者的股份多很多。

卡特勒精明而且漂亮，跟苏珊·萨兰登①有几分相像。确实，人们经常会发现卡特勒和格鲁布曼在行业研讨会期间在一起。"她总是努力想引起他的注意。"一名分析师说。卡特勒对格鲁布曼的感情在电邮里表现得更为强烈，她会在电邮中向电信之王公开表达爱意并有意为其献身。尽管格鲁布曼并没有离开露安的意思，但他似乎喜欢这种被人崇拜的感觉，随着时间的推移，他明显将卡特勒当作一个朋友和知心女友，那种他可以由衷相信的人。

在2000年和2001年间，他们一直定期联系，他们之间的关系用传统

———
① 美国著名的电影演员。——译者注

办公室罗曼蒂克的真实新经济版来形容最贴切：电邮性交。对于格鲁布曼来讲，这种交流为他提供了一个重要的宣泄空间，同时也是摆脱繁重工作的一种有趣方式。对于卡特勒，这是一个向电信之王示爱的机会，可能还是工作之外的一种生活。在一封标题为"嗨，帅哥"的电邮中，卡特勒说，为看格鲁布曼一眼，她望穿秋水般长时间等待也值得。"你真是为我而生的，"她写道，"事实上，看到你，我的心都被你勾走了——这个星期我一直为你牵肠挂肚……我愿意今晚就坐在这里端详你。我猜你也理发了！看起来真帅，帅呆了。而且你穿着我喜欢的休闲鞋——褐色绒面革的。褐色绒面革看起来性感而华美，真是赏心悦目。就适合你穿。"

随着电邮交流不断发展，聊天的主题变得越发下流，而两人对不断增加的色情内容则越来越感到过瘾。"伟大的格鲁布曼才是世界上最伟大的，你要让我激情澎湃吗？"她在一封电邮中发牢骚，但很多电邮会对处于困境的格鲁布曼表示支持。当时，卡特勒给格鲁布曼提出了一个有趣的建议，实际上是拿他们与普里斯基金管理公司的资本经营者罗伯特·根斯勒的一次会议打趣，说他们那次特别枯燥的会议本应该更快乐。卡特勒建议格鲁布曼，"你当时应该在桌子底下用手抚弄我……然后……我需要冷静下来，所以我要呼吸新鲜空气，我那时应该出去休息一会儿，走到过道里。你当然会沿着我留下的气味而来，你认为那是一个你猎捕的对象。然后，我会把你拉到墙角，迅速拉开你的拉链……我会崇拜地跪倒在你面前向你求欢献吻……你［本应该］说，这是你参加过的最好的一次会见。"

格鲁布曼回答说："这个主意真妙！"

卡特勒似乎成了格鲁布曼最忠实的粉丝，即使在他的事业土崩瓦解的时候也是如此。在花旗集团，只要世通公司和环球电信还能产生出交易，格鲁布曼就依然是电信之王，但随着这两家公司的财务陷入混乱，以及他们的股票跳水，他们都开始逐步收缩自己的扩张计划，这就意味着大额交易减少了，那么流入所罗门银行部门的钱也少了。银行家们开始劝说格鲁布曼将其精力从新兴企业转移到股市的新热点，即那些小贝尔公司和其他被格鲁布曼忽略的电信企业。格鲁布曼拒绝了他们的劝告，但这种压力一直影响着他，因为格鲁布曼告诉人们说他担心自己会被辞退。卡特勒的电邮不久就到了，她认为这可能会让他打起精神来。这是一张印有乔·迪马吉欧[①]的卡片，只是迪马吉欧的名字被"强击手杰克"代替了，而且上面还写着"唯一达到1000次安打的一流棒球队员"。

但到了2001年早期，随着世通、环球电讯和其他新兴的电信公司股票继续下跌，格鲁布曼本应该幸运地击中250次安打。对于格鲁布曼来说，更糟的情况是他的主要对手丹·莱因戈尔德在投资者中的声望开始逼近他这位电信之王，投资者因为喜欢选股水平更高一筹的人而疏远了他。事态的变化让格鲁布曼很吃惊。我们先来说说莱因戈尔德。此人约5英尺6英寸高，可能是华尔街最矮的分析师，而且20世纪90年代的绝大部分时间里，他出其不意地与格鲁布曼狭路相逢，那位电信之王瓜分了巨额银行交易的大部分份额，而且在《机构投资者》杂志对华尔街资本经营者的评选中获得了最高荣誉。莱因戈尔德抱怨老天对他太不公平；他在好几个场合说，格鲁布曼撮合交易及其向大型投资者透露即将到来的收购和其他交易信息的行为无异于"犯罪"。

在格鲁布曼穷途末路的时候卡特勒也没有减少自己对他的爱。格鲁布曼和卡特勒二人都把莱因戈尔德说成"DW"，是"笨蛋"或者"愚蠢的奇才"的简称，至于具体怎么叫那就根据两个人的心情而定了。

但到了2001年早期，莱因戈尔德对小贝尔公司的支持和对世通公司的审慎判断，使其转败为胜，一举击败了格鲁布曼。对于格鲁布曼而言，出现这种情况让他生不如死，但卡特勒却认为她能以色情的幽默为格鲁布曼疗伤，所以一天下午，她给格鲁布曼创造了一次机会，让他忘却在华尔

---

① 又译迪马乔，美国棒球选手。——译者注

街失落的地位。

"你不用相信这些，"她在电邮中写道，"我的一个线人坚持说他还不知此事，他说那个 DW 对你抱有极大的幻想。他想跟你吹牛皮。你能相信这些吗！他听说你有让别人唯你是从的美誉，所以他幻想着如果他能借机从中捞取一点资本也许他可能就会最终理解电信股市，真不知道他怎么想的，也很难想象这能奏效。虽然你会说我是想给你找个极好的借口，我也会这么说。"

格鲁布曼好像没有因此高兴起来。"他现在和我的名气差不多啊！"他只写了这句话。

但到了 2001 年 1 月的一个早上，是 AT&T 而非莱因戈尔德开始让格鲁布曼操心了。迄今为止，格鲁布曼对 AT&T 公司态度的大转变一直困扰着他。有人猜测说所罗门在 AT&T 无线业务上取得了巨额收入以及这家公司股票持续下跌的现实使人对格鲁布曼的评级颇多怀疑，随着这种猜测的传播，新闻界、证券管理者和敌对分析师都将他视为一个叛徒。格鲁布曼无法公开升级背后的真正原因是韦尔的压力，所以他尽力将自己美化为一个为他人所不敢为的英雄，借此来转移话题，甚至在升级一只股票后又降低其等级，以至于让人们觉得这是一个骗局。"让我们实话实说吧，"他告诉《华尔街日报》，"没有人……对这只股票持消极等级评定，不持积极等级评定的人屈指可数。"但几乎没有人接受格鲁布曼的借口，而且随着人们对他越发怀疑，格鲁布曼极其渴望能找那个人来把事情说清楚，因为这个人与他有太多的共同思想，他知道他能够完全信任她。

2001 年 1 月 13 日上午 11 点，他的机会来了，当时卡特勒给格鲁布曼发了一封电邮，开始是讨论他的助手舍林·麦克马洪的婚姻问题。随后卡特勒话锋一转，"在成为我的情人之前，你是一个真正的朋友，你自己也需要真正的朋友。"她写道。格鲁布曼表示同意。"毫无疑问。如果没有前者，后者也就失去了意义。当然，为了寻找廉价性爱，我会去找根斯勒。"

格鲁布曼说，又一次指向了普里斯基金管理公司的电信分析师罗伯特·根斯勒。卡特勒提到了莱因戈尔德，或者说那个"DW"，她说此人可能正"暗中监视你"。

"你认为 DW 会亲自做？更不要说其他人了。"格鲁布曼问道。"不，"卡特勒回答道，"这就是他为什么叫笨蛋的原因所在。"随后她又说莱因戈尔德是"痴心妄想而且极度渴望想学任何东西。这就是为什么想在暗中监视强手的原因……也许我们应该把他和那个叫阿姆斯特朗（AT&T 公司 CEO 迈克尔·阿姆斯特朗）的妄想家伙连在一起——那真是完美的绝配。"

正是听到阿姆斯特朗的名字让格鲁布曼发狂了。"他已经被阿姆斯特朗干掉了，只是不知道而已，"格鲁布曼说，指的是莱因戈尔德对 AT&T 股票的积极推荐意见，虽然他又做了如下评论，"你知道，每人都认为我升级 AT&T 是为了在获得［无线交易］上取得领先地位。其实不然。我利用韦尔让我的两个孩子进了第 92 大街 Y 幼儿园（进入这所幼儿园比进哈佛还难），而韦尔需要阿姆斯特朗的选票，以在我们的董事会选举中一举打垮里德。一旦我们两个各自的事情都确定了（比如说韦尔确定胜利了，而我的孩子也肯定能进幼儿园了），我就会回到我原来坚持的消极等级评定。阿姆斯特朗从来不会知道我们俩（韦尔和我）像拉小提琴一样玩他。"

开始，卡特勒好像没有理解格鲁布曼这段话的重要意义。"你做得太好了。"她回信说，还补充道，"对孩子来说那所学校太好了。"但不久她就意识到，格鲁布曼不可思议地披露了一个事实。华尔街每个人都知道投资银行和分析之间存在着冲突。但还没见过一个人升级股票是为了帮助 CEO 赢得一场董事会内部高层间的权势之争，也没听说过 CEO 为了报恩而利用私人关系走后门，以使那名分析师的孩子能进贵族幼儿园。

感觉到自己触及了实质性问题，卡特勒迅速回复，说她知道他在 AT&T 这个问题上"有压力"。而格鲁布曼也继续澄清事实。"最让我恼火的是 AT&T 所为跟我预料的一样……由于其核心业务将瓦解从而导致

AT&T 垮了，我十分清楚这其中的原因。"

"首先，我怀疑你是否没有告诉我那些原因是什么，因为你不知道是否应该相信我会保守秘密，"卡特勒回信写道，"我希望你现在认识到你可以信任我。"格鲁布曼只是简单地回答说，信任与此毫无关系。"我们只是从来没谈过，我一直把 AT&T 当作我和桑迪之间的商业交易。"

卡特勒不久便转移了话题，为了想让格鲁布曼知道她是多么地想见到他，所以"我们可以进入我们的下一个阶段……只是你我之间的事情。在这个过程中，仍旧出现那些嘴唇、阴茎、性交，等等，也就没什么不正常了"。

在这一年中，卡特勒和格鲁布曼以一种相互手淫的方式继续着他们的交流，因为两人的职业生涯似乎都随着其宣传的股票之暴跌而一落千丈。"我喜欢你对我说脏话。"一次格鲁布曼给卡特勒写电邮说，而卡特勒也喜欢这么做。在一封题为①《成功的关键——对销售量的预见》的电邮中，她以诗的形式写道：

> 与君相见兮似如拜神；来去匆匆兮多想挽留；愿君回首兮向我示爱；何以徘徊兮我家门外——往日不再兮因得至爱——常疑虑兮需我抚爱；道阻且长兮愿你珍重；望眼欲穿兮盼你归来，为我所爱兮奉我缠绵。

格鲁布曼的回复又短又甜："正如我所说，太有诗意了。"

然而，格鲁布曼的选股活动却没有一点儿诗意。2001 年，随着时间的推移，电信股票正在全面瓦解，而格鲁布曼却继续推销他的最佳股票。1月早期的一天，在花旗集团管理者们的一处休养所，投资银行部门的执行

---

① LVLT：Level 3 Communications, Inc. 公司在纳斯达克的上市代号。——译者注

总裁迈克·卡彭特正在就公司分析的明显缺陷进行讨论，他指出：公司分析部门负责的 1179 家公司的股票中，没有被评定为"卖出"等级的股票，只有一只"劣于大盘"的股票。对于卡彭特而言，他说这种话就显得有点奇怪了，因为作为投资银行的头儿，他完全了解格鲁布曼如何利用积极的股票报告来帮助他赢得电信股市中的一些巨额交易。经纪主任杰伊·曼德尔鲍姆说，对于 12000 多名被格鲁布曼和其他分析师的选股炒作激怒的经纪人来说，"分析基本是没有价值的"。曼德尔鲍姆的这种说法对于全球调查主任约翰·霍夫曼和美国股票分析主任凯文·麦卡弗里来说并不是什么新闻，麦卡弗里一直在批评格鲁布曼为公司经纪人发布的分析。麦卡弗里把纽约怀特普莱恩斯的一名经纪人的一个特别恶毒的信息转给了霍夫曼，那名经纪人抗议说："在我看来，格鲁布曼不再存在于我们公司中了。因为如果他通过语音信箱说话，那我肯定把语音信箱关掉。"他指的是安装在每个经纪人电脑上播放广播分析师述评的那个监听器。霍夫曼对麦卡弗里说："我们当然会减少早间广播。"

让人感到不可思议的是，格鲁布曼的精神仍然不减当年，他继续加速运转他的分析炒作机器，而且他的炒作与对其不断增加的批评并驾齐驱。2001 年，一名观察家说格鲁布曼可能发布了 40 份分析报告，而在 1999 年和 2000 年分别只有 19 份和 25 份。"难道现在宽带供大于求了吗？" 2001年早期，格鲁布曼曾发出这样的质问，这主要是针对苏珊·卡拉的分析而言的，这名分析师发布的冗长报告显示，由于听从格鲁布曼的建议，电信公司的超额建设和容量扩张挤占了利润空间，并导致更低的股票价格。然而格鲁布曼却说："正如我们已经多次写道的：事实并非如此。"

格鲁布曼不久就将面对另一个对手曼纽尔·阿森西奥，此人是一个有名的卖空者，在 2001 年早期，他盯上了格鲁布曼首选股票中的一只，即温斯达通讯的股票。事实证明，格鲁布曼在温斯达通讯中有大量投资，所罗门美邦也是如此。温斯达通讯公司以竞争性地区通信运营商（也称

CLEC）而闻名，这种称呼是用来描述为数不多的几家被格鲁布曼钟爱的能对付小贝尔公司的新兴公司，这些公司长期以来一直控制着当地电话服务。格鲁布曼是在 1998 年 1 月开始涉足温斯达公司的，考虑到这家公司采用了能够极大提高竞争优势的新经济技术，他为这家公司的股票发布了"买入"等级评定，并为其定了 50 美元的目标价格。

从那时起，格鲁布曼与温斯达管理层走得很近（自从格鲁布曼接手温斯达后，所罗门美邦从中获取了 2400 万美元的银行佣金），以至在发布分析报告之前，他都要定期咨询该公司的高级经理们，同时在公司重大的社交集会中也有格鲁布曼的参与。有一次，格鲁布曼在一次分析师的电话会议上告诉温斯达的 CEO 威廉·鲁哈纳："今年这次活动我们请摇滚乐手莱德·泽普林来参加。""杰克，我期望再次参加这样的聚会。"鲁哈纳回答道。格鲁布曼继续闲侃："而且我猜，像去年一样，到时候我们四个中的两个人得跟着唱。"

阿森西奥当然不是为温斯达唱赞歌的。2001 年 1 月，一些投资者首先声称，不管所罗门利用其与温斯达的关系赚取了多少钱，温斯达陷入困境是必然的，而阿森西奥就是这些人中的一员。阿森西奥身材纤细，留着黑色短发，脾气很坏，工作方式很像格鲁布曼，能公然直面他的进攻目标，将他们视为"骗子"，并将这些人在华尔街的支持者说成是误导公众的"股票操纵者"。由于阿森西奥将自己的所有分析报告都公布于众，所以当他发布的消极股票意见传播到股市使得股票的价格更低的时候，其意见在公众中的重要影响就对他很有力了。除了一些明显的错误外，阿森西奥在漫长的牛市期间，由于成功地把一些事实证明是不值钱的股票作为进攻目标，因此总体上给人们留下了深刻印象。

到了 2001 年早期，阿森西奥已经将温斯达列入自己的名单。阿森西奥说，温斯达拥有 13 亿美元的银行债务，再加 16 亿美元的垃圾股票，这家公司已陷入严重的困境之中，"没有能力……偿还其债务的利息"。他还直接尖锐地批评格鲁布曼，说温斯达是华尔街炒作机器虚构的一个公司，像格鲁布曼那样面对事实依然维持现有等级评定的分析师，其行为比欺骗更严重。阿森西奥告诉《财富》杂志说，这些人是"白痴"。

格鲁布曼现在要准备开战了。他发布一份报告，攻击阿森西奥是一个连家庭作业都做不了的"卖空者"。在一次与温斯达公司的电话会议上，他将阿森西奥以及那些诋毁温斯达的人称为"谣言贩子"，应该受到证券监管者的调查。格鲁布曼的恃强凌弱也许对华尔街公司的"卖方"对手分析师有效果，但阿森西奥却乐于被注意。他向每个认识的记者发布温斯达的问题，指导他们访问自己的那个深受欢迎的网页：阿森西奥网站（asensio.com），这个网站定期更新他与格鲁布曼的论战情况。同时他给所罗门的管理层写信，说他认为格鲁布曼的分析存在错误。"请看由你们的分析师杰克·B. 格鲁布曼发布的有关温斯达公司的相关报告，"他给格鲁布曼的顶头上司麦卡弗里这样写道，"他的报告中含有错误的陈述，同时忽略了负面信息。"随信一起是一份阿森西奥自己对温斯达公司的分析报告副本，其中详细解释了所有格鲁布曼报告中的那些"错误陈述"。随后，阿森西奥给格鲁布曼本人写了封信，要求参加一次"由格鲁布曼为温斯达主办的晚宴聚会"，以直接质问格鲁布曼和温斯达。

格鲁布曼和温斯达谁也没有上钩，而且理由充分。到了 3 月中旬，由于越来越多的投资者逐渐意识到温斯达不可能存活下去，所以其股票降至"便士股票"（非常便宜的股票），以每股 2.5 美元左右的价格交易。格鲁布曼像一条叼住骨头的狗一样，仍然对普遍的看法视而不见。在其年度"国情"分析报告中，格鲁布曼仍为温斯达辩护。曾几何时，他的报告是牛市期间那些希望得到指导的共同基金和退休基金管理者们期盼的年度事件。在这份报告中，格鲁布曼指出："我们相信现在仍然存在的事实，特别是当股票下跌的时候更是如此。"他虽然预计会出现"破产、拾荒，新公司得不到资助，以及最后引发的合并"，但对电信服务的需求是在"增长的"，而且那些听信其分析的投资者最终将获得收益。格鲁布曼确信自己对那些批评温斯达公司的人表明了态度："至于温斯达的资产负债表，有关其支付利息能力的谣传就集中于此。"他说，温斯达是一家善于从困境中生存下来的公司，而且其股票也是他首选股票之一。

这是格鲁布曼公开发表的内容；而他在私下里说的却是另一回事。2000年9月30日，温斯达赤字达20亿美元，亏损22740万美元，到了2001年，事情变得更糟。2001年3月，格鲁布曼太关心这家公司的前途了，所以他准备为这家公司的股票降级，在一封电邮中他告诉一名所罗门公司的经纪人，说他无法坚持原来的立场，因为他的降级计划被管理层"断然否定"。事实证明，格鲁布曼确实草拟了一份报告，将其对温斯达股票长期坚持的买入降为"持守"，但所罗门公司的执行部门制止了这一举动，格鲁布曼后来承认了这一点。当时，所罗门的银行家们正在为温斯达将成为世通公司的兼并对象而进行宣传。投资银行家斯科特·D.米勒在一封电邮中告诉世通公司的CEO斯科特·沙利文，为温斯达支付43亿美元，这家公司下跌的股票就会上涨。如果格鲁布曼的"预测是正确的"，米勒写道，这笔交易"将会使世通公司的收入"增长一个百分点，这样世通自己也得到了好处。沙利文在这个过程中的努力程度不得而知，但所罗门银行家似乎深感维持温斯达实在不容易，因而他们开始着手另一笔交易，也就是从未面世的所谓"破产保护融资"。

3月下旬，格鲁布曼最终降级了温斯达的股票，但这是在温斯达未能偿还债务利息之后。随后不久，正如阿森西奥所说的，这家公司破产了。格鲁布曼自己可能为温斯达事件提供了最好的解释。"如果没有记录表明我们曾经长时间很好地支持过我们的银行客户，"他在一封电邮中写道，"就不要误以为我应该为温斯达破产负责。"

然而，格鲁布曼对他钟爱的两只股票和两家最大的投资银行客户仍旧立场坚定，这就是世通公司和环球电信。在记者面前，他解释说温斯达股票闪电般下跌是不正常的，很大程度上是由于朗讯中止了一份卖方合同造成的，这份合同将为温斯达带来每年 10 亿美元的收入。卡特勒同意这种说法。她在这段时间写给格鲁布曼的电邮中说，世通和环球电信不久将从所谓的"网页寄存服务"中受益，这是一种能为公司带来"巨额"收入的服务。"我喜欢干大事业，"她最后说，"把目标定远大一点。"

然而，随着世通公司和环球电信的破产，格鲁布曼不禁感觉底气不足。在另外一封电邮中，卡特勒提到了《华尔街日报》的一篇报道，这篇报道说，除非世通公司找到另外一家想与之合并的公司，否则它可能就难以为继了，这是意指该公司未能在 2000 年 6 月与斯普林特合并（这一行动被监管者阻止）。格鲁布曼及其团队好像对他们长期以来一直拥护的公司开始产生怀疑了。一次，他的助手舍林·麦克马洪在给世通公司的 CFO 斯科特·沙利文的一封电邮中提出了很多问题，其中一个问题是与世通公司一名当红分析师讨论关于公司前景的问题。"对于现金流量表上 2000 年时流动资金为 48 亿美元，而到了 2001 年仅为 20 亿美元，您能提供相关信息解释这一变化吗？"麦克马洪写道，"这个变化看上去有点儿大啊！"麦克马洪担心可能吓跑一家重要的银行客户，因此在电邮的最后她确信以一句开心的祝福语结尾："您的两个卖方朋友之一献上她的爱，雪莉。"

2001 年 5 月 16 日，格鲁布曼在一次向其客户广播的那个所谓"冲击波语音邮件"中重申了其对斯普林特公司股票的"持有"等级评定。对于格鲁布曼而言，这是一个危险的举动。大约在同时，所罗门的两位最佳银行客户德国电信和法国电信正在销售它们持有的斯普林特的股份。两家公司的管理人员都快疯了，他们责怪格鲁布曼说，由于斯普林特股票下跌，他们的收益更少了，而且威胁说在他们销售股票结束前，如果格鲁布曼仍不"闭嘴并消失掉"，他们将在以后进行报复。

格鲁布曼并没有闭嘴也没有消失，所以报复也就随即到来了。大约一个月后，德国电信拒绝委任所罗门公司在一笔巨额股票交易中做首要承销商，这可是在电信垮台引发的承销业务严重不足过程中最关键的一笔生意。德国电信财务部主任格哈德·米施克亲自发布新闻，告诉所罗门公司在德国法兰克福的一名经理，"在格鲁布曼两次降低了其预测之后"，他没有将所罗门公司委任为这笔交易的承销商的意向。

所罗门公司的投资银行家们开始高速运转起来了。公司最高电信银行家之一弗兰克·耶里安排了一次他称之为"过去几周格鲁布曼问题"的"事后会议"。另一位银行家斯蒂芬·温宁哈姆警告所罗门美邦的主任卡彭特：客户认为分析师应该"或是支持或是保持沉默"。看到如此阵势，格鲁布曼心里打起了小鼓，他告诉同事说自己在公司里如履薄冰，而且银行家们想辞退他。当时他告诉美国股票分析主任凯文·麦卡弗里说，如果他最大的批评者耶里要在会议上讲任何过激的话，"我就会骂他"。

格鲁布曼由麦卡弗里陪同参加了那次会议，而且据大多数人说，尽管梅斯特雷的出席让人感到不安，但那次会议还是在热情友好的氛围中进行的。作为电信投资银行部门的董事长，梅斯特雷是花旗集团最有权势的人之一。同时，五年前也正是他招聘的格鲁布曼，并许诺让他成为明星。梅斯特雷满足了格鲁布曼最后的要求，现在该轮到格鲁布曼了，这要求他要调整自己的"理论"，以适应新的股市现实。会上耶里努力采取一种更柔和的方式，这比格鲁布曼预料的要好得多。耶里要求格鲁布曼要有团队精神，为了花旗集团"更大的利益"要改变他的观点。

据参加会议的人说，格鲁布曼仍旧坚持自己的立场。但会议传递的信息很清楚：必须与银行业务结合在一起，否则就会为此付出代价。

现在，投资者开始为此付出代价了。到了2001年春天，世通公司所有的金融指数都开始下降。其股票下跌超过了70%，有谣言说伯尼·埃伯斯可能要出盘，而且公司的收入开始减少，同时谣传监管者开始调查这种冲突性分析，以查明是否应该为那些根据积极的股票分析报告购买股票的小投资者在股市中遭受的数百亿美元损失负责。新闻舆论也开始火上浇油。《华尔街日报》采写了系列报道，揭露美林公司著名分析师亨利·布洛杰特的分析中存在的冲突，其中的一份报告显示，因为一家公司拒绝将美林作为承销商，布洛杰特竟然降低了这家公司的股票级别。《财富》杂志用了一整版来报道分析中存在的冲突，其封面是摩根斯坦利的技术分析师玛丽·米克面无笑意的形象，其上配有大字标题："我们还能再次相信华尔街吗？"格鲁布曼同样也遭此一劫，另一篇报道特别报道了他为温斯达公司发布的让人吃惊的报告。然而在所罗门内部，管理人员十分高兴，因为他们的人没有像米克那样被更加突出地加以报道。"轮到格鲁布曼吃苦果了，"公司调查部一名叫蒂莫西·塔克的管理人员给调查主任约翰·霍夫曼写道。"但是，感谢上帝，他没有被放在封面上……玛丽·米克封面上那幅照片看起来特像犯罪嫌疑人的存档照片。那不是悔罪的样子，更像是带着退休人员的百无聊赖，还夹杂着一点无所事事的负疚的那种神态。"霍夫回答说："她得到她想得到的钱。现在只能听天由命了。"

但是霍夫曼本应该看看自家门口，因为那里一切照旧。花旗集团庞大金融帝国的经纪部门仍然在发布华尔街最荒谬的报告。所罗门的银行家们像围在受伤动物旁边的虎视眈眈的秃鹫一样啄食着世通和其他新兴电信公司可能的承销机会。受到德国电信的威胁，格鲁布曼将世通公司分析报告中不如意之处编造成积极的信息。"考虑到世通公司具有一个全球网络资产"，再加之其他电信公司的剧减，这家公司"现在比一年前更加强大。"

即使在世通最虚弱的时候，他仍然能够为所罗门和花旗集团提供很多，至少我们从一份详细描述二者关系的内部文件中可窥一斑。由于世通公司仍然没有预测到收入，其股票正在迅速下跌。如果不是完全不可能的话，资助一次新的重要收购以代替收入的缺乏将是很困难的。但是如果世通公司需要资金的话，它总会开发股票市场以赢得时间，直至生意得到改善。这好像就是 2001 年春天公司考虑一笔巨额股票交易时的计划，这次股票交易大约会产生 120 亿美元的债务，同时为华尔街那些缺少交易的银行家们奉献出数千万美元的佣金。所罗门显然想参与这次交易。一份文件介绍了所罗门公司批准向世通公司借贷一笔巨款，同时指出花旗集团"是世通公司最亲密的金融机构之一"，但此举同时也是由于世通公司许诺将来要给所罗门一笔生意。根据这份批准借贷文件，世通公司的会计"苏珊·迈耶已经告知我们，如果花旗集团提供 8 亿美元……那么作为回报，所罗门美邦将"在即将来临的股票交易中"承担联合账簿管理人的作用"，这将帮助公司掩盖几年的负现金流量。这份文件指出，在为世通提供这笔借贷的时候，是根据"所罗门美邦的分析师杰克·格鲁布曼的评估"作为基础进行的计算，同时也参考了世通公司管理层的领导能力，这其中当然包括埃伯斯"这一行业内最著名的企业家之一，根据《财富》杂志报道，此人在过去的八年中创造的股东价值比任何其他电信 CEO 都要多"，而且其同事，CFO 斯科特·沙利文因其为一家快速发展的公司成功地进行了财务管理而受到金融界的广泛尊重。

整个花旗金融帝国似乎都为世通公司敞开了大门，但这份借贷文件也指出，"由于近期商业基础的恶化，像世通这样的长途电信公司……经济效益恶化了，其总市值也大幅降低"。

投资者本应该获知一点点与之同样的客观信息，但是格鲁布曼却将其炒作机器开足马力，催促投资者继续购买世通公司的股票，而且预测这样做会得到巨额回报。所罗门也在其他方面支持世通公司。埃伯斯不仅仅是以个人不景气的股份作为担保来保证巨额的个人贷款，他还从所罗门兄弟公司的经纪部门获得了相当于"免费收入"的许多抢手 IPO 股份，也就是说埃伯斯可以立刻将股票转化为收益。在 120 亿美元债券交易的前夕，所罗门一名叫斯科特·米勒的银行家给花旗集团的 CEO 桑迪·韦尔发了一封电邮，请他在这次交易结束后，"向伯尼·埃伯斯打电话表示祝贺"。按理说考虑到所罗门为世通公司所做的一切，以及格鲁布曼对这家公司"热情的"鼓吹，花旗可以对其与世通的关系放心了，但米勒在电邮中说，花旗集团应该考虑一下其与世通公司的这种赢利关系，因为这是有原因的。原来摩根大通银行已经小心谨慎地慢慢挤入这场交易中了，而且这家银行的高层官员为埃伯斯举办的接待鸡尾酒会给后者留下了深刻印象，这些高管包括吉米·李，他是这家银行借贷部门的知名主任。米勒提醒以迟钝著名的韦尔说，埃伯斯"说话不会拐弯抹角"，而且可能会提出韦尔与AT&T的关系。米勒建议应该做好还手的准备，指出花旗集团曾将自己一"大笔（内部）通讯生意"交给世通公司来做，更不用说花旗对"世通资金需求"的支持了。

但事实证明，这些只是一种共同受益关系中的枝节问题。花旗集团及其由格鲁布曼领导的电信团队一直是世通公司叫得最响亮的口头支持者，而且现在本不应该旧事重提。花旗集团还在一笔巨额债券交易中与摩根大通银行是共同经营者。埃伯斯和沙利文，除了他们与摩根大通和其他银行偶有接触外，他们比其他公司更了解与花旗集团的关系。确实，格鲁布曼和沙利文几乎每天都要互通电邮，甚至计划在假期见面。但是数月过去后，经营环境持续恶化，即使像格鲁布曼那样有经验的股票支持者也越来越难以保持对其首选股票的乐观立场。6月中旬，舍林·麦克马洪再次敲响了警钟，这次针对的是环球电信。格鲁布曼仍旧积极评定着环球电信的股票，但当丹·莱因戈尔德发布了一份声明之后，环球电信的股票下跌得更快了。格鲁布曼说并没有发布这样的指导，想借此直接攻击莱因戈尔德，但是麦克马洪警告格鲁布曼那是在玩火。

"我们与客户之间的大问题是很多人会指责环球电信，"麦克马洪在一封电邮中写道，"据我对这一行业的了解，我想他们会的。我认为我们所有的客户公司都处于弱2Qs（质量和数量）的危险状态中，这种形势将持续到2002年"。听了麦克马洪的解释，格鲁布曼回答说："不清楚下一步要怎么做。"

世通公司并没有比过去更好。其股票几乎每天都在下跌。格鲁布曼和麦克马洪被那些寻求指导的买方分析师打来的电话所困扰,对方质疑他们为何在面对如此明显的股市灾难时还如此乐观。随后,莱因戈尔德上场了。这位格鲁布曼的老对手现在供职于瑞士信贷第一波士顿,他发表评论指出,世通公司发布了让分析师们担心的误导性指导信息。这一评论甚至还嘲笑了格鲁布曼,其中说一个不知名的"分析师"将自己的分析建立在"三个季度前的公司期望之上"。卡特勒建议格鲁布曼要保持冷静(不要用"谴责"性的语音邮件驳斥莱因戈尔德的声明),让她下次见到瑞士信贷第一波士顿的这位官员时为他说话。卡特勒向瑞士信贷第一波士顿的一位销售人员发表了一番抗议之后,莱因戈尔德颇为困惑。"我惹过这个女人吗?"他说,"我真搞不明白。"

对格鲁布曼来说,形势甚至更让他困惑,他曾经一直吹嘘说那些资深投资者极其尊重他,而那些向普通人销售股票的零售商们也想借他获利。但这种情况开始改变了。"我认识到你有份工作要做,"范坎彭共同基金公司的一名管理人员肖恩·康纳这样写道,"我喜欢听你发表见解,但我不明白你为什么在语音信箱中如此卖命地推销。那家公司只是提出了一个低劣的计划,同时大大降低了指导,特别是在发展方面,我认为,这就是其股票下跌的原因。"

在调查部门内部,格鲁布曼作为一名分析师表现出来的缺点太明显了,最终使人们很难再忽视。多年来,由于格鲁布曼为了所罗门和花旗集团"更大的利益",给公司带来了数千万美元的收入,因此公司调查主管们一直对其工作中的冲突性质视而不见。为什么这种冲突没有引起他们的注意呢?因为格鲁布曼不仅创收支付他们的薪水,而且格鲁布曼体现的是公司最有权势的交易撮合商桑迪·韦尔的意志。但是现在,他们开始为这种行为埋单了。随着股市中炒作最厉害的股票持续下跌,国会开始就股票分析师工作中的冲突举行听证，而且考虑要让米克、布洛杰特和格鲁布曼作证。经纪人们由于直接面对客户的抱怨，而且有可能直接被起诉，所以他们的呼声越来越高。蒂莫西·塔克准备了一份长长的便函，对格鲁布曼最糟糕的一份分析报告进行了详细分析。塔克提到一家叫都市媒体光纤的网络公司，塔克认为格鲁布曼一直支持都市媒体光纤网络公司，是因为所罗门在 1997 年帮助这家公司挂牌的业务中赚了 4900 万美元的佣金。当然不用说了，格鲁布曼对这家公司股票的评定肯定一直是买入等级，直至这支股票开始以便士股出售和公司准备申请破产保护。

塔克解释了格鲁布曼发布股票预测的一般事实，以及在本应该提出警告的时候他仍然炒作的原因，还有他如何维持目标价格高于股票交易价格。塔克指出，格鲁布曼的一份声明看起来特别让人感到震惊。在这份声明中，格鲁布曼说都市媒体光纤网络公司得到了花旗集团附属机构花旗银行的保证，说要向这家公司提供资金。但事实却大相径庭。由于都市光纤网络公司财务恶化，花旗银行从来没有最后确定这一协议。而当这只股票的交易价格低于 1 美元时，格鲁布曼也只是将其等级从买入降至持守，此后不足一个月，他的一份分析说明暗示都市媒体光纤网络公司的股票仍然具有买入的可能。都市媒体光纤网络公司最终申请破产保护。

"解释这些并非易事，"塔克写道，"坦率地讲，直到最近，格鲁布曼及其团队才承认其负责的电信业已经垮台这一事实。在股票价格暴跌的时候，他们依旧相信这些股票有长期潜在上升的可能，而不愿降低这些股票的级别，也不愿意采取一种更谨慎的态度。当你把银行业务这一重要因素考虑进去的话，那这种让人困惑的情况就更容易理解了。"

塔克给出了一种简单的解释。普通股调查一年会产生出 13000 份分析报告，其中很多会经过公司的法律部门详细检查，但在绝大多数情况下，公司会依靠格鲁布曼那样的人，至多提醒他们这样的人在准备分析报告时要"做更仔细的工作"，而不再经由公司法律部门检查。塔克说这种情况必须要改变，"这是分析业的失败，但同时我也不得不痛心地坦白，这也是公司管理的失败，这就是我能提供的唯一解释"。

无论如何，这种解释最起码是对将要降临的灾难所做的惊人而又坦率的估计。

这场灾难降临之快超出了花旗集团任何人的想象。2001 年秋，世通公司显然出了财政问题，一方面受到巨额债务的打击，另一方面随着其庞大的电信基础设施开支也产生了堆积如山的问题，此外还有价格压力。但是格鲁布曼仍旧像 1997 年那样苦心经营。尽管他与埃伯斯大约每月沟通一次，与沙利文的沟通更为频繁，但是从格鲁布曼公开发表的言论来看，他好像没有注意到世通公司的财务已经恶化。这里有一个例子。从他们交流的电邮可以看出，格鲁布曼及其团队现在是按照世通公司的高管们（包括埃伯斯在内）的要求来进行分析的。在麦克马洪准备发布一份调查说明时，她认识到自己可能无法让公司执行部门批准格鲁布曼定的 60 美元的目标价格，因为花旗集团刚刚强行制定一条新规章，以防止分析师给出的目标价格高出股票交易价格的 75%，而现在世通公司的股票已经降至 13 美元，正好低于这个门槛。于是麦克马洪开始与世通公司取得联系，她将自己刚刚准备的一份调查说明发给世通投资者关系部主任斯科特·汉密尔顿，其中写道："我正努力让他们解决这个问题，但我可能不得不降低股票的目标价格。"汉密尔顿给麦克马洪送了个笑脸，简单地答复说："谢谢"，还加上了一句"斯科特（沙利文）正在看"那份说明，而且"伯尼斯的会议可能还需要 45 分钟左右"，他会查看这份说明的。

麦克马洪回电邮说："我会一直等你回信。"随后就联系公司的执行部门，商量目标价格事宜。不到一个小时，埃伯斯吹响了前进的号角。格鲁布曼也发布了"买入"等级评定，同时宣布："在下一个或两个季度里，世通公司即将恢复成为一家成长型公司。"

　　2001 年初秋，格鲁布曼依然虎视眈眈地盯着世通，但环球电信则完全是另一回事了。在这只股票开始以个位数交易的时候，格鲁布曼仍然坚持买入等级。在他的竞争对手看来，这其中的原因显而易见。在这里先交代一下环球电信的创立者，此人叫加里·温尼克，时任公司董事长，是原德崇证券的投资银行家。格鲁布曼曾就公司的战略方向亲自给这位董事长提过建议，同时也是想尽力从环球电信的交易中多为所罗门争取一些份额。与此同时，格鲁布曼对环球电信做出了乐观的评价，就像他当初对世通公司一样。

　　但到了 9 月下旬，格鲁布曼开始为其最后的降级做准备工作。在给负责这家公司的银行家约翰·奥托的一封电邮中，格鲁布曼说他知道有人"可以预测出每一笔破产"，这个格鲁布曼没有提名字的人是"领导着华尔街甚至一些公司的人"而且他"说环球电信就是下一个破产的公司"。

　　格鲁布曼补充说，假设自己管辖范围内的公司或是破产或是正走向破产，那么"我们不能再将一支走向破产公司的股票定为［买入］等级。否则只能招致过多的起诉和纳斯达克调查"，这是指纳斯达克开始觉察到其矛盾的温斯达股票报告。"所以我认为我们不得不搞垮这家公司，同时公开将其他新兴的公司股票降低到每股 3 美元。"

　　奥托向格鲁布曼解释环球电信的管理层是如何"稳定下来了，而且正在扎扎实实地做事"。他承认，"很显然，问题就是资产负债表"和"权益价值的流失"，但他补充说，他和另外一名银行家正在"解决"这家公司的问题。但格鲁布曼好像没被说动。"你说得有道理，"他说，"看，我为这些我如此信任的家伙们已经下了很大的赌注，所以我希望你能妙手回春。"格鲁布曼在环球电信有大量投资，所以他请求奥托帮忙：反对调查主任霍夫曼，并且让他放宽目标价格限制，这样他就可以将这只股票的价格定为 10 美元（交易价格远远低于此）。随后格鲁布曼把这笔交易的所有资料发给了麦克马洪，并在后边紧接着附上了对奥托乐观的评论："有希望了，他是正确的。"

但是他判断错了。11 月，环球电信的股票更严重地下跌至 1.07 美元。格鲁布曼将其等级评定从"买入"降至"持守"。两个月后，环球电信向法庭申请破产保护。

"这次股票预测不怎么样，"格鲁布曼在给一名经纪人的电邮中承认，"但这一切都结束了。"

与此同时，世通公司正危如累卵。一年前这家公司因其消费者长途业务而准备将 MCI 分派为独立的追踪股，那时世通希望能得到股市的积极认可和接受。但这次复兴是短命的。11 月 1 日，在曼哈顿 AXA 会议中心，埃伯斯向 3500 名投资者和分析师公开了追踪股计划。同时，他在这次会议上也透露了更为重要的信息。当时埃伯斯站在一个巨大的舞台上向与会者发表了演讲，解释了公司如何降低了 2000 年第四季度的赢利和收入预算，而且这一预算远远低于行业预算。据埃伯斯解释，降低预算的原因是因为电信行业的竞争压力太大。此番讲话对于一个长期以来一直告诉投资者其繁荣就在眼前的公司来讲，可是一种令人吃惊的坦白。当时格鲁布曼也在场，就坐在前排。埃伯斯的演讲结束后，一大堆人围住了他和格鲁布曼，要求两位做出解释。格鲁布曼似乎意识到了即将发生的情况，所以会议刚一结束他就发表了一份分析说明，轻松地痛击了竞争对手。在会议前，他还曾被叫到旁边，私下摘记了世通公司恶化的财务状况。

格鲁布曼本应该利用其与世通公司的关系，在 2001 年晚期为投资者提供一些有关世通公司的深入分析，但他所做的就是欺骗和炒作。而现在，不管他说什么，世通公司的股票依旧持续下跌，此时他的炒作似乎才彻底宣告失败。事实表明，私人投资者并不是唯一冷落格鲁布曼的群体。这段期间，格鲁布曼的老婆露安卖掉了她持有的世通公司股票，其实这些股票已经在股市崩盘中毙命了（格鲁布曼通过一名发言人说，她是根据公司范围内的公告卖掉股票的)。

像格鲁布曼这样拥有数百万家财的富翁们因一只股票而遭受损失是小事一桩,而对于一般投资者遭受的损失,他们为此付出的代价就高得多了。罗伯特·戈斯,这名世通的雇员亲眼看着自己被套牢在世通公司股票上的大部分积蓄开始从眼前消失的时候,他几乎想要自杀了。"噢,上帝啊,让人把我拖到停车场上一枪毙了吧,"他跟其经纪人埃米·伊莱亚斯说,"也许这会结束我的艰难处境。"戈斯并没有做什么愚蠢的傻事儿,但不久后,他说现在他靠一个更高级的权威来帮助他。"我的老婆和我都在祈祷,"他告诉伊莱亚斯,"她才给我打了电话……她说她开始依靠上帝帮助我们走出困境。"

伊莱亚斯说她也正在祈祷。

然而此时,格鲁布曼正忙着掩饰世通日益恶化的财务状况。11 月 14日,麦克马洪给格鲁布曼发了封电邮,说公司最近"10 - Q"(一种财务报表)或季度赢利报表"特惨"。第二天,格鲁布曼想从斯科特·沙利文那里得到一些更新的信息,但世通公司的 CEO 没那份心情。沙利文说,"一切都在为销售做准备",而且华尔街的悲观情结正在影响着世通。"现在除了为自己辩解外,没有什么可以担心的,"他给格鲁布曼写道,"你的那些说明和讨论只会让事情看上去更像我们在辩解。"

这封电邮好像有些奇怪,沙利文心中好像正在权衡什么。格鲁布曼迅速将沙利文的电邮转给了麦克马洪。"据你提供的信息,无法理解他最后一点是什么意思。"格鲁布曼写道。

"是的,"麦克马洪说,"什么样的说明和什么样的讨论?"

格鲁布曼没有深想这回事,而是继续炒作股票。普里斯基金管理公司的罗伯特·根斯勒向格鲁布曼扼要叙述了其与沙利文和埃伯斯会面的情况,她说世通公司的财务状况得到了改善。"9·11"恐怖袭击后,"交易量开始恢复",合约价格数月来一直很稳定。格鲁布曼听后欣喜若狂,他告诉根斯勒，"世通公司需要的是一个平坦的"发展期，然后就能好转起来了。随后他给沙利文发了电邮，告诉他自己的乐观估计。"听起来像第四季度财务走上了正轨，而且一般看来会很稳定。"沙利文自己奉承起自己来了，他告诉格鲁布曼："要表现出勇气——你的成功能吸引大家的注意力。"这是指大量的报道攻击格鲁布曼炒作那些给所罗门支付佣金的公司，比如世通公司。

像往常一样，格鲁布曼将这封电邮转交给麦克马洪，并附以评论："真是一条好消息。"

这是格鲁布曼从世通公司听到的最后一条好消息。当年晚期，《机构投资者》杂志将格鲁布曼从其电信分析师的排行榜中删去了，这很大程度上是因为他持续支持在困境中挣扎的世通公司，而其股票正跌向每股不足10美元。什么也无法阻止世通公司面临与温斯达、都市媒体光纤、环球电信，以及一群由格鲁布曼兜售的公司同样的命运。2002年2月早期，格鲁布曼亲自教授埃伯斯如何回答分析师们提出的有关世通正在恶化的财务状况的问题。当埃伯斯的回答结束后，世通公司的股票甚至降至了每股8美元。3月，格鲁布曼再次重申其对这只股票"持有"的等级评定，此时恰逢SEC对世通涉嫌会计违规而开始对其进行调查。格鲁布曼似乎忽视了自己和麦克马洪对世通公司财务的怀疑，而这些在他们交流的邮件中都有所显现。他写道，世通公司"现在经营得比过去十年任何时候都要好"，而且SEC的调查"是最通常的那种调查……很直接，几乎就是走走过场"。

格鲁布曼说，在SEC开始进行调查的同一天，埃伯斯在一次讲话中列举了大量事实来说明公司正在复苏。那次讲话"强调了这一行业的前景正在变好"。他提醒投资者，世通公司"拥有电信行业最高质量的资产负债表……"而且公司相信其"发展会从新产品的开发和国际业务的扩展体现出来"。格鲁布曼如何能够做出如此大胆的预测？没有人肯定知道其中的原因。随后格鲁布曼承认，尽管他参观了几个项目，包括在东京地铁系统安装的光纤工程，但他从来没有检查过公司能够说明其海外资本扩张水平的合约。

格鲁布曼的权力日见衰颓的另一个标志体现在世通公司的股票几乎没有预算报告上，公司内的反对者继续对他进行攻击。过去，经纪人会迫不及待地想得到格鲁布曼的至理名言，而现在，他们则急不可待地想掐住他的脖子。一天下午，经纪主任杰伊·曼德尔鲍姆收到其一名高级经纪人发来的愤怒的电子邮件，这是一名叫谢里尔·施瓦茨威尔德的女经纪人，她抱怨格鲁布曼的分析并想寻找帮助。"至于环球电信，杰克一直坚持买入等级，从60美元到现在的1美元！！！"她写道，"现在他正在重蹈世通的覆辙……我不想销售两家破产公司的股票，也不想有一位一直坚持买入等级直至公司破产的分析师！！！"

现在很难知道是什么原因促使格鲁布曼最终降级了世通公司的股票等级，但到了2002年4月22日，他最终采取了行动。电邮显示，格鲁布曼那时刚刚读到一篇报道，其中谈到在可预见的未来宽带价格会降低，这种情况将会侵蚀世通的赢利。不管什么原因，当他得到管理层的批准之后，格鲁布曼宣布将其长期持有的"买入"等级降至"持守"，并举例说明了自己对公司运营及其隐隐呈现的破产可能的担心。对于格鲁布曼来讲，这是他对自己曾经忠实的一支股票所能给出的最严厉的评定，尽管他还没让自己使用"卖出"这个词。

"很显然，不降级股票很容易做到，因而也不会遭受不可避免的来自各方面的正当的攻击，"他局促不安地写道，同时补充说，"很明显，我们对这只股票的态度一直是错误的。"

格鲁布曼的炒作不再对股市产生太大影响，他的降级使这只股票急剧跌至大约每股5美元，从而引起人们对世通公司正在走向破产的普遍担心。几天后，当埃伯斯突然辞职而去，公司形势进一步恶化，从而引发市场对世通公司生存机会的另一次猜测。

这就是一种相互受益关系的一个非正式结局。除了多年来所罗门向埃伯斯保证给其所有 IPO 股份外，埃伯斯还得到数亿美元的贷款，同时事实表明，所罗门在 2000 年和 2001 年间，也时不时地得到其巨额债券交易承销商的委任。更可疑的是：这些贷款是以埃伯斯持有的世通公司股票做担保的，这意味着格鲁布曼的炒作也保护了公司在伯尼·埃伯斯身上的投资。埃伯斯辞职后一周，花旗集团发现伯尼·埃伯斯原来是这样一个糟糕的投资者。公司被迫卖掉了埃伯斯作为抵押担保的世通公司的股票，所罗门损失了 200 万美元。

但是一些投资者所承受的损失还没有结束。6 月下旬，格鲁布曼再一次将这支股票的评定等级从"持守"降至"弱于大盘"，引发人们对世通公司财务状况的进一步担心。世通公司的股票早就跌至了 1.22 美元的交易价格，但至少格鲁布曼避免了自己再次出现像温斯达那样的尴尬。两天后，世通公司申请了破产保护从而走出悲惨境地，世通同时宣布重新进行赢利评估，从而导致了华尔街历史上最大的会计欺诈丑闻。而那位公司惊人崛起和垮台的双料建构者之一沙利文，则在当天即被辞退。

花旗集团内部最大的疑团是：格鲁布曼是如何吹嘘的？在其 3 月的报告中，格鲁布曼称世通公司是"标准普尔 500 综合指数最重点审查的公司之一"，而且据说他正在审查这家公司。现在所罗门公司的经纪人愤怒了。他们认为格鲁布曼要么是傻瓜，要么是贪污受贿了，并且他们几次努力要让苏珊·卡拉来取代格鲁布曼，前者目前正在一家叫弗里德曼比林接姆齐公司的小经纪公司工作，是第一个警告投资者注意格鲁布曼分析漏洞的分析师。同样的愤怒也在华尔街扩散开来。米克被主管告知，要想一下自己是否继续从事这一行。杰尔姆·肯尼是美林强大的执行委员会中监管分析部门的委员，他从亨利·布洛杰特灾难性的股票预测中猛醒过来，并向愤怒的经纪人许诺要重新开始：要求分析师们花更多的时间进行分析，同时少跟银行客户接触。

　　但是，其他任何地方的愤怒都不及所罗门美邦公司内部强烈，格鲁布曼成了公司销售人员的头号公敌。一名经纪人在电邮中写道，格鲁布曼应该被"公开鞭挞"，而其他人则想辞掉他。经纪人们认识到一个公司管理层未能发现的重要事实：随着小投资者成群结队地远离所罗门，格鲁布曼给公司带来的是短期效益、长期伤害。一名所罗门经纪人对所有那些关注对格鲁布曼产生的影响感到心烦意乱，他给《华尔街日报》的记者写了一封电邮抱怨此事。他写道，一想到那些报刊从华尔街获得如此之多的广告，我就觉得它们"是恩将仇报"。

　　当记者跟这位经纪人联系时，他马上向对方表示歉意。因为他从愤怒的客户那里收集到了大量有关格鲁布曼自相矛盾的选股信息，他灰心丧气地给记者发送邮件说："如果格鲁布曼正坐在这儿，我会用棒球拍揍他一顿，并向他头上撒尿。"

CHAPTER NINE

Keystone Cops

第九章
愚蠢的警察

切尘埃落定，明星分析师们制造的破坏不次于一次核爆炸。

纳斯达克股市，也就是很多网络股和分析师们主要炒作的技术股交易之处，从 2000 年 3 月的峰顶到 2001 年 3 月下跌了 60%。美国企业研究所的经济学家约翰·马金指出，这种损失导致了美国历史上最严重的"纸"财富①的破坏；消失的网络公司从美国股市带走了近 25000 亿美元。随着技术股崩盘波及更大范围的股市（记住，世通公司，格鲁布曼钟爱的那家破产的新经济宠儿是在纽约证券交易所交易的，而非纳斯达克证券交易所），这种破坏甚至更为严重——崩盘后 12 个月中，有 45000 亿美元被卷走。

在马金和其他经济学家看来，整个风波影响如此之大的原因不仅仅在于其规模和范围，也由于卷入的受害者的种类。1929 年大规模的股市崩盘带走了巨额财富，但大部分是来自富有的投机者以及本应该更好地认识到股市风险而非相信股市绝对可靠的富有投资者。但在 20 世纪 90 年代，从

---

① 指有价证券。——译者注

整个经纪行为来看，受害者从人口统计学角度发生了极大变化。数百万普通中产阶级美国人，带着少得可怜的对华尔街运作方式的了解，在生活所需（要为退休存钱）、贪婪以及可能是最重要的——那些明星分析师的炒作这三种因素的共同诱惑下，将自己一生的积蓄交给了对这种游戏有着深刻理解的经纪人。如此做法一度也产生了好的结果；但只有两年的时间，很多听从华尔街分析的中产阶级成了百万富翁，至少从他们全部的有价证券来看是如此。人们并没有只是坐享其"纸"财富，他们也在大把大把地花费：买房子、汽车和船，扩展生活方式以适应股市及其分析师们对未来发展表现出的激情。而当股市崩盘时，他们的生活方式也宣告终结。中产阶级又回到了原来中产阶级的生活，甚至比原来更差。

俄亥俄州克利夫兰城外的一个小镇有一个卡车司机叫埃德·沃尔夫，他的经历典型代表了这种新型投资者所有起起落落的遭遇。2000年早期，他结束了在俄亥俄州伍斯特的一个橡胶制品厂32年的工作，他从报酬中拿出一部分存入到公司401（K）计划提供的保守债券基金中，积攒了一笔对他来说不大的财富——32.8万美元。尽管他有这么一笔不小的积蓄，但他很大程度上是一个理财盲。他几乎不读当地报纸的商业版，仅有的一点点股票知识是通过看电视，听那些明星分析师们炒作他们钟爱的股票而得来的。换句话说，他这样的人就是美林公司寻找的最佳经纪客户，也是这家公司在泡沫时期推销技术投资的最佳目标。

美林公司的经纪人乔尔·塞斯纳看上去显然是那种卖什么吆喝什么的人，这时沃尔夫出现在他设在路边零售商场中的办公室，向他咨询如何让他的储备金发挥作用，以供退休之需。沃尔夫回忆说，塞斯纳桌子上有一台电脑，上面有许多图表。当时塞斯纳穿着浆硬的衬衫——"那种在洗衣店浆洗过的样子，不是在家里洗的"。系着时髦的领带，穿着一件深蓝色的运动上衣。最主要的是，沃尔夫记得当时塞斯纳十分自信地说，他如何能照看好沃尔夫的钱，并产生出"保证8%的回报"。沃尔夫被说服了，但当他把刚刚从零售店另一边的当地银行取出来的所有积蓄交给塞斯纳时，沃尔夫提出一个要求："不要赌博。"他记得当时自己是这么说的。沃尔夫说他当时清楚地表示要保证自己的钱放在了一个安全的地方。他说，当时塞斯纳点头称是。

不管沃尔夫是否意识到了，他已经成了一个疯狂玩家。得益于坐落在曼哈顿市区世界金融中心的美林公司总部出台的一项提高公司赢利的政策，美林开始了一项"交叉销售"运动，向其庞大的经纪人网络的客户销售其各种产品。不是向投资者推荐像先锋或忠诚这些共同基金，相反美林帝国各处的经纪人十分注意通过推销公司自己的共同基金来尽力提高公司的收益，其中包括几种由亨利·布洛杰特鼓吹的网络股票组成的基金。沃尔夫根据塞斯纳的建议，投资了大量的技术股和三种共同基金，这三种共同基金主要是由泡沫孕育的网络公司股份组成。那些基金中有一股是美林公司的网络策略基金，这只基金曾经是美林公司着力推销的股票之一，是在旧金山举行的一次主题演讲上被揭发的，当时客座讲演人包括格鲁布曼和《骗子的牌术》一书的作者迈克尔·刘易斯，而这本书主要讲的正是华尔街的贪婪。

当然，沃尔夫无法知道像塞斯纳这些经纪人销售这些风险投资的压力。第二年，他几次从自己的账户中取出部分资金以弥补家用。他一直坚信塞斯纳保证的8%的回报会使生活有所改变。不久，他便接到了塞斯纳打来的紧急电话。在过去的12个月里，沃尔夫从来不费心去检查其经纪人的报表，但是如果他一旦检查了，就会发现纳斯达克股市崩盘吞噬了他初始投资的一大笔钱。剩下的钱再加上他每月支取的钱，沃尔夫总共剩下了9万美元多一点，而他初始投资却是32万美元。塞斯纳给他提出建议：不要取光账户上所有的钱，否则你就赚不到钱。

"当我听到这些话，我想我快要得心脏病了。"沃尔夫回忆说。

埃德·沃尔夫的经历揭露了20世纪90年代股市泡沫期间华尔街的基

本情况及其文化。沃尔夫涉股不深（而且明显有点笨），这本应该成为他需要高水平的金融助手的标志；相反，华尔街却将他列为杀戮的对象。沃尔夫几乎没有问什么问题，如果华尔街曾经提供过服务的话；他也几乎没有要求得到什么服务，完全依靠其"财务顾问"的建议选择自己的投资。换句话说，他很容易被华尔街捕食，这时的华尔街忽略了自己对蜂涌入市的新一类投资者的责任，这些投资者对华尔街如何从他们的支出中赚钱的各种方式还一无所知。而且，纳斯达克仲裁委员会好像同意了华尔街的这种赚钱方式，在2003年早期，仲裁委员会要求美林偿还给沃尔夫近23.5万美元作为损失补偿，同时支付7.5万美元作为律师费。在总共25位类似的投资者提出起诉后，美林公司决定解雇塞斯纳，据一位发言人解释，解雇原因是他"未能依据公司的指导为客户推荐合适的投资策略"。塞斯纳说他唯一的错误是他"本应该拒绝沃尔夫，因为他的目的性太强了"，这一点与其他提起诉讼的客户一样。

但是塞斯纳并不是泡沫期间唯一面临困境的经纪人。在整个20世纪90年代，随着越来越多的普通民众发现自己持有的是已经破产的或是正以最初购买价格的零头交易的风险技术股时，投资者的抗议之声高涨起来了。像沃尔夫这样的人参与股市时，对股市如何运转怀着一种荒谬的期望（他希望没有风险地得到8%的回报），但是华尔街有多种方法调解这样的问题。人们认为华尔街大公司的执行部门是监管不适当行为的部门，而在欺诈和谬误大范围流行的时候，这种部门好像并不这样理解。在一个极端的例子中，一名在位于克里夫兰的雷曼兄弟分公司工作的经纪人偷走了客户数千万美元，而负责执行的执行官就坐在几张桌子远的地方，他竟然没有注意到这起阴谋。

应该受到责备的人远不止这些。所有这些行为都发生在华尔街主要监管者——证券交易委员会的鼻子底下，在这次美国历史上最大的财富损失过程中，这些人好像正悠闲地品着咖啡。为了全面理解这个国家最高证券监管者的无能以及其在股市泡沫破碎之时投资者遭受的巨大损失中所做的"贡献"——我们最好回过头来，不仅要审视一下 SEC 应该做什么，而且也看看那位负责这一机构的人在华尔街大公司无与伦比的挥霍投资者钱财的过程中的行为，这个人就是证券交易委员会主席小阿瑟·莱维特。

SEC 喜欢将自己描绘成华尔街的最高警察，具有跟踪追捕那些将金融市场视为诈骗天堂的罪犯的无限权力，而且没有哪一个人能比比尔·克林顿委派的小阿瑟·莱维特更能体现这一形象了，莱维特是 SEC 历任主席中为数不多的几个把华尔街实践带入到工作之中的人，而 SEC 内部满是与政治有瓜葛的官僚人士。莱维特曾是桑迪·韦尔在 20 世纪 70 年代和 80 年代早期创建的希尔森经纪帝国的关键人物，后来被任命为美国证券交易所的主席。但莱维特真正拿手之处是在政界。他是纽约州一名政客的儿子（他老爸是该州老审计官，曾帮助纽约市在 20 世纪 70 年代的财政危机中从几近破产的边缘幸存下来），小阿瑟与在华尔街工作的著名民主党人士有密切的关系。在 1992 年的总统大选中，莱维特为克林顿竞选募集了 350 万美元的资金。当克林顿竞选胜出后，发誓要铲除"十年贪婪"，像莱维特这样有华尔街背景的开明人士似乎是担当这一使命的完美人选。

从表面来看，莱维特好像迅速开始了行动。1993 年就职后，他采取了一系列措施，整饬受丑闻困扰的市政债券市场，这是通过限制经理人为了取得利润丰厚的债券交易而向当地官员捐献数量的多少来执行的，这种捐献行为被称为"购买参与权"。后来，当他听说股票经纪人有滥用职权的行为，莱维特拨通了他在华尔街时期的一位老朋友——美林公司 CEO 丹·塔利的电话，此人曾帮助他让华尔街每一家重要公司自愿同意一系列清除股票经纪人不合理行为的措施。在股市中，人们很少置疑权威指导意见中的不足，莱维特很快就提醒人们，他了解华尔街这台造钱机器是如何运转的。"听着，我曾经在华尔街工作过，我知道这游戏是怎么玩的。"他通常会这么说。

当然莱维特把声势造得很好。他自己通过对证券业各种行为的批评，制造了大量的头版新闻，并利用其有名的办公室"先声夺人的讲坛"将这样那样的问题发布出去。他努力通过国会采取措施，以让审计员更独立，借此减少公司在大量的会计报表中捏造数据的机会。对于那些在牛市期间蜂拥而入的小投资者，他要求公司向这些人发布的信息要与其交给分析师的信息相同，这就是有名的"公平披露"规则[①]。

但是到了十年快结束的时候，事实清楚地表明，莱维特所有的良好意图都让小投资者失望了。SEC 自己的分析描绘了一幅让人震惊的莱维特的形象。在他任期的大部分时间里，虽然欺诈案件大规模爆发，但委员会强制执行的案件数量却丝毫没有随之增加。SEC 有时甚至好像要减少其强制执行的行为。在 1994 年和 SEC1996 财政年期间，新的调查数量下降了24%，而对于可疑人物和可疑公司的起诉也下降了 12.7%。1997 年 SEC 努力想步入正轨，但从莱维特任期的记录来看，SEC 处理的案件至多只能称得上发展时好时坏。1997 年，委员会共采取了 489 次强制执行，1999 年 525 次。而到了 2000 年，也就是股市泡沫破碎以及华尔街欺诈行为开始在投资者的会计报表上显现出来的时候，SEC 执法数量却惊人地下降了 4%，只有 503 次。

莱维特力图改革的各种努力同样也一败涂地。事实证明，他对市政债券市场中捐献运动的限制规章充满了漏洞，比如管理人员可将数百万美元的资金汇集到"软钱"账户，捐献这样的账户则没有限制。FD 规则基本上已经成了华尔街的笑柄，因为其实际效果是让小投资者为数据所累，因为他们没有专业知识，看不懂这些数据。2000 年 9 月的一个下午，一名所罗门美邦的股票分析师将一个公司在 FD 规则实施后的一份赢利公告转交

[①] 也称 FD 规则。——译者注

给蒂莫西·塔克，即所罗门分析部门的一个主任。塔克禁不住嘿嘿笑了起来："这么详细，明显是安排好的。现在，他们①真正可以保证其（赢利）模式是新式的了。阿瑟·莱维特听了一定会气得发抖的。"

至于莱维特为华尔街经纪人制定的一系列规则，很多大公司，包括塔利自己都公然践踏这些条款，而且经常是在 SEC 调查人员的眼皮底下这样做，而这些 SEC 的调查人员没有任何权力干涉这种行为，因为遵守这些规则只是自愿行为。同样，莱维特的政治精明可能也被高估了。他是一个大资金募集人，但他几乎从不拍老板比尔·克林顿的马屁，也不奉承华盛顿民主党高层人士，这些人经常与共和党人一起反对他的"改革"努力，其中包括提出建立一个更加独立的会计标准。

所以，莱维特能实现什么呢？据与其共事的委员会官员讲，他不会实现太多目标。莱维特同时过多地玩弄了特权，以至于 SEC 的委员们从来无法集中从事最重要的事情。"我们从来不知道日常工作日程是什么。"一个原 SEC 委员说。这些人说，莱维特经常会在与各行各业的管理人员直接会面的过程中做出重要的政策性决定，甚至在提交给他的委员之前就制定好了。SEC 的委员劳拉·昂格尔对莱维特的工作方式很是生气，她要求莱维特在公布提案之前打个招呼。"阿瑟，你应该先把这些提案告诉我们，然后再公之于众，"她说，"我们需要谈谈。"

SEC 的执行部门——主要负责对罪犯提起诉讼——可以强制要求任何人就可疑行为提供真实证词，或者强制对犯规者实施制裁，包括驱逐出证券行业，下至最低级的经纪人，上至最有权势的华尔街 CEO 无一例外。但在 20 世纪 90 年代股市泡沫期间，莱维特浪费了大量人力物力，非但没有取缔大型的经纪公司，反而把目标瞄准了小公司，比如在这一行业边缘经营的一些"投机商号"。这些小公司利用顾客的资金进行买空卖空，有一

---

① 这里指那种知识贫乏，追求实惠的人，原指工人阶级。——译者注

部电影叫《锅炉房》① 就是讥讽这些小商号的。这些小公司在 20 世纪 90 年代股市繁荣期间，其总交易量只占投资者交易的极小一部分，但在莱维特的统治之下，这些公司得到了他们不应得到的关注。2000 年夏，当华尔街兜售其历史上最具冲突性的分析报告时，SEC 和司法部公布了其有史以来最大的逮捕案之一，以团伙操纵股票罪起诉给小投资者造成巨额损失的 19 人。

他们所谓的可疑诈骗给普通经纪客户带来多少损失呢？当所有不着边际的宣传结束后，调查人员坦承，整个诈骗在过去五年中总计金额为微不足道的 5000 万美元。这样算下来每年只有 1000 万美元，还不及所罗门公司在杰克·格鲁布曼及时升级 AT&T 股票后承销这家有争议的股票时一天的收入。

正当这个委员会利用其有限的人力物力为华尔街的团伙犯罪担心的时候，在泡沫期间吸引了数万亿小投资者积蓄，被认为是十分清白的共同基金，成了肆无忌惮的操作行为藏污纳垢之地——这里的每一件事都是不择手段的非法操作，从过高的佣金到共同基金公司付给经纪人额外的佣金以使其更好地销售其基金这样的秘密交易都是如此。在莱维特的统治之下，另一桩以"诈骗"而得名的丑闻实际上被忽视了。虽然像伯尼·埃伯斯这样的高级执行官在交给诸如所罗门美邦这样的经纪公司利润丰厚的承销合同后，从抢手的 IPO 中收受数千万美元进入个人账户，但那时 SEC 的官员说，此案涉及的资金数量不足以构成机构诈骗。

对这起可能是泡沫期间华尔街有史以来最大的丑闻，莱维特的反应并没有不同。当他 1993 年就职的时候，分析行业与银行业之间的冲突已经成为华尔街不争的事实。当时情况太糟了，投资公司鼓励分析师炒作为那些正在发行股票和债券的公司所做的分析报告，而绝大多数分析师不得不

---

① 也译《开水房》。——译者注

屈服于压力，接受这种操作系统。那些不接受这种方式的人则发现自己丢了饭碗，比如马文·罗夫曼。

他是一个赌博行业的分析师，在一家总部设在费城叫杰尼盟的经纪公司工作。1990 年房地产大亨唐纳德·特朗普为其亚特兰大卡西诺赌城融资而发行垃圾股，罗夫曼由于就此提出批评而遭公司解雇，这在当时是一条轰动新闻。罗夫曼预计特朗普泰姬陵度假村债券将无法偿还，事实证明这一预测十分准确，但是他的评论却让特朗普十分生气，他要求罗夫曼及其公司收回此番评论。罗夫曼拒绝了他的要求，两天后他被辞退。罗夫曼记得，当调查部主任詹姆斯·迈耶陪同他走出公司大门时，对方忠告他："闭上你的嘴吧，否则你再也不会在这个行业找到工作。"

迈耶说他的经历只是反映了华尔街的实际情况，因为揭发者当时在华尔街很难找到工作。但是罗夫曼并不打算保持沉默。他立即针对杰尼盟公司不正当解雇提起仲裁，同时向联邦法院起诉特朗普，当时全国的报纸都将此作为分析师在压力下炒作大银行客户股票的典型案例。新闻舆论的宣传使罗夫曼成为坚持自己信仰的英雄，而一些同事则不这么看。一位猎头告诉他，没有哪家公司会雇佣他，因为它们担心此人会让银行客户"失望"。当他找工作的时候，分析师同事们也不给他回电话。

但对于罗夫曼来说，更让他苦恼的是 SEC 的反应，因为人们认为 SEC 的调查人员能保护此种行为，然而他们从来没就此事与罗夫曼联系过。

十多年后，罗夫曼可以安心了。原公司因不正当解雇而支付给他巨额的补偿金，特朗普与他也达成庭外和解。现在，他成功地经营着一家资产达 2.15 亿美元的理财公司。但还有一件事让他烦心，那就是 SEC 在哪儿？"我无法相信，他们从来没有就所发生的事跟我交流过。"罗夫曼最近说，他仍然无法相信这样的事实。他们居然"从来没有联系过我"。

随着莱维特的上台，更多像罗夫曼一样的故事会被主要报纸登载，而且这种情况一直延续到他 SEC 主席任期结束。在 20 世纪 90 年代股市繁荣达到鼎盛时期，华尔街的分析报告与 20 世纪 60 年代由 DLJ 搞出名的独立分析报告已经没有什么相似之处了。分析师不仅受到来自银行家的、要求其减少批评的压力，而且现在，他们面对着来自更高管理层的命令，要炒作他们的报告以赢得牛市期间那些公司提供的价值 750 亿美元的一笔佣金。大经纪公司要为这些行为开脱，他们使用的方法是，声称推销等级评定以及减少"卖出"推荐意见代表着撰写报告的分析师诚实持有的意见。莱维特一定相信这些站不住脚的借口，因为他在 SEC 任职期间，没有提出一件大公司涉及欺诈性分析的案件。事实上，这种情况一直持续到 20 世纪 90 年代中期，分析师们的分析行为与银行行为之间的冲突才突然被莱维特注意到。为什么他要等待如此长的时间？在一次采访中，莱维特说他注意到有关分析问题已经有一段时间了，甚至当他在华尔街工作时就获得了这种冲突的第一手证据，但是他一直忙于其他问题，从而挤占了他的时间，特别是他一直推动的会计行业的改革。"如果我不插手这些问题，我会做更多其他的事。"他说。

一旦莱维特开始行动，他当然会制造声势。他首次对这个问题公开发表意见可以追溯到他在佛罗里达波卡瑞顿举办的一次研讨会上的讲话，这次会议是由华尔街主要的院外集团证券业协会举办的。在这次会议上，莱维特提醒经纪业注意日益严重的股票分析冲突，这导致了在股市过热的时候缺少卖出等级评定。"对这个问题我并没有具体的提案。"莱维特后来对道琼斯新闻社这样说。但他又补充说，委员会十分关注冲突性分析对小投资者产生的影响，因此"我们将仔细调查这个问题"。

如何使这种决定性的整饬落到实处？2000 年 9 月，就是股市泡沫破碎后数月，SEC 十分高兴，不是因为起诉格鲁布曼对 AT&T 公司发布冲突性的股票分析，而是追捕到 16 岁的乔纳森·莱贝德，原因是他通过网络聊天室兜售他拥有的股票然后卖出获利借以搞证券欺诈。在与 SEC 协商解决的过程中，莱贝德同意移交 28.50 万美元的赢利和利息，而无需对自己的违法行为表态，这是第一次小人物因证券欺诈而被起诉。

莱维特及其执法部主任理查德·沃克都说，这一案件充分说明了 SEC 对欺诈性股票分析的强硬态度。在此案了结后的一次讲话中，沃克有些得寸进尺，他说莱贝德的欺诈行为超出了 SEC 所知的华尔街所有通常的作法。"一些媒体和个人已经完全转移了话题，并试图妖魔化华尔街，说莱贝德所作所为与华尔街分析师每天做的没什么不同，借此欲为莱贝德的行为辩护，"他说，"当然，在一定程度上，如果一名分析师有意操纵一种证券，误导投资者……做出不现实的价格预测或者其他缺乏合理基础的评论……那这名分析师有严重的问题。但是如果说这种行为是'经纪公司通常的做法'则是不切实际的看法。"

但是，正是沃克好像有点不切实际。到目前为止，每个经纪公司都已经形成了一种体制，其中分析师无任何道理地炒作股票等级，并向投资银行客户隐瞒其天价的目标价格，这时他们通常的借口是：一种等级评定只是一种意见。莱维特的反应是发表更多的讲话。在一次讲话中，他指出是股票分析和投资银行"不正常的关系网"迫使分析师炒作股票等级，并将小投资者置于受害者的地位。在另一次讲话中，他用一点小幽默来说明华尔街股票分析已经不再关心投资者的需要，他指出，在华尔街销售推荐意见有如"芭芭拉·史翠珊的音乐会"一样常见。他重点强调了电视新闻媒体没能认识到如此明显的冲突，却将像格鲁布曼那样的人捧成了电视明星。"有多少次要求分析师们列出他们首选的五只股票？"他问道，"而且一名分析师是否经常会提醒观众：'顺便说一下，我的老板承销了这些公司其中三家的证券交易？'他们往往不会这样做。"

莱维特当然明白问题涉及的范围有多大。在另一次讲话中，他引用了一些让人混乱的统计数据：在 20 世纪 90 年代，买入等级评定和卖出等级评定之比是 8：1，而在 80 年代，这个比率是 1：1。在另外一次讲话中，他让听众中的分析师举手，以看一下听众中有多少分析师，然后他问，你们有多少人曾对一些股票发布过"卖出"等级，结果没有一个人举手。

认识到这个问题和处理这个问题可不是一回事。2000 年中期，莱维特的老生意伙伴，花旗集团的 CEO 桑迪·韦尔几乎承认了曾在一笔重要的股票交易达成之前对格鲁布曼施压，以让他升级 AT&T 公司的股票，值得注意的是，即使在这个时候莱维特领导的 SEC 仍然保持沉默。莱维特不但没有对韦尔进行可能会引起整个华尔街注意的大规模调查，相反却命令手下人同时去找两家自律机构：纽约证券交易所和全美证券商协会，开始着手起草规章制度，强迫分析师在电视上出镜时披露分析冲突。

随着电视商业新闻越来越成为小投资者重要的信息来源，莱维特认为，像布洛杰特那样的人进行的未经审查的炒作，特别是在 CNBC 上进行的这种炒作是一个严重的问题。莱维特说的离正题不远了。CNBC 记者戴维·费伯和乔·克南很久以前就开始质疑分析师的分析冲突，他们嘲讽地把分析师说成是"跑龙套的"，因为一旦面前出现银行佣金的时候，他们就会立刻行动起来开始炒作股票。但是电视台也刺激了华尔街用来误导小投资者的这种炒作，主要途径是允许像格鲁布曼这样的分析师在电视上推销他们的选股，而没有公开这些分析师在获取投资银行交易中的作用。

电视节目制片人立即对这种提法提出批评。"你不能让他们上镜后读四分钟陈词滥调的声明吧？"CNBC 的高级副总裁布鲁诺·科恩对《今日美国》的记者说。但华尔街却集体松了一口气。对于莱维特两年多来的巧辩辞令，从他处理有关小投资者如何被炒作的股票推荐意见误导这些事实来看，莱维特所提的意见对于解决这个问题没有丝毫作用，分析师们从头到尾照样炒作股票推荐意见以赢得投资银行业务。

更让人费解的是，莱维特居然相信华尔街自律机构应该引领这次改革。纽约证券交易所（NYSE）和全美证券商协会（NASD）基本上是由经纪行业运营的私人俱乐部，而且其政策通常反映华尔街大经纪公司的愿望。不仅如此，全美证券商协会作为负责纳斯达克股市的自律组织，几乎无意要为分析师进行严格的制度管理。NASD 何以采取这种态度？原来随着数百万新投资者开始通过纳斯达克股市系统进行股票交易，像布洛杰特这样的分析师对在这里交易的技术股进行的炒作，给纳斯达克股市与其主要对手纽约证券交易所的竞争带来了极大优势。

尽管莱维特在经纪业及其相关行业有多年的从业经验，但他好像没有看到华尔街有一种无法改变的基本事实：想要完成任何事情，你必须首先向经纪业高级公司核心注入恐惧感。尽管莱维特针对分析冲突及其对小投资者的影响所发表的评论说得很对，但他却未能向华尔街输入这种恐惧，也就是说，他应该告诉华尔街只能通过大规模调查才能解决问题。他的无为实际上是对杰克·格鲁布曼的"骑墙"策略以及亨利·布洛杰特的炒作行为的默许。2000 年末，共和党人乔治·W. 布什在竞选中获胜，因为布什公开表示随后几个月他要为这个职位重新找人，这使得莱维特更加人微言轻。仕途行将走到尽头的莱维特在任期余下的时光中没有了权势，而且听他讲话的人也越来越少。

自律组织一如既往地对莱维特已无力强迫他们执行的计划拖拖拉拉而又恰到好处地应付了事。当莱维特认识到所发生的一切时，他愤怒了。他的第一个电话是打给弗兰克·扎布的，此人刚刚从 NASD 主席的职位上下台。据莱维特回忆，当时扎布说，对于在电视上揭露分析师的分析冲突，以他的身份哪怕是采取最适度的方式也不合适。（扎布并不记得他们之间有过这样的对话。）

这位行将离任的 SEC 主席随后就给玛丽·夏皮罗打电话，此人时任NASD 监管部主席。

"如果你不就此计划采取行动，那么我就会采取行动！"莱维特大声咆哮道。他愤怒地大喊和咒骂着，他太生气了，以至于将夏皮罗一下子搞哭了。夏皮罗恢复平静后向莱维特解释，说她正等着莱维特给她答复，以把这一措施扩展到财务顾问这个职位。但是莱维特根本不相信。

当天晚些时候,夏皮罗向 NASD 的董事会和她的老板——NASD 的主席罗伯特·格劳伯汇报了莱维特向她发火的事。"真是太无礼了。"格劳伯说,表示愿意将这件事直接交给 SEC 的董事长。但夏皮罗对格劳伯说算了吧,又补充道:"我敢打赌,他不会给迪克·格拉索打电话,也不会向他大喊大叫。"这是指那位生活得轻松自如的 NYSE 的主席。她说得对。莱维特认识到自己做得过了头,所以随后给夏皮罗打电话致歉。据夏皮罗对这次对话的回忆,当时莱维特说:"你是一个这么好的朋友,而且我一直都很关心你,对你大喊大叫真不合适。"夏皮罗表示可以理解,同时表示她期望在如何让分析师更好地揭露分析冲突方面得到莱维特的指导。莱维特说几周后会给她打电话,那时再给她一个更具体的计划。但正如莱维特自己主动承认的,他并没有坚持完成这个计划。"毫无疑问,回过头来看看,我本应该做更多的事。"

由于 SEC 的反反复复,投资者们只能等待其他人出场,以让华尔街为其误导性的分析承担责任。这次上台的是埃里克·冯·德波藤,一名 42 岁的原投资银行家,此人多年前曾放弃快速发展的证券业,转而在自己的家乡加利福尼亚圣卡洛斯从事理财行业。冯·德波藤在当地一家饭店的一间小办公室外办公,经营着叫做对冲基金①的生意,即代表一伙有钱人经营的一笔投资。对冲基金不同于共同基金之处在于其较少受到管制,这意味着像冯·德波藤这样的投资者可以冒更大的风险,利用交易技巧从事这种赌博,这些交易技巧可以使他们在股票价格下跌的时候从中赢利,也就是所谓的"卖空"。

---

① 一种投机性基金,进行安全较低及投机性高的积极管理投资组合。大部分对冲基金包含的投资者数目最多限于 100 名。对冲基金大多不受监管,因为投资对冲基金的投资者大多经验丰富,财力雄厚。——译者注

在整个 1999 年，当网络泡沫达到登峰造极程度的时候，冯·德波藤相信他碰到了自己职业生涯中最大的一次"卖空机会"。绝大多数最佳网络公司甚至没有赢利，很多公司是建立在稀奇古怪的概念之上。尽管存在这些问题，他们仍然进行着交易，以传统金融标准来衡量的话，其交易明显是不可持续的。有一只股票在冯·德波藤名单上排在前列，即亚马逊网站，仅在数月前布洛杰特以 400 美元的目标价格使这家网上书店一举成名。考虑到这家公司混乱的资产负债表及其利润的不足，冯·德波藤相信亚马逊从其当前每股 300 美元的目标价格开始进行重大调整的时机成熟了。不久，他迅速开始"卖空"亚马逊的股票，赌一旦股市变得现实后，这支股票会暴跌。现在只有一个问题：股票不会发生变化，至少不足以产生什么影响。冯·德波藤相信，其中的原因可以追溯到华尔街，那里几乎每个主要投资公司的分析师们都正忙着炒作亚马逊的股票，而亚马逊则准备好要进行大量的股票和债券承销。

当冯·德波藤开始整理分析报告的时候，他相信有两名分析师的行为远远超过了炒作股票的正当界限；他们好像也正在掩盖亚马逊资产负债表中的重要问题。一个是杰米·基根，DLJ 的首席分析师；另一位就是布洛杰特。冯·德波藤还与后者通过电话，要求他做出解释。令人惊奇的是，格鲁布曼在电话里承认做错了。"我真希望能像你一样有更多时间去关注一家特殊的公司，"冯·德波藤说布洛杰特在一次与他短暂的电话交谈时这样说，"我一直在欺骗很多顾客。"

冯·德波藤不敢相信自己的耳朵。"当我放下电话，我记得当时想，这个家伙真他妈的白痴，竟然跟我说这些。"冯·德波藤说。

也就是在这段时间，冯·德波藤读到一篇报道，是关于莱维特就分析冲突问题发表的讲话，他决定要在这场战斗中为 SEC 主席提供更多的"进攻武器"。他开始将自己对基根分析报告的深入理解提供给莱维特。"基根先生最近对亚马逊的分析中有些内容，我认为充其量只能算是十足的信口雌黄。"2000 年 7 月 24 日，冯·德波藤给莱维特的信中这样写道，其中还提到他认为基根的分析是建立在"亚马逊提供的无效数据"上的。

"我读了您的这篇讲话……而且我衷心地赞同您关于华尔街分析师所面临的分析冲突的观点。"他在信中写道。

冯·德波藤可能喜欢莱维特的讲话，但那位 SEC 主席好像对他的来信并没表示出太大的兴趣。由于几个月没有得到答复，冯·德波藤又给 NASD 的执法部门写信，因为这个部门被认为是对亚马逊这样的技术股及为其评定级别的分析师直接进行监管的机构。这次他得到了答复，但并不是他希望得到的那种。"这些证据，暂时还无法成为纪检部门对帝杰证券和/或杰米·基根采取行动的证据。"NASD 调查人员露丝·布鲁克于 2000 年 12 月 29 日给冯·德波藤的回信中这样写道。

NASD 自己制订的规章中规定，分析报告必须合理，而且分析师应该有"一个合理的基础对一种特定证券之事实进行评估"，想到这些冯·德波藤震惊了。但是他相信，基根的分析报告没有任何合理之处。所以他又转回到 SEC，因为人们认为这家机构不仅监管华尔街，而且还监管像 NASD 这样的自律性机构。"依我看来，这……表明 NASD 根本无意执行任何有关证券分析师制度，"他于 2001 年 2 月给 SEC 顾问迪安·康韦的信中写道，"基根先生及其监管者非但不履行他们的职责，反而发表极其不准确而且极富误导性的报告。"

而 SEC 似乎并不这么看，所以冯·德波藤将自己的注意力转移到更重要的事情上了。2000 年末，亨利·布洛杰特成为华尔街最高级的网络分析师，但冯·德波藤发现这位亨利正在犯着新手所犯的错误。在一份报告中，布洛杰特宣称，亚马逊在 2001 年第一季度末从消费者手中收回现金的速度超过了其为供应商支付的速度，因此正在生产出"正"现金流量。当亚马逊远未达到那个数字时，冯·德波藤再次给布洛杰特打了电话，据冯·德波藤回忆，当时布洛杰特解释说他的分析是基于"猜测"，而且他和他的同事"将更努力地工作"以便下次改正。

　　冯·德波藤急不可待地将布洛杰特的话传给了 SEC。"我感到震惊，一个著名公司的分析师竟会对这样一个有争议的——而且是关键的——问题，在没有做任何工作支持其结论的情况下采取如此坚定的立场。"他于2001 年 2 月 21 日的信中这样写道。几周后，NASD 进行了另一次质询，这次是对美林和布洛杰特。冯·德波藤后来说，"最后，我以为自己已经打破了这种官僚作风"。

　　但几个月后，冯·德波藤发现监管者们并没有处理华尔街大公司分析冲突的兴致。在他的信中，冯·德波藤为调查人员提供了一份详细的清单，列举了布洛杰特的种种错误以及他对像亚马逊那样频繁发行股票和债券的公司进行炒作的报告。但在 2001 年 12 月 7 日，NASD 高级主管迈克尔·W. 霍夫曼给冯·德波藤写信说，NASD 已经对美林公司和布洛杰特进行了复审，而且"基于收集到的事实……这些证据目前暂时无法成为纪检部门采取行动的依据"。

　　手里拿着 NASD 的信，冯·德波藤又开始经营理财生意。近两年来，他已经做了那些拥有雄厚人力物力和众多调查人员的监管者不愿做的事情：简单地问一问那些显而易见的问题，即华尔街一些最有声望的大公司公布的分析报告中可能存在的毛病。冯·德波藤不再给证券监管者们打电话提供信息，但是大约一年后，那些决定再次对这一问题进行审查的NASD 官员跟他联系了。冯·德波藤被邀请去这一机构在华盛顿特区的总部，他被领进一间巨大的会议室，向十几名突然想了解华尔街分析问题的调查员们说出自己对这一问题的看法。

　　会议大约开了一半时，他突然停了下来，问了一个平淡无奇的问题："是什么原因让你们这帮家伙拖了这么久才来关注这个问题？"NASD 执法部门的一名官员回答了他的问题，但是如果这个回答没有涉及 20 世纪 90年代股市泡沫期间监管质量的话，那实际上也没有这么可笑。"我们没有能分析金融报告的工作人员。"冯·德波藤只是简单地笑了笑。

莱维特及其在 NASD 和 NYSE 的同僚们可能太没有能力了，或是受困于其与经纪业的联系而进退维谷，无法整饬华尔街的分析业，而其他传统的政治看门狗们也没好到哪儿去。

当 20 世纪 90 年代股市暴涨期间，经纪业加快了其资金筹集机器的运转，目标直指股市中最重要的负责监管国家证券业的立法者。像纽约开明的民主党议员查尔斯·舒默——国会参议院银行委员会的一位关键人物，还有迈克尔·奥克斯利，来自俄亥俄州保守的国会议员，领导着众议院金融服务委员会，突然成了华尔街陌生的同盟者，在竞选捐款中收到华尔街数百万美元。作为回报，他们支持行业友好立法。舒默的记录则特别让人困惑。他是为数不多的几个公开反对莱维特努力整肃会计标准的民主党人之一，他称那种审计员独立的提议是"一种倒行逆施"。之所以有如此言行，一个主要动机就是金钱。舒默在 1997 年至 2000 年竞选捐款期间，从华尔街公司和银行那里收受了 430 万美元，而且还有来自会计公司的数十万美元。甚至硅谷的技术公司也参与了其竞选募捐，其回报就是在支持行业发展的各类问题投票中表示赞同，同时对影响小投资者（这些人还在继续抢购高风险的技术股票）的不断增加的滥用职权的证据保持相对沉默。

与此同时，SEC 在位时间最长的主席莱维特也于 2001 年早期离任了，但他并不打算保持沉默。股市崩盘好像进一步印证了他对华尔街及其肮脏龌龊行径的警告，他将这些都归责于那些控制国会的共和党，这个党也极力反对莱维特的改革（当然，也忽视了 SEC 自身的不作为）。让我们到费城看一看莱维特最后一次市政座谈会。莱维特在这次会上请人们拒绝"对经纪人有益而对他们的消费者无益的交易系统或交易行为；拒绝网络诈骗……以及那些专门针对老年人兜售高风险证券的人；拒绝那些从来不接触自己不喜欢的股票的分析师；拒绝那些不关注投资利益的监管者们，以及那些关心公司利益胜过关心投资者个人的政客"。

　　莱维特自己则在凯雷集团找到了一份美差，这是一家属于上流社会的投资银行机构，在这里他可以利用自己与华尔街和华盛顿的关系赚钱，同时他正写作一本书，讲述自己当 SEC 主席的经历，借此寻找成为投资者保护神这一名声的资本。《出版商周刊》描述这本书说，《接纳华尔街》这本书可以当作"微型的 MBA 课程"，是一本告诉投资者如何赚钱以及如何避免诸如冲突性报告那样的华尔街欺骗的指南。但这本书就像莱维特在 SEC 当主席时一样，说得多做得少。莱维特为读者介绍了泡沫年代一些丑闻的概貌，从错误的会计到冲突性的分析。但美中不足的是：他没有解释为什么如此龌龊的事情会在他的监管下大行其道。

　　接手莱维特烂摊子的是劳拉·昂格尔，一名原 SEC 的委员，此人被任命为临时主席，直到布什政府为这个职位找到更老练的合适人选。昂格尔充满善意同时又很精明，她在莱维特手下卖苦力已经好几年了，而且在可能是最糟糕的时候接任。白宫已经强行执行一项叫"管理冻结"的命令，以防止 SEC 在股市动荡和投资者要求得到答复的时候通过任何新的改革。此后不久，在 SEC 本应该调查华尔街，以寻找那些该为在泡沫余波中遭受巨额损失的投资者负责的人时，昂格尔接到命令，让她削减 SEC 人员。昂格尔只能对这件不可能完成的任务尽力而为，同时许诺将继续进行莱维特关注投资者的议程，但是几乎在她上任的第一天，就遇到了巨大的障碍，包括接管这些认为她没有资格胜任这份工作的员工。

　　正是这个管理真空时期，投资者们发现了另一个异乎寻常的机会。

　　杰克·扎曼斯基已经是"投资者的拥护者"，他这种选择不是出于坚定的信仰而是迫不得已。他是坦普尔大学法学院的一名毕业生，想赚很多钱，并想通过保护那些在华尔街边缘经营"投机商号"的所有者而过上好日子，而当时这些经纪公司是以不符合职业道德和经常从事非法销售行为而出名的。扎曼斯基十分热爱自己的工作，以至他离开了属于上流社会的世达律师事务所——这家美国著名的事务所对扎曼斯基的下流社会客户名单表示不满，因此扎曼斯基离开了那里，并随后与原 NASD 律师比尔·辛格合作创立了这个国家最成功的投机商号之一。

扎曼斯基的客户名单是投资商号行业一份至关重要的名人录，包括最臭名昭著的斯特拉顿奥克蒙特证券公司。多年来，扎曼斯基一直帮助斯特拉顿躲避监管者的调查和大量投资者的起诉，这些人抗议该公司向无知的投资者兜售不名一文的股票。但他给斯特拉顿带来的最大胜利是对神童服务公司——一家流行的金融公告板运营商诽谤罪的起诉。当时投资者在这个公告板上张贴了大量信息，指责斯特拉顿经纪活动为"犯罪"。而检察官跟斯特拉顿一样坏，并没有宣判这家投机公司犯有证券欺诈罪。这是以后的事，现在暂且不提。当时扎曼斯基声称神童公司因没有删除那些错误的恶意信息而对斯特拉顿公司造成了诽谤。一名法官最终要求神童公司删除那些信息。

扎曼斯基头发总是油光光的，穿着阿玛尼名牌套装，与议员查尔斯·舒默和演员安迪·加西亚有点像。斯特拉顿的 CEO 称他为"虎口"，因为他贪婪于竞争，而且使斯特拉顿虽受到监管者的攻击，但仍然从 20 世纪 90 年代中期一直坚持营业到晚期。但到了 2000 年早期，扎曼斯基的职业生涯发生了一次突然而龌龊的改变。由于大范围制裁投机商号，导致包括斯特拉顿奥克蒙特在内的扎曼斯基的很多高级客户倒闭，这些客户的高级经理也被投入监狱。扎曼斯基立刻感到情况紧急。他开始更多地参加社交活动，晚到办公室，而且不引入新客户。辛格警告他最好开始工作，否则就另找工作。扎曼斯基说再给他点时间，但没多久，辛格就溜达进扎曼斯基的办公室，身边站着三个合伙人，他说："我们想让你离开这里。"扎曼斯基乞求给他第二次机会，但他得到的最好结果是允许他在找到新工作前使用这间办公室。那天下午，扎曼斯基回到家借酒浇愁，喝了一瓶伏特加，然后在电视机前睡去了，他多希望这一切都不是真的啊！

被辛格解雇不是件好事，但更糟的是他在另一家法律事务所面试时遭受的待遇：没有人理他。雇佣一名能带来客户的投机商号律师是一件好事，而雇佣一个因为没有带来新业务而被辞退的人却又是另一回事了。有时他想去 SEC 申请职位，但是什么样的监管者会雇佣一个曾代表资深股票骗子的人呢？这段时间是扎曼斯基职业生涯中最艰难的时期。没有工作，也没有一线希望，扎曼斯基决定做点本应让斯特拉顿奥克蒙特的那群家伙们畏缩的事。他开始代表那些微不足道的小人物说话。

多年来，扎曼斯基一直权衡想要从小投资者那里接手一些案件，但是事实证明斯特拉顿是一个太有价值的客户，以至他无法离开那个邪恶的地方。现在他别无选择，而且他这种转变的动力并非来自于一种更高的内在需求，而只是由于万能的金钱罢了，扎曼斯基的时机选择是完全正确的。网络泡沫气数已尽，而从仲裁案件数量来看，消费者的起诉正开始急剧上升，特别是纳斯达克股市于 2000 年 3 月崩盘后，更暴露了华尔街大公司经纪人在销售高技术股时使用的高压策略。

扎曼斯基的计划就是要成为新投资者对华尔街表达愤怒的公共面孔。他雇了一名叫特德·格伦的年轻律师，让他来处理其仲裁案件和诉讼，然后自己开始与报社记者和电视台制片人联系，以宣传他的业务。2001 年中期，扎曼斯基已经成为 CNBC 的常客，此时的 CNBC 已经在股市混乱中调转了船头，从宣传那些炒作股市的分析师转为给像扎曼斯基这样炒作华尔街犯罪的人更多的广播时间。随着扎曼斯基的知名度不断扩大，那些认为自己在股市泡沫期间被诈骗的人也越来越多地找上门来，成为他的客户。到了 2000 年底，扎曼斯基恢复了元气，有钱可以付账单了，也喜欢上了这种作为华尔街最主要的受害者起诉代表的角色。

但扎曼斯基想得到更多。他的目标是找到"最合适的案例和最完美的受害者"，这种案例要让人忍无可忍，要能突出华尔街诈骗投资公众中最缺乏股市知识的群体的那种习性，并将自己的公众形象提高到更高水平。扎曼斯基的调查将持续数月。他遇到的很多潜在客户都有类似的特征。而且很多是中等收入人群，如果说他们具有股市知识的话，那也是可怜的一点点，另外一些人则好像是专业的资本经营者一样，敞开胸怀欣然接受了横扫股市的那种狂热，希望能通过积极的股市交易迅速赚钱。他们确实有一个共同之处，那就是他访问的几乎每个人都声称被华尔街主要的大公司里无耻的经纪人误导，这些经纪人通过宣传明星分析师的才学和专业知识向他们销售股票。

也是在这一时期，扎曼斯基偶然发现了一份文件，其中记录了他在20世纪90年代早期为斯特拉顿奥克蒙特的辩护。当时政府起诉斯特拉顿案的关键是其经纪人明知是欺诈性的股票还继续销售。扎曼斯基那时的辩护理由是，经纪人是根据分析师们的"意见"来销售这些股票的。"你不能由于一种意见就被送进监狱。"扎曼斯基当时这样说。当然，随着SEC让斯特拉顿关门大吉，同时其数名高管被投入监狱，他的辩护被证明是错误的。但扎曼斯基的理由现在被华尔街用上了，华尔街利用这种说法为自己的经纪人在股市泡沫期间销售那些没有价值的股票行为做辩护。不过，扎曼斯基相信，既然这种说法当时没管用，那么现在也不会起作用。

次月，扎曼斯基开始潜心钻研华尔街的分析报告，无论是周末还是深夜，他都在专心阅读那些高级分析师，特别是格鲁布曼、米克和布洛杰特的书面报告。这些分析师有许多共同之处：他们都是不屈不挠地对股市持乐观态度，对他们钟爱的公司，他们甚至将负面消息宣传成积极消息。扎曼斯基一度想在起诉之风席卷华尔街分析之时起诉所有这些人。但是，即使是他这样贪婪的人也很清楚：如果为了引起公众的注意，那么就可以提起这样的诉讼，但最终他将因无尽的诉讼预算而被法律部门征服。他决定把起诉范围缩小到一名分析师，尽管他选择起诉对象的过程完全没有科学依据。扎曼斯基开始分析了：米克？不行，因为她是个女性，而且其报告中有大量的警告内容，如果起诉的话会成为一个让人恐惧的目标；格鲁布曼？也不合适，此人太精明。"为什么要在来自费城的犹太人中间选择呢？"他告诉格伦（扎曼斯基本人是个犹太人，也是在费城长大）。但是当他想到布洛杰特，那副英国新教徒般的面孔及其无足轻重的简历，那就完全不同了。"一副空皮囊，还有英国味的姓氏，"扎曼斯基说，"他是最完美的目标了。"

现在，他所需要的就是找一个完美的受害者。一个操着蹩脚英语的电话解决了他的难题。德巴赛斯·坎吉拉尔，一位住在纽约皇后区 46 岁的儿科医师，告诉扎曼斯基他失去了孩子上大学的钱，就是因为听信了美林公司那些凭借布洛杰特分析报告推销股票的经纪人。"我的经纪人说亨利是最优秀的。"坎吉拉尔告诉扎曼斯基。这似乎已经足以使坎吉拉尔在两支技术股上倾其近 50 万美元的积蓄了，其中包括一家叫讯通的网络公司的股票，其当时的交易价格是每股 120 美元，但是现在，却在 3 美元左右徘徊。于是扎曼斯基决定去找这位儿科医师。坎吉拉尔简朴的公寓位于杰克逊高地的纽约印度人社区中心，当扎曼斯基在这里访问坎吉拉尔时，他知道自己找到了一个助他胜出者。

一顿印度烤饼加泰式咖喱鸡的晚餐之后，坎吉拉尔告诉扎曼斯基，为了寻找更好的生活，他们如何来到美国，家里有两个十几岁的孩子还有他老婆，以及他如何被贪婪的华尔街经纪人和亨利·布洛杰特浮夸的分析报告引诱走上这条路。他讲述了自己在印度和美国当一名医生，这么多年如何省吃俭用把收入节约下来攒成这笔钱，在印度他自愿去帮助穷人，甚至得到了德蕾莎修女①的赞扬信——其中说为他无私的帮助感到骄傲。

扎曼斯基坐在那儿听着，大把大把的美元开始在他的脑袋里舞蹈了。

---

① Mother Teresa of Calcutta，又称德兰修女（1910 年 8 月 27 日至 1997 年 9 月 5 日），是令世界敬重的天主教慈善工作者，主要为印度加尔各答的穷人服务。于 1979 年得诺贝尔和平奖。并在 2003 年 10 月被保罗二世列入了天主教福名。——译者注

扎曼斯基命令格伦开始就迈克尔·希利（坎吉拉尔的经纪人）、亨利·布洛杰特和美林公司的仲裁赔偿进行调查。扎曼斯基知道，要想取得胜利，他需要的不仅仅是布洛杰特为美林公司客户发布的积极的具有明显冲突性的分析报告。他给格伦下达命令要找到确凿证据。格伦说这不容易。毕竟，华尔街大公司一直擅长掩盖他们在这些问题上的蛛丝马迹，而且扎曼斯基也没有那种能够在全球寻找布洛杰特罪证的人力和物力。当扎曼斯基向几个律师征求如何开展调查的建议时，他得到更多的是坏消息。扎曼斯基回忆说，当时这些人告诉他还是算了吧，其中杰弗里·利德尔说："我没有见过一个这样的案例。""利德尔"这个名字听起来耳熟，如果大家不健忘的话就会记得，利德尔就是几年前针对美林公司的操作行为进行起诉，为该公司原分析师苏珊娜·库克赢得 80 万美元补偿金的那位律师。利德尔认为扎曼斯基证明布洛杰特等级评定只是一种"意见"绝非易事，因为这是得到宪法第一修正案保护的。另一位律师建议扎曼斯基检查一下自己的医疗保险，因为在扎曼斯基未能提供合理的证据证明网络权威发布欺骗性等级评定之后，布洛杰特很可能反诉他诽谤。

那个周末，扎曼斯基在一位住在东汉普顿的朋友家里度过，他在那里分析权衡他这样做的可能性。如果不提布洛杰特的名字，那么他有充分的理由指出一名经纪人将"不合适的"证券投资硬塞给坎吉拉尔。他的第二个想法是提起包括布洛杰特在内的大范围起诉，但这种想法没坚持多久。过去的一年中，他仍然在辛格的一间办公室里办公，仍然努力想把自己的法律实践提高到更高水平。随着公众对华尔街在 20 世纪 90 年代的行径的愤怒与日俱增，扎曼斯基认识到，如果历史上有机会拿大公司开刀，那现在正逢其时。

如果扎曼斯基还有更多的疑虑，那么当格伦发现几个至关重要的证据时，这一切都一扫而光了。当时，布洛杰特正在宣传讯通的股票，虽然网络股市正在跳水，但这家公司却正在协商收购另一家叫 Go2Net 的公司。这笔交易十分复杂，讯通公司不仅没有为这家公司支付现金，而且还用自己的股票收购了另一家公司。但格伦指出，整个事件之所以如此可疑，是因为在这笔交易中美林公司是 Go2Net 的咨询顾问。这样一来，美林公司和布洛杰特就具有很强的动机来炒作讯通公司的股票。如果美林让讯通的股票下跌，那么 Go2Net 很可能就会因为交易价格下降而取消整笔交易，这样美林公司从这笔交易中获提的收益就减少了。

但格伦说自己的调查还没有结束。他还发现，在讯通公司与 Go2Net 协商的过程中，布洛杰特的分析报告似乎被视为关键所在。事实上，当美林公司被选中为 Go2Net 的兼并顾问的第二天，布洛杰特就为讯通公司发布了一个积极的"强化剂"报告。看到所有的这些证据，扎曼斯基激动不已。"现在让我们看看布洛杰特如何应诉我诽谤吧。"他说。

2001 年 3 月 1 日，扎曼斯基代表坎吉拉尔提起对美林公司、布洛杰特和迈克尔·希利的仲裁。扎曼斯基将此案通报给了《华尔街日报》——在其金融投资版报道了这一案件。扎曼斯基宣称，就在坎吉拉尔的经纪人和布洛杰特宣传讯通公司股票的时候，美林已经被 Go2Net 雇佣为金融顾问，而这家公司是讯通公司可能的收购对象。他说布洛杰特的股票推荐"缺乏合理的事实基础，而布洛杰特也没有说明自己与其正在兜售股票的公司之间存在严重利益冲突"。美林公司简单地发表声明，指出扎曼斯基的起诉"完全没有法律依据"，而且发誓要与之斗争到底。在一次采访中，布洛杰特泰然自若。这位眼睁睁看着自己的选股和名声随着股市狂潮的平息而垮台的昔日网络权威，把这次起诉描述成"马后炮"，并将讯通公司与其他在股市崩盘中曾受怀疑是否有成功希望的公司做了对比。至于他的分析行为，布洛杰特否认了其与美林银行业务之间存在任何关系。"树立高水准的诚信和信誉是取得成功的唯一道路。"他说。

然而，在美林公司内部，这一案件却激起轩然大波。布洛杰特说自己在 7 月 11 日发布讯通公司的分析报告时，并不知道有关 Go2Net 收购之事，但是文件显示，他的团队中有人知道这件事。这个人叫索菲娅·加舍姆，是布洛杰特网络分析团队的一员，此人至少从 5 月便已经开始帮助美林公司银行家从讯通公司争取银行业务，当时她在一次介绍这家公司新 CEO 阿伦·萨林的"无交易路演"中接受了这家公司。在一封电邮中，她称讯通公司"从银行业务前景来看对我们十分重要"。

如果相信布洛杰特不知道讯通公司的银行项目，那么这意味着美林公司参与的兼并谈判在布洛杰特发表报告之后立刻就开始了，而且加舍姆此前从来没有卷入此事。甚至玛丽·米克在《华尔街日报》上读到这篇报道时都嘲弄布洛杰特的解释。米克说，在 Go2Net 交易中，摩根是讯通公司的咨询顾问，而且米克相信美林通过卑鄙的勾当规避了"平静期限制"，让布洛杰特以自己的名义发布报告，而让其团队中的一名分析师直接与银行家合作。如果布洛杰特直接插手此事，他就永远不可能发布那份所谓的"强化剂"报告。"我可从来没有像他们那样做成这样的事。"米克对一名团队成员发牢骚说，意指摩根公司的执行部门如何防止在兼并完成之前发布等级评定。（美林公司的一名发言人否认米克的说法，说布洛杰特和加舍姆都是直到 7 月 21 日才参与到兼并谈判之中，也就是在布洛杰特发布报告几周后。）

扎曼斯基并不接受布洛杰特的解释，特别是当他从讯通公司索取并获得了一份文件的时候更是如此。这份文件显示，如果这笔交易能够完成，美林公司肯定会得到 1700 万美元的收入，而且布洛杰特的分析报告在美林向 Go2Net 推销这笔交易的过程中是关键的卖点。有这些信息握在手里，扎曼斯基找到了美林，开始协商解决问题。但美林拒绝了。该公司庞大的公关部门——华尔街最大的公关部门之一——悄悄地开始利用其他律师破坏扎曼斯基的名声，因为美林认为某个人（指扎曼斯基）是在法律界的边缘活动。美林的法律策略很简单：以各种活动和书面工作置扎曼斯基于死地，然后攻击其信誉。美林公司相信，扎曼斯基没有那种与美林庞大的法律和公关力量相抗衡的勇气和财力。"杰克，你从我们这儿拿不到一分钱，"美林公司一名对外律师说，"这只是另一件仲裁案件而已。"

但是，美林公司错误地判断了公众对华尔街的不满和对手的好斗。在接下来的一周里，扎曼斯基通过电波向全国的电视新闻节目以及全国各地的报纸开始兜售自己的诉讼案件。正如在股市泡沫期间，布洛杰特以炒作股票而成为家喻户晓的人物一样，扎曼斯基不久便成为股市泡沫的受害者的代言人。当国会开始要求经纪公司为此做出答复的时候，这个故事无意间获得了另一种动力。议员理查德·贝克是一位来自于路易斯安那的共和党人，他决心要对分析师的分析冲突举行听证。当他宣布要对分析举行听证后，他听到了华尔街分析师们愤怒的呼吁，说整个冲突只是"旧闻"，不值得他花费时间，此时，贝克怀疑他击中了要害。当贝克阅读报刊有关分析师冲突的报道，开始深究这个问题时，他对此越来越感兴趣了，而扎曼斯基也尽力保证贝克不放弃这个问题。作为一名终身共和党人，扎曼斯基利用其与华盛顿的关系，找到了一个与贝克的职员谈话的机会，他解释了华尔街如何利用冲突性的分析赢得银行交易，同时误导小投资者。面对这些年轻的男男女女对华尔街以及这个已经被贝克搞成全国首要问题的无知，扎曼斯基感到吃惊。更奇怪的是，他们不假思索地认为华尔街公司是好的，而所有出庭律师都是希望增加报酬的吸血魔鬼。"所有这些人都想在华尔街找到一份美差。"扎曼斯基后来评论说。

随着贝克不断深入调查，美林公司现在陷入混乱状态之中。2001 年 6 月，布洛杰特将另一家网络公司 GoTo. com（与 Go2Net 没有关系）的股票从"累积"降为"持守"后，他招来了另一起争端。这一举动如此不正常不仅是因为布洛杰特降级了一只股票，而是这一举动发生在美林将一笔承销业务输给了瑞士信贷第一波士顿之后。炒作一家银行客户的股票也许不算什么，这种行为实际上可以被监管者忽略不计。但发布报复性的降级报告，就会有足够的投资者卖掉其股票的话，这会对一家公司的财务状况产生实质性影响。

当美林公司公关部门收到《华尔街日报》的电话，询问降级一事时，公司全力以赴要阻止这一报道。布洛杰特拒绝发表评论，但他的老板，美林公司分析部主任安德鲁·梅尔尼克则受到几家公司律师的围攻，他同意与《华尔街日报》举行面对面的见面会，说出他们降级的理由。这次会议持续了两小时，梅尔尼克和分析部工作的一名律师表达了他们对布洛杰特降级 GoTo. com 的看法。梅尔尼克强调了一个事实，即美林公司分析师的收入不是建立在一笔一笔交易的基础之上的（但梅尔尼克没有说，在他订立的这一制度下，当公司发放可怜的年底红利时，却要求分析师提交其有关银行业务的证据），而且布洛杰特并没有卷入 GoTo. com 公司的银行业务之中。这次，还是有一个问题美林公司没有给出满意的答案：布洛杰特最后一次为一只股票发布"卖出"等级评定是什么时候？事实上，他从来没有发布过这样的等级评定，自从他进入美林公司后一次都没有过。

《华尔街日报》的报道发表于 6 月 13 日，此时正值贝克的专门小组正在从各行各业的职员那里搜集证据，包括那些华尔街最高级的院外集团——证券业协会的职员。扎曼斯基记得听证时，他坐在观众席中，倾听一名国会议员从证券业协会主席马克·拉克里茨那里获取证据。那名国会议员大声朗读《华尔街日报》那篇报道的"导语"或者说介绍段落，质问拉克里茨布洛杰特降级这只股票是否仅是一种"巧合"。据扎曼斯基回忆，拉克里茨"不知道该说什么"。

美林公司和扎曼斯基都没有利用电波来对这一报道进行进一步宣传炒作。"我们无法跟上扎曼斯基的公关机器"，美林公司的一名宣传员发牢骚说。在美林，有能力应付此事的是乔治·希尔恩，此人是公司经验丰富的律师，有很多很著名的论辩和解决针对美林的各种法律诉讼的经历。随着媒体对布洛杰特股票分析与日俱增的关注，希尔恩知道此事需要解决了。

6 月中旬，扎曼斯基正坐在自己的办公室里盘算着一次电视出镜，电话铃响了。"杰克，我们应该坐下来谈谈。"电话那头美林公司的对外顾问杰拉尔德·拉思说。

两周内，美林开出了价格：40 万美元赔偿（扎曼斯基得三分之一）加一份秘密协议，规定扎曼斯基不能就协议细节发表评论。扎曼斯基同意了这份协议及保密规定。"不用担心，你可以相信我。"他补充说。

但是协议还是很快泄漏了出去，《华尔街日报》最先得到消息，然后整个华尔街的媒体都知道了。此协议远未使事件得以平息，相反倒让这个故事站稳了脚跟。不久，法律专家将这一协议视为一种承认有罪的形式，并将引发那些宣称自己受到错误分析报告误导的受害投资者的诉讼洪流。仅仅在一个月前，扎曼斯基还几乎无力支付租金。而现在，随着这一事件为世界所关注，他成了媒体的明星。他在以色列的家人在《耶路撒冷邮报》上读到了他的辉煌成就，他的女友从《早安美国》①中看到扎曼斯基攻击肮脏的分析时，激动得热泪盈眶。

冲突性分析成了那一年最抢手的新闻报道。明星分析师们告诉自己的同事们说，他们成了网络泡沫的替罪羊。威胁性的信件和电邮从美国中产阶级涌入华尔街。一名分析师在受到几次威胁后，竟然极其夸张地雇了一名保镖。像任何好警察都希望提高声誉一样，贝克通过举行更多的听证会抓住了公众的愤怒，而无视证券业平息此事的要求。华尔街公司处于骚乱之中。经过长时间的牛市，诸如美林这样的公司已经向委员会最高主席迈克·奥克斯利捐献了数百万美元，以保护他们避免出现消极的公众名声。但贝克认为让华尔街的痛苦再持续更长一段时间几乎没有什么不良影响。有时，贝克甚至还轻率地强迫格鲁布曼、布洛杰特和米克解释他们的行为，但他最终还是做出了让步，改为向这几个人发出邀请，让他们为自己

---

① 美国广播公司（ABC）的一档节目。——译者注

的分析辩护。但三个人都拒绝了这一要求。

贝克从其他方面提高了此事的热度。当 SIA（美国证券业协会）发布了一系列最佳准则时，贝克以太琐碎、来得太晚为由迅速拒绝了这种行为，并提出进行改革立法的可能性。SIA 给贝克的首席发言人迈克尔·迪雷斯托传达了一个信息作为回应。一天早上，当迪雷斯托正在巴顿鲁日自己的办公室里时，他的电话响了。原来是 SIA 的一名说客打来的电话，此人警告说："这会有损于贝克募集竞选资金。"迪雷斯托问道，这是否是"一种威胁"。对方的那位院外说客说不是，说这只是依靠华尔街而成为国会议员的事实。但当迪雷斯托把这一信息转达给贝克时，贝克并没有改变主意。"无论如何，我称不上一个筹款者。"他笑着说。

SEC 对由这个问题带来的名声很敏感，最终自己开始进行调查，华尔街面临的压力逐步增大。过去除了莱维特徒劳无益的巡回演讲外，SEC 在分析冲突方面没采取过任何行动，而且其对这一问题的忽视现在也引起人们的指责，认为这是导致投资者遭受巨额损失的原因。昂格尔仍旧是代理主席，指挥着她的手下对分析师的行为进行调查。这种调查是在洛丽·理查兹带领下进行的，此人是 SEC 老职员，他主要集中调查八家公司，同时对分析师是否在其报告中炒作了他们同时持有的股票这一问题进行调查。

调查集中的焦点反映出 SEC 委员会成员对泡沫年代华尔街分析了解得太少了。当然了，很多分析师拥有股票，而且炒作自己持有股票的动机很强烈。但是这种收益与分析师们在泡沫年代利用他们的分析帮助公司赢得银行交易而赚取的巨额红利相比就相形见绌了。

即便如此，昂格尔依然鼓吹说理查兹发现了大范围不当行为的确凿证据。昂格尔在国会讲话时说，很多华尔街大公司"很大程度上是根据投资银行业务带来的赢利来为其分析师支付报酬"的，同时银行家直接"影响着分析师的红利"。昂格尔解释说，凡是以前存在的分隔银行业务和分析业务的中国墙在股市繁荣期间都被消除了。在调查的八家公司中，有六家公司为其客户提前通报了股票等级变化。

但在调查中，还有一个最具破坏力的发现——至少 SEC 这样认为——那就是分析师个人投资参与他们评定等级的公司。在股市泡沫期间，分析师有机会投资于那些还没有挂牌上市的新兴公司，而且"总是对这些公司发布积极的股票分析报告"，她说。有几名分析师卖出了自己投资组合中被自己评定为"买入"等级的证券。昂格尔还举例说明了一种特别恶劣的行为——据理查兹的调查，一名分析师"卖空"一只股票（希望其价值下跌），但同时却催促投资者根据自己的分析报告购买这只股票。这是一个爆炸性的指控。多年来，分析师们一直被怀疑宣传自己投资组合中的股票。现在，一名分析师如此不忠于自己的分析，以至于他实际上是在跟自己赌博。

昂格尔并没有说 SEC 准备在不久后的何时提起诉讼，然后她就结束了讲话。"这是我们严密监视的问题，"她最后说，然后又补充道，自律机构应该执行更严格的准则，同时她许诺在接下来的数周内，她的手下会进行更详细的调查。我们只能翘首以待了。

CHAPTER TEN
The Accidental Attorney General

第十章
意外当上的总检察长

昂格尔几乎不知道，SEC 长期享有的华尔街警察的声誉最终将受到靠不住的人力物力的考验。1998 年，在民主党人数超出共和党人数一倍的一个州里，一位叫埃利奥特·斯皮策的 39 岁的民主党人士以极其微弱的优势战胜现任共和党人丹尼斯·瓦科，当选为纽约州总检察长。应当提一下，斯皮策很会造声势。作为一名新民主党人，斯皮策支持使比尔·克林顿成为一名无与伦比的总统所采取的所有措施：枪支管制、环境问题以及死刑。

但是斯皮策的竞选活动散发出的气息更像一个老民主党的官僚衙门。在竞选过程中，由于未能说明他的老爸———一位曼哈顿房地产开发商，借贷给他数百万美元以资助其竞选这个问题，因而陷入一场龌龊的募捐丑闻之中。这一举动让《纽约时报》的编辑人员太愤怒了，所以他们攻击他"不诚实"和"偷税"，之后极不情愿地支持他，称他为"两个无效候选人"中的最佳人选。

但最终伤害斯皮策尊严的事还是来晚了一小步，当时州政策专家会开始将他视为"意外当上的总检察长"。事实证明，瓦科只是由于拒绝接受该州势力极小的"生活的权力"党的提名而导致竞选失败的，这个党本来可以使他微弱胜出。

对于公众认为他不胜任这份工作的看法，斯皮策一开始几乎没有采取行动去改变。州的很多民主党报纸把他视为政治机会主义者，一个为了获胜而无所不为并以此来收买竞选者的"富有开明人士"。州少数派政客公开批评斯皮策在重要职位上没有任命足够的非裔和拉丁美洲裔美国人。公众的普遍看法是，斯皮策是一个在哪方面都无所建树的年轻人。

但是诋毁斯皮策的人严重低估了他的政治手腕和发展职业的野心。在20世纪90年代早期，作为负责曼哈顿区检察官办公室的一名律师，斯皮策已经显示出了发现那种能够提高职业知名度案件的本事。其对甘比诺黑帮家族的成功起诉使他成为众多报纸引证的对象。当他接任总检察长职位时，他开始寻找相似的成为头版新闻的素材，但是为了做到这一点，他需要为总检察长办公室注入新鲜血液。他立刻着手增加办公室的法律人员，从司法部雇用了经验丰富的调查员，比如迪特尔·斯纳尔，此人在世贸大楼爆炸案中曾担任律师，斯皮策还雇用了其他原来在曼哈顿区检察官办公室工作圈内的几个人。

最重要的是，斯皮策在对付白领犯罪问题上重新采用了一件宝贵武器，即一则晦涩但强有效的州法律——著名的《马丁法》，这部法律赋予其机构追捕公司罪犯的巨大权力。《马丁法》与联邦法律不同，联邦法律要求调查员在提起犯罪诉讼时，必须指出犯罪"故意"，而《马丁法》只需指出罪犯具有犯罪故意的表现就可以提起诉讼，比如未公开的利益冲突等。斯皮策发现，只有利用《马丁法》的威慑作用才足以使其目标走到谈判桌上来，并开始协商解决。接任后一周，斯皮策宣布削减有线电视公司的数量，他说有线电视公司过多会增加竞争并导致消费者使用率下降。随后他转而强力地改革拳击行业，同时创立了一个新部门以减少堕胎诊所的暴力行为。随着越来越多的投资者开始利用计算机进行股票交易，斯皮策第一次对证券交易委员会监管的领域发动进攻，同时开始对繁荣的在线投资业中可能存在的欺诈进行调查。他甚至对华尔街的投机公司发动了攻势，随后这些公司以欺诈性股票经纪商之罪名受到美国联邦检察官办公室和 SEC 的起诉和监管。

斯皮策采取的行动好像都是正确的。斯皮策有一位世交是有名的政治顾问，叫迪克·莫里斯（莫里斯的老爸和斯皮策的老爸是朋友），有一次他走进莫里斯的家寻求一些建议。斯皮策说，在他们的午餐上，他和莫里斯主要谈了本地和国家的一些政策。但是当斯皮策把他的注意力转移到华尔街腐败——很多人认为这是伤害了很多平民百姓的股市泡沫的根源——这个问题上时，他选择咨询政策的时机也许好得不能再好了。

在过去十年中，像《华尔街日报》、《纽约时报》和《财富》杂志等报刊会定期宣传报道那些在漫长的牛市期间受益的一般平民百姓，比如通过投资技术股和在股市泡沫期间出现的共同基金而一夜之间成为百万富翁的那些人：理发师、机械工和家族主妇等等。让我们回过头来接着说斯皮策与迪克的见面。聚会结束了，斯皮策开始对华尔街公然恬不知耻的乐观自信制造的受害者感兴趣了。情况就是这样，他告诉他的同僚，现在的问题就是找到合适的案例。

2000 年晚期，埃里克·迪纳罗，一名负责斯皮策保护投资者办公室的人认为自己发现了斯皮策要找的东西。迪纳罗是纽约本地人，留着黑色短发，身体健壮，对过时连环画有着无法控制的兴致，特别是有关蜘蛛侠的连环画。他毕业于纽约大学法学院，在私人事务所干过一段时间，后来在曼哈顿区检察官罗伯特·摩根索的办公室就职，在那里他第一次从事白领犯罪起诉。他经手的最大案件是以 17 条罪状起诉一个叫 A. R. Baron 的小经纪公司诈骗投资者数千万美元。这一案件在全国都出了名，因为它差点使华尔街最大的玩家贝尔斯登公司受到影响，因为贝尔斯登曾"结算"或者从事过很多可疑交易。

虽然贝尔斯登最后逃脱了犯罪起诉，但迪纳罗却以一名敢于正面反对华尔街主要玩家的孜孜不倦的工作者的形象出了名。申请AG（总检察官）保护投资者办公室的职位时，他还有另一项长处：对《马丁法》的透彻理解。

在斯皮策面试迪纳罗之前，迪纳罗花了一周的时间研读《马丁法》。这部法令追根溯源是由一名原州立法者弗朗西斯·J. 马丁所创立，此人在20世纪20年代倡导用该法作为减少公司欺诈的有效反腐工具。迪纳罗提醒斯皮策说，一直到20世纪70年代晚期，《马丁法》一直使州AG成为美国反对公司犯罪最有力的斗士之一，但是诚如迪纳罗所云，最近几年来，办公室几乎忘记了这部法律的存在，而且其声望也受到了损害。斯皮策一定特别喜欢听到这些。几天后迪纳罗得到了这份工作，而且没过多久，他就成了斯皮策的亲信之一。在整个办公室，斯皮策把迪纳罗当作"铁锤"，因为投资者保护部门的成果不断增加，包括在他上任后头两年共有33起证券欺诈被定罪。这些案件很好，但迪纳罗知道，其中任何一个都不值得特别注意。但经过与他老爸的一番对话后，变化发生了。迪纳罗的老爸叫格雷格·迪纳罗，是一名电影剧本作家，也是一名积极的投资者。老迪纳罗曾经一直从自己的经纪人那里得到股票交易的信息，但一直只有那几只投资公司自己的分析师推荐的股票。他不明白为什么他们销售的股票如此有限。

迪纳罗进行了深入分析，同时读到几篇报纸报道——主要描写的是华尔街投资公司炒作股票的行为，而这些股票也是自己的银行客户的股票。在一封给斯皮策的便函中，迪纳罗请求给他开绿灯进行正式调查。"最近一期《纽约时报》的一篇文章报道了投资银行的很多分析师存在一种利益冲突，这使得他们对自己宣传的公司不能发布卖出推荐意见或者发布消极的等级评估。"他告诉斯皮策，说他的调查员们"打算调查这些可疑行为，这些行为还没有被彻底揭露出来，它们有可能成为重大的欺诈行为"。

斯皮策同样也知道这个问题。他对华尔街并不陌生，他常常吹嘘说与自己同在法学院学习的人中，有"三四成"人或者在投资基金工作，或是在投资公司工作，或者是华尔街的律师。2001 年早期，斯皮策开始就迪纳罗的调查想法征询朋友们的意见。他得到的回答惊人地相似：华尔街的每个人都知道股票分析存在冲突，而且是腐败的。但问题是绝大多数投资者对他们身后的操作甚至连最模糊的认识都没有。斯皮策给迪纳罗的调查开了绿灯。

迪纳罗开始集中于两家公司——美林和他的老朋友贝尔斯登。这两家公司的法律部门都有迪纳罗的朋友，所以他相信这是开始调查的最佳选择。斯皮策办公室的另一名调查员说选择这两家公司是出于不同的原因。贝尔斯登，且不问是对还是错，在监管者当中被认为经常变通规则以赢得交易；而美林公司则被认为是华尔街声誉最好的公司。还有比通过对比最好的和最坏的公司更能说明分析师冲突的方法吗？

一开始，迪纳罗给美林公司和贝尔斯登发的传票，主要关注他们利用积极的分析从高技术公司赢得 IPO 业务。但这种方法立刻遇到了意外的困难。因为尽管得益于布洛杰特的积极分析报告，美林公司处理了很多其他形式的技术融资，包括合并和二级发售，但美林公司和贝尔斯登公司都不是大的 IPO 业务承销商。

此后，在 6 月中旬的一个闷热的中午，迪纳罗正在乘坐非商业区的 6 号地铁，读着《华尔街日报》，突然他读到一篇报道，说布洛杰特降级了一家叫 GoTo.com 的网络公司的股票。尽管美林公司享有交易公平的美誉，但这篇报道声称布洛杰特发布的是报复性的降级，就在美林公司被拒绝承销一笔即将到来的股票交易之后，布洛杰特降低了这家公司股票的评定等级。这篇报道还说，布洛杰特的分析冲突远非仅针对一支股票。这是指由雅各布·扎曼斯基（即杰克·扎曼斯基）代表美林公司的一名经纪人客户德巴赛斯·坎吉拉尔起诉的案件，在这场诉讼中，坎吉拉尔声称自己受布洛杰特误导而购买了讯通公司的股票。那起诉讼案中的原告认为，布洛杰特炒作股票以帮助美林公司在讯通公司兼并另一家叫 Go2Net 的公司交易中担任顾问，并且赚到 1700 万美元的银行佣金。

迪纳罗立即扑向这篇报道。第二天，他命令其最高副手们向美林发传票，索要与 GoTo. com 公司和讯通公司等级评定相关的文件，包括布洛杰特与其同事的交谈电邮。美林公司严密看管着诸如雇员之间的电邮等文件，将这些视为机密交流内容，而且前不久还拒绝了扎曼斯基查看电邮的要求。但是，当公司面对一张来自一位举足轻重的犯罪检察官的传票时，却没有如此能力可以拒绝，几天内，一盒盒的电邮材料呈现在迪纳罗位于曼哈顿商业区的办公室里。

由于此案成为第一优先考虑的案件，所以迪纳罗招集了一群资深检察官，其中包括加里·康纳，一位 AG 办公室的老调查员；还有帕特里夏·郑、布鲁斯·托普曼和迪纳罗办公室里的另外一名调查员罗杰·瓦尔德曼。他们首先采取的一步行动是联系扎曼斯基。这份苦差事就交给了康纳，康纳联系扎曼斯基，说想概括了解一下其有名的诉讼案。扎曼斯基喜欢被关注，但他告诉康纳说有一份秘密协议规定他不能谈论这件事，除非 AG 办公室发出特殊要求。"给我发张传票，然后我会告诉你我所知的一切"。

康纳同意了，几天后，他给扎曼斯基打电话，这次还有一张传票，要求扎曼斯基提供他手头有关那一案件的信息。正如康纳不久后发现的，扎曼斯基显然有所准备。在过去的六个月中，他已经采访了很多银行家、投资者和分析师，包括汤姆·布朗，原帝杰的调查员——此人声称自己由于批评了公司的一名银行客户而遭解雇。他甚至与乔纳森·柯恩——就是那个笨拙的原网络分析师，在布洛杰特为亚马逊发布了著名的 400 美元目标价格后被取代的那个家伙。在准备起诉美林和布洛杰特的案件中，扎曼斯基解释了投资银行和分析业务之间的关系，当承销业务在即时，来自明星分析师的一份积极的股票推荐意见是如何关键，就像把钱存在银行里一样。

扎曼斯基也努力去说明美林或布洛杰特如何不受欺诈之限制为所欲为。他叽里呱啦地说了一大堆数字：在 8000 份股票推荐意见中，他说，不足 0.4% 或者说只有 29 份推荐等级是卖出。更让人震惊的是，美林在面对股市下跌时仍然维持这个炒作水平，继续给投资者造成损失。当时，扎曼斯基把作为起诉资料从美林公司获取的几份文件拿了出来。美林一直阻止他获取布洛杰特的电邮，但是他相信有一份便函说明了这种欺诈的深度。这份便函显示了美林从讯通公司与 Go2Net 合并中获取的收入。这份文件表明，美林公司在交易结束后，将"可以现金形式"收入 1700 万美元。

"没有布洛杰特对这只股票的买入等级评定，美林的这 1700 万美元收入就拿不到，"扎曼斯基回忆说，"除了让他发布'买入'等级评定外，没有其他办法。"

扎曼斯基说自己还记得当时康纳的反应："这太让人吃惊了！"康纳当时说。从不轻描淡写地描述一件事的扎曼斯基也点头称是："这是有史以来最大的诈骗。"

随着布洛杰特的股票分析报告每天都受到挑战，他当然想起自己过去的好日子。但这位原网络之王的情况却每况愈下。2001 年 6 月，斯皮策已经批准迪纳罗对美林公司的分析冲突展开大范围的调查，集中于布洛杰特最近的和最矛盾的两次股票报价：讯通公司和 GoTo. com。在其职业生涯中，布洛杰特第一次收到传票，要求他在一桩自己就是调查目标的案件中作证。

美林公司这次可玩大了！像 SEC 那样的联邦监管机构或 NASD 那样的

行业自律机构只能对公司或个人提起民事诉讼。而斯皮策有权控告布洛杰特刑事犯罪，更麻烦的是，公司也可能被起诉，而且美林公司的律师知道，还没有哪家大投资公司能幸免于犯罪起诉。

当布洛杰特到位于曼哈顿百老汇大街 120 号的斯皮策办公室提交证词时，他一定感觉自己好像进入了另一个世界。斯皮策的办公室是那种毫无生气的行业布置，远非向西几个街区外，布洛杰特早已经熟悉的世界金融中心美林公司总部豪华时髦的工作环境。办公室里的家什都是 20 世纪 70 年代流行的样式，这些都是由纽约州的犯人制造的，墙壁上装饰着低劣的张贴画。在迪纳罗办公室外的一个小角落上，悬挂着一块不祥的招牌："不要铤而走险。"

迪纳罗安排布鲁斯·托普曼负责审问布洛杰特关于 GoTo.com 公司的有关情况。布鲁斯是一个小个子，很好斗，头发稀疏，拥有空手道黑腰带，托普曼在私人事务所干过 25 年，在韦伯斯特 & 谢菲尔德律师行专做公司法方面的诉讼人。在那里他遇到了罗杰·瓦尔德曼，也是那家律师行的一名合伙人。二人从此成了朋友。瓦尔德曼在州民主党派中十分活跃，当他在新民主党的总检察长办公室找到了一个高级职位后，托普曼决定也在那里找份工作。"到这里工作，我没什么可担心的，"他后来会说，"我的孩子们都长大了，我不需要钱，而且我至少可以找点乐趣。"

托普曼和瓦尔德曼形成了一个强大组合。瓦尔德曼的风格是有节制和彬彬有礼，而托普曼则承担办公室攻击犬①的角色，而且布洛杰特像一块鲜肉。在布洛杰特的一系列电邮中，他贬低了一些原本公共级别较高的股票，托普曼十分想听布洛杰特对此的解释。一封电邮特别引人注目，在这封电邮中，布洛杰特在得知 GoTo.com 拒绝委任美林作为其承销商后，对 GoTo.com 公司的执行经理只说了一句话："太好了，那就滚他妈的蛋吧！"

---

① 一种经过训练的狼犬。——译者注

很快，那支股票就被布洛杰特降级了。在托普曼看来，那句话就是美林公司和布洛杰特在没有被选为承销商后对那家公司采取报复措施的最好证据。

在华尔街，布洛杰特被认为是一个无名小卒，是一个金融知识匮乏的人，像其炒作的公司一样靠不住。但正如托普曼发现的，那并非是在这里提供证词的布洛杰特。布洛杰特来到斯皮策的办公室时，他对此有深刻的认识，而且更重要的是，他已经做好充分准备来回避有关其行为的关键问题。他声称自己并不记得就在此前几周内发生的事情。在投资银行这个问题上，布洛杰特极尽狡黠谨慎之能事。他说，投资银行业务一直是决定其收入的关键因素，当他与银行家共事的时候，他只是一个公司策略和财务方面的顾问而已。按布洛杰特的说法，美林公司有严格的规定来保证股票分析与投资银行之间的分离，而且在很大程度上，他对公司的投资银行行为几乎一无所知。

当被问到降级 GoTo.com 公司股票一事时，布洛杰特把这个股票报价说成是自己发布过的"最好的一份"，是对一家任何时候都可以在股市中恢复的公司公正分析的范本。至于围绕降级的争论，他指责了《华尔街日报》和一名竞争对手：积极进取的瑞士信贷第一波士顿技术银行团队。这家公司在此次交易中成为最重要的承销商。瑞士信贷第一波士顿当时也受累于自己的肮脏丑闻，即其重要的技术银行家弗兰克·奎特隆因向一些投资者索要巨额佣金以交换抢手的 IPO 股票而使公司遭到起诉（在这一丑闻中，奎特隆并没有被起诉，但瑞士信贷第一波士顿却为解决此案而被迫支付了 1 亿美元），所以在布洛杰特看来，他们可能是信息泄露的源头。

托普曼不会轻视新闻界透露出来的信息。当时，他问布洛杰特是否记得一篇新闻稿报道的是 GoTo.com 公司宣布其交易承销商名单，文章说美林公司不在其列。"我不记得有此事。"布洛杰特回答说。托普曼对此表示怀疑。"不到两个月前我们还在这里谈，你不记得是否看过这条新闻？"布洛杰特说他不记得看过这条新闻，但他的一名高级分析师可能告诉过他GoTo.com公司的这个决定。当被问道是否在5月18日至其发布降级报告之间，与GoTo.com公司的执行经理进行过"谈话"时，布洛杰特说："我也想不起来了。"托普曼问他，"你怎么会记不住?"但布洛杰特更正说："我并没有说我不记得，我说的是我想不起来有过任何对话。"然后他解释说，与公司官员交流与交易无关的事情可以有其他形式。

如果把提供证词比作一场拳击赛的话，布洛杰特可能提前击中了点数。但托普曼的办法要比表面直接表现出来得多。正如其部分文件显示，托普曼已经了解到，布洛杰特在5月中旬曾受邀与一些银行家和GoTo.com公司执行经理们参加一次晚宴，GoTo.com公司的这些人在当天早些时候曾会见美林公司总部的官员。尽管布洛杰特并没有参加那次晚宴，但他确实帮助银行家把GoTo.com公司的执行经理们介绍给美林公司的机构投资人员，在那里，他还曾讨论其对这只股票的乐观评估。但被质问那次会面时，布洛杰特认为那没有什么不正常。然而，布洛杰特当时小小的讨论帮助公司取得了想要的结果。即使在网络熊市时期，GoTo.com的股票在美林会议之后仍然上涨了3美元。

布洛杰特与银行家的深入交往表明，他已经深入参与到银行业务当中，其参与程度远比他透露出来的要严重得多。托普曼随后又抓到布洛杰特故事中的另一个漏洞。布洛杰特作证说，在发布GoTo.com公司股票的降级报告时，他并不知道美林公司在这家公司的承销交易中落败。但是他改变等级评定的日期十分可疑。5月25日，他团队中的一名分析师爱德华·麦凯布曾经起草了一份GoTo.com公司股票降级的报告，并将其电邮给布洛杰特。此事发生在美林公司得知自己未能成为承销商的同一天。

"你这样做的原因是否就是因为你得知美林公司可能没有成为账簿管理人?"托普曼问道。"绝对不是。"布洛杰特回答说。

当时，托普曼出示了另一封电邮，这是负责GoTo.com公司的一名银行家安德鲁·西格尔写给 GoTo.com 公司另一位银行家汤姆·马祖卡的。在这封电邮中，西格尔告诉马祖卡，说他听说美林公司没有得到这笔交易，再想到布洛杰特在发布股票报告方面的"领导作用"，以及最近他将公司推荐给"美林的销售人员……这极大地提高了这只股票的价格"，他就感觉"心里发慌"。托普曼问布洛杰特，这封电邮是否让他记起在发布降级报告之前，曾被告知公司失去了那笔交易。这次还是一样，布洛杰特仍然坚持自己的立场——他并不记得降级前曾得知 GoTo.com 公司决定不将承销业务交给美林。托普曼让布洛杰特"注意那封电邮的日期和时间"。布洛杰特看了看，然后托普曼交给这位分析师另一封电邮，是同一天发自爱德华·麦凯布的，但比第一封电邮晚了几个小时，是在下午的 5：01。

"哈，我想从 20 世纪 90 年代起，我就从来没有将这只股票的价格降过级。"

同样，布洛杰特再一次否认他记得这封电邮，而这只是两个月前的电邮。当时，托普曼递给布洛杰特他自己回的电邮："太好了，那就滚他妈的蛋吧！"

"布洛杰特先生，'太好了，那就滚他妈的蛋吧！'这是你对麦凯布先生起草的降级报告做出的反应吗？"托普曼问道。

在其接受质询的这么长时间里，布洛杰特第一次显得有些慌乱。"等一下，您能再重复一下那个问题吗？"他问道。托普曼把那个问题又说了一遍，问他是否对麦凯布的反应就像那封电邮里讲的一样。布洛杰特回答了，但让人吃惊的是，他说自己并没有那么说。托普曼很是吃惊。"我刚才给你出示的那封电邮是不是你写的？"托普曼问道，"那你让谁滚他妈的蛋？"

布洛杰特的回答是：那只是一个玩笑。因为"电邮中的话是用英文简写的"，并没有完整地拼写出"滚蛋"和"他们"，很明显，他是"在挖苦……"不管怎样，滚蛋的对象并非是针对 GoTo.com 公司不让美林承销股票交易的决定，布洛杰特指出，而是针对那些"抱怨说我们不应该做机构投资者认为（华尔街分析师认为）不应该做的事情，即根据股票价值降级一支股票"。但托普曼并不接受他的解释。"布洛杰特先生，你搞 GoTo.com 并为它评定等级的唯一原因就是赚取银行佣金而无其他任何原因，这是不是事实？"这次布洛杰特的回答斩钉截铁，只说了两个字："不是！"

托普曼决定进一步施加压力。他递给布洛杰特另一份交流电邮，这次是美国运通公司的资本经营者约翰·费格写的。1月份，布洛杰特准备升级这家公司的股票，费格在当月曾给布洛杰特写了 11 封电邮，向他请教一个对于资深投资者来说平淡无奇的问题："除了银行佣金外，是什么让他对 GoTo.com 公司如此感兴趣????"

布洛杰特简略的回答意义重大："除此之外什么都没有。"

对于托普曼来讲，把这两封电邮结合在一起所产生的作用是破坏性的。与那些通过他们的经纪人购买股票而且与分析师没有接触的投资者不同，费格的地位对像布洛杰特那样的人来说十分重要。他每天交易数百万美元的技术股，而且布洛杰特的部分年终红利与这些通过美林交易的投资者人数挂钩。布洛杰特的律师桑迪·温纳感觉到自己的当事人有大麻烦了，于是他为此提出了解释："你能问他是认真的还是不认真的吗？"托普曼说电邮内容不言而喻。温纳说："我不明白怎么会只有一种解释。"

"费格先生是一名客户吗？"托普曼继续追问。布洛杰特说他是一名客户。他两年前就知道费格是一名客户。他们"有一种关系"，布洛杰特补充说，而且费格"很有幽默感"，他接着说："我认为我也还算有幽默感。"那封电邮是"一名客户以一种滑稽可笑的方式发过来的，所以我也以一种搞笑的方式回复而已"。

托普曼却没有笑出来。在结束作证前，布洛杰特要求给他一点时间向他的控诉人说几句话。"我深深地怀疑我所证明的一切，或者说我一直拥护的理论，或者你所说的一切"，说完后，他又谈到了自己在股市中的

"信誉"和"诚信",他说,"人们最敬重的是那些有正义感的人"。随后,他又回顾了 GoTo.com 公司,这家公司与布洛杰特说的很相似,随着其他股票的崩盘而暴跌。"从名声的角度看,从对今后的启示作用来看,从将来 GoTo.com 有可能与我们继续银行交易的角度看,报复一家由于没有选择美林公司作为其承销商的公司,是一种绝对低能的做法。"

后来,布洛杰特似乎确信自己躲过了一劫。他相信,整个事件是一种以莫须有的罪名实施的迫害,他同时相信自己树立了一个合适的目标,尽管在给团队中一名原分析师柯尔丝藤·坎贝尔的一封电邮中,他承认了"在 IPO 之前他与(GoTo.com 的)一些人士和银行家进行的某些交流可能是对公司成文规定和办事程序的违反"。然而,布洛杰特远没有承认犯罪。美林公司的律师告诉他,不管他和他的员工在 GoTo.com 交易中做了什么,"都不是大问题"。至于已经开始的事情——扎曼斯基代表德巴赛斯·坎吉拉尔进行的起诉,围绕美林 40 万美元赔偿的争议——布洛杰特说,这些事情"完全被新闻舆论歪曲了"。

布洛杰特又说:"我已经从此案中退场[即免受指控]。""由于我从没做过错事,所以那个协议对我来说还是有点惊奇,但仅此而已。"坎贝尔的职责包括对 GoTo.com 进行调查,现在她也准备向斯皮策的副手们作证。"根本就没什么可担心的",布洛杰特写道,如果坎贝尔需要建议的话,他想"在与那些人会见前"与坎贝尔聊聊;如果她不需要,"就跟那些律师开开玩笑,不用担心。(我开始可是吓得要死,但知道这些事情始终都在发生后就没什么了。)期望着与你在某个地方共进午餐啊"。

但是布洛杰特给坎贝尔说的这些离题万里。不久后,布洛杰特失去了工作,而他那本准备描写网络泡沫的书,也因其签订了一个以数百万美元的解雇费换来的秘密协议而陷入困境。即使不听坎贝尔的证词,托普曼也相信自己从布洛杰特那儿了解得够多了,这些足以使他确信,自己可以对美林、布洛杰特,而且可能是其全部网络团队,以欺诈性分析误导投资者之罪名提起理由充分的诉讼。

除了布洛杰特、扎曼斯基和美林公司的律师等受到调查的全部人员外，斯皮策的调查在整个夏天仍然是个秘密，即使 SEC 继续对分析冲突进行自己的质询时也无人知晓。SEC 调查主任洛丽·理查兹对昂格尔最具爆炸性的发现进行了概括总结：一家有名的投资公司的某位分析师"卖空"了一只股票，而此人却向公众投资者对这只股票发布了"买入"等级评定。如果准确一点说的话，这起指控将意味着一家重要的华尔街投资公司发行了其分析师明知存在错误的股票分析，这显然构成了对证券法律的民事而且可能是刑事侵犯。昂格尔急不可待地将这一消息告诉给了贝克的委员会，而当她这么做了的时候，金融报刊便发动了全面攻势，以找到那个恶人。由于受到记者们的轮番轰炸，新上任的 SEC 执行部门主任斯蒂芬·卡特勒下定决心开始要进行全面调查。但还有一个问题，卡特勒及其执法人员不久就会发现：理查兹犯了个错误。当 SEC 执行部门将那些混乱的信息资料收集到一起的时候，他们发现摩根斯坦利的分析师查克·菲利普斯，也就是在昂格尔证词中说的那个没提名字的分析师，曾投资于一个新兴的网络公司，而且此人正使用一种方法，也就是公司一旦上市后即可减少其在每只股票上应交税的收益，即所谓的"反惩罚卖空"①。

当昂格尔听说了调查进展情况，更重要的是，听说她收集的证词都是错误的时候，她只说三个字："噢，狗屎！"昂格尔准备将 SEC 的第一把交椅让给哈维·皮特，布什总统最近提名此人就任此工作，而她则回到原来的委员职位，也许她可能继续领导 SEC 的一个专门小组处理分析冲突问题。如果要求她公开宣布自己这么重大的错误，这会给刚开始的调查破坏性的打击，让委员会在困难时期更为难。但是如果她什么也不说，那就意

---

① 1997 年税收减免法案以前，这种方法可以用来保有收益而推迟缴纳资本利得税。——译者注

味着昂格尔实际上对国会撒谎了。最后，昂格尔选择了一条中间路线：她私下里把这件烂事告诉了贝克，并问她是否可以让这件事听其自然。贝克表示同意。现在，她要做的就是取得皮特的同意就可以了。

哈维·皮特身材矮胖，留着浓密的山羊胡，看上去更像一个大学教授，而不像是华尔街可能最有权威的律师。但到 20 世纪 90 年代末止，皮特已经积累了 25 年帮助华尔街高级公司和管理人员处理从犯罪起诉到游说国会议员的丰富经验。他对国家证券法的知识博大精深，解决问题的能力也特强，因而无论是政客还是其他客户，说起他都像是提到了神似的。"在他的领域内，人们把他描述成宙斯，"舒默议员在皮特的听证会期间这样说。"像丘吉尔一样，他是为一个时代而生的人。"皮特以全体一致同意当选。

皮特是在 SEC 开始自己的法律生涯的，升至总法律顾问之职，并赢得了证券法专家的声誉。他在 20 世纪 80 年代早期转而在私人事务所工作，当他在为丢人现眼的股票交易人伊万·伯斯凯进行的一次申辩中，将原垃圾债券大王迈克尔·米尔肯拉下马之后，他成了防范白领证券犯罪的一颗明星。更多有名的案件随之而来。20 世纪 90 年代晚期，当会计业需要在华盛顿找一个发言人，以平息莱维特的改革努力时，皮特上场了。他有效地游说两个党派，以至民主党人查克·舒默成为批评这一计划的关键人物。再回到纽约，美林公司需要找到一个人应对 SEC 对其在加利福尼亚州橙县破产事件中的作用的起诉，皮特又一次担当此任，这次他向 SEC 执行部门证明了美林公司不应以证券欺诈被起诉，美林只赔付了少量罚金。并非只有华尔街的人才向皮特咨询。华尔街的资深记者们如果想得到证券业最轰动的案件的内部消息，通常也会首先找到皮特。如果皮特没有亲手处理这个案件，他通常也肯定知道案件的当事人是谁。

尽管皮特要名有名要能力有能力，但布什当选后，对于 SEC 主席的人选，皮特的名字并不是第一个被提到的。但是，当他被任命的谣言传开之后，在华盛顿和华尔街没有人不相信他就是最佳人选——包括皮特自己。多年来，皮特从没有掩饰过他想掌管自己职业生涯开始的那个地方的野心，对莱维特在那里的领导作风他也公开表示反感。20世纪90年代，他差不多是跟莱维特在SEC委员会出台的每个政策上都对着干，从莱维特推动的会计行业改革到他制定的FD规则——也就是强迫华尔街公司向小投资者发布的信息要与其向华尔街资深人士发布的信息相同，即"公平披露"规则。与很多华尔街人一样，皮特认为这条规定的实际效果将只会使得公司发布更少的信息。但是他们二人最大的不同在于领导风格。皮特认为莱维特无休止地在公众面前批判华尔街会产生相反的结果，会在公司和主要监管者之间树立阻碍，而这些监管者需要得到所有的帮助。

从他走进SEC的那一刻起，皮特就毫不犹豫地要清除莱维特领导遗留下的所有痕迹。在他与委员和高级职员的第一次会议上，皮特宣读了一份长长的备忘录，批评SEC对华尔街罪行采取的方法。他要否认莱维特在位期间主要以浮夸的言辞为内容的工作，他要与华尔街公司建立一种工作关系，这样当这些公司无法控制局面的时候，他们就会向委员会报告不良行为。公司本身不能总为一个刚愎自用的执行者的行为承担责任，因为他们多年来一直在其前任的管理之下。股东不应该为个体的过失而交付罚金。

考虑到皮特对莱维特的厌恶，他做出的很多评论也就可想而知了。但是让出席会议的人感到震惊的是他对委员会执法行为的评价。"你们这些人"在很多案件处理过程中都"很悠闲"，他说。想到莱维特难以置信的讲话，皮特相信SEC那些年几乎无所建树。

皮特相信，分析冲突是莱维特说得最严重但却做得最少的方面之一。像绝大多数华尔街权威一样，皮特特别清楚地知道，分析报告与其说反映了分析师对一支特定股票的意见，不如说反映了公司投资银行的需求。虽然他经常说自己"从来没有听说过一名投资者会根据一名分析师的报告购买股票"，但是当最近的调查显示出华尔街利用分析去赢得银行业务时，皮特还是很吃惊，而且随着公众愤怒的增加，他已经做好全面准备，要进行重大改变。2001年9月10日，他请昂格尔在华盛顿特区豪华的乔治敦俱乐部共进晚餐，讨论分析冲突等问题。陪同皮特的还有他的首席律师戴维·贝克尔和另一位委员艾克·亨特。皮特提出了自己处理这个问题的方案。与昂格尔希望的一样，没有设立专门小组处理这个问题。皮特及其手下将秘密对付那些投资公司的头目，第一步是要让自律机构NASD和NYSE起草新的规章，以解决一些对小投资者造成严重损失的分析问题。

昂格尔几乎无法相信自己的耳朵。"你正在犯大错。"昂格尔记得当时自己这样说。她告诉皮特，自律组织只会像莱维特在任的时候一样失职。由于这些自律组织具有很多缺陷，SEC是唯一能够正确处理此事的机构，而且考虑到理查兹的调查发现，因而现在就是采取行动的时候。皮特说他同意采取一些行动，但要以自己的方式做。他认为SEC最近有关这个问题的调查马马虎虎（他已经大概了解了洛丽·理查兹在有关摩根斯坦利的分析师查克·菲利普斯问题上的错误）。皮特知道昂格尔很失望，但还是强力推行自己的计划，与华尔街高级公司以及NYSE和NASD的头头儿们举行"高峰会谈"。他说，这次会议会控制在他的"能力范围之内"，他会对这个行业提出细致的要求，让大公司的CEO们保证进行股票分析改革。他说，这样的方法会让华尔街对他与对莱维特有很大不同。

这次，昂格尔生气了。"哈维，你这实际上是把权杖交给了证券界。把这种权力交到他们手上是一个糟糕的想法。证券业就像望着鸡窝的狐狸。"但皮特听不进去。他说自己有信心处理任何问题，而且确信华尔街得到这个消息后会一次性地清理股票分析问题。他告诉昂格尔一件事：想办法在国会面前改正你的证词。

但是由于华尔街和这个国家面临着一个更大的危机，皮特的调查计划

将被拖延。皮特会见昂格尔几个小时后，恐怖分子对华盛顿和纽约发动了旨在让这个国家的政治和经济基础瘫痪的毁灭性袭击。一架巨型喷气式飞机撞向五角大楼。另一架原定撞向白宫，由于一些英勇的乘客们的反抗，坠毁在宾夕法尼亚野外。在纽约，两架喷气式飞机撞向以双子塔闻名的这座城市最大的建筑——世贸大厦，并最终导致这座建筑倒塌，近三千人罹难。

这是美国历史上发生在本土的袭击中单次死亡人数最多的一次，甚至比二战中日本偷袭珍珠港中死亡的人数还多，而且华尔街遭受的打击比其他任何地方更具有毁灭性。位于世贸大楼内的经纪公司被迫立即搬迁，这直接引发了对曼哈顿市中心区及其河对岸的泽西城办公地的抢占狂潮。由于没有电力和电话通讯，美林公司和雷曼兄弟两家公司将总部都设在了邻近的世界金融中心，开始将其员工发派到河对岸的新泽西，同时在非商业区寻找办公地点。

恐怖袭击后，纽约证券交易所，这个国家最大的股票市场仍然存在，但维持得很勉强。尽管有一台备用的发电设备保证交易大厅的运转，但NYSE的主席迪克·格拉索面临一个重要问题：华尔街的语音系统和数据设施遭受严重破坏，以至只有几家公司可以通过大板行情传递指示。但这些并没有妨碍交易的开盘成为一个重要的政治问题。格拉索在华盛顿的线人告诉他，白宫相信，如果股市在袭击后能够立即开盘，可能的话在第二天也可以，那么这将是这个国家发出的强有力的信号。纽约州银行业委员伊丽莎白·麦考尔说，当她告诉格拉索开始交易，哪怕是持续"15分钟"也行时，她是"代表"州长乔治·帕塔基"发出呼吁"的。格拉索肺都几乎气炸了："我可以开一分钟，但结果跟没开盘没什么两样。"他解释说，只有这么几家公司准备交易，股市相当于不存在。麦考尔好像不相信，所以格拉索说，如果她真想让股市开始运转并持续15分钟，她应该让州长直接跟他说。说完此番话后，格拉索转向皮特寻求帮助。"哈维，你知道，没有什么可以阻止我开盘，"格拉索说，"但开了也没有客户啊。"皮特告诉他工作走上正轨需要时间，"我会为此负责"。

对于华尔街而言，"9·11"惨剧的发生使媒体的焦点发生了转移，从各种各样的丑闻以及这一年里绝大部分时间中财经新闻报道的投资者损失，转移到美国金融重建的问题上。近两年来，新闻记者一直抓住误导小投资者的黑暗股票分析大做文章，现在，他们开始集中报道"9·11"带来的更广泛的影响，也就是这次袭击对国家经济以及由此带来的人类灾难的影响。扎曼斯基疯狂地给他新闻界的朋友打电话，努力重提分析问题，但媒体对丑闻的兴趣突然消失了。

金融行业里几乎每个人都知道在这次袭击中有人死了，一些最佳报道集中于"9·11"对经纪业个人的影响，这些人中既有死者也有生者。华尔街本是无情之地，但是"9·11"好像使华尔街的冷酷无情少了一些寒气。桑迪·韦尔，已经成功"打垮"约翰·里德，成了花旗集团的副执行总裁，他在曼哈顿市中心为还在寻找办公空间的雷曼公司 CEO 迪克·富尔德提供了几层楼的地方。当年早期，摩根斯坦利总裁约翰·麦克曾说公司的 CEO 菲尔·珀塞尔破坏了一个接任摩根最高职位的"握手"协议，因此二人从此成了死对头。后来，麦克辞职成了 CSFB 的 CEO，发誓要在业务竞争中把这位"老伙计的屎给打出来"。但在"9·11"后的第一次高级经纪经理人会议期间，麦克迅速找到珀塞尔，让他就原来公司的状况介绍情况，要知道摩根公司的办公室就在世贸大楼。两人握手言和，同意摈弃前嫌，共同让华尔街挺住并运转起来。

有了皮特在华盛顿的支持，格拉索在袭击发生一个月后重开了股市交易，他没日没夜地工作，以保证交易尽可能顺利进行，在这个过程中，他成了全国关注的明星。尽管在"9·11"后的首日交易中，股市跌幅超过600点，但随着交易慢慢恢复正常，格拉索成了恐怖袭击后正在恢复的美国金融系统的标志。格拉索具有宣传的天资：他在交易时举行拳击赛，请到一流的职业拳击手小罗伊·琼斯来对战华尔街执行官，包括他自己。由于股市摇摆不定的特性，格拉索知道，除了要利用 NYSE 委员会重建华尔街外，他还要做更多的努力。因此，他把 9 月 17 日股市开盘铃声变成了一次爱国主义的伟大颂歌。那天交易开始的时候，站在台上的不是华尔街的CEO 们，而是魁梧的警察和救火员。那天，格拉索像一位将军检阅他的军队一样在交易大厅里走来走去，与交易者握手，连续不断地获取专家们处理顾客指令的最新资料。那天结束时，股市下跌了，但格拉索显然很兴奋。在卢·多布斯的 CNN 电视节目中，镜头指向股票交易大厅，舒默指着格拉索说，由于在 "9·11" 后的出色工作，他被视为 "一个巨人"。但电视镜头上并没有看到 5.7 英尺高的格拉索，他被 6.3 英尺高的纽约州州长乔治·帕塔基挡住了。

几乎没有人反对格拉索的这种地位。几周后，他在交易所门前挂了一面旗子，他在旗子上写道："滚开吧，本·拉登！"他力促华尔街最大的玩家们要克制，不要卖出股票，但是如果他们要卖出股票，那一个不成文的规则规定，必须通过 NYSE 所列股票进行交易。绝大多数人同意这条规则，但也有人反对。当时，高盛正准备为一家在 NYSE 的主要对手纳斯达克上交易的客户转移一大宗股票。当亨利·保尔森提醒格拉索小心时，格拉索对保尔森将要成为自己的主要竞争对手感到震惊，因为 NYSE 是这个国家经济重建的标志。"你敢?"格拉索说，"你的爱国义务跑哪儿去了?"保尔森说他会采取折中的方法，在海外市场交易。

好心情持续到了当年年底。贝克委员会的听证无限期地推迟了，以给华尔街重建的机会。皮特也取消了与那些列入自己质询名单的华尔街要人和斯皮策举行的调查会议，同时，布洛杰特好像也从公司里的批评者那里得到一些暗示，他辞去了美林公司的职务，但一点也没有意识到自己面临的危险。经过新闻炒作的压抑一年，美林公司好像正在取得微弱的发展，由于美林在当年 10 月份早期，是第一个返回了其在曼哈顿商业区总部的重要公司，因此美林也为自己赢得了美誉。其 CEO 戴维·科曼斯基和主席奥尼尔获得当地政客赋予的所有荣誉，包括舒默——那位受到华尔街宠爱的民主党议员，也是在竞选中从经纪界拿钱最多的人。但是，正是美林公司那些普通的员工才会感觉到工作在实际战争地带的痛苦。美林公司的高级发言人保罗·克里奇洛说，在他工作的第一天里，他向窗外凝望，注视着世贸大楼的废墟，这时他看到一名工人从废墟中拉出一具尸体。曾在越南亲眼目睹战争的克里奇洛差点儿崩溃，不禁失声。

投资者们也高兴不起来。尽管华尔街表现出一点礼貌谦恭，但股市本身的表现却很糟，那些依然相信股市会反弹的投资者被搜刮走了无法计数的金钱。布什总统出台了一个税收削减计划，他认为此举会使经受了网络泡沫破碎和恐怖袭击接连两次打击后几乎无法站立的国家经济复苏。但是布什没有那么走运。袭击后一个月多一点儿的时间，所有公司丑闻的源头：安然公司出场了。这个休斯敦的能源巨人一直陶醉于其在华尔街的那种特殊地位，诸如花旗集团、摩根大通银行和美林公司这样的重要的大公司在承销其股票和债券中赚取了巨额佣金，同时帮助安然的 CFO 安德鲁·法斯托管理一系列几乎不公开的有限合伙公司——用来将公司的风险操作从其资产负债表中转移，同时淡出投资者的视线之外。

当全部虚假的伪装在 2001 年晚期开始被识破——安然反复重估其五年的资本收益，从而导致巨额的破产申请——在投资者们数十亿美元的财富几乎在一夜之间消失的时候，华尔街急于掩盖这一切。15 名跟踪这只股票的分析师不顾安然明显的金融背叛行为，在公司于 2002 年早期申请破产的时候还仍然将其股票评定为"买入"等级。由于这些人被抓了个正着，所以华尔街的大公司宣布，他们也是安然公司欺诈行为的受害者。但是即使是那些华尔街最强大的保护者们，诸如哈维·皮特也不相信这种说法。SEC 开始对安然公司会计行为进行大规模的调查，包括其与审计员安达信的关系也在调查之列。

　　莱维特再次沐浴在自以为是的光环之中，因其对公司会计黑幕的态度而享受人们对他的赞誉，而这种黑幕好像是安然可耻失败的核心问题。但是莱维特似乎忽视了冲突性分析隐藏在公司资产负债表骗局中的作用，而且他自己也没有解决这个问题。投资银行冲突也许并非是安然公司的问题被如此巧妙地隐匿于投资公众视线之外的唯一原因，但是在解释安然何以这么长时间这么大程度地逃脱人们的注意时，这个问题就隐隐浮现出来了。导致公司灭亡的资产负债表外规避策略在各种文件中显露出来了，而这些文件经常被那些没有偏见的分析师们阅读，以对公司财务有更深入的认识。而且很多这种规避策略确实发挥了作用，尽管这些好像没有一个能够逃脱一家重要的华尔街公司的目光，但这家公司已把安然当作自己最大的承销业务客户了。一名叫约翰·奥尔森的资深分析师曾在泡沫期间的大部分时间里担任美林公司能源分析师，他说由于自己对安然持有极其不乐观的态度，所以当安然公司的 CEO 肯·莱向美林公司的银行家提出抗议之后，他就被美林的 CEO 安德鲁·梅尔尼克解雇了。梅尔尼克在好几种场合提醒奥尔森，说他疏远了公司的一个重要顾客——投资银行，在分红利时这会导致对他的"消极评估"。梅尔尼克说，他解雇奥尔森是因为他也让美林公司的销售人员失去了信心。同样，在奥尔森走后，其继任升级了这支股票，将安然称为"新经济时期的通用电气"。在美林被法斯托雇来安排一个资产负债表外规避策略，美林因此赚到 400 万美元的费用之后，美林与安然的关系好像与华尔街的关系一样坚不可摧了。

　　安然公司的土崩瓦解进一步说明了那些投资者赖以寻求保护的主要机构监督功能的衰竭。而且并非只有华尔街的分析师让投资者失望。2000年，莱维特领导下的 SEC 决定放弃对安然公司账簿持续三年的复审，而此举本应该可以早一些揭露安然可疑的财务问题。虽然莱维特因其对公司会计的态度而受到无尽的赞美，但他也担心自己在安然公司问题上的失算会浪费他大量的时间。当时，他告诉皮特，如果新上任的SEC主席揭露了这一信息，那将会"让他饱受煎熬"，皮特回忆当时莱维特是这样说的。皮特说他不会这样做。"阿瑟，在你我无法取得一致的政策问题上，你会成为攻击的目标，"皮特说，"但是在管理问题上，我不会让你受到攻击，这会对这个机构产生影响。"（莱维特本人则说不记得有过这回事儿，而且否认他曾用过"煎熬"这个词。）

皮特本来可能会是一个堂堂正正的家伙，但安然丑闻使得财经记者的目光重新聚集在华尔街需要改革的问题上，而且皮特不久后也成了众人交相指责的目标。像杰克·扎曼斯基这样的批评者，把SEC的主席当成其原来的当事人——华尔街大投资商号的替罪羊。"他跟证券界站在一起。"扎曼斯基当时说。莱维特的成绩可能是少了点儿，但是考虑到他为小投资者而战的形象，他造的声势还不错。然而，皮特在公开场合并没有说什么，而且他给人们留下的印象是：他什么也没做。

这种印象对于SEC内部的人，包括在其执行部门工作的律师们来说是不可理解的。这并不是他们特别喜爱的皮特。SEC内部的绝大多数人都认为皮特是一个十分自我的人，而且不愿意听取别人的意见。但是从皮特对手下发布的命令来看，他与其原来的当事人没有任何不正当关系。"如果你正在处理一个案件，哈维会希望你抓捕与案件相关的人。"一名SEC的官员说。2001年11月，皮特甚至开始履行他在自己的"能力范围内"处理分析冲突的诺言，他召集华尔街高管们开会，而且自己出钱租用了华尔街丽晶酒店的一个大型会议室。皮特说的都很在理。他要求执行经理们一劳永逸地整肃他们的行为。"你们这些家伙基本上是在发布商品销售说明书，"他说，"而且如果你们足够精明地给这些销售说明书贴上标签的话，也不会出现这种问题。"皮特说，他想通过NASD和NYSE的新规章来使股票分析改头换面，而这些新规章将要求更多地公开银行客户的报告以及分析师们的选股报告。他也想搞一个保证书制度，让每个分析师签署一个文件，阐明等级评定是分析师个人诚实的意见，而非受到银行冲突影响的产物。

　　只是有一个问题：整个会议是秘密举行的。皮特与其前任形成了鲜明的对比，他认为这是让华尔街合法行事的最佳途径。这将是一个今后数年都会困扰他的错误判断。

CHAPTER ELEVEN
And the Walls Come Tumbling Down

第十一章
华尔街大厦将倾

到了 2001 年末，埃利奥特·斯皮策重新开始了自己对华尔街分析的调查，但是与其在华盛顿的对手不同，斯皮策不打算让自己的努力处于隐秘状态。给了美林公司一些时间从恐怖袭击中恢复之后，他手下的检察官们继续要求各种各样的公司职员作证，以准备对美林公司、布洛杰特（可能还有该公司的其他人）提起诉讼。

在斯皮策重新开始进行调查的时候，美林已经对其分析部门进行了重大调整。布洛杰特走人了，而且据该公司的官员说，分析部主任安德鲁·梅尔尼克在削减成本的风潮中也走了。然而，当美林公司一名帮助监督分析师的律师雷·阿博特开始作证的时候，上述的这些变化几乎没有让斯皮策相信公司已经改变了工作方式。阿博特承认的事实让人吃惊。他承认在美林当前的指导方针下，分析师在公开其报告之前可以"向那家公司提供书面的（分析）报告"。他说那种报告不能含有股票等级的内容。随后，阿博特又承认，公司在向投资者发出卖出股票的信号时，会至少有两个不同的等级评定，其中一个会简单地标出"卖出"字样，而另一个是标着

"减持"。

事实表明，布洛杰特在美林工作的三年时间中从未发布过"卖出"或"减持"等级，而美林的官员们在作证期间也愚蠢地承认，布洛杰特的同事也没有发布过这样的等级评定。阿博特说，确实，只有美林的分析在受到更严格检查的情况下，那种"减持"的等级评定才会销声匿迹而代之以"卖出"。同时，如果美林公司的分析师们确实认为一支股票价值好像要降低，那么梅尔尼克就会在公司范围内发布一份布告，以使分析人员不相信公司的"持守"等级评定。

阿博特有关 GoTo. com 公司的证词证实了另外一些事实。美林公司极力粉饰布洛杰特对 GoTo. com 股票的降级评定，说这只是一名客观的分析师日常工作的一部分。但是阿博特说，分析部门的人员几乎在那份报告向外界公开的那一刻起就做好了应付麻烦的准备。阿博特说，他知道美林公司被 GoTo. com 公司拒绝作为它的承销商，所以当他听说布洛杰特要降级这支股票的时候，他想从分析部主任梅尔尼克那里听到不同意见。据阿博特说，当时梅尔尼克告诉他："如果布洛杰特想降级我不会去阻止他。"但阿博特显然并不满足于事情就此平息。当时他提醒公关部，如果有采访置疑这一降级的时机时，就提醒他注意。同时他甚至参加了一次失败的说服活动，想让《华尔街日报》封杀一篇关于 GoTo. com 希望斯皮策对其进行调查的报道。为什么美林如此忧心忡忡呢？阿博特承认，被一家公司拒绝作为承销商后，投资银行发布这家公司股票的降级评定，这是十分不正常的。"不，我不记得……这种情况此前发生过。"在证词中他这样说。对于斯皮策的调查来讲，难题是还有什么其他情况正在从美林倒塌的中国墙下溜过去吗？

另一个证人柯尔丝腾·坎贝尔提供了一些答案。在布洛杰特手下干活的时候，坎贝尔的分析职责多种多样。她曾负责不合时宜的 Pets. com——现在已经不存在的一家在线宠物食品公司，美林公司在网络泡沫发展至顶峰期间将其推行上市；还有易趣网，那家在线拍卖行，不过这家公司成功地存活下来了，而且在网络萧条期间依然繁荣兴旺。她接手 GoTo. com 是在 2000 年晚期，此时正值美林的银行部门开始向这家公司竭力推销承销业务的时候。

坎贝尔现在已经不在美林公司了，九个月前，随着网络股市的崩溃，美林被迫裁员时她就离开了这家公司。但是正如她的电邮说的，坎贝尔十分精通公司的分析行为。坎贝尔说，尽管布洛杰特的名字经常出现在绝大部分报告的最前面，以说明他是"最重要的分析师"，但其团队的分析师们似乎承担着最繁重的工作。布洛杰特将网络世界内的一些特殊的公司交给像坎贝尔这样的人，在她的证词中，坎贝尔把自己的工作描述成"只做分析，同时尽我所能地寻找资料，然后再交给他"。当被问及"布洛杰特在与你讨论之前，是否了解这些他想接受的公司的全部情况"时，坎贝尔说："很难说他知道还是不知道。"

斯皮策的调查人员一度相信坎贝尔会很容易地转化为合作证人。在她的电邮中，坎贝尔公开对布洛杰特谈分析冲突问题，以及这将如何伤害那些依靠布洛杰特的分析报告进行投资的小投资者。在一封电邮中，她告诉布洛杰特说，她不想成为一家可能会成为美林投资银行客户的"管理部门该死的婊子"。

但是从坎贝尔的证词来看，她并无意成为斯皮策调查团队中的一员，而且她来作证是为了向她原来的老板抗争。当时她拒绝回答一个问题，一直保持沉默，并注视着托普曼。"坎贝尔女士，我不想举行对视比赛。"托普曼厉声喝道。后来她说托普曼这些质疑十分"荒谬"，对此，托普曼回答说："坎贝尔女士，我认为个人攻击对我们都无帮助。"

坎贝尔跟布洛杰特一样，似乎做好了充分准备回避大部分问题，虽然后来她揭发了一些有趣的事实，主要是她与布洛杰特之间的关系问题，这可能与她的态度有关。她和布洛杰特似乎相当规律地保持联系；在她作证前他们曾见过面，简单地说了说 GoTo.com 的情况。坎贝尔证明说布洛杰特告诉她，对于有关 GoTo.com 等级评定的负面宣传（这是对预测"一只股票比其他任何股票都优越"进行警戒的例子）"他很沮丧"。事实表明，股市泡沫期间布洛杰特一直为坎贝尔为自己做分析支付费用。

但托普曼想要得到更多证据。当时他拿着一封电邮质问坎贝尔。这封电邮我们并不陌生，在其中坎贝尔写道，当她开始对 GoTo.com 进行等级评定时，她不想成为该公司"管理部门该死的婊子"。在这封电邮中，她也对美林公司的分析行为提出了批评，这种批评听起来让人不寒而栗："那种认为我们独立于银行业务的整个看法都是一个笑话。"

"借问一下，这个 F–ING 是该死的意思吗？"托普曼问道。坎贝尔被问得不知所措。"我不想写这种话。"她说。托普曼再次打断她的话："你能解释一下你说的'我不想成为管理部门该死的婊子'这句话是什么意思吗？"

坎贝尔除了说些显而易见的内容外再也说不出其他东西了。"我想让他们不要再把他们的观点强加给我们。"坎贝尔说，又接着说自己在电邮中还写道："那种认为我们独立于银行业务的整个看法都是一个大谎言"，是一种想让银行家"退后"，让她干自己的工作的一种表达方式。

事情发展很顺利，美林公司另一位负责监督分析师的律师罗伯特·多布勒宣誓作证后不久，斯皮策调查人员的工作进一步明朗了。多布勒承认，一名分析师曾向他透露一个秘密：分析管理部门曾阻止她把"一只股票的意见"从积极评定降至更为消极的评定。他随后向分析部主任安德鲁·梅尔尼克印证此事，梅尔尼克说这不是事实，但是对于迪纳罗来说，这是证明美林分析部门如何运作的有力证据。

到现在为止，迪纳罗的团队已经发现了大量的文件资料，说明布洛杰特在电邮中如何用辛辣的语言来描述他对那些自己向公众炒作的公司的蔑视。多布勒曾提到布洛杰特一句特别生动的描述，他称讯通公司是一个

"火药桶"，而布洛杰特在其向公众发布的报告中却将这支股票标称为"买入"。

这时，总检察长助里加里·康纳进来找托普曼，他顺口问道："依你的意见来看，是否应该让投资公众清楚地知道一名研究分析师认为一只股票是一个火药桶？"

多布勒知道只有一个答案："是的。"

3月中旬，迪纳罗将其案件提交给斯皮策。迪纳罗说，根据收集到的电邮来看，美林明显为 GoTo. com 和讯通公司发布了具有欺诈性的分析报告。迪纳罗何以如此肯定？原来在过去的六个月中，他在自己的办公室里安了一块黑板，他把布洛杰特引起轰动的那些网络豪言壮语都记在了上面，也写上了他认为将这些话翻译为标准英语时要表达的意思。比如，"POS"，是布洛杰特对"一堆屎"的缩略语，而在对公众的报告中，他会将此种意思实际表达为"累积"。为了简单起见，迪纳罗就简单地写成"POS = 累积"。

但是从柯尔丝腾·坎贝尔和其他分析师的证词来看，这种欺诈行为往往不仅限于这两只股票。他说，美林的股票分析师们承受着巨大的压力，以使得他们歪曲评定等级以为公司赢得交易。多布勒的证词表明，分析部门的管理人员早已知道存在这种问题，但却没有采取措施加以解决。

迪纳罗认为，他应该审查布洛杰特在其短暂而喧闹的美林公司职业生涯中，有关他评定每只股票的电邮。斯皮策当然同意了。"把那些该死的电邮都给我拿来，全部！"他说。

次日，迪纳罗又发出一张传票，要求一些公司提供数万份其他额外电邮，虽然这些公司的名字总检察官办公室的人从来没听说过，但对美林公司的大量客户而言，这些公司再熟悉不过了，而这些客户现在正搁置着那些几乎不值一文的投资。几周后，总检察官办公室收到了许多公司的电邮，这些电邮涵盖了许多公司的交易信息，比如艾塞尔系统公司、埃克塞特网络服务商、生活守卫者网站和 24/7 媒体公司等等。当迪纳罗的职员们开始艰难地整理成堆的相关公司电邮时，迪纳罗的直觉被证明是正确的。

布洛杰特对这些股票的一些消极说法十分可笑。他称 24/7 媒体公司是"一堆屎"，而埃克塞特网络服务商是"一堆垃圾"，但这些股票却得到了公开的积极评价。当迪纳罗和托普曼看到布洛杰特给同事发电邮时用的那些缩略语时，两人笑得不得了。

办案人员中还有一位叫伊丽莎白·布洛克，此人原来领导一个小组调查有关剧院业的欺诈犯罪，现在则在此案中帮忙。布洛克发现的电邮也许是骂得最厉害的，在这封电邮中，布洛杰特表现出了自己面临的进退两难的境地。如果他降级一些股票，银行家们会攻击他；而如果他不降级这些股票，又无法履行其对小投资者的义务。他感到既彷徨又愤怒，布洛杰特便向他的老板开火，抱怨老板不给自己指条明路。

"如果还不传给我新电邮告诉我们给那些敏感的银行客户何种（等级）的话，我们将依据我们了解到的情况，开始评定这些股票（是股票，不是公司）……而不管后果如何。"

布洛克兴冲冲地闯进迪纳罗的办公室，把那封电邮交给他，等着他做出回答。迪纳罗只说了四个字："难以置信！"当托普曼看到这封电邮时，他的话还多一点："这真是一份让人吃惊的该死的材料。"

不一会儿，迪纳罗冲进斯皮策的办公室，把那页纸交给了他。迪纳罗告诉他的老板说，他已经发现了本案最有利的证据，也许是他作为一名检察官发现的最好的一条证据。斯皮策也被这条证据吸引住了，于是准备着手处理。

但是美林做好了应战的准备。此时公司的 CEO 戴维·科曼斯基正在向他的二把手斯坦·奥尼尔交接公司的工作。奥尼尔与典型的美林 CEO 有着明显的不同。他祖父曾是一名奴隶，他本人出身贫寒，十几岁的时候就开始在通用汽车的装配线上工作，后来在哈佛大学获得了 MBA 学位，然后在美林公司的管理层中一路搏杀。2001 年夏，就在新闻报道大张旗鼓地宣传亨利·布洛杰特分析的时候，奥尼尔被任命为总裁，同时成为科曼斯基的法定继承人，科曼斯基已经计划来年离职。

奥尼尔当然想在"美林妈妈"的怀抱中有所作为。在美林工作期间，他亲眼看到美林机构日渐臃肿而且无法提供足够的服务。他的解决办法是对公司进行大规模的全面改革，"9·11"之后立即开始，他砍掉了公司的事业部门，他认为这些部门养活不了自己，同时对管理结构进行改造。在美林内部，人们认为布洛杰特离开公司的同时奥尼尔掌管大权并不是巧合。

2002 年春，奥尼尔把目光集中到公司的法律部门，他认为科曼斯基在任期间这个部门也落伍了。而且他有充分的理由这么认为。因为美林的法律部门一度是华尔街最有名的，而现在却已经转变成为给监管者和寻求迅速解决问题的证券律师们带来滚滚财源的地方。当听说公司的律师们为杰克·扎曼斯基起诉布洛杰特一案交给对方 40 万美元支票，而在此之前从未征求管理部门意见的时候，奥尼尔气得七窍生烟。随着斯皮策的调查逐渐升温，他给法律部门下达的命令很简单："不要迅速地就问题达成协议！"

罗伯特·莫维罗是执行奥尼尔新法令的极佳人选。莫维罗被认为是华尔街最佳的白领辩护律师，而且在过去的 20 多年里，美林公司一直用他来处理各种各样的法律纠纷，其他任何对外律师都不如他这样受到美林的器重。就在不久前，他还曾一直列席斯皮策的调查取证，而且他不喜欢所看到的一切。莫维罗个头不高，胖得发圆，稀疏的头发总是油乎乎的，一口浓重的长岛口音，莫维罗是原联邦助理检察官，有华尔街首席律师的声誉，这很大程度上得益于其严肃的有时是恃强凌弱的策略，这种方法在与政府调查人员协商解决问题时好像能发挥作用。

莫维罗随即就出现在斯皮策位于曼哈顿南区那间乏味的办公室里，为斯皮策那似乎看不到尽头的调查作证。托普曼是他最经常攻击的目标，特别是在他开始从美林高级分析经理迪帕克·拉伊取证时更是如此。当时托普曼抗议说美林公司并没有移交他要求的那些文件，刚说完，莫维罗就指责他以此为借口恫吓正在作证的公司分析人员。"我们说这些夸张的话与此案有什么联系，"莫维罗吼道，"这只能是毫无意义，而且让托普曼先生在这儿哇啦哇啦地乱发牢骚，目的在于威胁恐吓证人。在今天这种环境下他说这样的话，真是无法无天，而且实际上极其愚蠢。"

托普曼反唇相讥："等一下，你刚才说那些话夸张，但是不加解释地拒绝提供重要核心文件我认为不是夸张。"但是莫维罗并不就此善罢甘休，他厉声责骂："胡说八道。从我走进这间办公室的第一天开始，你一直就试图恐吓证人，而且在我们提供了 75000 份文件后，你今天还这样大声斥责，这就是扯淡。"

托普曼又说，莫维罗的"这种人身攻击完全没有必要"，然后继续让证人作证，但是莫维罗与斯皮策的助手们及其本人的战斗一直持续到 3 月下旬双方开始协商解决之时。让我们来看看 3 月份的这场协商的场面：经过与莫维罗夹杂着愤怒的咒骂的讨论之后，斯皮策提出解决问题的条件，即一笔巨额罚金，以及分析与投资银行业务间的分离，这意味着分析师不能再帮助美林谋取投资银行业务，还有一个条件，就是要公布证据，主要是布洛杰特爆炸性的电邮。斯皮策称很多细节问题都可以协商，比如相关的罚金数量（他曾在私下里告诉他的助手们，他愿意以少于 1000 万美元的罚金解决这个问题）。但是有一个条件是不能协商的。那就是，斯皮策要将所有的电邮公开。

莫维罗的回答毫不含糊：没门儿！

几周来，双方一直处于僵持状态。美林公司认为，布洛杰特的电邮一直在被误读，而且"被断章取义"。美林公司的员工们抱怨说，斯皮策威胁美林。如果这种协商条件无法达成的话，斯皮策将起诉美林公司。迪纳罗就此案向美林公司内部律师安德鲁·坎德尔求助，此人在瓦科的领导下负责公司的投资者保护部门，他同样深知《马丁法》赋予纽约州总检察官的权力。迪纳罗相信，如果美林公司更清楚地认识到此案的严重性，认识到斯皮策已经退至极限，那么美林可能更愿意解决这个问题。斯皮策让迪纳罗警告坎德尔，调查远比"几封电邮要广泛得多"。坎德尔说他理解这些，但好像对此无能为力，因为莫维罗负责此事。

2002年4月的第一个周末，当斯皮策遇到美林的律师时，他的忍让达到了极限。美林的反应并没有松动。莫维罗说支付巨额罚金是小事，但如果要公开电邮的话，美林永远不同意就此问题达成协议。斯皮策和莫维罗继续进行协商，尽管有时讨论因为二人的大吵大骂而变得白热化，但还在继续着。美林公司的人对斯皮策表现出来的阴暗面很是吃惊：他看上去像一个学龄前的雅皮士，但是吵起架来则像来自布朗克斯更爱闹事的地区，而不是他成长的豪华河谷区。当时，美林公司的另一位律师埃德·约多威策，也是斯皮策的朋友，他努力想让讨论更理智一些，于是他问斯皮策，如果斯皮策要提起诉讼的话，他能否答应先给他打个电话提醒一下。斯皮策说他会的。

但是斯皮策的心情在又一次与莫维罗举行的讨论之后变了。当时莫维罗向这位年青的总检察长就如何处理华尔街大公司提出了一些苛刻建议。莫维罗说："埃利奥特，如果我是你，我会很小心谨慎的。美林有许多有权势的朋友。"这次，莫维罗可有点儿过头了。"鲍勃，你跟我玩永远不会赢。"（在一次采访中，莫维罗说他跟斯皮策的好多激烈谈话中都说过这些话，但他不记得是什么时候了。）

莫维罗严重失算了。实际情况是，斯皮策起诉美林几乎没有任何损失，因为当时很多美国人都指责经纪业无耻的行径导致了股市暴跌。不仅如此，他也拥有一部支持他的法律，那就是我们多次提到的《马丁法》。这部法律的部分威力就在于它赋予精明老练的检察官起诉一起案件的资格，而无需说明案件的刑事或民事性质，而且如果起诉对象担心被起诉的话，可以协商一个合适的解决办法。这正是斯皮策现在所做的。与莫维罗的对话结束后，斯皮策立即命令迪纳罗周末加班工作，准备起诉美林公司的"354案件"，根据《马丁法》，如果协商谈判仍无进展的话，那么在稍晚些时候，总检察长有权以证券欺诈罪起诉美林公司和布洛杰特。尽管斯皮策向埃德·约多威策许诺，如果要起诉先给美林"提个醒"，但斯皮策认为在即将到来的一场针对案件实体的公关战中，突袭将成为至关重要的因素，所以不提醒也罢。

同时，迪纳罗有更多直接的发愁事。因为当时他老婆正在分娩他们的第二个孩子，当他和老婆正在医生的诊所（他老婆正在练习呼吸技巧）时，迪纳罗的电话响了，是斯皮策打来的。他希望迪纳罗周末加班，准备启动《马丁法》程序，筹备周一上午在州最高法院对美林公司和布洛杰特提起诉讼。这个电话差不多在他老婆进了产房生下一个美丽的女儿之后才结束。那个周末，当迪纳罗写完此案的最后一个字的时候，一些同事们都围过来，取笑他对工作的敬业，而且建议他应该给他新出生的孩子取名为"美林"。迪纳罗只是笑了笑。

并不是每个人都觉得迪纳罗的工作好笑。虽然斯皮策和莫维罗在那里"表演"，但是布洛杰特的分析几乎没有引起证券交易委员会的注意。直到迪纳罗开始整理法院指令的前几天，美林一个疯狂的电话打到了SEC的总部，这时交易委员会才注意到布洛杰特分析报告的问题。美林的法律部门告知委员会，他们与斯皮策的协商进行得很艰难，斯皮策以类似华尔街核战争的方式威胁公司，同时警告美林如果达不成协议的话，他将起诉美林。

对于 SEC 来说这种情况很危急。考虑到主席哈维·皮特以前曾任美林公司的首席律师这层老关系，他要直接卷入此事明显就会带来利益冲突。但如果 SEC 什么也不做，结果可想而知，一定更糟。没有哪家华尔街公司能逃脱犯罪起诉，而且美林应付的小投资者数量比华尔街任何一家公司都要多，而斯皮策正威胁要杀一下美林的气焰。

SEC 执行部门的头儿斯蒂芬·卡特勒正负责查明斯皮策的动向。卡特勒现年 41 岁，毕业于耶鲁大学法学院，他在 SEC 只有三年时间，此前大部分时间是在私人事务所工作。自从担任了 SEC 执行部门的主任后，他一直忙着笼络手下人，但这并不容易。他手下很多经验丰富的调查员对他执法经验的缺乏感到不满，尽管最近他因成功起诉瑞士信贷第一波士顿而赢得了他们的尊重。在这一案件中，他迫使这家公司支付了 1 亿美元的罚金，原因是这家公司通过其明星银行家弗兰克·奎特隆向一些大额客户索要高额费用作为获得抢手 IPO 股票的条件。（奎特隆并没有被起诉。）

现在，卡特勒面临着他短暂任期内可能最严重的危机。在股市泡沫后，SEC 几乎对分析冲突没采取过任何措施，而且皮特的分析师改革显然也化为泡影了，这就给斯皮策一个很大的优势，让他宣称这个问题只有他才能解决。卡特勒知道自己要迅速做出反应。接到美林的电话后，卡特勒问他的手下人对斯皮策的案件了解多少。然而好像每个人都没有注意到斯皮策的调查。但是一位在执行部门呆了 15 年的元老比尔·贝克，同时也是 SEC 最佳调查员，说他知道如何查明情况。几年前，他曾与埃里克·迪纳罗在一桩卖空投机公司的案件中共事，而且他好像是一个坦白正直的人。于是贝克自愿给迪纳罗打电话，看看他知道什么情况。

贝克与迪纳罗的对话是以一个简单的问题开始的："你这家伙要起诉美林公司分析冲突的所有问题吗？"他问道。但是，迪纳罗的回答可要复杂得多："你为什么想要知道这些？"

"因为那是美林。"贝克回答说，贝克没有必要告诉迪纳罗他对付如此著名的目标一事已经成为 SEC 最关注的事情。随后，他解释说 SEC 一段时间以来一直关注着这个问题，而且愿意为调查提供支持。"我们可以展开联合调查。"贝克说。迪纳罗说他会跟斯皮策说明这种意向，而且有情况会通知他。

事情的确迅速发生了变化。就在贝克的电话结束后，斯皮策与美林的协商几近失败，迪纳罗忙于起草他的控诉。同时斯皮策也急于寻找政治支持，以在此案公开后，帮助他应对美林公司的反击。他的第一个电话打给了议员舒默。舒默是国会银行委员会的高级成员，他能成为斯皮策的重要同盟。此人与证券界的关系比华盛顿任何民主党人都要密切，这得益于他对有利于华尔街的立法的支持，比如废除《格拉斯－斯蒂格尔法案》，扼杀莱维特的会计改革措施等。他同样在竞选时从华尔街主要公司的捐献中募集了数万美元，而且他定期与华尔街最高级的 CEO 们举行会议。

舒默同时也是一个对新闻成瘾的人，斯皮策相信，考虑到越来越多的投资者在股市泡沫后对华尔街的愤怒，他会在此案上提供支持。斯皮策给舒默描述了一下美林案的一些证据。"您应该关心此事，这可是个大问题，"斯皮策告诉舒默说，"您在银行委员会，而且这些家伙正在压榨投资者。"但是舒默并不想了解斯皮策的"圣战"。"这是纽约的公司，我不想参与进去。"他说道，随后又说自己不会这么做。（舒默通过一位发言人说，他告诉斯皮策"纽约政客只能在必要的情况下才公开攻击纽约的公司。"）

斯皮策无意走回头路，特别是当他结束了接下来的这次对话之后，他更加坚定了。提起这次对话，还得从头说起。2002 年春，原纽约市市长鲁道夫·朱利安蒂仍然沐浴在自己国家英雄的状态之中，这主要是由于他在"9·11"恐怖袭击后为了使纽约城从废墟中站起来并开始运转所做的工作。在当年更早的时候，朱利安蒂离开那个职位后，自己开了一家咨询公司，适宜地将其命名为朱利安蒂合伙公司，合作者绝大部分是他在市政府的密友。在美林与斯皮策的协商陷入困境之后，这家公司找到了鲁迪。①

与斯皮策一样，朱利安蒂自己的政治生涯也是始于对华尔街欺诈的制裁。他处理过很多著名案件，其中包括将可疑罪犯在他们的同事面前戴上手铐，而他认定的一些犯罪最终被证明无罪。但这并没有什么大不了，朱利安蒂作市长期间曾获得两大名号，其一是公司犯罪的斗士，另一个则是街头犯罪的成功打击者。

但是美林过分高估了鲁迪的能力，至少与斯皮策相比如此。事实证明，近年来朱利安蒂与斯皮策曾有过好几次舌剑交锋。比如在朱利安蒂当市长期间，曾出现过一系列警察暴力事件，斯皮策因此称其为"独裁者"，这至今仍让朱利安蒂感到隐隐作痛。而斯皮策的助手们说，由于鲁迪至少有一次没有回斯皮策的电话，所以总检察长感觉受到了蔑视。

为了避免直接对抗，朱利安蒂请斯皮策在对美林公司采取任何措施之前再三考虑一下，这可是对纽约经济有着至关重要作用的一家公司。斯皮策告诉朱利安蒂说，他的话不得要领。他的调查发现了一些令人不安的行为，这可能就是导致很多小投资者巨额损失的那种欺诈行为。他们二人的对话一度升温。朱利安蒂解释说，考虑到美林公司在"9·11"之后返回到曼哈顿商业区，而没有逃到河对岸的新泽西，应该再给美林一次机会。斯皮策说他只帮助受到侵害的小投资者。

在最后关键问题的讨论中，双方都恢复了平静，朱利安蒂请求斯皮策网开一面。"埃里奥特，您能再考虑一下我提出的建议吗？"

斯皮策说他会考虑的。几分钟后，迪纳罗出现在法庭上，起诉美林公司。

迪纳罗已经给 SEC 的比尔·贝克留了一条语音信息，告诉他要起诉的

---

① 即鲁道夫，也就是上面说的原市长。——译者注

 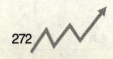

事情。当卡特勒听到风声说此案中有一些具有轰动性的电邮时，他对起诉感到愤怒。而当道琼斯新闻社头版新闻报道了纽约总检察长起诉美林公司、布洛杰特及其几名分析人员发布不公正分析报告时，美林的高管们如热锅上的蚂蚁。"我们不知道正在发生什么情况。"当要求高级公关官员詹姆斯·威金斯发表评论时，他这样说。

这种评论并没有完全反映实际情况。当美林公司庞大的公关机器勉强拼凑出一个计划的时候，斯皮策正准备公开他的调查发现，包括那些描述了血淋淋的细节的机密电邮和文件。这不，在仅距美林总部几个街区的总检察长办公室召开了新闻发布会，会上斯皮策的表演相当投入。"今天，我将宣布对全国最有名的华尔街公司之一美林公司历时十个月之久的调查的初步结果。"他说道。接着，他以电邮作为道具，引领记者们回顾了他对美林分析行为近一年的调查。在过去的两年中，布洛杰特一直受到人们的攻击，人们认为他过度迷恋网络而无法看到其行将覆灭。但是，如果斯皮策可以相信的话，那么布洛杰特不仅看到了即将到来的衰退，而且他也向小投资者隐瞒了这种情况，而美林公司那时还在继续从其报告中被炒作的公司那里压榨巨额佣金。

当斯皮策站在这些记者面前，镇定而强有力地解释美林的各种罪行的时候，当他把布洛杰特的电邮公布于众的时候，斯皮策显然不是那个"意外当上的总检察长"。他告诉记者，就在布洛杰特将一家叫生活守卫者的公司股票向小投资者推荐为"吸引投资"的几个月前，他如何将这家公司称为"POS"（他对"一堆屎"的简称）。在另一封电邮中，布洛杰特甚至在催促小投资者购买讯通公司股票的时候，仍称这家公司为"火药桶"。至于 GoTo.com 公司，布洛杰特在 2001 年早期向公众发布了积极的股票报告，但却告诉一位重要的资本经营者：除了银行佣金外，他对这支股票没有任何兴趣。只有当这些佣金几个月后被竞争对手抢走的时候，布洛杰特才降级了这只股票。

　　斯皮策有大量的材料来支撑自己的起诉,即美林的分析不仅存在冲突,同时也是一种欺诈。调查人员伊丽莎白·布洛克发现的证据十分关键,这些证据表明布洛杰特威胁说"我们将依据我们了解到的情况开始评定这些股票……",这一发现消解了华尔街长久以来的那个借口:对于银行客户的所有积极股票评定均是分析师们诚实的意见表达;证人柯尔丝腾·坎贝尔在电邮中写道:由于分析师为了巴结那些公司客户,所以"约翰和玛丽·史密斯正在失掉他们的退休金",这是在强调分析冲突的真正受害者是普通的美国民众。斯皮策描述这些材料说:"这是华尔街最可信任的一家公司骇人听闻的信任背叛。"

　　新闻发布会结束后,斯皮策的手下们开始拿起电话,告诉记者们美林公司的问题远没有结束,而迪纳罗则径直去了州高级法院去取法官的指令,这一指令强制要求美林就其分析程序进行几项适当的"体制"改革。美林公司所犯的部分的错误在于,它并没有将埃利奥特·斯皮策当作一种政治力量认真地加以对待,而现在,当斯皮策开始向全国的电视和报纸记者猛烈抨击布洛杰特的电邮时,美林公司必然要为此付出代价。

　　在各种采访中,斯皮策开始增加砝码。他继续暗示说,如果达不成协议,那么他仍然会选择对美林和布洛杰特提起刑事诉讼。美林不仅要支付罚金,而且将不得不严格分离投资银行和分析这两种功能,而且当时斯皮策还指出,美林应该通过"资产分派",将分析部门分离成一个完全独立的实体。美林则反击说,如果这样做,斯皮策将使分析部门歇业破产,因为给分析师们支付薪水需要银行部门,同时也需要银行功能的支持。

　　后来,斯皮策的态度有所缓和,他要求美林公司追加保证条款,但他并没有缓和其辞令的浮夸性。根据《马丁法》,美林公司的高管们被迫得出席公开听证会。斯皮策的手下提出了一份候选名单,其中包括公司一些高级分析经理,有美林新任首席律师罗斯玛丽·伯克里,她也是斯坦·奥尼尔管理部门的成员。伯克里的作用重大,因为她一直是美林协商小组的成员，而在 20 世纪 90 年代晚期为了进一步发展，她和梅尔尼克也共同承担着公司分析部门主任的职责。

美林公司对斯皮策的进攻所做出的反应让已经很糟的情况更加恶化。公司庞大的公关部说，布洛杰特的电邮被"断章取义"了，而这种解释无疑是一种滑稽可笑的借口，因为斯皮策已经公布了一本厚达 300 页的记载美林电邮的本子，其中记载的电邮比起诉时所提到的还要多。然而即使当记者们公开嘲笑其对策时，美林数周来仍一直坚持这种说法，还发表一份声明指出，斯皮策的起诉案事实上"没有根据"。"如果再公正地回顾一下事实，那么可以证明美林进行的分析是独立的，是诚信的。"美林公司说。

然而，美林的问题似乎越来越麻烦了。在寻找一条庭谕的过程中，斯皮策开始求助于鲜为人知的《投资公司法》条款，这是一部规范大型共同基金行业的法律。根据这部法律，任何知道自己处于法庭裁决过程中的公司都必须结束其基金业务。这一举动会将美林公司经纪客户持有的投资置于危险境地，而这些客户也正是斯皮策努力去保护的。

当斯皮策得知这一规定后，他随即给 SEC 执行部门主任卡特勒打电话，向他寻求法律方面的建议。作为证券法的专家，卡特勒知道《投资公司法》可能比法律界其他任何法律都要好，但是现在，他心里还惦记着其他事。"比尔·贝克说迪纳罗在这起诉讼案上给了他错误的指示。"卡特勒怒气冲冲地说，指的是案件起诉前迪纳罗与贝克间的交换条件。斯皮策立即为所有混乱情况表示歉意，并说以后他会更加合作。卡特勒没有必要接受斯皮策的理由，但他继续解释说，美林的法律部门并没有虚张声势，如果提起一项法院决议，那么基金业务便会处于危险之中。

奉斯皮策之命，迪纳罗在斯皮策另外一位高级检察官迪特尔·斯内尔的陪同下返回法庭，对那家大经纪公司提起修正诉状。当迪纳罗和斯内尔站在法官席前等马丁·舍恩菲尔德的时候，他们与老朋友鲍勃·莫维罗相对而视，进行着无声的交流。莫维罗愤愤不平，好像在说："这是不负责任的行为。"而老到的刑事检察官斯内尔只是眼球骨碌碌地转了转:"我不这么看,鲍勃。"这便是他所有要表达的意思。

舍恩菲尔德同意了修正指令,允许美林共同基金业务继续进行,但命令美林开始实施斯皮策要求的其他改革,比如强迫美林披露其分析,不管美林与其推荐的公司存在银行关系还是有意去建立这种关系。斯皮策还要求美林将其对所有特定行业发布的"买入"或"卖出"股票推荐意见贴在公司的网页上。那天结束时,美林公司的高管们已经被折磨得死去活来了。亨利·胡是得克萨斯大学的金融学教授,他把布洛杰特的电邮比作"原子弹",因为这些电邮清楚地解释了在股市泡沫期间,满足银行客户的压力如何成为那些似乎过分脱离实际的积极股票推荐意见之后的驱动力。律师们发誓要起诉公司,来为那些因听信布洛杰特而遭受损失的投资者们挽回数百万甚至可能数十亿美元的损失。公司的经纪人们骚动了,抗议说除非投资者相信分析师能写出客观的分析,否则他们将失去客户。

在华尔街,这种反应也不太好。虽然在斯皮策宣布对美林的起诉案后,美林股份收盘时只下降了45美分,但是最糟糕的事情还没有到来。接下来的一周,美林损失了50亿美元的市值。当月底,由于交易者们开始将美林公司可能遭受刑事起诉(目前,没有哪家公司能逃过这样的起诉)的可能性作为考虑因素,致使美林股份的市值下降了110亿美元。

即使是皮特,那位曾经担任美林公司对外律师的现任SEC主席,也被斯皮策发现的资料震惊了,他告诉美林的CEO戴维·科曼斯基说,那些电邮"说明了你们对顾客的蔑视"。科曼斯基也有相同的反应。听说布洛杰特称一支他推荐的股票是一堆屎,科曼斯基说:"这真让我作呕。"比尔·贝克还因斯皮策和迪纳罗对SEC的偷袭而感到愤怒,但甚至他也向一位同事承认此案"办得太好了!"据一位知情人说,当他听说美林认为布洛杰特的电邮被误解了,贝克禁不住大笑起来。如果布洛杰特的电邮真被误解了,那"布洛杰特把那家公司称为一堆屎的时候,他实际想说什么?"当时他问道。

　　然而，最大的笑话发生在布洛杰特自己身上。几乎在一夜之间，布洛杰特的公众形象已经从一名被误导的但却是新经济的真正信徒，转变为一个愤怒的、存在个性冲突的人，一个好像背叛了自己对万能金钱之原则的人。布洛杰特不仅面临刑事起诉的威胁，而且他好像在华尔街再也找不到工作了。

　　随着压力不断增大，布洛杰特向朋友们发牢骚说，他的"名声正在遭受"一名变节政客的"践踏"，而且他想公开自己这一方的隐情，即他并没有发明这个冲突的分析体制，现在自己反倒成了它的标志。但是随着采访电话蜂拥而至，布洛杰特突然认识到，他什么都不能说。当他在2001年12月离开美林公司的时候，他签订了一份秘密协议，基本上将表达自己这一方内情的权力放弃了。这份协议涵盖了他在美林这几年的所有问题。

　　但是有一个电话他无法完全忽视。回想起三年多前，美林公司技术银行部原头目斯科特·赖尔斯一直帮助他得到这份工作，这份曾让他一举成名而现在又给他带来如此巨大痛苦的工作。赖尔斯于1999年晚期离开了这家大经纪公司，自己办起了一家专门从事技术行业投资的银行，他也痛心地看到，一名忠心耿耿的雇员正在被这家曾经以"美林妈妈"而闻名的公司深深地伤害着。当时，赖尔斯让布洛杰特当他的助手。"我可以做见证人，我能够证明。"赖尔斯记得在给布洛杰特的电话中这样说。但布洛杰特似乎筋疲力尽了，以至无力还击。"他们不是在争论事实。"

　　不管他们正在争论什么，斯皮策发现的证据都有着深远的意义。由于受到斯皮策调查材料出其不意的攻击，SEC开始仓促忙自己的事儿。卡特勒与皮特坐在一块儿密谋对策。在皮特的领导下，SEC着手进行的调查比历史上任何时候都多——就在世通公司宣布其需要重申40亿美元赢利的第二天，他就命令手下的律师对这家公司提起诉讼。这种反应速度对任何调查来说都是最迅速的。但是大量的丑闻严重破坏了 SEC 的名声并进而影响到皮特，他没有认识到自己在公众中的低调给人们造成了这样一种印象，即他在为以前的客户掩饰。也许最具有破坏力的是斯皮策已经将 SEC 执法机器的漏洞暴露出来了。就在斯皮策公布了那些电邮后几天，紧跟在卡特勒屁股后面出现了一种批评意见，那就是为什么 SEC 一年前进行自己的调查时，"华尔街的高级警察"没有发现布洛杰特那些轰动性的电邮。"谁会想到这些家伙会愚蠢到把这些材料都写到电邮里去。"卡特勒说。但是卡特勒比谁都更清楚。因为他知道，在 SEC 去年的调查过程中，调查主任洛丽·理查兹根本没劳神费力地去索取电邮。讲到这儿，各位看官也许会问，到底丑闻的根源在哪儿，有多少丑闻影响到了 SEC？话得从头说，其实各种丑闻的根源要算安然公司了，这是由 SEC 原主席小阿瑟·莱维特发现的，类似的丑闻接踵而至，比如阿瑟·安德森、世通公司以及现在的分析冲突，这都影响了 SEC 的形象。好了，我们接着讲卡特勒。

现在，卡特勒告诉皮特他认为最容易的一个解决办法：加入斯皮策的调查。"接受他，"卡特勒说，"让他成为英雄。"

但是皮特对此并不感冒。皮特认为斯皮策已经发现了美林欺诈的重要证据，但他同时对斯皮策的动机表示怀疑。实际上，他把斯皮策看成一个正在寻找报纸头条和进入纽约州州长官邸门票的政治机会主义者。皮特认为，接受斯皮策将有损于 SEC 作为国家级证券市场监管者的地位。一个单独的州官员为华尔街设定一个国家标准，这在近代史上还是第一次。

但是卡特勒对皮特的策略仍表示怀疑。斯皮策要比绝大多数人想象的更精明而且更难对付，最重要的是，他已经找到了对美林最有威胁的证据。如果委员会不迅速做出反应，他相信，斯皮策会让华盛顿很多人在面对"繁荣"的公司欺诈时显得软弱无力。至少 SEC 应该着手进行自己的调查。"哈维，你还是放手让我干吧。"卡特勒说。

这次，皮特同样告诉卡特勒再等等看。然而，这个决定又是金融界最精明的皮特另一个糟糕的命令。当 SEC 还在那儿站着不动的时候，斯皮策的办公室又一次发起了攻势，攻击皮特通过阻止其执行部门主任与 AG 的调查人员通力合作，而成为证券界的一条走狗。在大约两周的时间里，皮特依然不公开表态，当他权衡取舍的时候，要求其下课的呼声开始高涨。随后，事情发生了变化。舒默，这位在皮特议员批准过程中满腔热情地表示支持的人走进了画面，作为中间人为斯皮策与 SEC 提出一个和平条约。"我们在我的办公室开个会吧。"舒默告诉斯皮策，斯皮策表示同意。

但是，就像舒默的迅速出场一样，他很快就退场了。几天后，舒默说他的日程安排有冲突，会议改在 SEC 总部皮特的办公室里举行。当斯皮策和迪纳罗到达华盛顿特区 SEC 的总部时他们才明白，舒默的突然变卦预示着将会出现更多的问题。皮特浓黑的山羊胡和过粗的腰围让他成为一个能给你留下深刻印象的人物。今天，他坐在一个大橡木桌子后面，两侧是他的首席律师戴维·贝克尔、NASD（美国证券经纪人协会的简称）的二把手玛丽·夏皮罗，还有 NYSE（美国证券交易所的简称）的监管主任爱德华·夸尔瓦泽。而值得注意的是，执法部主任卡特勒缺席了。

美林公司的一名主任抗议斯皮策的调查是专门用来对付美林的行业行为，斯皮策好像也理解美林公司进退两难的尴尬境地。于是他告诉与会的人说，他希望扩大其"体制改革"至其余的经纪行业。现任 NASD 副主席玛丽·夏皮罗立即表示反对，指出该机构已经在考虑对分析师制定严格的规章。斯皮策看上去有些迷惑不解。"谁最后有权做决定?"他反击说，"难道你们这些家伙不是监管者吗?"夏皮罗眼球骨碌碌转着不说话了。

皮特绝大部分时间是坐在那儿倾听这些监管者们唇枪舌剑。会议将要结束的时候，他告诉斯皮策，因为美林曾是自己的一个客户，所以他已公开宣布取消自己任何有关美林公司的执法行动资格。但是，他过去与华尔街的关系不妨碍他在华尔街股票分析改革中发挥积极作用。斯皮策可以帮助起草新措施，但华尔街分析的任何改革必须出自于我皮特的办公室。换句话说，你斯皮策不要插手我的事儿。对此，斯皮策只是简单地回答说，他的办公室会支持任何保护小投资者的举措。

皮特并不十分了解斯皮策，但经过这几个小时的接触，他最主要的感觉是，卡特勒是正确的——SEC 需要重返这场游戏，否则斯皮策将会肆意地抢这个机构的镜头。皮特马上授权卡特勒开始对华尔街分析冲突问题展开自己的竞争性调查。SEC 向华尔街最大的投资公司邮发了正式通知，要求这些公司提供有关其分析过程的文件和其他信息。这将成为 SEC 对华尔街开展的最大规模的调查，也是这个机构第一次认真地试图揭露华尔街的分析欺诈。受到此番调查的公司形形色色：摩根、美林和所罗门美邦，它们主要通过它们的庞大经纪部门与投资者交易；高盛和 CSFB（瑞士信贷第一波士顿的简称），专门从事向资深的机构投资者销售股票。卡特勒认识到，他把泡沫期间西海岸专门从事网络承销的"小型专业公司"中的一家公司给落下了。他的一名手下提出一个叫托马斯－韦塞尔合伙公司的名字，这是一家位于旧金山，由老练的技术银行家托马斯·韦塞尔创建的投资银行。"那就把它们加到名单里。"卡特勒说。

皮特准备进攻了。在一次对财经记者的演讲中，他对斯皮策和《马丁法》进行了猛烈抨击，他说 SEC 拥有联邦法赋予的权力以及处理各州出现的所有事情的权力。他也批准了一系列股票分析条例，这些早在 2001 年晚期他就开始制定。对于皮特而言，这些条例大部分远超出了莱维特试图完成这一制度的所有努力。其中规定：除了通过电视公开其与投资银行的关系外，分析师们不能再许诺发布积极的分析报告以换取银行业务，同时银行家们不再在分析人员监管中发挥作用。

在公开场合，斯皮策称赞这些措施对小投资者而言是好消息；而私下里，他号召其手下人振作精神，扩大调查范围，不仅仅限于美林公司，而要扩大到那些曾处于股市泡沫风口浪尖的公司和分析师：摩根斯坦利及其著名的网络分析师玛丽·米克，还有，当然不能少了花旗集团的所罗门美邦公司及杰克·格鲁布曼。斯皮策找到自己在州政府的朋友寻求支持，纠集了一伙也将对华尔街分析恶习进行调查的州经济官员。其中，野心勃勃的马萨诸塞州州务卿威廉·高尔文开始着手对 CSFB 进行调查，主要集中于弗兰克·奎特隆的行为；高盛则被犹他州调查；而斯皮策自己则集中对摩根和花旗集团展开调查。"这太好了，"摩根的一位执行经理不无讥讽地说，"我们被绿色贝雷帽光顾，而高盛则被来自犹他州的一群家伙盯上了。"

现在，华尔街正准备迎接一场持久战。回答 SEC 和 NASD 那样的国家监管者的质询是小事一桩，因为那里的调查人员多年来一直与证券公司的律师们打交道；但是现在，每家公司都面临着向 50 个州的监管者答复的可能，而所有这些人都是野心勃勃的政客，他们想模仿斯皮策对美林采取的对策，而且想利用华尔街作为升官的跳板。

美林显然是在打一场最持久的战争。当协议谈判进入第二个月的时候，美林公司的高级职员好像调整了战略，从被动的应战转变为主动进攻，他们努力争取有利的新闻界人士，计划在友好的报纸上写作专栏文章，与斯皮策玩玩好警察坏警察的游戏。2002 年 4 月下旬，在谈判中一直没有发挥什么作用的 CEO 戴维·科曼斯基突然出现并发表了一份声明，承认布洛杰特的电邮"远不符合专业标准，而且其中部分内容与我们的政策不一致"。科曼斯基还说，公司准备采取"有意义的重大举措让投资者恢复对美林的信赖"。

一天早上，斯皮策收到美林公司送来的一件小礼物。这是美林在"9·11"恐怖袭击之后重返世界金融中心总部的一盘录像带，其中还有纽约市市长迈克·布隆伯格和参议员舒默称赞此举的镜头。看完这盘录像带，斯皮策并没有留下什么印象，他随即给美林公司的一名高级律师打电话，让他解释一下这盘录像带要表达什么意思，但对方的回答同样也没起什么作用。"我喜欢你们这些家伙返回曼哈顿商业中心的做法,"斯皮策告诉美林的一名律师说,"但这与此事无关。"

美林公司采取的策略好像一度产生了效果。该公司股票价格经历了急剧下跌之后,当《华尔街日报》专栏发表有利于美林公司的文章,说美林的电邮被"断章取义"后,其股票价格开始稳定。像史蒂夫·福布斯这样一些保守的评论家也开始鹦鹉学舌般说美林说得对。但是当斯皮策随后公开加大了对美林的批评,提出更多有关布洛杰特电邮的内容,从而导致公司的股票价格进一步下跌的时候,美林的好运并没有什么实际效用,当时,美林的一项内部调查显示,近70%的经纪客户对公司表示反感。

而且事态将进一步恶化。斯皮策的办公室现在成了有关分析冲突的文件交换中心,从集体诉讼到私人律师起诉的文件都有,这意味着斯皮策的调查不仅停留在网络部门,不久将会扩大到公司其他分析领域。在过去的五年中,律师杰弗里·利德尔一直搁置着大量文件和记录,这是原美林能源分析师苏珊娜·库克对美林提起仲裁的文件。相信各位看官对此案并不陌生,当时库克宣称美林的分析主任梅尔尼克曾订立了一种制度,这最早可追溯到20世纪80年代,根据这种制度分析师的薪水是根据其银行业务而定的。美林最后不情愿地支付了80万美元了结此案,并将之保密。

利德尔在斯皮策的办公室见到了罗杰·瓦尔德曼,作为一张传票的代价,他将所有的文件都交给了对方,这张传票也使那份秘密协议宣告失效。利德尔解释说,这些资料内容显示,总检察长办公室的案件"并非只涉及布洛杰特",还包括前分析主任安德鲁·梅尔尼克(此人自从离开美林之后在高盛当上了分析部门的副手)。瓦尔德曼听起来好像很感兴趣。"听起来太好了。"他说,又补充说斯皮策毫无疑问也会感兴趣的。

但是斯皮策需要利德尔多少帮助并不清楚。事实表明,梅尔尼克远不是一开始人们认为的那种对冲突性分析应负责任的人。尽管他订立了制度，要求美林的分析师们要为他们的年底分红而列出银行业务清单，但是斯皮策发现，在梅尔尼克的电邮中，他也要求分析师不要为赢得银行交易而歪曲等级评定。在一封电邮中，他告诉一名分析师："我们的工作不是写新闻稿。"即便如此，到了5月的第一周，美林公司的股票从斯皮策开始调查起还是下跌了25%，同时人们也开始猜测公司的未来。一些评估机构也帮腔附和，发布报告，预测一家华尔街大公司在被起诉的情况下，股市将做出何种反应，以及投资者应该采取哪些措施来保护自己持有的股份。

尽管斯皮策向手下人承认起诉美林不大可能，但在公开场合，他继续保持进攻态势，在记者采访中拒绝排除起诉美林及其相关个人的可能。美林的问题似乎每时每刻都在增加。最初，斯皮策一直盘算着如果能够与美林达成协议，允许将电邮公开的话，让美林支付小额罚金——只有1000万美元就算了。

但现在既然电邮成了众人皆知的公共记录，斯皮策的手下开始催促他们的头头把目标定得高点儿，把罚金最高定在1亿美元。而且并非只是手下人向他提出这个数目。各位可能会问，是否还有人刺激斯皮策提高这笔罚金？当然有，若问何许人也，容我慢慢道来。尽管斯皮策接受了很多记者的采访，但斯皮策还是很奇怪，那份有商业档案之称的《华尔街日报》还没有把对他的报道放在第一版。甚至更让他感到奇怪的是，《华尔街日报》2001年6月的报道从根本上引发了调查。一天晚上，他偶然碰到了《华尔街日报》的总编辑保罗·斯泰格尔，决定提出这个问题。斯泰格尔的回答刺痛了他的心："5000万美元让你得到C版头条报道。你罚1亿美元，我就让你上头版。"（斯泰格尔说此乃一句玩笑。）

由于斯泰格尔的话萦绕耳畔，所以斯皮策提出了1亿美元这个不可思议的数字。当然，美林公司有其他想法。当《华尔街日报》问美林是否愿意满足斯皮策的要求时，发言人詹姆斯·威金斯回答说："1亿美元的罚金对美林来讲是不能接受的。"但当报纸付印前，美林的新闻官请《华尔街日报》的记者删掉报道中威金斯的话。他们并没有说明原因，但后来一切就清楚了：美林内部开始达成新的共识，考虑到布洛杰特电邮的性质，他们认为1亿美元的罚金接受起来并不困难。

2002年春，纽约证券交易所董事长理查德·格拉索颇有几个需要考虑的问题。他是一个矮小的热情男人，头总是剃得光光的，他本人就是纽约的一个成功故事。他在纽约皇后区杰克逊高地的工人阶级家庭长大，当他还小的时候，他的老爸弃家出走，把抚养孩子的重担交给了他的母亲和两个姨母。从纽约市公办学校毕业后，他曾在军队服役，在佩斯大学短暂学习，后由于眼睛检查不合格未能当上纽约市警察。此后在纽约证券交易所找到一份每周81美元的工作，在那里，他度过了接下来的35年。

这段时间，格拉索赚的钱远比入门时多得多。在斯皮策准备起诉美林公司期间，NYSE批准通过的格拉索薪酬和红利超过了3000万美元，而且对华尔街大的投资公司来说，这笔钱花得值。在网络股市狂热时期，没有人能够比格拉索更能保护华尔街的利益了。当那些学者们预测认为NYSE的专家系统——在这个系统中，专业的经纪人负责为股票买入者和卖出者牵线搭桥——要灭亡时，格拉索像正在传播《圣经》的施洗约翰①一样宣讲人力要比计算机好。一些人认为他不会成功；确实，他自己团队的几名成员都在努力劝说监管者以纳斯达克计算机模式代替专家系统。但格拉索公然反对这种悲观态度，他不仅击败了计算机鼓吹者，而且竟然在2000年牛市行将结束之时，通过让许多公司来纽约证券交易所进行交易，增加了NYSE宝贵的"名单"。

但是格拉索最辉煌的时刻，并非是作为一个生意人，而是作为一名领导者。"9·11"恐怖袭击之后，格拉索由于满足了总统向恐怖分子传达重

---

① 耶稣的表兄，曾为耶稣洗礼。——译者注

要信息并及时开始股票交易的命令而一举成为民族英雄。对于格拉索而言，其"9·11"经历并非是为了公事，而是一个个体的责任。他是与大量的纽约警察和消防队员一起成名的，其中在袭击中死亡的几位还是他的朋友。他想让证券交易所不仅成为一个股票交易的地方，而且成为美国面对恐怖主义时其恢复能力的标志。经过一次积极进取的公关战役，他的这一策略发挥了作用，不仅仅在华尔街之外提高了 NYSE 的形象，同时也使他本人成了明星。不久人们便传言他可能会成为财政部长或未来的 SEC 主席，同时，当主流电视节目需要一个采访对象谈经济问题时，他也成了那里的常客。由于担心格拉索会找另一份工作，所以 NYSE 董事会像对华尔街 CEO 那样为其支付报酬，2001 年他的薪水提高到 3000 多万美元。但是格拉索与华尔街分析师不同，因为华尔街的 CEO 们在进入酒店时，通常不会受到起立欢迎，但坎帕格诺拉酒店的侍者总管萨尔·隆巴尔迪一天晚上在引领格拉索来到他喜欢的座位前时，却看到欢呼喝彩的人群。

但在 2002 年春天，格拉索仍然面临着另一个危机。持续两年的股市下跌并没有像"9·11"那样带来人类的灾难，但格拉索认为这种状况正在威胁华尔街，而且是以一种不能让人忽视的方式影响着华尔街。让格拉索对股市如此心神不宁的原因是很大程度上经济似乎正在恢复。布什的减税政策正在生效，人们开始消费。但他们不购买股票，格拉索认为这要归咎于公司丑闻。"人们不再相信我们了。"他当时说。

他最坏的担心在 5 月中旬的一个下午得到了证实，时值美林公司的分析丑闻被大范围披露的第二个月。当时格拉索正坐在自己的办公室里，顺便说一句，他的办公室里挂满了那些消防员和警官的照片，就是那些他曾经说的"'9·11'中真正的英雄"。这时他随手拿起一本《商业周刊》。翻阅的过程中一行刺眼的大字标题跃入他的眼帘："华尔街如何腐败？"这期杂志主要报道了那些震动金融界的一系列丑闻，从安然公司到疏于监管的各种公司董事会。但是其头版却特别报道了斯皮策和分析丑闻，称这些分析丑闻"使华尔街陷入一场危机之中"。据《商业周刊》预计，随着斯皮策在整个华尔街继续寻找"确凿的证据"，这种分析丑闻不会只限于美林，也会扩展到其他公司。

格拉索对自由媒体并不着迷，但他却认真阅读了这篇报道的每一个字。"这已经是板上钉钉的事儿了。"他告诉一位同事说。这也正是格拉索该得到工资支票的时候了。

他拨通了位于曼哈顿商业区的斯皮策办公室的电话，格拉索准备施展个人魅力。从个人水平来看，两人不应该有太大的差距。让我们分别来看看这两位：格拉索，一个非中心区的孩子，是一名共和党人，与原纽约市市长同时也是斯皮策的批评者鲁迪·朱利安蒂有密切关系。他的朋友圈子中绝大多数是这个世界上怀恨斯皮策的人：华尔街的 CEO 们。在交易所工作 35 年后，格拉索得以发迹。而斯皮策则出身自富有家庭，在布朗克斯豪华的河谷区长大。斯皮策甚至还吹嘘自己继承了大笔财产；当人们质疑他决策的政治动机时，他说让钱"滚得远远的"。

但从表面上来看，两人并没有什么太大的区别。尽管斯皮策拥有特权生活——在霍勒斯·曼精英私立学校读完中学，后进入普林斯顿大学，再后来进入哈佛大学法学院——但他老爸伯纳德是一个自力更生的人，从纽约下东区白手起家，并将工人阶级的价值观灌输给他的儿子。上大学的时候，年轻的埃利奥特·斯皮策会在暑假期间在建筑工地干活，甚至还干过过风钻这样的活，而且经常说公益事业是他回报社会的方式。

在格拉索和斯皮策参加为"9·11"遇难者举行的一些慈善活动时，格拉索已经发现两人有一些共同的经历。每当斯皮策的名字出现的时候，他的好友美林的 CEO 戴维·科曼斯基总会表现出一脸的蔑视，但格拉索却认为，他发现斯皮策不仅有魅力而且很精明，是那种他将来可与之做生意的人。当他主动提出调停双方时他没有失望。格拉索建议双方坐一坐，认为"那是每个人在不带律师的情况下坐下来面谈的地方"。他提醒斯皮策，没有哪家公司能逃过犯罪起诉，而美林是纽约经济的重要引擎。斯皮策说他很清楚美林公司对州净赢利的贡献，但他让格拉索记住另外一件事，"人民正因此而成为被翻来翻去煎烤的牛肉饼。"格拉索记得当时斯皮策这样说。

格拉索指出，他知道这个问题影响很大，但是他准备亲自上阵——他认为这是斯皮策无法抗拒的东西。格拉索知道，在斯皮策借助改革华尔街分析行为来努力争取得到全国认可的过程中，他是斯皮策宝贵的同盟军。现在并不清楚斯皮策是怎样回答的，但是这一条确实起了作用。挂断电话前，斯皮策建议格拉索先生来日可以给他打电话，随着会谈的进行，两人应该保持联系。

格拉索的斡旋似乎起效了。尽管双方协商的过程中还会出现更多的紧张情况，但在 5 月 22 日，双方都宣布他们已经达成协议，此时距斯皮策公开那些现在已经声名狼藉的亨利·布洛杰特的电邮已经过去近两个月，距格拉索给 AG 打电话也已经两个星期了。斯皮策坚持要美林公司支付 1 亿美元的罚金，而且第二天早上，《华尔街日报》头版发表了一篇报道，标题为"美林将用 1 亿美元为纽约分析师分析埋单"。

手里拿到了 1 亿美元，斯皮策现在说此案的意义并非仅仅是钱的问题。双方已经起草了新的改革措施用来今后保护小投资者，从而取代了长期以来一直被遗忘的中国墙。虽然这些改革中很多内容已经被哈维·皮特和一些自律机构提出来了，但斯皮策还是将此事描绘成"历史性的"和"意义深远的"。根据协议，银行家不再决定分析师的报酬，同时必须任命一名"监督员"以监督公司如何实施协议中规定的各种体制改革。科曼斯基这边儿发表了另一封"忏悔声明"，这次是由于没有处理好利益冲突。

至于罚金的数额，斯皮策说这将"传递一个信息……即种行为是不能被接受的"。这次还是一样，那些布洛杰特分析报告的牺牲者们并没有收到任何补偿，正如《纽约时报》的格蕾琴·摩根桑将要指出的，这 1 亿美元与美林根据布洛杰特冲突性分析赚得的收入相比要逊色得多。她还提到一个重要信息：这 1 亿美元还不及美林上一年办公用品和邮资支出费用的三分之一。

斯皮策甚至也同意取消其意义最深远的提议——将分析分离为一个不再受投资银行收入资助的公司的独立部门。仔细分析协议的条款可以发现，分析师们仍然具有向可能的银行客户炒作其分析的所有动机，用不了多久，许多公司就会努力通过同意类似条件而避开调查。就在协议宣布几分钟后，杰克·格鲁布曼的老板花旗集团的 CEO 桑迪·韦尔同意接受所有美林公司那样的改革，甚至都不用进行协商。

共同诉讼的检察官和律师们在斯皮策尽可能对美林施压的情况下有既得利益；起诉越严厉，美林公司就得为那些声称受布洛杰特分析误导的投资者支付越多的罚金。但是考虑到在布洛杰特案中汗牛充栋的证据，他们不相信斯皮策会为这么少的成果而达成协议。利德尔正坐在自己的办公桌旁，准备将库克仲裁案的文件资料交给斯皮策，这时一名高级助理戴维·格林伯格跑了进来。"杰夫，CNBC 报道说一切都结束了，斯皮策与美林谈妥价钱了。"利德尔几乎不相信自己的耳朵。"可瓦尔德曼说他还想要这些资料呢。"他怒气冲冲地说，随即打开电视，收听详细报道：没有承认有罪，没有分离投资银行和分析，而且可能最重要的是，没有起诉布洛杰特或其在美林的上司。

利德尔暴跳如雷。"你们玩弄了我，"他咆哮着，"这是胡说八道。"

利德尔说得对。美林协议远没有达到斯皮策预想的消除投资银行恶劣影响的效果。尽管有堆积如山的证据显示布洛杰特和其他分析师参与了欺诈，但斯皮策从来没有清楚地解释不起诉布洛杰特和其他分析师的理由，而那 1 亿美元的罚金，对于一个市值高达数百亿美元的公司来说几乎没有任何影响。如果不存在所有这些问题，那么美林协议肯定已经使斯皮策以华尔街最有进取精神的监管者而名声大振，从而激发起调查那些被 SEC 和 NASD 很大程度上忽略的最大丑闻所必需的精神，这些丑闻多年来一直影响着华尔街。对于那个 SEC 主席哈维·皮特而言，他最坏的担心现在正在成为现实：一个地位卑微的州官员竟使联邦监管机构如此尴尬，以至于为华尔街制定的国家级标准现在被放到了纽约州的奥尔伯尼。

然而，斯皮策的改革可能并没有走得足够远，但总比没有好，实际上投资者面临的情况与他实施调查之前完全一样。报纸、杂志和电视节目都对他的光辉形象进行特别报道，说他是华尔街新的"实施者"。他正在筹备 2002 年几乎没有对手的连任竞选，面对的只是一个几乎没有影响力的候选人，连共和党人都不知其姓甚名谁（这名候选人叫多拉·伊里萨里，是原州法官）。更重要的是，他公布美林公司的电邮的行为让华尔街每家公司都注意到，纽约州总检察长是一个需要认真对付的人物。

短短几年前，分析师还是华尔街最抢手的雇员，而现在他们已经沦落为被遗弃的贱民，被投资者们痛恨，被公司的法律部门责骂，说他们带来的麻烦太多。很多分析师开始离开这个行业或另寻工作。CSFB 的电信分析师丹·莱因戈尔德，多年来一直与格鲁布曼为争抢投资者和新闻记者的注意而鏖战不休，现在随着他的首选股票——小贝尔公司——随着股市狂潮平息而下跌，他基本上不再对基金管理者发布对外股票价格观测了。莱因戈尔德说他洗手不干了，是因为他也想从华尔街退出，而那些想留下来的人的行为也没有什么太大差异。玛丽·米克深深地隐藏起来了，以至于 2002 年前半年减少了发布分析报告的数量，但下半年，她在新闻舆论界仍然引人注目，当然了，是因为她可疑的分析冲突。

格鲁布曼也开始低调行事。2002 年春，他发布了一份标题为"丧钟没有为谁敲响"的报告，其中准确地警告说，那些小贝尔经营公司将面临困难时期。但是由于没有了他刺耳的语音邮箱和研讨会上的夸夸其谈，即使在这些股票暴跌的时候，好像也没有谁注意这份报告的作者。

然而，明星分析师无法将炒作的年代从股市记忆中抹去。即使在美林协议之前，斯皮策也一直将目光明确地集中于米克和格鲁布曼，以及他们的公司摩根斯坦利和花旗集团。花旗集团具有政治关系的宣传员迈克尔·施莱恩清楚地知道危险所在。施莱恩在花旗找到工作之前，曾是阿瑟·莱维特在 SEC 的办公室主任。在花旗集团，管理人员深知他在纽约州内部和全国民主党机构中的关系。事实上，斯皮策和他的老婆西尔达·沃尔几个月前曾参加了施莱恩的婚礼宴会，在宴会上，他们坐的位置离花旗集团的创始人桑迪·韦尔和查尔斯·普林斯很近，后者是韦尔原来的大律师，现在依然是很得韦尔信任的咨询人。

但是，美林案协议上的墨迹还没有干的时候，施莱恩就在纽约市的纽约州民主党大会上找到了西尔达·沃尔，交给她一份他称之为十分重要的文件：花旗集团改革分析师行为的新计划。沃尔迅速将这份文件交给了斯皮策的一名手下。

在这份计划中，花旗集团同意采取总检察长为美林提出的所有改革措施，仅此而已。对格鲁布曼没有做出任何惩罚。（施莱恩继续向记者表示，花旗集团相信格鲁布曼什么也没做错。）斯皮策公开将此举称为处理分析冲突问题的良好开始，但私下里他却对手下人讲，花旗集团应该做得更多。

"对这群家伙，我只说一个名字。"斯皮策后来对一名助手说，那就是"杰克·格鲁布曼"。

跟施莱恩一样，摩根斯坦利的大律师唐纳德·卡普夫一直密切关注着美林与斯皮策之间的交易。卡普夫说话率直而且进取心强，与议员约翰·麦凯恩出奇地相似，并把军队一样的严格带到工作中。年轻时他曾在海军陆战队服役三年，后来在维拉诺瓦大学学习，不过那时他只是一个二流学生，后来，由于在哈佛法学院招生考试中得了高分，并说服招生委员会中一个原海军陆战队员，让他相信一名海军陆战队员会成为满是怪才的学校中与众不同的入学候选人，这样，他成功地进了哈佛法学院。

卡普夫35年的职业生涯中大部分时间是在柯克兰·埃利斯法律事务所度过的，那时，他被认为是全国最好的公司法庭审律师，曾为像通用汽车和陶氏化学公司这样的企业提供辩护。他在海军陆战队受到的训练在法庭上派上了用场。卡普夫作为一名律师，不仅不怕为客户而战，而且还会在他相信能赢的情况下向陪审员提起诉讼案件，他因此赢得了声誉。

当1999年卡普夫来到摩根的时候，公司正陷入一起龌龊的丑闻之中，丑闻的主角是原员工克里斯琴·柯里，此人为一家男同性恋杂志拍裸照。柯里被炒鱿鱼的时候，曾宣称自己是性别歧视的受害者（他也表示自己不是同性恋）。摩根说柯里在支出上欺骗了公司。而当有人揭露说公司的官员为一名告密者——此人说他有关于柯里的秘密——支付了1万美元的报酬时，摩根的形势急转直下。按华尔街的传统做法，公司支付给柯里一张支票，一劳永逸地解决这个问题就算了。但是卡普夫却采取了另一条路线。他在自己喜欢的曼哈顿饭店与柯里的律师举行了一系列的晚餐，卡普夫让对方的辩护律师贝内迪克特·莫雷利确信，此案的胜算不大。最后，双方进行了实实在在的解决，柯里没有得到一分钱的赔偿。然而，摩根同意为城市联盟支付100万美元。

卡普夫也想让华尔街知道，他想玩一套略显不同的规则，要战斗而不是解决那些针对经纪人及其管理人员的案件，同时要获得SEC和NASD调查员的敌意。习惯于美林那种"削减交易"案件处理方法的私人律师对卡普夫的风格很是看不起，他们给这位复仇"男神"起了个外号，叫"我的卡普夫"①。但卡普夫好像喜欢自己的恶名。"我在华尔街的那些竞争者们

<hr />

① 这里是借用希特勒的著作《我的奋斗》一书的名字，因为这本书书名的英文拼写与"我的卡普夫"只差一个字母，所以这里借指卡普夫对人的那种敌视态度。——译者注

一直说他们是如何地与每个人都拥有良好的关系，"他有一次对一名同事说，"如果每次出事的时候，我支付 1000 万美元的话，我也会跟这些人有良好的关系。"

斯皮策是卡普夫面临的最大挑战。卡普夫知道，米克像很多明星分析师一样，一直是摩根投资银行机器的一个关键组成部分，而且卡普夫也清楚，对斯皮策采取任何进攻性防御策略都会带来巨大风险。作为一名原检察官，斯皮策并不是卡普夫鄙视的华尔街 – SEC 俱乐部的一部分，而且如果斯皮策要有真本事的话，他也不可能放过摩根。可能更让卡普夫生畏的是，他相信斯皮策会根据《马丁法》行事，这部法律从根本上赋予了他极大的权力，使他起诉华尔街就如同开停车罚单一样容易。

于是卡普夫下达命令，让他的手下开始搜集米克的分析报告，与她的同事谈话，复查数千份文件，包括她的电邮。卡普夫自己也做了一点调查，埋头研读米克的分析报告，同时找时间与她的顶头上司丹尼斯·谢伊在一起，盘问他在摩根斯坦利如何进行股票分析的细节。他也收集了很多有关米克警告网络崩溃即将到来的报道。

在卡普夫和其他人等的认真盘问下，米克开始认识到，那些律师并不相信她说自己是真正的信徒这种说法。当所有工作结束的时候，他们承认米克作为一名分析师，有两年做得不太好，但是证据显示她发布的分析报告都是自己信仰的内容。而且更有利的情况是，米克没有像布洛杰特那样的电邮。米克曾经一直担心自己"写过一些愚蠢的东西"。但据那些帮助普及网络技术的人讲，米克好像更喜欢传统的交流方式，即电话。

卡普夫的一名手下亚历克斯·迪米特里夫直率地表达了心声。"唐，我们可有好故事要讲了。"卡普夫也有同感："是啊，我愿意在此案上与斯皮策一决雌雄。"

6 月上旬，卡普夫来到了斯皮策的办公室，就斯皮策的调查与迪纳罗

举行晨会。迪纳罗和他的手下早已准备采取强硬态度。他们已经通读了米克的分析报告，其中对一些公司提出了言过其实的预测，比如女性网和其他一些没落的网络公司，这些公司都是在泡沫期间摩根帮助挂牌上市的，因为摩根被认为是行业中的主要公司。但是使米克成为一个重要目标的原因还是她在摩根斯坦利中担任网络银行家主任的职务。布洛杰特是投资银行的工具，而米克则是特许经营。

卡普夫以恭维话开始了对话。"您知道，我真的特喜欢读美林案，"他告诉迪纳罗说（迪纳罗是主要作者），"读起来像一部一元店小说。"卡普夫说在自己漫长的职业生涯中，他尝试过"一些他几乎一无所知的领域内的各种复杂案件"，使他成功的是他"讲故事"的能力。卡普夫接着说："您讲的那个关于布洛杰特的故事真是太精彩了，而我想向您讲讲我自己的一元店小说。"

迪纳罗感谢卡普夫的赞美，但解释说，想让斯皮策从摩根案走开可能需要更多的努力。迪纳罗开门见山：1.5亿美元的罚金之外，公司还可能面临欺诈起诉，还有对分析部门和银行部门之间的关系进行"体制"调整，他说，米克可能同样面临着起诉。

但卡普夫有备而来。"我们不是美林，"他告诉迪纳罗。"玛丽也不是布洛杰特。"卡普夫说摩根会与斯皮策殊死搏斗以保护米克。"在美林开始还击的时候它们已经死了。"他说。摩根会让公众知道，米克并非布洛杰特，她没有发过任何使人愤怒的电邮。"我们检查过，她是清白的。"卡普夫说。更重要的是，米克的标准比华尔街任何网络分析师的标准都要优秀，他想告诉迪纳罗一点有关米克鲜为人知的分析。摩根只承销了所有技术IPO的8%，这是因为米克帮助公司拒绝了价值10亿美元佣金的交易，而这些都被其他公司瓜分了，包括享有盛誉的高盛投资银行。

卡普夫也警告迪纳罗，他已经让他的公关人员起草了大量的专栏文章和广告，这些都重点说明了米克无罪的统计学证据。他告诉迪纳罗，他个人最喜欢的是摩根 CEO 菲尔·珀塞尔写的一封公开信，其中将玛丽·米克作为选股者的记录与伟大的棒球选手泰·科布作为击球手的记录进行了对比。据卡普夫分析，米克"弱于大盘"的股票评定只有一次，那是在 2000年网络正大发展的时候（他略去了米克在公司的第一年差点掉丢了饭碗这一事实）；而泰·科布在 1904 年的击球率为 0.24%。

"即使泰·科布也有不走运的一年。"那份广告说。

"我并不是告诉您不要起诉我们，但是如果你要这么做，那你最好做对。我们准备开战了。"迪纳罗平静地告诉卡普夫他会转告斯皮策。实际上，迪纳罗心里也在嘀咕，这一仗能否打赢。

有了卡普夫的法律评估在手，摩根的 CEO 菲尔·珀塞尔急不可待地想让世界知道米克将能够逃过此劫。由于受到斯皮策的攻击，人们认为米克可能会像布洛杰特一样倒台，所以摩根的股票一直在暴跌，跌幅达 25%。但在一次对经纪人发表的讲话中，珀塞尔自信地预测，公司和米克都将洗清罪名。起诉米克缺乏证据这一事实为珀塞尔壮了胆，因此他努力推动国会通过法案，限制州官员——比如像斯皮策那样的人——监管华尔街。

斯皮策听说了珀塞尔的举动简直气疯了，他公开攻击珀塞尔所为是"对美国法律的滥用。此举的唯一好处是帮助菲尔·珀塞尔和摩根公司，因为他想从正在受到的监管中挣脱出来——但是这不会奏效"。如果摩根希望迅速解决这个问题，那么这种态度断送了这种可能。尽管卡普夫威胁说要战斗到底以拯救网络女皇，但斯皮策根本不管那一套，不久便命令迪纳罗同时对格鲁布曼和他最优先考虑的米克进行调查。

迪纳罗将两个自己最得力的助手调到此案上，他们是罗杰·瓦尔德曼和布鲁斯·托普曼。前者被分派对玛丽·米克和摩根斯坦利进行调查，后者则负责花旗集团的调查，并把注意力集中于杰克·格鲁布曼。

斯皮策的辞令好像也更加大胆了。他不再只希望清除股票分析问题。现在他正谈论一个更远大的目标，即对华尔街广泛存在的冲突进行全面改革。要知道，正是这些冲突"经营"着那些由于《格拉斯－斯蒂格尔法案》的废除才应运而生的巨型金融联合企业。斯皮策解释说，这些巨型公司控制着数百万小投资者对股市的使用，但他们主要为那些有钱有权的人服务。在杰克·格鲁布曼和玛丽·米克所在的这些公司正在追逐来自美国企业从银行借贷到投资银行等能带来巨额佣金的一切业务的时候，人们怎么能期望他们能发布诚实的分析报告？

然而，让《格拉斯－斯蒂格尔法案》复活是不可能的，斯皮策说他期待着下一个最好的事物——一个能认识到小投资者被置于受害位置的光明正大的新的监管组织。

看着斯皮策得到了所有的荣誉，从充满敬意的报纸报道到被吹捧的电视形象，这对 NASD 的主席罗伯特·格劳伯来说真是痛断肝肠的经历。自从 1996 年因其未能监督交易行为而与 SEC 达成了一个协议之后，NASD 一直在加强其对华尔街贪赃枉法行为的监管。再说说格劳伯，此人是老乔治·布什政府的原财政部副部长，也是哈佛商学院的一名教授，他被请来完成这一任务。但是格劳伯对付分析师欺诈是个弱项。几乎所有布洛杰特宣传的技术股和网络股都在纳斯达克交易，但是这个机构却没有对一名重要分析师以发布冲突性分析报告为由提起诉讼。更糟的是，NASD 错过了一个成为第一监管者对布洛杰特采取行动的好机会，这最早可追溯到 1999 年，当时基金管理公司波登已经就这个问题提醒了 NASD。

现在，斯皮策在报纸上挑战了 NASD 管理证券业的能力，格劳伯让他的手下人知道他想立即得到结果。事实证明，他选择的时机太完美了。到了 2002 年夏，NASD 就杰克·格鲁布曼对温斯达发布的灾难性股票预测的调查已经取得了进展。尽管缺少像布洛杰特那样的魅力电邮（事实上，调查并没有发现很多关于格鲁布曼的电邮，只有 30 到 35 封左右），但调查员相信此案已经足以起诉了。20 世纪 90 年代泡沫期间，格鲁布曼一直是

最受欢迎的分析师之一，但其对温斯达的预测报告却是一个灾难。至少
NASD 的官员认为格鲁布曼违反了他们的规章制度，因为这些制度规定分
析师的推荐意见必须有一个"正确的基础"。（在温斯达股票以便士股的价
格进行交易时，格鲁布曼为其定的目标价格仍是 50 美元。）在其证词中，
格鲁布曼也承认他曾试图降级温斯达的股票，但被所罗门美邦的执行部门
阻止了。事实证明，所罗门美邦正在为这家缺乏现金的公司筹集最后的资
金。

　　NASD 执行部门主任巴里·戈德史密斯说，他们部门准备对格鲁布曼
提起诉讼，这是华尔街的监管机构首次起诉最著名的分析师。但他同时也
想提醒自己的顶头上司玛丽·夏皮罗注意另外一些情况。因为在作证的间
隙，格鲁布曼经常就自己对慢跑和体育运动的兴趣与调查人员打趣说，锻
炼后他才会离开家，用自己的黑莓①疯狂地发送信息。考虑到缺乏电邮证
据，戈德史密斯建议进行进一步的深入挖掘。

　　"你从来不可能知道你将会发现什么。"戈德史密斯说。夏皮罗点头同
意。

　　NASD 打算以欺诈罪起诉格鲁布曼对温斯达等级评定的消息让斯皮策
的手下手足无措。迪纳罗已经告诉他的老板，说他发现的格鲁布曼的罪
证，到目前为止，至多也只是个大概。他发现的为数不多的几封电邮显
示，格鲁布曼也曾与那些企图让他的股票推荐与泡沫过后的股市现实保持
一致的银行家碰过头，他们所谓的保持一致，也就是让他提出建议，说一
些公司不再受财务困扰，并且可以发行股票了。其他电邮显示，格鲁布曼
确实接受了这种建议，但他之所以这样做是因为有来自所罗门有权势的银
行部门的巨大压力。

---

① 欧美很流行的一种无线企业电子邮件系统。——译者注

但是 NASD 的起诉打破了这种平衡。对温斯达的调查显示，格鲁布曼在其分析报告中极大降低了一个宝贵的投资银行客户的机会，而现在，斯皮策匆匆忙忙地要返回到新闻中去①。随着丑闻的继续扩散，他加入了不断扩大的要求哈维·皮特下台的批评者的合唱团。在斯皮策就公司丑闻进行国会作证的前一天，他问皮特，是否会支持自己要击败珀塞尔试图从证券监管机构中去除州官员的努力。皮特说，他相信州官员应该在监管机构占有一席之地，但他不得不支持所有强调 SEC 作为国家最高监管机构的方案。"这不太好。"斯皮策坚定地说。几小时后，斯皮策大胆地表示，SEC 缺乏领导，意指该委员会错过了处理股市陋习的机会，包括他的办公室正在揭发的分析冲突。

斯皮策作证后，迪纳罗告诉他的老板说，他也许应该更柔和地表达自己的意见，而且不要责备整个机构。"斯蒂芬·卡特勒是一个相当好的家伙，他会发火的。"迪纳罗说。果然，卡特勒给斯皮策打来了电话，问他是否应该在敏感时期"解雇"委员会。斯皮策说他应该这样做，但是卡特勒还是不高兴。后来，他跟一个人嘲笑斯皮策的诺言说，斯皮策在这个问题上已经将皮特"树立起来了"②。接下来，还会有更多的好戏上演。

---

① 意指格鲁布曼想成为新闻报道的对象。——译者注
② 指在这个问题上，已经盯上了皮特。——译者注

CHAPTER TWELVE
Jack on the Stand

第十二章
证人席上的杰克

现年已经49岁，有着近二十年华尔街经历的杰克·格鲁布曼本应该正享受着他在华尔街长久且顺利的职业生涯中最惬意的时光。然而到了2002年夏，格鲁布曼在迅速增加的分析丑闻中已经成了头号公敌。记者们要求他为其恶劣的选股做出解释，投资者们要他为缩水的退休账户承担责任，而所罗门美邦那些长期被其报告欺骗的经纪人们则全力以赴要公司解雇他。格鲁布曼，这位将自己描述成费城街道上的职业拳击手的分析师，如果想要活下去，就不得不躲避自己公司的某些部门。

不久前，杰克·扎曼斯基，就是那位在2001年因对布洛杰特提起诉讼，从而使分析冲突发展成为华尔街主要丑闻的那个人，又在格鲁布曼的伤口上撒了一把盐，使这个倒霉的家伙雪上加霜。何出此言？原来扎曼斯基代表一位投资者对格鲁布曼提起仲裁，这位投资者叫乔治·齐卡雷利，是哥伦比亚广播公司（缩写CBS）的摄影师。此人宣称自己由于听信了格鲁布曼的建议而使一生的积蓄打了水漂。"格鲁布曼和美邦必须为他们利用彻头彻尾的冲突性分析误导投资者而负责，"扎曼斯基向路透社记者说，

"提起此案是为了说明这种行为远远不是布洛杰特一个人造成的。"

扎曼斯基似乎乐于与格鲁布曼一战，他称对方为"华尔街最冲突的分析师"，并为其代理客户索要 1000 万美元。花旗集团的律师嘲笑此案只是一个骚扰性的起诉，但对格鲁布曼来说，扎曼斯基的起诉却击中了他的要害。无巧不成书，说来两人还曾是旧相识。事实上扎曼斯基和格鲁布曼都是在东北费城长大的，读高中时还一起抽过大麻，一起追过女生。

了解到这些情况后，格鲁布曼立即跟自己的这位老伙计取得了联系，但扎曼斯基好像对那段生活全无印象了。"我和格鲁布曼一起上过学？"当一位记者告知他此事后，扎曼斯基问道。扎曼斯基马上问仍住在老家的老妈，是否记得有一个叫杰克·格鲁布曼的朋友。扎曼斯基 75 岁的老母亲拿出他的高中年鉴，告诉他说："当然，我记得杰克。"的的确确，他家有一张小杰克·格鲁布曼微笑着的照片，照片上的格鲁布曼浓密的头发遮住了眼睛。紧挨着照片的地方，格鲁布曼给他的朋友写了一条留言："杰克，这一年的英语课上我们一起过得很开心，到了波士顿后，我会想你的。祝你好运，杰克。"

也许最让扎曼斯基惊奇的是，其中还记录有格鲁布曼高中时的兴趣爱好，包括格鲁布曼参加了"辩论协会"和"行进表演乐队"。而拳击，这位传奇的华尔街拳击手当时可没有提到。"我猜他在这个问题上也撒谎了。"扎曼斯基后来说，而且还夸下海口，说他将从这个"忘记了自己从哪儿来的"的家伙身上榨取另一笔巨额赔偿。

格鲁布曼可能真的想回到自己东北费城的老家，因为在纽约，他所有的首选股票公司实际上都破产了或者正在走向破产。6 月 25 日，他最喜爱的世通公司宣布，公司谎报了近 40 亿美元的赢利，尽管格鲁布曼与公司职员关系密切，但他并没有察觉到这个问题。这一事件成为这个国家有史以来最大的一桩会计丑闻，甚至比安然巨额的财务欺诈有过之而无不及。然而就在世通公司宣布这一消息的前一天，格鲁布曼不经意间将世通公司的股票级别从"持守"降至了"弱于大盘"。

但这对于有关其分析的争议并没多大影响。报纸记者从他所在的各处住所日夜播发信息，从曼哈顿上东区的宅邸到他在汉普敦的家，哪里都能见到这些记者。一名 CNBC 的记者迈克·哈克曼甚至跟一群电视台的同事在格鲁布曼豪华的城内宅邸前露营，希望能进行即席的采访。这不，他们碰到了格鲁布曼，"我无话可说，"格鲁布曼边说边摇着手，"这是对私生活的严重侵犯。没人希望看到这种情况。"

"对世通公司保持如此乐观，您是否感到遗憾？"哈克曼问道。

"为什么你要骚扰我？"格鲁布曼还击道，然后转了个弯，匆匆走了。

格鲁布曼的生活成了轰动性的小报新闻。在接下来的几周里，他的名字将和他那位久违的交通肇事逃逸的表妹一起登在有名的流言版，这位表妹叫莉齐·格鲁布曼，是一名有争议的纽约社会名流（而格鲁布曼否认他们之间有亲戚关系）。《纽约观察家报》报道说，就在哈克曼采访后的几天，格鲁布曼立契将城内宅邸转让给他的老婆露安，这处房产是他在 1999年以 620 万美元买的。

斯皮策下的赌注更大，他要求得到有关 AT&T 的信息，这是一个明显的信号，说明他正集中精力对准格鲁布曼最有冲突性的分析报告，以及所罗门 1999 年在格鲁布曼发布这只股票的积极报告之后从 AT&T 无线交易中赚得的 6000 万美元佣金。斯皮策办公室无需劳神深挖寻找线索，自有人送上门来。杰夫·利德尔撇开他与斯皮策在美林协议上的嫌隙，在一次与斯皮策的会面中，提到 1999 年 11 月《华尔街日报》的一篇报道，说这篇报道谈到当时在 AT&T 董事成员韦尔的压力下，格鲁布曼降级了这只股票，而且特别说明此举是多么及时地帮助所罗门赢得了无线承销业务。

到如今，斯皮策已经将"体制改革"作为自己调查的基本点，但利德尔告诉他，华尔街不需要更多的规章制度。"如果您将防止分析冲突的所有规章制度堆在一起，那足以汗牛充栋，"利德尔说，"但是像桑迪·韦尔那样的人不会听您的，除非您起诉某个人。"利德尔回忆说，当时斯皮策认为提起诉讼为时尚早，但他并没有排除任何可能。

斯皮策有充分的理由公开自己的选择。众议院金融委员会决定就迅速发展的世通会计丑闻举行听证会，其注意力不仅集中在埃伯斯和沙利文可疑的欺诈行为上，同时也将格鲁布曼纳入视野。由于当时共和党占大多数席位，所以委员会由迈克·奥克斯利负责，此人是来自俄亥俄州乡区的众议院议员，是收受华尔街竞选募捐数额最大的人之一，因此，他也是华盛顿对经纪行业最大的支持者之一。应当提一句，由于股市泡沫的破碎以及投资者要求得到席卷股市的大量公司丑闻的解释，所以奥克斯利十分小心地注意不过度表现出对华尔街的偏袒。据后来负责听证的共和党议员理查德·贝克的手下人说，奥克斯利最后批准理查德·贝克负责众议院听证会，后者是委员会的一名委员，他跟奥克斯利是同一伙的。奥克斯利同时要求在为期几个月的听证中不得干扰听证的任何一方。但在"9·11"之后，贝克的听证会神秘地从众议院的日程上消失了。贝克认为这是由于恐怖袭击之后需要优先考虑其他问题，而消息灵通的政客则说，奥克斯利由于受到随之而来的经纪界的抗议而中止了听证会。

随着斯皮策的调查得到了动力，世通公司的破产看起来越来越像是欺诈行为。奥克斯利需要表明，共和党人并非对有关经纪行业的最大丑闻之一充耳不闻。考虑到杰克·格鲁布曼不知羞耻地几乎到世通申请破产的那一天仍支持这家公司，以及所罗门作为世通公司股票和债券首选承销商与之存在的长期关系，即使是华盛顿那些华尔街最大的支持者们也不得不承认，事实对美林公司、摩根，以及现在的花旗集团非常不妙。

在定于2002年7月上旬的听证会上，奥克斯利和委员会中的头号民主党人约翰·拉法尔斯发誓要把政治放在一边，要让那些坏人承担责任。委员会中形形色色的众议员们的手下不久便开始夜以继日地举行会议，以达到听证会的真正目的，即让他们的主子成为这次表演的明星。站在此次战争前线的是迈克·佩西，委员会中民主党领导层的高级律师，此人专攻金融问题。佩西的华尔街和华盛顿经历的完美结合，使他成为当前任务的最佳人选。他在委员会已经近两年了，而在此之前，他曾在华尔街任证券律师。那时他结识了很多华尔街高级玩家，从大律师马丁·利普顿和哈维·皮特到很多华尔街主要公司的高级执行官。同样重要的是，佩西也熟知很多华尔街的小秘密，包括分析冲突问题，虽然每个人都知道存在这个问题，但只有埃利奥特·斯皮策有胆量触及。

正当他为听证会做准备的时候，佩西得到一则有关这些秘密的有趣的内部情报。消息来自一名华盛顿律师或者说是说客约翰·库尼奥。佩西回忆说，那则情报好像是这样的：库尼奥说所罗门美邦已经被提起诉讼，该公司声称炒作分析报告并非是公司从世通赢得投资银行业务的唯一方式。所罗门也通过将抢手的 IPO 股份分配给世通高级执行官们的个人经纪账户，从而怂恿这些人将利润丰厚的承销业务交给所罗门，这种行为被称为资产分派。

库尼奥建议佩西："去问杰克·格鲁布曼是否帮助分配 IPO 股份用来交换业务。"佩西说他会问的。

佩西不久后了解到，这起诉案是由一个叫戴维·查康的所罗门美邦原经纪人提起的，他宣称自己直接目击了世通公司的 CEO 伯纳德·埃伯斯成为这种资产分派的受益人，以及格鲁布曼在这一阴谋中如何发挥作用。几年前，《华尔街日报》曾发表过一系列有关这一话题的报道，但 SEC 抱怨说此种行为涉及的金额太少不足以起诉，因而没有受理此案。但是如果库尼奥的话可以相信的话，那么这起诈骗涉及的金额将是巨大的。所罗门美邦通过资产分派价值数百万的 IPO 股份到埃伯斯的经纪账户使其大发横财，同时以此交换对方数千万美元的投资银行业务到花旗账上。

佩西认为如果此事曾在所罗门出现过，那么其他大公司也同样会存在这种行为。所以他开始采取措施，将听证会扩大到其他公司。现在只有一个问题。奥克斯利的听证会只集中于世通公司和所罗门美邦，而后者是与民主党关系最为密切的华尔街公司。至于花旗集团，由于桑迪·韦尔与杰西·杰克逊这样的人有关系，同时聘用了克林顿政府前财政部长罗伯特·鲁宾在花旗任职，因此花旗集团被国会中的共和党贴上了"民主党公司"的标签。因此花旗是动不得的。虽然就在世通丑闻被公布期间，格鲁布曼还为民主党参议院委员会纳贡了10万美元，但这也于事无补。

尽管佩西全力以赴，但奥克斯利仍然毫不让步。"摩根斯坦利和美林公司怎么样？"佩西问奥克斯利重要顾问之一安德鲁·科克伦，"为什么我们要选择民主党呢？"但是由于共和党占多数，所以佩西除了抱怨再也没有能力做其他的事儿了。科克伦只说了一句话："我坚定地认为，这次轮到花旗集团了，而且就只有花旗集团这一家公司。"

那位高级民主党人约翰·拉法尔斯长期以来一直鼓吹就华尔街在丑闻中的角色举行大范围的听证，而且现在此人正千方百计地准备利用任何机会采取行动。事实上，拉法尔斯计划进行如此大范围的听证，以致使佩西认为格鲁布曼与资产分派问题会在这种混乱中被忽略掉。因此，他和另一位职员托德·哈珀将这个问题交给了委员会中的另一个民主党人，宾夕法尼亚的国会众议员保罗·坎乔斯基，此人急不可待地开始施加压力。

定在7月8号的听证会当然是由全明星角色主演。出场人物有埃伯斯、沙利文和格鲁布曼，这三位泡沫期间最著名的管理人员将在高级委员会前作证。了解内情的人让埃伯斯和沙利文诉诸宪法第五修正案来保护自己不自供罪状①，而格鲁布曼则是一张"外卡"②。到目前为止，格鲁布曼正在尽一切努力避开世通公司及其倒台的领导。当时听证会前，埃伯斯试

---

① 美国宪法修正案第五条规定，不得强迫当事人作不利于自己的证词。——译者注
② 网球比赛中给予不具备参赛资格选手的特殊参赛权。持有此卡的人通常是被特殊照顾的。——译者注

图拥抱一下格鲁布曼，但他无礼地脱身离去。这位曾经被埃伯斯视为朋友的人已经不再是他的朋友了。

果不出所料，埃伯斯和沙利文使用了第五修正案。而格鲁布曼则选择说出来。到如今，他徒有曾获得股市和媒体关注的拥有麻省理工学位的华尔街斗士之虚名了。当格鲁布曼举起右手，宣誓要诚实作证的时候，他看上去很虚弱，眼睛下方出现了黑眼圈，似乎他昨晚一夜没睡。

委员会似乎对陨落的明星没有一点同情。随即他被问到世通破产和会计欺诈。格鲁布曼说他并没有预料到这些事。"我对自己错误地对世通公司股票长期保持过高的等级评定表示遗憾。"他简明地陈述道。当被问到他高额的薪水及其与谋得的银行业务是否存在关系时，格鲁布曼说二者之间并无"直接"关系，但他确实承认了其一揽子高额收入。格鲁布曼说，在过去的四年中，他每年的平均收入是 2000 万美元。关于银行业务，他最后承认，与其他因素一起在计算年终红利时起到一定作用。

坎乔斯基跟着发问了。"据我所知，所罗门美邦专门为世通公司的管理人员提供特殊 IPO 股份（配额）。"

虽然格鲁布曼本应该回避这个问题，但他并没有这样做，而是选择了回应。"我正努力想，是否我能明确地说是或是不是，"他带着鼻音回答说，"我只是想不起来，因为那些可能不是我参与的事。所以我记不得了。我没有说不存在这样的事，也没有说存在这样的事，我只是记不得了。"对于格鲁布曼而言，这是所有可能的答案中最烂的一个。记者们对格鲁布曼这种并非否认的回答进行了特殊报道，而且深挖了任何有关他与 IPO 配额的事。佩西正坐在观众席中，他知道他的主子刚才大出了风头。"我真不相信他刚才说了那样的话。"他向一名助手低声嘀咕着。扎曼斯基此刻正在办公室观看这一场面，他一边大笑一边模仿格鲁布曼的回答。"多蠢的一个家伙啊！"他对一名同事说。花旗集团在华盛顿的律师简·舍伯恩也被格鲁布曼含糊其辞的回答惊呆了。"这不是我们希望听到的回答。"她后来对佩西说。

　　格鲁布曼的作证是当年最受华尔街关注的事件之一。在《华尔街日报》的新闻编辑部，当格鲁布曼作证时，编辑们都围到了几台电视前面想看一眼，以至新闻编辑部差不多处于歇业状态了。顺便插一句，由于"9·11"摧毁了《华尔街日报》新闻编辑部位于世界金融中心的总部，所以"9·11"之后，新闻编辑部移至了"苏荷阁楼"①。在非商业区的摩根斯坦利，当格鲁布曼的作证开始时，玛丽·米克也在诧异地观看。一开始她觉得格鲁布曼在电视上看起来真恐怖。"他看起来像个金花鼠。"她一边跟摩根的公关部主任雷·奥罗克一起观看，一边心里嘀咕着。

　　不久，米克就明白了：我也可以这样啊！她努力回想自己是否发过任何可能被误解的电邮，以及自己是否将成为下一个去作证的人，想到这些，米克显然有些震惊。

　　听证会后，那位到花旗集团帮助韦尔呼风唤雨的显耀人物原财政部长罗伯特·鲁宾接受了 CNBC 记者玛丽亚·巴蒂罗莫的采访，他让人难以置信地声称，对于格鲁布曼的证词，花旗集团的高管们"尚未加以充分讨论"。但他确实又补充说，格鲁布曼那种认为电信业发展永无止境的理论"本身存在缺陷"。巴蒂罗莫从未逼问这些缺陷是什么，但花旗集团的人都十分清楚。此次作证后没几天，舍伯恩向佩西承认，"如果他走人，情况会更好"，显然格鲁布曼的死期快到了。我们不知道花旗的 CEO 韦尔是否看了格鲁布曼的证词，但他的几名亲信说，看了格鲁布曼拙劣的表演，他气坏了。早在两年前，韦尔还曾称赞格鲁布曼是业界最优秀的分析师之一。而现在，他几乎无法压抑心中的怒火。"据我所闻，我认为杰克·格

---

　　①　SoHo loft，源于上世纪70年代欧美国家。高度工业化的城市遗留下大批被淘汰和废弃的破旧工厂和仓库，高大宽敞的空间有利于艺术家们的创作，较浓的历史文化氛围则能极大地激发艺术家们的灵感，同时，相对低廉的房租则符合那些未成名的艺术家的经济承受能力。于是，大批艺术家进驻被废弃的 LOFT，将之改造为画廊和艺术家工作室，纽约就有著名的"苏荷区"。——译者注

鲁布曼信仰自己的理论，但事实证明，这一时期结束时，他有关电信行业的去向及如何组合的理论并不可行。"在听证会不久《华尔街日报》的一次难得的采访中，韦尔这样说道。随后有记者问他格鲁布曼在公司还有没有前途。韦尔的回答很肯定。"杰克是一个精明人，但他肯定是错了。回顾过去，你可能说他坚持那些立场的时间太长了，但我认为，他信仰自己的理论。"

不久，格鲁布曼遭受了侮辱，而且对于华尔街每位重要人物而言都是最严重的一次侮辱。他那张几乎每天都在《华尔街日报》上出现的"点画"像，从原来那个满面笑容、一头黑发变成了眼窝深陷、头发稀疏的模样。看上去好像格鲁布曼无法得到休息似的。他继续在工作中露面，继续与公司管理人员一起参加分析师电话会议并认真倾听，而且还努力写分析报告，但是由于纠纷在身，他几乎无法工作。以前，他曾像很多纽约人一样，为了逃避如同高压锅一样的纽约生活的压力，经常在中央公园慢跑，但现在对格鲁布曼而言，在 2002 年炎热的夏季，他已经无路可逃。8 月上旬的一天早晨，格鲁布曼向公园走去，突然一个身穿 T 恤和短裤的人伸手抓住了他的手。

"嗨，我是埃利奥特·斯皮策，你好啊。"他说。

曾经被叫到斯皮策办公室作证的格鲁布曼被眼前这位使他痛苦的长官的装束吓了一跳。"如果人们看到你和我正在说话，他们会疯的。"斯皮策笑着说。

格鲁布曼可没笑。"是啊，"格鲁布曼点点头，"当这一切结束的时候，一切都会好的。"

"对啊，"斯皮策说，"但是我们有很多问题需要解决。"

格鲁布曼十分清楚这些问题。"是的，但分析冲突是华尔街与生俱来的，"他说。"我不知道如果不进行某种全面改革的话，你如何能解决这些问题。"

出乎格鲁布曼的意料，斯皮策表示同意。"是啊，你说得对。"

当格鲁布曼回到办公室的时候，他把这段经历告诉了一位同事。"我真不敢相信，这就是那个想置我于死地的家伙。"与此同时，斯皮策给格鲁布曼的律师打来了电话，让对方知道他的作证是正式的。

那是后话，暂且不表。且说到了夏末，由于调查人员开始关注格鲁布曼 1999 年 11 月对 AT&T 发布的冲突性的降级报告，因此花旗集团已经取代美林而成为冲突性分析的调查对象。AT&T 的报告当然不是格鲁布曼最糟糕的报告；而由于听信了他对世通公司的乐观推荐——当时世通公司的股票每股 70 美元，投资者们遭受的损失更大。但是当斯皮策的调查组阅读收集到的证据时，格鲁布曼对 AT&T 态度的突然转变就成了泡沫期间华尔街分析存在问题的具体体现。格鲁布曼多年来一直对 AT&T 的股票持消极态度，而当这家公司准备通过巨额股票发行将其无线电话部门分离出去，从而使数千万美元的交易佣金出现在投资公司眼前的时候，好像就是在这个时候，格鲁布曼的态度变了。而在所罗门收到这家公司支付的 6000 万美元佣金后几个月，格鲁布曼又降级了这只股票。而这个过程中，唯一受到损失的就是那些投资者。

但是让斯皮策对 AT&T 案如此垂涎三尺的原因是此案具有明星特征。格鲁布曼的老板桑迪·韦尔是 AT&T 董事，而且据传闻他曾对格鲁布曼施压升级这支股票。不仅如此，对这一阴谋还有一种猜测认为，AT&T 的 CEO 迈克尔·阿姆斯特朗同时也是花旗集团的董事，他曾向韦尔施压，让韦尔手下的分析师要在交易时期保持态度一致。

揭开的丑闻对花旗集团 CEO 意义重大。在格鲁布曼身陷困境之前，韦尔被认为是他这一代人中华尔街最伟大的 CEO，而花旗集团以其投资银行、商业银行、保险和经纪人联合体而成为华尔街无以匹敌的企业。7 月早期，《CEO》杂志提名韦尔为年度 CEO；因其在泡沫期间的成就，华尔街上的一些人甚至将韦尔视为十年最佳 CEO。

而现在，监管者们正在彻底梳理韦尔的创造物无节制行为。安然、世通以及格鲁布曼的分析丑闻，只是让行进在 2002 年途中的花旗集团感到震惊的众多丑闻之一。韦尔受到的批评特别严重。朋友们说他喝酒更多了，后来又注意到他体重轻了不少。花旗集团官员说，韦尔体重减轻如此之快的原因是因为他采用了新的锻炼方法。(《纽约时报》称韦尔和他的二号人物查尔斯·普林斯为"偶然慢跑的伙伴"。)并不是每个人都会接受那种认为韦尔从酗酒者变成身体健康的人的说法。"桑迪唯一的减肥食物就是斯皮策开的节食单,"NYSE 主席迪克·格拉索跟一位同事说,"他正往外拉脑浆呢。"①

同时韦尔还要损失美元。韦尔除了要面对可能的法律问题外，斯皮策的调查正好击中韦尔的要害：他的腰包。人们都知道，由于韦尔巨额财富(估计在 20 亿美元左右)的大部分与花旗的股票联系在一起，所以韦尔一向着魔似的盯着公司的股票价格。随着股票的暴跌，斯皮策逐渐抓紧调查，韦尔手里的股份也在大幅缩水。对于花旗集团的高管们来说，采取严厉措施是必要的，而此时所有人都把手指向了杰克·格鲁布曼。

数月来，包括花旗银行首席发言人迈克尔·施莱恩在内的花旗官员们一直都说公司认为格鲁布曼：(1) 没做错事；(2) 想在公司呆多久就呆多久，但到了 2002 年 8 月中旬，公司的立场发生了戏剧性的变化。格鲁布曼接到了一个电话，是韦尔的所罗门美邦投资银行头目迈克尔·卡彭特打来的。"我认为你离开公司是明智的，不过我很想听听你的解释。"格鲁布曼回答说，他也正准备这么做，不过有条件。

首先，他希望得到整个 2003 年的薪水，以及其著名的五年合同规定的所有股票和期权。要知道，这个五年合同使格鲁布曼的收入比历史上几

---

① 意指韦尔正绞尽脑汁想对策。——译者注

乎任何一位分析师的收入都要多。格鲁布曼好像对其一揽子收入计划的数量和期限考虑得很多。他同时要求花旗完全"宽恕"公司给他的1500万美元的"贷款"，因为那是1998年的时候，高盛正努力拉他过去，花旗作为反要约写入合同之中的。（根据合同中的规定，格鲁布曼如果因为某种管理行为而离开花旗，那么他就要偿还这笔借贷。）

格鲁布曼的隐退当然并不廉价。他要求在曼哈顿市中心区给他一间办公室，同时甚至要求在他离开公司后，为其与律师交流有关花旗集团分析问题支付报酬。最重要的是，他要求花旗集团为其支付相关法律费用，此项总计将有数百万美元。整个一揽子方案超过了3000万美元，对于一个被起诉变节的人来说，这是一笔巨款。但是卡彭特答应了。作为交换条件，格鲁布曼必须签订一个秘密协议，同时在公司辩护中与公司合作。

2002年8月15日，杰克·格鲁布曼，这位一度是全国最重要的股票分析师宣布离开花旗集团。在他的辞职信中，格鲁布曼猛烈抨击"当前的批评氛围"，使得"他的工作不可能达到他认为所罗门美邦的客户应该得到的那种标准"。任何想得到道歉的人都会失望。毕竟，格鲁布曼指出，他远不是华尔街唯一存在分析冲突的分析师。"我作为一名分析师，是在一个得到广泛理解的与行业行为一致的框架内完成我的工作的，而这种行业行为现在受到了批评。"

这是格鲁布曼在这一时期内说的最可信的话。

NYSE董事长迪克·格拉索没花太长时间批评格鲁布曼，但是他在5月份就美林分析问题找斯皮策商量时提出的"和平红利"① 从来没有实现过。投资者们对华尔街的改革许诺表示怀疑，同时随着每一篇详细说明各

---

① 也译为和平股息，原指冷战结束，军备缩减而节约下来的资金，同时也指和平时期的公共事业费用。——译者注

种有关分析冲突报道的发表，股票继续下跌，投资者们仍置身股市之外。格拉索的"会员企业"，也就是那些在 NYSE 董事会任职的金融公司正引领着股市的那些失败者继续前行。随着调查势头不减，花旗集团、摩根斯坦利甚至美林公司的股票继续下跌。

华尔街面临的问题并非仅仅是埃利奥特·斯皮策。多年来，团体诉讼律师们，比如业界最有名最成功的梅尔·韦斯，还有私人律师扎曼斯基和利德尔一直将丑闻视为最大的收入来源，特别是现在，大量竞争性监管者们正在挖掘这些丑闻并作为起诉之证据。至于利德尔，现在正代表查康起诉花旗集团非法中止合同。华尔街内部人士中出现了一种新的论调，即调查对金融产生了影响：斯皮策和 SEC 收缴的罚金与一旦调查结束后投资者要求对其损失进行补偿时带来的法律责任相比相形见绌。"梅尔和那群家伙们准备好好玩一次啊！"当时格拉索说道。

而且看来结束的日子遥遥无期。不久皮特宣布了一个计划，强制华尔街同意更为正式地分离分析和投资银行，此后不几天，斯皮策的行动又胜过了 SEC 主席一筹。他命令迪纳罗周末加班加点，迅速利用花旗集团的一批电邮资料作为证据，以"资产分派"为罪名起诉全国最有名的几名管理人员，包括伯尼·埃伯斯。此案是同类案件中第一个断言埃伯斯和其他一些人利用与格鲁布曼和花旗集团之间的默契关系，通过收受抢手 IPO 股份来与花旗交换银行业务并从中受益的。斯皮策要求这些管理人员向他缴纳高达 15 亿美元的不正当收益。

但是比斯皮策要求的巨额罚金更重要的是，他没有给卡特勒殷勤地打电话说一声正在践踏他的地盘，借此又一次为难了一把 SEC。卡特勒的电话立刻打到了斯皮策的办公室，抗议斯皮策对几桩已经正在处理中的民事还可能是刑事案件提前下手，使得检察官们更难完成相关工作。斯皮策说的不多，但挂断电话后，卡特勒气得不行，他跟同事说，斯皮策只不过是一个政治机会主义者，利用花旗集团最近的电邮资料以一桩没有把握的案件作为取得廉价政治筹码的途径。（现在并没有确凿的证据说明，在管理人员获得 IPO 股份分派和花旗赢得这些公司的银行交易之间存在直接交换的关系。）卡特勒太生气了，他告诉一位同事说，斯皮策甚至没有跟原世通的 CEO 进行协商谈判就通过起诉对埃伯斯施压。

格拉索的名声一直建立在"9·11"之后恢复公众对股市信心的基础之上，而现在，他眼睁睁地看着自己的杰出成果随着滚滚前进的调查和股市的暴跌而烟消云散。在他与斯皮策第一次会面之后，格拉索曾与迪纳罗联系，并且表示自己全力以赴支持总检察长办公室对那些坏人"施以死刑"。而现在，他主要关心的是监管者之间"为争取头版新闻而进行的竞争"，会为本已惨遭网络破灭和"9·11"蹂躏的股市又增加一些不必要的不确定性因素。

"我以前从没看到过像这样的事。"格拉索跟一位朋友说。格拉索认为进行如此之多每天充斥头版的调查，是股市面临的主要问题。现在需要什么？他说，需要的是开战的监管者之间彼此关系的一点点"缓和"，而且他毫无疑问地在开始这个过程。

他的第一个电话打给了皮特。至少从 20 世纪 90 年代开始，格拉索和皮特就已经成为了密友，当时格拉索任命皮特主持 NYSE，那时 NYSE 已经成为 SEC 对其场内经纪交易行为进行的一次调查的焦点（此案最终以小额罚金结束，并没有提起证券欺诈起诉）。从"9·11"发生的时候开始，两人几乎形影不离，每天都要聊天，当时格拉索努力想让 NYSE 运转起来，而皮特则尽量为其提供政治保护。

考虑到他们之间的关系，格拉索认为他跟皮特可以像朋友一样交流。"哈维，公众的信心正在遭受杀戮，我们应该停止这种无意义的状态。"格拉索说，并提议举行晚宴，各方坐在一起，商讨协同工作，像"绅士"一样解决相互之间的分歧。

皮特一开始对这种做法有些怀疑。他将斯皮策视为一个政治机会主义者，是那种更注重头版新闻而不是实施有意义改革的人。但是格拉索坚持要这样做。"哈维，我知道你不喜欢斯皮策，但我们不得不结束这种状态。"他说。他提醒皮特说，斯皮策会通情达理的，这是指斯皮策与美林最后达成协议，而且结果要比斯皮策一开始的要求差得多。随后他又提醒皮特说，没有哪家公司能够逃过犯罪起诉，而且斯皮策针对的目标是主要的玩家。如果摩根和花旗倒台了，那么经济就被摧毁了。皮特最后同意见面，并许诺让 NASD 也同意出席。

搞定了皮特，格拉索就把注意力集中到了斯皮策身上。格拉索知道，斯皮策并非华尔街人眼中的那种"外卡"，因为斯皮策想要向高位爬，所以与 SEC 的联合调查也是他的兴趣所在。最终，一旦达成一个全面的解决方案，斯皮策也会被视为消除华尔街冲突性分析的人物。经过简短的交流，斯皮策同意见面。

见面会将在格拉索的秘密俱乐部"射中目标"① 举行，这是曼哈顿最古老的意大利－美国俱乐部。俱乐部坐落在西村一条安静的街上，其传统迎合了那些喜欢打猎的意大利移民的口味。会员享受的一项实惠就是一个现在还在经营的射击场，位于一个优雅的餐厅底层；枪支由工作人员提供。这个俱乐部已经成为纽约的意裔美国精英和商业领袖们喜欢的商业会所，这些商业领袖有调查员比尔·富加齐，纽约州长乔治·帕塔基的经济发展权威——查利·加格诺，当然，还有理查德·格拉索。

格拉索预定了一个私人房间，其中有一个长长的晚餐桌，上面摆好了面包和几瓶葡萄酒。斯皮策和迪纳罗一起来了；皮特则在卡特勒的陪同下到了指定地点。罗伯特·格劳伯和玛丽·夏皮罗代表 NASD 出席此次会议。一想到那些可能引发冲突的议程，格拉索立刻感到房间里有一种紧张气氛。各方坐定，格拉索试图打破这种沉默，他把此次会议比做他喜欢的

---

① 酒店名称为 Tiro A Segno，意大利语原意为射中目标，因其内部设有射击场而得名。——译者注

电影《教父》中五大黑帮家族的头目同意那场有损生意的肮脏的帮派杀戮的场景。他极力模仿唐·科莱昂①，甚至向参与此次峰会的每个人表示感谢，"甚至向那些远到斯泰顿岛旅行的人也表示谢意"。

格拉索知道自己模仿的并不合适，但至少皮特和斯皮策笑了，而且会议就这样开始了。酒过三巡菜过五味之后，格拉索解释了他招集各方来此的原因。他说，尽管经济正在恢复，股市却依然处于恐慌之中；道琼斯指数仅在9月份就下跌了10%，同时，经纪人反映小投资者的股票收益也急剧下降。"在这样的困难时期，我们不得不结束现在的争斗。"他说。华尔街必须为此埋单，但它自身也必须得生存下来。

让他吃惊的是，斯皮策和皮特都同意他对当前主要问题的看法：分离分析和投资银行的举措需要以一种有意义的方式来完成。"我们可以在这方面协同作战。"皮特说，同时斯皮策也表示，他已经准备好要加入这支队伍。但还存在一个可能的障碍：如果50个州的证券官员没有参加进来的话，那也不会存在所谓的全面协定。斯皮策说他可能会把一些州的官员拉进来，特别是如果把改革也列入议程的话那就更好办了。而且那个议程将是一个"全面协定"，其中每个华尔街公司都将交付罚金，并采取一系列改革措施以保护小投资者免于银行冲突的伤害。格拉索说，合作是关键。葡萄酒一定发挥了作用，要不所有的国家证券监管者怎么会在数月的争斗中第一次就某个问题达成一致呢？

第二天下午，联合调查的消息被公之于众。几乎同时，皮特似乎退出了这场演出，这对卡特勒来说是个好消息，因为这样他就可以几乎拥有完全的自主权来与斯皮策合作，从而把事情搞掂。同时，迪纳罗从一些州的监管者那里也得到些消息，这些监管者直到在新闻中看到这次会议的报道

---

① 电影《教父》中马龙·白兰度饰演的角色。——译者注

才知道有这么回事。"那种提拉米苏①味道如何？"马萨诸塞州一名的高级调查员马特·内斯特不无讥讽地问道。迪纳罗只是笑了笑，并保证以后一定及时通报信息。

格拉索认为让这些人也参与进来一定不错，所以他请每个人都来参加第二次晚餐会，并约定两周后在华盛顿特区的乔治·华盛顿俱乐部举行。在这次会议上，监管者们第一次开始讨论可能的"全面协定"纲要，这是自从1975年固定佣金制度结束后，对华尔街分析进行的一次最大规模的修订。

此次讨论的纲要很明确。任何解决方案都必须包括一笔巨额罚金，同时要进行分离投资银行和分析的体制改革。斯皮策又加入了新的约定，即强制华尔街公司为小投资者提供由那些不承销股票的小型投资公司发布的"独立分析"。

然而，让各色人等都同意方案的细节证明是更加复杂的一件事。NASD主席罗伯特·格劳伯和斯皮策相互都比较反感对方。斯皮策认为格劳伯是一个浅薄的家伙，而格劳伯视斯皮策为一个喜欢出名的人。在一次会议上，当斯皮策对格劳伯奇特的着装发表了一番评论后，二人互相厌恶的情绪终于爆发了。当时格劳伯穿着晚礼服出席会议，斯皮策则非要他解释说他晚上要参加歌剧演出。

当两人就监管者如何处理"资产分派"问题——这使已经很富有的管理人员更加富有——进行讨论时，形势不一会儿就不对劲了。斯皮策主张结束这种行为。他说这样做是为了一劳永逸地防止公司管理人员收受IPO股份。但格劳伯有不同意见。"我们不应该将此种犯罪当成CEO的一种身份犯罪。"格劳伯说，斯皮策几乎无法控制自己。"我们在这儿讨论不是为了保护CEO！"他反驳道。

这时卡特勒介入进来，要求先搁置这个问题。后来，有关埃伯斯通过

---

① 一种著名的意大利甜点，意指那次会议上吃的东西。——译者注

其在花旗集团的经纪人分配 IPO 股份而获得数百万美元好处的新消息公布出来，格劳伯才同意将资产分派限制写入全面协定之中。而斯皮策，据其发言人达雷恩·多普说，他建议两人甚至带着他们的妻子参加歌剧演出。格劳伯说他正打算这么做。

尽管出现了交火的现象，但新的缓和时期现在正在产生结果。卡特勒几乎每天都与斯皮策商量相关事宜，尽管两人私下里互不相信对方的动机，但表面上看二人好像成了好朋友。卡特勒以前好多次被斯皮策激怒，因为在与总检察长交涉时他根本就毫不在意。斯皮策私下里担心 SEC 现在愿意合作是为了在 11 月国会选举结束之前给皮特做政治掩护。（众议院和参议院都势在必得，而共和党人不能表现出其对华尔街犯罪的软弱。）"我想确信你们现在这样做是为了长远计。"当时斯皮策对卡特勒说。卡特勒说皮特一点也不努力。"并没有什么选举年花招。"对斯皮策而言，更重要的是卡勒特同意根据证据一查到底。

此信息明显走漏了风声，被花旗集团知道了。韦尔感觉到事态紧迫，所以他将所罗门美邦主席迈克尔·卡彭特换掉，换上了花旗集团原大律师和现任业务总裁查尔斯·普林斯。这一举动显示出危机加深了。通过任命一名律师来管理业务部门，韦尔发出的信号是：花旗集团的法律问题是严重的。在普林斯接任新职并与监管者开始会晤的时候，花旗集团仍继续坚持着"我们从没做错"的公众姿态，但普林斯的话语中明显带有屈从的语气。普林斯强调公司会尽快支持进行调查。他说花旗集团会尽一切努力消除这种混乱状态，包括支付巨额罚金，并同意同时进行体制改革。

普林斯同时也建议，调查人员应该尽快结束他们的案件。普林斯没有说此案不能从公司扩大到公司的 CEO。然而他没有必要说。几名监管者早已表示，花旗的律师无意中说出了大量的线索，这些线索能够帮助他们得出结论：只有到花旗集团的领导被起诉的时候，该公司在全面协定中的合作才算结束。

CHAPTER THIRTEEN
Upgrades and Preschools

第十三章
升级与幼儿园

监管合作对于股市来说是好消息——这一消息宣布后，股票价格小幅回升——对花旗集团和韦尔来说则是一个坏消息，因为调查人员将继续增加调查力量。当时斯皮策和卡特勒都曾向花旗集团的律师抗议，说他们提供电邮的速度太慢——他们要在考虑解决问题之前得到更多格鲁布曼的电邮。卡特勒对花旗的律师说，不要只是给我们提供大量的原始电邮，而要把这些电邮分类，然后"把最能说明问题的那些电邮提供给我们"。

事实证明，巴里·戈德史密斯的预感是正确的：格鲁布曼还有其他电邮。纳斯达克迫使花旗集团雇一名专家，对其计算机网络进行更为严格的搜查，据斯皮策的一名副手贝丝·戈尔登后来回忆说，他们发现了其他一些极有价值的文件。

让我们先来了解一下戈尔登。她毕业于芝加哥大学法学院，是其家乡明尼苏达州的原联邦检察官，曾花几年时间调查白领犯罪，甚至还曾在白水调查①中任副独立辩护人。虽然过去成绩斐然，但她并没有预料到格鲁布曼案件会朝着一个新的陌生方向发展。在总检察长对花旗集团进行调查时，花旗集团的对外律师是罗伯特·麦考，此人是威尔默·卡特勒·皮克林事务所一个古板的合伙人。戈尔登回忆说，当时花旗集团的这位对外律师在总检察长办公室的行为有点怪。"他好像因为某种事情感到不安。"戈尔登回忆说。

戈尔登由斯皮策的一名高级检察官迪特尔·斯内尔陪同，麦考则从其法律公司带来了一个同伴刘易斯·利曼，后者的老爸是富有传奇色彩的阿瑟·利曼，由于为总检察长办公室提供过一些免费服务而与斯皮策有一层朋友关系。麦考坐在戈尔登对面，他提心吊胆地从文件夹里抽出一沓或者说几张印有电邮的纸，从桌子上推给了戈尔登。

戈尔登仔细看了看那些资料，不一会儿就明白了为什么麦考的行为如此古怪。原来这其中有格鲁布曼与其电邮女友卡萝尔·卡特勒（与斯蒂芬·卡特勒没有任何关系）之间私下亲密交流的那些电邮。对于戈尔登而言，卡特勒的名字肯定唤醒了她的记忆。此前戈尔登已经读过卡特勒与格鲁布曼之间看起来有点古怪的几封电邮。（在调查人员审查的一封电邮中，卡特勒告诉格鲁布曼"我喜欢大的事情——把目标定远大一些"。）

但那些电邮与麦考刚刚交上来的相比要温和得多。最耸人听闻的电邮出现在 2001 年 1 月的两天里，也就是格鲁布曼作为一名股票分析师最难挨的一个时期的开始。一封电邮出现在 1 月 13 日一个周六的早晨，卡特勒以评论原总统罗纳德·里根 90 岁生日开始了与格鲁布曼的交流。"但愿我有机会能与你相见。"卡特勒告诉格鲁布曼，因为像里根一样她也来自中西部。对话不一会儿便从里根转到了办公室政治上来了，并对格鲁布曼在这个世界上好像最看不起的两个人，即丹·莱因戈尔德和 AT&T 的 CEO 迈克

---

① 指与克林顿夫妇有关的白水开发公司偷漏税丑闻。——译者注

尔·阿姆斯特朗进行了一番粗野的评论。

看到他们二人之间如此下流的对话，而且还提到性器官，戈尔登很是吃惊，而且卡特勒在电邮中建议说，她和格鲁布曼要把莱因戈尔德及其"痴心妄想的伙伴阿姆斯特朗钩在一起"。但是对戈尔登来说，这些内容相对于格鲁布曼对 AT&T1999 年升级之解释而言，只是装饰门面的摆设而已。她最关心的还是格鲁布曼升级 AT&T 的事。电邮的内容说明，格鲁布曼此举并非是为了赢得巨额无线资产分派业务。相反，他需要韦尔帮助他把自己的孩子送进第 92 大街 Y 幼儿园。而韦尔则需要利用升级来说服阿姆斯特朗帮助他"打垮"约翰·里德，因为当时阿姆斯特朗是花旗集团的董事。

对戈尔登来说，尽管相关人员的问题不少，但格鲁布曼的解释从表面看很有道理。华尔街通常的看法是这两名 CEO 关系不一般，以致阿姆斯特朗从未动摇过他对韦尔的支持。而当斯皮策的人要求阿姆斯特朗提供证词时，他们发现这种关系并非如他们当初想象的那样牢固。其原因当然是格鲁布曼。据几位监管者说，阿姆斯特朗向调查人员证实，他不仅一次地告诉韦尔，格鲁布曼对其在 AT&T 的领导地位进行连续不断的人身攻击正在"破坏他们之间的关系"，而且他这种行为必须立即结束。

当戈尔登和斯内尔一起审查材料时，她不禁感叹："这些材料真让人吃惊。"花旗集团的律师们同样知道这些材料的重要性，因而马上开始诋毁卡特勒的名声，说她是一个"疯子"，而且根据其电邮中更色情的性表白来看，她"明显是精神错乱"。当时麦考交给戈尔登一份冗长的单行打印的情书，其实只能勉强称之为情书，那是卡特勒在 2000 年早期写给格鲁布曼的，其中她极力想说服原来的明星分析师离开妻子，跟自己结婚生子。"我们可能会生三个孩子。"她写道。"这个女人太疯狂了，"麦考说，"她显然是痴心妄想。"

但戈尔登对这些材料感兴趣的原因，是因为她发现这些材料好像支持

了格鲁布曼有关其升级 AT&T 的解释。在一封电邮中，卡特勒向格鲁布曼解释说，想到他的选股地位行将寿终正寝，她知道格鲁布曼所承受的心理压力。"我感觉在伤害 SSB（所罗门美邦证券的简称）背后好像有一些令人担心的企图……但是你不会失败。你的生命和生活并不意味着牺牲。"她写道。接着又说，考虑到在安然丑闻中的角色，花旗集团不能再有坏名声了。"这就是我关于那流逝岁月给你疯狂隐晦的暗示的原因所在，"她写道，"我的意思是说，桑迪如何利用阿姆斯特朗的投票权战胜了约翰·里德，以及他如何得到阿姆斯特朗的投票权。我跟你说这些，是因为我希望你如果需要，就好好想想这些事。"

"无何将来你何时需要我帮助，我都乐意为你效劳。我是一个聪明的性感女郎，而且我是属于你的聪明性感女郎……如果你这样选择的话。"但对卡特勒来说，这只是吸引格鲁布曼的一种手段。她写道，"你我之间的这种关系……务必不能采用电邮的方式。"从表面来说，卡特勒希望自己不仅仅是格鲁布曼的玩物，而且"电邮具有很大的风险……我不知道谁可能会读到你的电邮……我不希望他们看到我们之间的隐私"。

读完了这些信件之后，戈尔登向麦考表示感谢，随后立即带着这些好东西冲进了斯皮策的办公室。"谁在电邮中写这些东西"，有人不假思索地说。迪纳罗对此发表评论说，卡特勒的电邮是一种"非同一般的变态"。戈尔登提出一个明显的事实：卡特勒可能成为一个烘烤架，可以使那些直接来自于格鲁布曼并能证明其有罪的信息借以公之于众，并将格鲁布曼曝晒成干儿。

斯皮策的调查出现了一个更加引人注目的新转折。如果没有便函或电邮，只通过假定格鲁布曼升级的直接意图是赢得 AT&T 无线交易，从而判定其犯有证券欺诈几乎是不可能的。而格鲁布曼和卡特勒的电邮解决了这个问题。不仅如此，这些电邮还显示出分析冲突远远不限于分析师和那些直接参与的银行家，其中也包括了华尔街的高级管理人员。而在此案中，涉及的那个管理人员正处于华尔街权力结构中的最顶层。

手中有了这些电邮，斯皮策命令手下的调查大军去核实格鲁布曼和韦尔二人与第92街Y幼儿园的关系，并设法找到卡萝尔·卡特勒。副总检察长米歇尔·赫什曼发现，韦尔为了保证得到那笔交易，确实凭借其在曼哈顿上流社会中广泛的朋友圈子，帮助格鲁布曼将孩子送进了那所幼儿园。韦尔找到Y幼儿园董事琼·蒂施，就是洛斯公司的董事长普雷斯顿·罗伯特·蒂施的老婆，从而为联系幼儿园的执行董事索尔·阿德勒铺平了道路，据说这位执行董事因能与如此高级别人物接触而感动。赫什曼发现，阿德勒也被另一件东西感动了：那就是金钱。为了让格鲁布曼的双胞胎能够进入这所幼儿园，韦尔同意从花旗集团拿出100万美元捐献给这所幼儿园。

接着，布鲁斯·托普曼又发现了一封格鲁布曼写给韦尔的便函，标题是"AT&T和第92街Y幼儿园"。这封便函写于格鲁布曼发布那个臭名昭著的AT&T升级报告之前三周。在这封便函中，格鲁布曼直接将升级与孩子入园联系在一起。这封便函显示，格鲁布曼把自己与AT&T官员们的会议及其分析内容不同一般地全面及时地提供给了韦尔，这一点特别重要，因为CEO很少这样插手分析师的股票报告——当然，除非有重要的事情马上要发生。然后在信写到一半时，格鲁布曼话锋一转，提出请韦尔帮助他的孩子入园。"无论如何，桑迪，您所做的任何事情，我都将不胜感激。"格鲁布曼写道。这是资料中最有用的信息吗？卡萝尔·卡特勒却从未被提到。

2002年秋，卡萝尔·卡特勒失业了，但她却密切关注着格鲁布曼所承受的压力，她依旧爱着那个男人。她一直努力找到格鲁布曼，而后者则清楚地表示，不管过去他们是何种关系，现在都结束了。但事实上他们的关系并没有结束。当卡特勒的名字还没有进入公众的视野时，她已经成为监管界中的传奇人物，因为有越来越多参与调查格鲁布曼分析丑闻的检察人员、监管人员以及国会办事人员想要拜读她淫荡的电邮和格鲁布曼的回信。

电邮中格鲁布曼曾向卡特勒吹嘘，他的第一次性体验是"与好朋友的姐姐，当时他12岁，而对方16岁"，他还说自己更喜欢意大利女孩儿，由于"犹太女孩总是把初夜留给婚礼那一天，因此她们会'保全'自己。但她们只要喝上一杯酒或得到一顶帽子就会为所欲为"。看完这些内容，一名SEC高级官员问道，"你读过他们二人写的电邮吗？"随后，他将二人猥亵的语言比作华尔街版的《阁楼来信》①。一名监管者看到一封电邮，其中卡特勒许诺要对格鲁布曼的私处反复"口交和手摸"，并让格鲁布曼"说她在干什么（而且会让你一直猜到底是什么），直到你无法再忍受下去……而且只会让你激情迸发。世通公司，那'射击声'全世界都听到的"。看后，这位监管者几乎无法控制自己的怒火，并不是因为电邮很淫秽，而是因为卡特勒是如此"下流"的作者。

人们猜测斯皮策对AT&T等级评定产生了兴趣，而总检察长办公室联系卡特勒来为格鲁布曼作证时，这位女士几乎没有感到惊奇。她雇了一名律师解释其与格鲁布曼的关系，以及那些困扰着他们二人的电邮。她也清楚地表示，除了一些色情的电邮内容外，她与格鲁布曼从没有发生真正的性关系。她说他拒绝了，因为格鲁布曼从来不会这样做。

出现在斯皮策的办公室时，卡特勒穿着很保守。她长长的红发挽成一个发髻。迪纳罗被她娴静端庄的外表吓着了，他至少跟总检察长办公室里一个人说过，她一点不像写电邮的那个人。当卡特勒平静地描述她的背景、电信股市的巨大变化、格鲁布曼的股市理论以及她与电信之王的关系

---

① 美国一种色情杂志。——译者注

时，迪特尔·斯内尔称之为"飘逸精致"，说她以一种"超自然的方式"表现出了精明的头脑。

迪纳罗决定不提前警告她总检察长办公室已经掌握了那些电邮，准备利用材料中发现的细节内容、时间、日期和地点考验她的可信程度。由于卡特勒直接回答了每一个问题，所以一切情况都得到了验证。一般来讲，出色的证人在面对棘手的问题时，通常的技巧是说"我不记得了"。这也常常成为检察人员的一个线索，证明证人正在隐瞒一些事情。但卡特勒似乎记得她与格鲁布曼关系的每个细节，包括格鲁布曼在升级 AT&T 股票时面临的压力。

作证大约进行到一半的时候，迪纳罗将涉及 AT&T 的那封声名狼藉的电邮递给了卡特勒。一开始，卡特勒并没有畏缩，说她清楚地记得发送这封电邮的那一天。当时由于各种原因，包括韦尔与阿姆斯特朗的关系，数月来格鲁布曼在升级 AT&T 股票问题上一直承受着压力。他是一个好父亲，所以在她看来，如果格鲁布曼最终屈服于压力也是合情合理的。这并非只与生意有关，他应该为自己的孩子能进入那所幼儿园而有所回报。

但是不一会儿，当一封写有她与格鲁布曼想结婚生子的私人想法的电邮摆在她面前时，卡特勒再也无法沉着应战了。"我真不相信你们竟有这封电邮"，她边说边拭着眼角的泪水。当时，戈尔登问到了那封信及其对两人之间关系的描述。

卡特勒又一次直截了当地回答了问题。"有些人做事，有些人评论这些事。"卡特勒清楚地说明了她爱着格鲁布曼，但是由于他从来没表示，所以电邮成了第二选择。

作证结束后，迪纳罗认为卡特勒是一个"信得过"的证人，她的确如实讲述了事情的原委。斯皮策好像正一往无前地准备与世界上最大的金融公司一决雌雄。10月下旬，他让戈尔登给麦考和利曼打电话，通知他们调查已经达到了一个新的关键阶段。戈尔登拿起电话才一会儿，斯皮策就打断了他们的对话，向对方发出警告。他说，花旗集团和韦尔本人之间"存在得益分歧"。他建议桑迪·韦尔应该给自己找名律师，考虑一下采取何种方法为自己辩护，以与公司脱离干系。

斯皮策的提醒是一个典型的起诉程序，意在警告可能的被告将可能被提起诉讼。但对花旗集团而言，这种提醒则是致命的一击。斯皮策把格鲁布曼作为目标是一回事，而韦尔则与此完全不同。不考虑他的年龄（当时韦尔已经 69 岁了），韦尔可能是美国企业中最有权力的人物，而且他也没有不久就从其高官显位上退下来的想法。在韦尔冷酷无情的管理风格之下，花旗的赢利一路飙升，其股票也优于其他同类公司。但是其领导风格也存在严重的缺陷。花旗的执行系统未能做好应对公司开始进行大量交易的准备，其结果就是当格鲁布曼这样的分析师或其他高级管理人员，比如韦尔自己违规的时候，公司没能认识到。

当韦尔向马丁·利普顿求助时，他清楚地认识到自己有麻烦了。利普顿是瓦赫特尔－利普顿－罗森＆卡茨律师事务所的普通合伙人，经营着华尔街最成功的一家律师事务所，该事务所提供从合并建议到反垄断的所有服务。但是近来，他公司的一种生意却门庭若市，即为那些被控犯有白领犯罪的公司管理人员提供辩护。他的团队，包括拉里·佩多维茨，以及正在处理（与美林的对外律师鲍勃·莫维罗一起）玛莎·斯图尔特内幕交易案的约翰·萨瓦雷。现在，韦尔也成了其不断增加的名人客户名单中的一员。

佩多维茨和萨瓦雷瑟在给韦尔精心编织辩护策略的过程中，参考了很多明星分析师为自己在泡沫期间炒作股票进行辩护的模式。他们证明韦尔是 AT&T 的一名"忠实信徒"，他所做的，只是像其他忠实信徒一样让格鲁布曼再考虑一下其对 AT&T 的悲观态度。（韦尔就格鲁布曼升级 AT&T 的具体辩护内容是，他"从未告诉任何一个分析师，他或她必须写什么"。）至于帮助格鲁布曼把孩子送进幼儿园一事，他们的解释是，韦尔是一个慷慨的人，曾经为慈善机构捐献过数百万美元，而此次只不过是帮助一名劳苦功高的雇员而已。

在斯皮策的办公室里，萨瓦雷瑟和佩多维茨对待斯皮策办公室的人竟向面对刚从法学院毕业的学生，他们的证词没有打动调查员，而他们藐视办案人员的举止对方也没在意。调查人员认为，韦尔的行为表明，他升级AT&T的动机并非出于他对AT&T的喜爱。根据电话日志和其他记录，在升级AT&T股票期间，韦尔与格鲁布曼几乎每天，甚至每个小时都要通电话。在此之前，华尔街最大公司的CEO何时对一支股票的等级表现出如此大的个人兴趣？迪纳罗告诉办公室的同事说，他们处理的这起案子可不小，花旗集团至少要交付5亿美元的罚金才能了结此案，这可是华尔街历史上最高的罚金之一了。

没过多久，这些消息便被新闻记者们知道了。10月下旬，《华尔街日报》报道说，斯皮策发现了新的证据使他对韦尔提出警告，同时萨瓦雷瑟和佩多维茨被炒。《华尔街日报》还报道说，斯皮策意欲要求韦尔就AT&T升级一事提供证词。

这些报道是正确的，但忽略了一个重要问题：这些新证据是什么？与调查有关的人员对此都避而不答。"利用那一证据，我们将追查到底"，斯皮策办公室的一名官员说。卡特勒、她的电邮以及第92街Y幼儿园仍旧处于保密状态，至少到目前为止是这样。

尽管公众认为没有能证明花旗集团有罪的证据，但当这些报道出现在报摊上的时候，花旗集团还是炸开了锅。第二天早上，在"桑迪·韦尔致员工的一封信"中，花旗集团谴责《华尔街日报》夸大了韦尔的危险境况。"今天的《华尔街日报》发表了一篇报道，其中包含有令人不可容忍的猜测和干涉"，韦尔写道。韦尔说他已经向斯皮策和其他相关调查人员表示要"自愿去作证"，以作为"我们与各种形式的监管调查合作的一项内容"。对于有分歧的问题，韦尔引用马蒂·利普顿的话说："那种想对桑迪·韦尔提起任何起诉的意图都是不可思议的。"

这是一种经典的非否认的否认，但是绝大多数媒体接受了这种看法。CNBC 占用了一个下午的所有节目时间去分析《华尔街日报》的这篇报道。敌对方的记者们正在幸灾乐祸，他们向斯皮策的手下指出，《华尔街日报》在报道花旗集团调查丑闻方面"过头了"。CNBC 主持人德·戴维在一次采访中被问道韦尔的名声能否得以恢复时，他对《华尔街日报》发起了猛烈的攻击。CNBC 有一档喧闹的新脱口秀节目叫《库德洛与克拉默》，它主要以保守的电视评论员拉里·库德洛和财经专栏作家吉姆·克拉默（斯皮策在哈佛法学院的朋友，曾一度在自己的投资基金中管理总检察长办公室的资金）的对话为主，这个节目也对当前的这起纠纷进行了讨论。克拉默说这是花旗集团对《华尔街日报》的争端，进而对《华尔街日报》的报道进行了一番抨击。

甚至斯皮策办公室也加入到对《华尔街日报》的进攻队伍。几名调查人员抗议说，《华尔街日报》的报道使他们更难完成他们的调查。一份电报报道中引用了 NYAG 一名对花旗集团进行调查的关键人物的话说，韦尔并非调查的"目标"。她（那名关键人物）后来解释说，那篇报道漏掉了她话中的"目前还不是"这几个字①。

最后，花旗集团消除了那种认为调查已经明显触及华尔街最大公司的最高层这样的提法，借此，花旗集团好像躲过了那颗射向它的子弹。但事实远非如此。斯皮策的助手通知格鲁布曼的律师，说他们要让格鲁布曼前来就卡特勒电邮及韦尔插手 AT&T 升级之事回答质询。格鲁布曼承受的压力更大了，"我想结束啊！"格鲁布曼曾对一个人抱怨道。他也想再有一次

---

① 在英语中，这个意思只需一个词——"yet"，所以电报报道中漏掉是可能的。——译者注

重来的机会，然而随着一个个正在进行的报道，格鲁布曼返回华尔街的可能性越来越小了。但是格鲁布曼应该对一件事表示感谢：对韦尔的关注转移了公众对他的注意。"如果斯皮策想让我说 AT&T 升级的事，我就不得不供出韦尔。"他那时说。

确实，有人说格鲁布曼可能愿意放弃他的旧老板以换得对其问题的解决。不管此话是否有意，当格鲁布曼的律师李·理查兹向人们证明说，斯皮策阵营里一些人的想法是向格鲁布曼伸出橄榄枝：以合作的态度说明分析冲突怎样成为公司范围的问题，此时他好像使得这则谣言有了几分可信。但当格鲁布曼出现在斯皮策的办公室作证时，他可远不是合作态度了。斯皮策的助手们发现，格鲁布曼盛气凌人，近乎狂妄自大，完全不像一个想赎罪的人。戈尔登先对格鲁布曼进行审问，然后是托普曼，在他们轮番严厉盘问下，格鲁布曼几乎没有提供有关 AT&T 的任何线索，而且很多并非是公司范围的分析冲突问题。

格鲁布曼花了数月时间将自己锁在其律师的办公室里，回顾自己写过的每一份分析报告，像演员记台词一样记住每一份报告的要点。事实证明格鲁布曼确实记住了那些内容。在整个审问过程中，他一直坚持将对 AT&T 的评级变化归因于其电信股市哲学，这是他长期以来一直坚持的观点，即认为像世通公司那样的新兴公司将成为最终的胜利者。格鲁布曼说，AT&T 新的缆线计划使他彻底相信该公司接受了新经济，而且可以与世通和其他他认为会主宰电信业的公司相竞争。而当 AT&T 没有实现其缆线计划的事实很明了的时候，格鲁布曼说他别无选择，只能降级这支股票。

当他们问到韦尔对他升级 AT&T 股票施压一事时，格鲁布曼与花旗的态度保持一致。格鲁布曼表示，韦尔可能让他"重新审视"AT&T 公司，但韦尔从来没有告诉他在报告中要写什么。至于卡特勒的电邮，他找的理由是，他编造了韦尔——AT&T——第 92 街 Y 幼儿园的故事，以"打动"

他的朋友。

戈尔登已经花了数小时阅读了格鲁布曼与卡特勒交流的大量电邮，她对格鲁布曼的证词表示怀疑。毕竟两人的在线聊天很多都是由卡特勒提起的，而没有其他方式。而这位女士真诚地爱着格鲁布曼。

"为什么你需要感动一个你已经获得其爱的人？"她问道。格鲁布曼变得紧张起来，但仍坚持自己编造的那个故事。

后来，斯皮策接到一份作证进度报告。"我们发现他几乎是顽固不化"，一名调查人员说。"3000万美元买得很多忠诚啊"，斯皮策挖苦道。

随后该轮到韦尔上场了。斯皮策同意在位于曼哈顿中心区的马蒂·利普顿的办公室见面。斯皮策派出的小分队是：赫西曼、托普曼、戈尔登和迪纳罗。同时出席的还有 SEC 和 NASD 的代表。花旗集团的律师与韦尔新的律师团队一同出席了会议。

然而，与会议前的宣传相比，与韦尔的"会面"让人大失所望。跟格鲁布曼一样，韦尔并没有被要求宣誓提供正式证词。此举的背后原因很奇怪。（斯皮策的调查人员从未对此提供合理的解释。）玛丽·米克、亨利·布洛杰特以及他们的上司们都经历了宣誓后的严厉盘问。谢伊，就是米克的上司现在还在谈论他宣誓作证时的情况，当时瓦尔德曼威胁他说，如果不诚实就是做伪证，那时他别提多害怕了。这种方法起效了，因为谢伊当时绞尽脑汁回想那些重要事实。

韦尔充分利用了总检察长对他的宽大态度。与会的人说，韦尔几乎想不起来在 AT&T 升级期间，他与格鲁布曼之间通过的电话。他确实也承认了一个关键事实，即他承认自己让格鲁布曼"重新审视"其 AT&T 的等级评定，大约是在 1998 年晚期或 1999 年早期的某个时候，但他反复重申，他从来没有告诉格鲁布曼报告中要写什么。关于他帮助格鲁布曼的双胞胎进幼儿园的事儿，韦尔说他会对每个劳苦功高的员工做这种事。至于很多有关格鲁布曼及其分析报告的事实和细节，包括在 AT&T 升级期间他们二人之间的一系列电话，韦尔只是说他想不起来了。他说，毕竟他们两个人关系不那么亲密。

随着调查的继续，花旗拼命地保密此案的细节。但消息传出去只是时间问题。大量的监管者已经看过了卡特勒的电邮和涉及此案核心的各种文件资料。更糟糕的是，那些电邮已经被送至各类国会委员会，这些机构已经就此展开它们自己的调查。

11 月 13 日，《华尔街日报》首先发起了攻势。这份报纸曾向那些阅读过格鲁布曼——卡特勒电邮的人发表过评论，其主要内容是 AT&T 升级，以及韦尔通过帮助格鲁布曼的双胞胎进入贵族幼儿园而回报其著名的分析师。现在，这家报纸在其头版发表了一则报道，标题为："格鲁布曼吹牛皮：升级 AT&T 出于完全不同的目的"，从而首先报道了赢得无线交易并非是升级 AT&T 的唯一目的；格鲁布曼是在帮助韦尔"搞垮"约翰·里德。

然而，这篇报道漏掉了这笔交易的第二部分。事实证明，原来是报纸的副总编辑丹·赫茨伯格称第 92 街 Y 幼儿园的内容牵强附会，所以将其从报道中删掉了。《华尔街日报》的编辑们说，尽管格鲁布曼宣称韦尔的帮助与 AT&T 的升级没有关系，但他们并不相信韦尔此举只是司空见惯的帮助，只是这些内容没有报道价值。即使缺少了幼儿园的相关报道，这篇新闻也引起了轰动。当 CNBC 播出《华尔街日报》的这篇报道时，媒体一大早就炸开了锅。格鲁布曼曾经拒绝对《华尔街日报》发表评论，现在则发表了一份与向斯皮策手下作证类似的声明，说他基本上是编造了这些情节以打动一位"朋友"。他补充说，那些写给卡特勒的电邮没有"任何事实基础"（这与他的分析报告显然没什么不同）。韦尔抓住格鲁布曼的否认作为证据，说整件事情只是一个笑话，并重申其观点：说他"一直相信格鲁布曼先生会进行自己的分析，并得出他自己独立的结论"。

但是，花旗集团和韦尔都如同热锅上的蚂蚁。那篇报道发表的当天，韦尔第一次公开透露了他向调查人员说明的内容，即他要求格鲁布曼"重新审视"其对 AT&T 的等级评定。此话如同火上浇油，使得媒体对格鲁布曼、韦尔和花旗集团的抨击更为猛烈。CNBC 记者戴维·费伯进一步推动了故事向前发展，他告诉观众，他的线人告诉他"打垮"一词并没有出现在电邮中。当然，这种说法是错误的。《纽约时报》的记者则奋起直追，给斯皮策打电话，而斯皮策则坚决地否认他及其办公室的任何人曾向《华尔街日报》透露消息。此话不假。那些电邮的内容已经被很多监管者、国会办事人员和华盛顿及纽约的律师们所熟知，究竟是谁透露了消息当然不得而知。

虽然经过了一番拉锯战，但《纽约时报》现在还是获得了《华尔街日报》拒绝发表的内容：第 92 街 Y 幼儿园。对于《纽约时报》来说，新闻采访是一件不费脑筋的事：采写一篇有关富人让他们的孩子进入一所傲慢的幼儿园的问题，并称之为"纽约故事"。且看《华尔街日报》，当那篇报道的记者了解到不仅《纽约时报》已经知道了电邮及其关于第 92 街 Y 幼儿园的事，而且韦尔曾经同意从花旗集团拿出 100 万美元捐献给这所幼儿园，以让格鲁布曼的孩子入托时，赫茨伯格也不再反对采访第 92 街 Y 幼儿园了。

第 92 街 Y 幼儿园将有关冲突性分析的丑闻推至华尔街从未想象的程度。《华尔街日报》极完美地将之概括为"补偿孩子"，并通过引用另一部分电邮内容——格鲁布曼说进入这所幼儿园比进哈佛还难——进一步推动故事发展。于是《华尔街日报》成了获得那些电邮复本的第一新闻来源，而且可能更重要的是，《华尔街日报》得到了格鲁布曼写给韦尔的那份标题为"AT&T 和第 92 街 Y 幼儿园"的便函。《华尔街日报》的编辑们不仅传播着卡特勒电邮中更加色情的内容，而且传播着现在已经半公开的她写给格鲁布曼的情书，在这个过程中，他们近乎病态地着迷于卡特勒及其粗俗的语言。这次，编辑们决定在报道中加入关键的电邮，但去掉卡特勒性幻想的内容，同时注明：这些电邮内容"含有性挑逗内容"。

这些天来，格鲁布曼唯一的梦想是远离新闻媒体。到如今，他已经退出了人们的视野，尽可能呆在自己位于汉普顿的家里。但随着争论与日俱增，格鲁布曼无论走到哪里都是受人注意的角色。有一次在麦迪逊广场公园的滚石音乐厅里，灯光一亮，几名华尔街的经纪人就认出了格鲁布曼。"嘿，杰克·格鲁布曼在那儿呐"，一名经纪人看过去，想看一眼原来大名鼎鼎的分析师，而对方则转移了视线，以回避其目光。还有一天早上，格鲁布曼正坐在东汉普顿的一张凳子上边看报边喝着咖啡。为了尽量不让人看出来，他戴着顶棒球帽，把夹克的领子也竖了起来。但他没能唬过人们。当时，一位妇女好像正在紧盯着这位幼儿园传奇英雄，当二人的眼神碰到一起时，那位女士嘟囔了一句"完蛋了吧"，格鲁布曼马上把头转了过去。

韦尔也同样尽量保持低调，拒绝演讲邀请，避开人们的注意，当然了，除非他正在发表讲话，谈论他与格鲁布曼分析的关系。多年来，花旗集团的普通雇员们把韦尔视作救世主，主要是因为他能提高公司的股票价格。现在他们认为他用双重标准操纵着股票。资深的电信投资银行家约翰·奥特向一位同事回忆说，虽然韦尔声称自己很慷慨，但当他请韦尔为康涅狄格州格林威治男孩俱乐部捐助小额款项时，他甚至对此没做任何回应，而他俩都是在这个州长大的。当然这次还是一样，奥特不能升级AT&T公司的股票。

由原董事长杰拉尔德·福特和时代华纳CEO理查德·帕森斯等人组成的花旗集团强有力的董事会，现在也处于被监视的状态。根据法律规定，公司董事会负有监管管理人员行为的"受托义务"。但是从这些人的行为上看，好像是韦尔领导他们，而不是他们监管韦尔；而现在当斯皮策的助手们安排接见他们，以了解他们是否知道AT&T升级丑闻时，他们要为自己的行为埋单了。对于一些人来说，这是一种羞耻的经历，特别是当他们了解到韦尔用花旗集团的钱哄着第 92 街 Y 幼儿园接收格鲁的布曼双胞胎后，更感觉到丢人。我们并不清楚他们将打算怎么去做，但是斯皮策的调查人员为这些领导们该做什么提供了一条线索，同时也提出了每个人心中的一个疑问：花旗是否已经制定出了一个计划？换言之，当韦尔辞职后，谁将接任他的职务？

让我们再回到斯皮策的总部，此时罗杰·瓦尔德曼正在解决另一个难题。六个多月来，他一直在调查取证，阅读文件资料，倾听律师意见，并努力想弄清楚是否可以根据《马丁法》对玛丽·米克在股市泡沫期间的分析对其提起诉讼。

瓦尔德曼是一个瘦弱忧郁的人，这掩盖了其暴躁的脾气，据说前来作证的摩根公司官员对此已有体会。由于在当年夏天扩大了调查范围，所以瓦尔德曼相信自己已经发现这家公司分析过程中存在的严重问题。事实上摩根公司的分析师也干着银行家的活儿，最好的例子就是该公司的高级分析师玛丽·米克。米克的自我评估显示，她用了大量的时间会见投资银行客户和完成银行交易。考虑到她的银行职责，撰写分析报告对米克来讲好像是得考虑一下再做的事，而且瓦尔德曼相信这体现在最终产品（分析报告）之中。瓦尔德曼已经查阅了米克的大量分析报告，发现这些报告写作很草率，而且充满夸张的言辞。也许更糟的是，米克的上司从来没有反对过她这种夸大其词的作风。

对于他能否成功地对米克提起诉讼，瓦尔德曼仍然保持强烈的异议。卡普夫坚守诺言要进行一场侵略战。米克和其他证人前来作证时都做好了充分准备，而卡普夫提供了大量的证据，从米克公开发表的评论到报纸的报道，甚至还有分析师们的演讲，因为其中引用了米克说股市泡沫将要破碎的警告。帮助斯皮策起诉花旗集团的材料与此不同，因为格鲁布曼在面临股市不景气的情况下，仍然不知羞耻地支持 AT&T 和世通这样的公司。而米克是一个更难扳倒的人。当股市的狂热发展到高热程度时，她开始用更混乱的概念评定股票等级。瓦尔德曼注意到米克"优于大盘"的股票评定过多了。从字面来看，瓦尔德曼不能肯定自己是否能够证明米克确实在炒作股票，还是只是建议说股票在泡沫破碎的时候可能优于低迷的股市。

然而，最大的障碍是米克的电邮，或者至少是那些摩根说他们能提供的材料。在整个调查过程中，米克公开表示担心，说她可能由于生气而说过的一些愚蠢的话反过来会困扰她。但是监管者们立刻抗议说，摩根提供的那些电邮都写得惊人的温和，好像摩根已经删除了那些措词最激烈的内容。摩根否认了这种指控，说许多情况下米克或是喜欢用老式的交流方式——电话进行沟通，或是由于"9·11"恐怖袭击摧毁了重要文件。

瓦尔德曼是否接受了这两种解释不得而知，但有一种方法可以发现摩根是否在讲实话——像 NASD 对花旗集团那样，让摩根进行大范围的计算机记录检查。当然了，只有斯皮策才有权决定最终采取何种行动。

但是对于斯皮策而言，他把全部时间都花在他认为更重要的问题上了。即使花旗集团的分析成了全国新闻，格鲁布曼的电邮成了小报素材，也丝毫不能转移斯皮策最重要的目的——为这种冲突性分析确立一个全国标准，即一个所谓的"全面协定"。自从格拉索召集的意大利餐馆会议以来，除了斯皮策和格劳伯还偶有争吵外，各种各样的监管机构都能相当和谐地一起工作了。他们甚至提出了一个秘密协议的大致提纲，即每个投资公司都必须根据其冲突程度缴纳一笔罚金，并同意对其分析部门进行体制改革，同时为投资者提供某种形式的独立分析报告。

但是从 2002 年秋到冬，是否能让华尔街那些大公司接受这一协议的细节仍旧捉摸不定。一个问题可能应该是哈维·皮特的辞职。11 月 5 日，就在中期选举宣布共和党人在参议院和众议院都取得席位之后，皮特宣布辞去 SEC 主席的职务。皮特的离去确实是一个悲剧。没有哪一个 SEC 主席有如此丰富的经验和那么多的承诺，而且显然很多承诺皮特也实现了。他开展的著名调查涉及每一个重要丑闻，包括世通公司，就在该公司宣布重新评估其赢利的 24 小时后，SEC 就以欺诈罪对其提起诉讼。莱维特在任的最后一年，对可疑的不法之徒采取的强制措施的数量有所下降，而在皮特的监管之下这一数字几乎创了纪录。

皮特与其前任比也许是最好的 SEC 主席，但他本应该利用一些莱维特那样的政治策略。在白宫政治派的眼中，皮特在公开场合多次失态，比如他在一次演讲中好像建议 SEC 应该采取一种"更善意"的方式进行监管（皮特说批评者把他的话断章取义了），还有一次他提议要把 SEC 主席提拔为内阁成员以此提高其待遇。尽管白宫的政治派对他的这些失态与日俱增地担心起来，但他离任的具体原因却是由于他与会计督查委员会的会面引发了很大的争议。

然而，当皮特离去的时候，华尔街失去了宝贵的同盟军，而且那些大公司越发对那个协议的条款怀有敌意。迪纳罗当时告诉斯皮策办公室的一名助手说，他感觉到花旗集团正准备掏出 5 亿美元来解决它的案子，但又退了回去，并坚称公司的行为并没有比美林——被罚 1 亿美元——的五倍那么严重。摩根斯坦利的大律师卡普夫正考虑与斯皮策协商，同时在联邦法院上与 SEC 决战，借此退出全面协定。他之所以这样做，理由是他无法战胜斯皮策，因为他手中有《马丁法》；而 SEC 要好对付得多，因为根据联邦法，SEC 在证明证券欺诈时受到更严格的壁垒限制。当时，卡普夫甚至安排好在感恩节那天让他的老板菲尔·珀塞尔即兴拜访斯皮策，以促成其案件的解决。斯皮策说，他不能同意任何破坏全面协定和 SEC 的事情。"我与这群家伙已经达成了协议"，他说。

卡普夫很失望，但其失望的程度远不如高盛的高级管理人员，因为当时他们听说米克的电邮缺乏证明其有罪的证据，他们过去十年中的最大竞争对手好像不大可能面临起诉。然而高盛没有名牌分析师，因此尽管高盛在泡沫期间激进地争取业务，其业绩也只是与摩根不分伯仲。高盛需要做的最后一件事就是在摩根逃过一劫的时候，自己也能从分析冲突中被"拣"出来。CEO 汉克·保尔森立刻去劝说迪克·格拉索，以确保在与高盛达成的最后协议中不要用"欺诈性"这样的字眼来描述其分析行为。但是格拉索对保尔森并不感冒，在他眼里保尔森只是一个"奸险卑劣之徒"，因为此人一直努力在交易系统中引入更多的计算机，而使格拉索珍爱的专家交易系统受到损害。"汉克，你这些话最好跟埃利奥特说。"格拉索说。后来格拉索评论保尔森："此人本不应该不关心罚金的多少，而只关心文件上怎么说。"

保尔森是否跟斯皮策说过那就不清楚了，但有一件事是肯定的：像他这样的抗议最终得到了报应。11 月中旬，事态的发展已经很清楚了，监管者们将在新的一年里再解决这些纠纷，而且考虑到所有正进行的情况，这些问题是否最终得以解决还是个未知数。华尔街和监管者举行的会议经常会变得丑陋不堪。您瞧，他们又在一起开会了。会上有人公开嘲笑卡普夫夸海口，因为他曾吹嘘说摩根的分析行为是光明正大的，当时他与 SEC 执行部门主任斯蒂芬·卡特勒的讨论发展成了激烈的争吵，后者说卡普夫在委员会里名声不好，是让人"讨厌"的角色；而卡普夫则针锋相对地回答说"感情是相互的"。让我们把镜头对准瑞士银行集团的大律师特德·莱文，他正在猛烈抨击斯皮策向新闻界特别是向《华尔街日报》透露消息。斯皮策则反击说他并非是唯一向记者说明情况的人。虽然会议如此丢人现眼，但这种交流还是在第二天见报了，从而使得协商更难有结果。

几家公司试图利用这种混乱局面。在贝尔斯登 CEO 詹姆斯·吉米·凯恩的带领下，包括瑞士银行、雷曼兄弟和贝尔斯登在内的几家公司威胁说要退出全面协定，同时应对起诉，除非斯皮策和 SEC 放他们一马。这种威胁是真实的，而且斯皮策也清楚这一点。与摩根、美林和花旗相比，这些公司在技术银行繁荣期间只是微不足道的玩家，而且其分析冲突的严重程度也远没有达到那些大公司的水平。

但是他们最有杀伤力的武器是政治：当华尔街最大的几家公司选择退出"全面协定"的时候，斯皮策如何再以此来为自己脸上贴金以求升官发财呢？

格拉索又一次赶来救场。格拉索不仅是世界上最大的股票交易市场的头头儿，此人也是一名专家级的推销员，而且现在他不得不在一笔会给其成员带来巨大损失的"交易"中把他们"卖出"去。他采取的策略是："一次一个，个个击毙。"他的第一个电话打给了凯恩，就是贝尔斯登公司那个诡计多端的CEO。凯恩运转着华尔街最能赢利的公司之一，可能除了桑迪·韦尔之外，业界没有谁运营这样公司的时间比他更长了。凯恩有一个小秘密：他曾是一名桥牌冠军，而他也把桥牌好手的智慧带进了会议室，至少现在凯恩知道自己胜券在握。"我不应该付一分钱，"他说，"这是敲诈勒索。"

凯恩连声再见也没说就挂断了电话。格拉索的下一个电话打给了雷曼兄弟公司的CEO理查德·富尔德。而此时的雷曼刚刚度过近年来最尴尬的时期，因为据透露，该公司的一名高级经纪人弗兰克·格鲁塔道赖亚看都没看公司执行部门一眼，就通过造假账从公司窃走了数千万美元。格拉索知道，雷曼现在最不需要的就是更坏的名声。

格拉索开始施展魅力了，他解释说分析如何成为行业的污点，业界平息充斥丑闻的一年是多么重要，而且他的计划多么有效。富尔德说他正在车上，他会给UBS（瑞士联合银行的简称）的CEO约翰·科斯塔斯打电话，跟他商量这件事。格拉索早已经在UBS打好了基础，他有一位朋友叫乔·格拉诺，当时在UBS负责经纪部门，他告诉这位朋友说，如果UBS公司不同意协议，那无异于赌博；格拉索说，斯皮策已经准备好对公司的分析行为进行"直肠病人检查"。没过多久，科斯塔斯就决定UBS回到这场交易之中。

现在就剩凯恩一个人了。听说自己已经搞掂了雷曼和 UBS，一个喜气洋洋的全新格拉索要给最后那位桥牌高手打电话了，当时格拉索已经搬进了位于曼哈顿中心区第 47 街的新办公室，早上 10 点多，他把电话打了过去。他告诉凯恩，他是主要投资公司中唯一负隅顽抗的人，如果他加入到这个团队里来，那么他就帮了每个人的忙。"好吧，我同意。"凯恩说。但他仍然想知道他要交多少罚金。格拉索告诉凯恩说，他要交的罚金刚刚涨了 1000 万，从 7000 万涨到了 8000 万。凯恩几乎不相信自己的耳朵。"嘿，你不能跟他妈的那些家伙单打独斗。"凯恩说。

当格拉索宣布他已经平息了暴乱时，斯皮策决定要有一个了断了。他以闪电般的速度与卡特勒取得联系并向对方表明：监管者们开始计划公布一个"全面协定"，把具体细节留在以后再说。这个决定对斯皮策来说很容易；他需要在一年结束的时候宣布某种胜利，否则公众会失去兴趣。他命令迪纳罗向处于丑闻之中的华尔街公司发布指令，让他们做好准备欢迎这一协定。迪纳罗告诉他们，斯皮策希望了结此事，立刻！

12 月 19 日上午 9 时整，华尔街高级证券公司的大律师们挤在 25 层斯皮策办公室的一个小会议室里，围坐在一个会议桌旁。摩根斯坦利的大律师卡普夫把公司 CEO 菲尔·珀塞尔也带来了，让菲尔吃惊的是，他是出席会议的唯一一位 CEO。

没过多久珀塞尔就希望能找个地缝钻进去。据几位与会人士说，当时，斯皮策与珀塞尔对视着，说他受够了那些争吵、争斗，还有主要是拖延。"千万勿失良机，"他威胁道，"我们要签订一个协议，否则我们就开始起诉。我已经厌倦了你们像沙池中的小孩子一样打打闹闹。"

斯皮策解释说，每家公司都要签署一份临时协定部分条款，并将之传真到各公司。具体细节规定将于明年出台。各公司须交纳的总罚金定在 14 亿美元，当然每家公司罚金的具体数额依其冲突的程度而定。最近被迫加入全面协定的花旗集团和美林公司，除了遵循早期的协议外，还将因"证券欺诈罪"被起诉其分析行为。美林还将不得不吐出 2500 万美元以资助成立独立的分析部门，花旗的罚金标价将近 4 亿美元。当卡普夫研读文件的时候，他认识到自己的公司并没有受到太多他希望的区别对待，但至少摩根斯坦利的罚金数额在所有被起诉的公司中属于最少之列。

斯皮策说，他希望各公司在午夜之前给他传真，而且他提醒在座的各位，那些不这么做的公司正在冒巨大的风险——即格拉索与凯恩说的所谓"直肠病人检查"。几个小时后，随着传真一份份的到来，斯皮策得到了他想要的东西。一天结束的时候，只有一家公司没有接受协定的大体框架，这家公司叫托马斯－韦塞尔合伙公司。最终韦塞尔公司在 2004 年 8 月了结了自己的官司，同意交纳 1250 万美元罚金。

尽管斯皮策措辞严厉，但协定似乎是那种能使双方都相安无事的规定。斯皮策已经放弃了原来的那种想法，也就是当初他想将分析部门从投资公司中分离出来，成为一个独立的部门，无需以投资银行收入来为分析师支付报酬。现在取而代之的是强制那些投资公司加强建设其内部的中国墙和其他虚构的限制措施，但这些东西很难保证在下一次股市泡沫期间能够保护投资者。同时，正如《华尔街日报》指出的，14 亿美元的罚金中大部分是减免税的，这就意味着那些已经通过欺诈性分析获得了数百万美元佣金的投资银行业务的公司，对它们来讲，这笔罚金可能不足 10 亿美元。至于那个大加宣传的"体制"改革，那些大的投资公司用不了多长时间就会找到其漏洞。分析师不能再与银行家一起参加"路演"叫卖生意，但并没有什么规定可以阻止投资公司将分析触角伸到给他们提供投资银行生意的公司。

此事还有其他不足。比如斯皮策和卡特勒谁都没有要求对玛丽·米克的电邮进行全面调查，这与 NASD 进行的调查不同，NASD 的调查一劳永逸地证明了米克是互联网的真正信徒。对于高盛而言，尽管其在股市泡沫期间银行和分析关系十分密切，以至于分析师在发布分析报告之前，银行家们会对报告进行编辑，但高盛的 CEO 汉克·保尔森显然已经成功地从协定中去掉了"欺诈"一词。这一协定给摩根的 CEO 菲尔·珀塞尔足够的余地将玛丽·米克称为"网络先锋"，同时他也可以大言不惭地称她为"新闻报道的所有人物中最能保护投资者的人"，而不考虑米克对那些破产的网络公司的支持，更不要提在摩根作为顾问为 AOL 提供了最不明智的一次合并建议之后，这位"网络女皇"对这家公司的支持了。

也许最失望的是花旗集团。根据协议，格鲁布曼被禁止从事证券业，而且要支付 1500 万美元的罚金。但是对于花旗集团这个世界上最大的金融公司，这个在过去其分析部门和银行部门一直支持历史上最严重的欺诈行为的公司，还是相对安然无恙地脱身了。斯皮策甚至不打算起诉现在已经失宠的 CEO 桑迪·韦尔，此人不仅在丑闻肆无忌惮泛滥的时期领导这家公司，而且在华尔街最肮脏的格鲁布曼升级 AT&T 股票事件中也起了直接的作用。据一位了解卡特勒的人讲，这位 SEC 执行部门主任不同寻常地对这个问题保持沉默，意在提醒斯皮策"要自己得出结论"。实际上，卡特勒一直如惊弓之鸟，他担心如果新闻媒体对其所有决定都持否定态度的话，他会被斯皮策"立为"挡箭牌。

据斯皮策办公室的人说，斯皮策说自己会像解决其他难题一样，先在中央公园慢跑一圈，然后做出最后决定。据斯皮策回忆说，当他在中央公园跑那三英里的过程中，他一直在想："这将是一个值得一试的大案啊！"桑迪·韦尔站在证人席上的样子可能是他一辈子才能经历一次的媒体盛事，而且根据《马丁法》这种情况完全有可能发生，因为这部法律对证券欺诈的定罪标准要求比其他法律低得多。但斯皮策同时也知道，如果真是这样的话，那也是一场你死我活的激烈战斗，而且那位与州和国家民主党有着密切关系的韦尔先生，绝不会不战而败。斯皮策也听到了很多责骂，主要针对其对 92 街 Y 幼儿园的调查，因为此调查揭露了那所幼儿园难以捉摸的入学审批过程；而那些指责此项调查的人多是与第 92 街 Y 幼儿园有着密切关系的人，其中很多人与民主党存在着政治上的联系。

此案也远非媒体预测的那样。斯皮策认为，为了成功地起诉韦尔，他不仅要证明韦尔强迫格鲁布曼升级 AT&T 股票，而且还应该证明花旗的老板在明知这是一个欺诈性的等级评定的情况下，仍然允许其发布。随之而来的还有一个问题——如果没有花旗集团参与的话，也不会有全面协定，因为这家全球最大的金融公司在其中发挥了作用。如果斯皮策准备起诉花旗管理人员的话，花旗必然无意参加这样的协定。

就在斯皮策准备放弃对韦尔的起诉时，他面前出现了一个不像对手的对手，若问来者何人，正是 NASD 执行部门主任巴里·戈德史密斯。戈德史密斯正在认真考虑对韦尔在 AT&T 等级评定问题上提起某种形式的诉讼。正当有关分析问题的解决悬而未决的时候，斯皮策给 NASD 的二把手玛丽·夏皮罗打了个电话。"玛丽，你好啊。现在可勿失良机啊"，斯皮策在电话中说。他说那个协定对于证券界的未来"太重要了"，我们不能因为对韦尔的起诉而危及此协定。夏皮罗说等会儿再给他回电话。几个小时后，她的电话打过来了，解释说戈尔登已经决定不再就 AT&T 问题对韦尔起诉了。

一种传言在华尔街已经传开了，说斯皮策"睁一眼闭一眼"，正在与韦尔讨价还价，而不是让华尔街高管承担责任。当时卡萝尔·卡特勒的律师直接质问迪纳罗："我真不相信，你们这群家伙竟让韦尔逃了。"迪纳罗回答说："覆水难收。"暗示韦尔将面临制裁，只是不会公开而已。尽管有这么多的抗议之声，斯皮策仍然势不可挡地将"全面协定"编织成一个巨大的胜利。他有了吹嘘的资本，因为这是华尔街历史上规模最大的协定之一，而且他也将对经纪行业代表投资银行客户向小投资者发布分析报告这种方式进行一系列的改革。

只要斯皮策能找到时间他就会即刻举行新闻发布会，所以就在他收到华尔街所有公司的传真后的第二天，那场盛大的发布会举行了。但是地点选择问题随即就出现了。格劳伯认为应该在一个"中立"的场所举行，这就意味着只要不在他的对手 NYSE 那里举行在哪儿都行。但是斯皮策有自己的想法。考虑到格拉索在这个过程中的贡献，似乎 NYSE 是举行此种盛事的唯一合适地点。这是格劳伯和他的手下不得不接受的意见，因为戈德史密斯发现了本案中最有说服力的证据——格鲁布曼和卡特勒的电邮。正如 NASD 一名高级官员所说，"最后，我们成了在那里举行研究解决协定发布会的理由"。

当然，斯皮策并不这么看。新闻发布会将在 NYSE 的六层豪华会议室举行，这个地方可以容纳大量新闻记者，监管者们正希望如此。当监管者们坐在中央主席台上，准备公布"改革投资行为的历史性协定"，而新闻记者们围坐在讲坛周围时，会议室里座无虚席。格拉索穿着平时的那件深色西服，走上台宣称，"恢复投资者的信心是最重要的"，又说，此协定结束了"现代金融历史上最黑暗的一章。"

斯蒂芬·卡特勒解释了此协定将要进行的广泛体制改革。"我相信，此协定引发的大规模改革必将在以后多年为投资者提供帮助。"过了一会儿，那位喜欢歌剧的 NASD 主席罗伯特·格劳伯开始讲话了。他说此协定是"恢复投资者信心的重要一步"，但他还是没说为什么这个机构这么长时间以来一直忽略了这个问题，包括对埃里克·冯·德波藤 1992 年的警告都置之不理。

但是由于斯皮策和格拉索是主角，所以那些细节问题就留在以后再说吧。尽管这一有着股票分析的协定留下了太多的遗憾，但他们在政治上的胜利是不可争辩的事实。在短短的几年时间里，埃利奥特·斯皮策就实现了其政治上的东山再起，从原来人们视野中那个就其竞选资金扯谎的富家子弟，一跃成为不可多得的希望保护小投资者利益的人民公仆。同时，这一协定也使得格拉索，这位华尔街最重要的有本事的经纪人的名声更上一层楼。尽管他从没进过大学，但他很精明，足以理解斯皮策所谓的交易。

确实，他们二人本应该心满意足地注视着自己艰苦努力得来的胜利，但他们也得感谢那些脚踏实地实现这一切的人们，像调查人员迪纳罗、托普曼、瓦尔德曼和贝丝·戈尔登，还有那些在 NYSE 和 SEC 努力工作的人，他们为了促成这一历史变革不得不容忍那些政治花招。

斯皮策上台了，他说："一年半前，当我们开始进行调查的时候，我们惦记着保护散户，那就是在纽约尤提卡的张三或在堪萨斯托皮卡的李四，他们并不知道华尔街的经营方式。"斯皮策接着说，华尔街分析存在的问题"可以引用某个人的话来形容，这个人的名字我不提了，但他无疑具有分析师精明的心智，他是这样说的，'曾经被视为冲突的现在被视为合作'"。斯皮策引用的话并不十分准确，但他没有必要一字不漏地引述；每个人都知道他在说谁，每个人都知道他在说什么。

结束讲话前，斯皮策当然会向那个为促成此协定而尽心尽力的人表示敬意：迪克·格拉索。"让我们把目光转向迪克，并对他说……迪克，你不仅是一个杰出的外交家，而且也是一个伟大的饭店选择者"，这是指那次在"射中目标"举行的晚餐会，正是那次会议使全面协定有了实现的可能。"我希望那些投资银行不要想歪了，但是我可能应该再找一个一起进餐的理由，迪克，这并不意味着今天我们会端上一盘传票。"格拉索只是笑了笑。那个从皇后区来的可怜虫和那个从河谷区来的有钱人出名了。

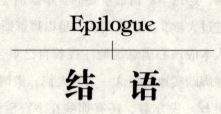

结　语

2002 年圣诞前两天，桑迪·韦尔在法国一个不公开的地点向花旗银行众多员工发表了讲话。据《纽约邮报》报道，韦尔表现出从未有过的精神抖擞。他向所罗门公司的首席执行官查尔斯·普林斯表示感谢，因为他代表花旗集团主持了与监管者的协商，并最终达成共识，事实证明这对花旗银行极为有利。同时，他肯定要提到的一点是，他及其创建的公司在其成长过程中度过了最艰难的一个阶段。

"嘿嘿……如果没有您的顽强意志，我们现在就不会安然地站在这儿了。"韦尔说。

韦尔当然有充分的理由高兴。当监管者们在 2002 年末到 2003 年间，最后与花旗集团达成全面协定，事实就越来越清楚地表明了，这家公司躲过了一劫。相对于花旗巨额的收入而言，这一协定给花旗集团开的 4 亿美元的罚金，并不比公司可以忽略不计的误差多多少。由于没有起诉花旗集团的总裁，斯皮策好像给韦尔开了绿灯，使他可以继续做花旗集团的CEO，即使事实绝对清楚地表明，在他的监管下花旗成全了股市泡沫中一些丑闻横行的公司，而且也许成就了最冲突的分析师，但估计到死他也不会被起诉了。

然而，其他公司就没有这么幸运了。本书开篇介绍了几位处于权力顶峰的明星分析师的形象。到了分析调查结束之时，他们每个人又都被打回原形了。格鲁布曼与政府间签订了协议，一方面他不会面临起诉，但要被迫支付1500万美元的罚金，另一方面他也无需承认或否认其错误行为，但被禁止进入证券行业，这是此类协议中的标准条款。他现在是一家小型电信公司的顾问。

被斯皮策放了一马后，布洛杰特随即就被纳斯达克以证券欺诈罪起诉，并被判400万美元的罚金，同样也无需其承认或否认错误行为。像格鲁布曼一样，布洛杰特也被禁止进入证券行业，但在2004年早期，就在其电邮内容成为全国新闻的两年后，布洛杰特回到了他最初所爱——写作，成为在线杂志《斯莱特》（Slate）的一名作家，负责报道对玛莎·斯图尔特的审判，此人由于对自己可疑的英克隆股票①销售行为向监管者说谎，以妨碍司法公正罪被起诉，后也以此项罪名获刑。对布洛杰特来讲，也许唯一比他报道的玛莎·斯图尔特案（他预计经过整个案件的审理，她将被证明无罪）更坏的是他的丑闻被公开了，可能是为了警告读者自己在华尔街的痛苦经历吧，在这篇报道中，布洛杰特将玛莎的法律困境和自己的做了对比。他写道，我们两个人都"沉浸在成功的金色光环之中，这是美国资本主义的符号和对网络时代的乐观"，结果使得我们在"支离破碎的股市中"觉醒得太晚了。

跟格鲁布曼和布洛杰特一样，在网络泡沫中还能看到玛丽·米克。米克是三个人中唯一没有被起诉的，但她网络女皇的权威地位早已瓦解。她不再向那些对她言听计从的追随者发号施令，不再有街上拦住她的粉丝，

---

① 一家总部设在纽约的生物制药公司。——译者注

也没人再为她提供泡沫期间几乎每天都有的报酬丰厚的工作。随着互联网的复苏，她的选股做得很不错，米克说她对这种状态感到高兴，尽管她本人也发生了变化。过去，米克曾指责投资者自己应该为其巨额损失负责，一年前，我采访她时她曾这样问道："难道投资者个人就没有责任吗？"最近她改变了这一看法。"人们确实在我选择的股票上遭受了损失，"她说，"我对这个问题很在乎。我多希望当初我能够降级这些股票，而且我将在余生中恪守这一原则。"

他们的行为还将带来其他更坏的结果。当监管者们结束了对布洛杰特、米克和格鲁布曼的调查时，他们开始集中对付那个最应该为1990年代技术股票繁荣负责的家伙，即投资银行家弗兰克·奎特隆。为了让各位看官想起这个人，我先回顾一下。奎特隆就是那个使玛丽·米克上道的银行家，在摩根斯坦利呆了几年后就跑到了瑞士信贷第一波士顿，随后帮助硅谷中一些最大的技术公司挂牌上市。但是现在，他跟那几位同行一样成了众矢之的。NASD和马萨诸塞州州务卿对奎特隆进行的调查一直持续到了2003年，主要集中在欺诈和滥用职权等可疑行为。奎特隆告诉他的老板瑞士信贷第一波士顿的CEO约翰·马克说，情况变得太糟了，有一次一个警察竟把他拉到路边，查他的驾照，而且还对他说："你制造的麻烦已经够多了。"

而事实上，他的麻烦才刚刚开始。2004年5月，联邦检察官发现了一封电邮，这封邮件表明奎特隆欲销毁与分析相关的一些材料，奎特隆因此被判妨碍司法罪。一名联邦法官最近宣判奎特隆入狱18个月。奎特隆，这位曾经年收入超过1亿美元的银行家一直坚称自己无罪，但是由一些普通纽约人组成的陪审团并不这样认为，随便插一句，陪审团的这些人都是那些在网络泡沫期间遭受损失的人，网络泡沫破碎后近三年多的时间里，这些人一直力图报仇雪恨。

格鲁布曼的双胞胎从第92街Y幼儿园毕业后，最终她们为自己有一个丢人现眼的老爸付出了代价：一段时间里，根本没有一所私立学校接收她们入学。当格鲁布曼夫妇在上东区找到一所公立学校时，他们又被人们认出来了。据一位目击此事的人称，露安"并不是一个快乐的野营者"。卡萝尔·卡特勒同样也不快乐。她试图重回电信业，但由于她的电邮内容已经成为华尔街好事者的谈资，卡特勒的工作前景不容乐观。她最后一个工作单位是在位于卡尔文·克莱因第5大道店的室内设计部，该公司专门为华尔街那些富人装修房屋，也许她可以为将来的格鲁布曼老兄装修一下他的公寓吧。

桑迪·韦尔面临着另一件难堪的事。因为花旗集团与斯皮策和SEC签订的协定中规定，韦尔和其他高管必须被单独分离出来，不能再与分析师接触，除非有一名律师在场。而当韦尔在2003年中期突然宣布他将在下月辞去CEO职务，将这一工作让与普林斯的时候，协定中的这种规定是否具有实际效果也就不得而知了。（各位看官是否记得，迪纳罗曾说过"覆水难收"，也许他说的就是这个意思吧。）尽管事情似乎很清楚地表明，是这起丑闻使得花旗董事们不得不让韦尔辞职，但韦尔这干人等皆否认这种说法。2004年5月，花旗集团以26.5亿美元的赔偿了结了一项集体诉讼案，这是由纽约州退休基金会和其他因听信格鲁布曼建议而遭受损失的起诉人共同提起的诉讼，另外，花旗集团正在准备类似的裁决。同时，韦尔老兄也没闲着，他正在忙着推销自己的一本书，内容是关于他在华尔街漫长而有争议的职业生涯的，具有讽刺意味的是，这本书的合著者竟是一位原证券分析师。

只有时间才会告诉人们，由斯皮策推动的改革是终将获得正果，还是仅仅创造了另一套供华尔街逃避约束的规则。据说华尔街已经找到了其他方法来利用分析师赢得交易，而且也没有人会相信分析的质量会有所提高，因为有证据显示，对银行客户乐观积极的等级评定仍旧盛行。诚如《新闻周刊》记者艾伦·斯隆在报道中所说，谷歌的IPO得到了所有五位本次交易承销商一致的高等级评定（其中包括米克），而没人关心暴涨的股票预示着一个新的泡沫正在形成而且行将流行。

本来斯皮策的调查被认为对小投资者收回损失大有助益，但尽管有大量的证据，斯皮策却并未要求那些投资公司承认"有罪"，这意味着当投资者想提起仲裁以挽回一部分损失时，这些协定并不能被当作证据。一名叫米尔顿·波拉克的联邦法官对投资者的伤害更甚，他竟然对自己碰到的华尔街调查案件置之不理（其中很多与布洛杰特的分析有关），他认为很多投资者都是"高风险的投机商"，而且他"完全不相信"美林公司通过布洛杰特的分析来有意误导投资者。

斯皮策办公室似乎增加了投资者的痛苦。其办公室的一名发言人对《福布斯》说，总检察长办公室没有因格鲁布曼对世通的分析报告而起诉他，因为"我们没有发现格鲁布曼公开和私下的观点存在分歧"。在小投资者起诉格鲁布曼的世通分析报告仲裁中，这句话成了花旗集团律师努力挫败小投资者的强大武器。原告律师经常抗议说，花旗集团引用此话说明该公司在这个问题上与斯皮策站在同一立场上。

然而所有这一切都没有阻止斯皮策一干人等宣称，他们在反欺诈性股票分析中取得了"胜利"。斯皮策的手下利用新建立的名声，在私营企业找到了报酬颇丰的工作。迪纳罗就是其中之一，他在摩根斯坦利的唐·卡普夫手下找到了份工作；贝丝·戈尔登在贝尔斯登法律部找到了工作。这些人如此炙手可热的一个原因就是，斯皮策将自己奉为华尔街新的最高警察，同时证明了 SEC 在保护小投资者方面仍旧没有能力。

我们很难去说斯皮策的结果如何。在整个 2004 年，斯皮策以损害消费者利益的欺诈行为为名对共同基金——后来是保险业一些最大的公司提起诉讼，借此获得了令人钦佩的名声。在这两类案件中，斯皮策使用了相同的方法，这两种方法在调查中证明是很成功的：以刑事犯罪起诉相威胁，然后解决的时候做些让步，最后宣布乙方获胜，同时揭露联邦监管权威的无能，这是斯皮策喜欢宣讲的观点。在一次有 SEC 原官员参加的会议上，斯皮策曾说："我不会让 SEC 的律师插手我管辖范围内的任何一家公司。"但斯皮策最终的野心并非是成为 SEC 的主席。有人说斯皮策是 2006年纽约州州长的竞争人选，然而对这种说法，参议员查克·舒默当时好像有话说。在斯皮策对华尔街分析展开调查期间，舒默曾与之发生过如斗鸡般的争吵，当时舒默权衡再三甚至不惜放弃自己的议员宝座也要与这个将自己最大的捐款人搞得惶惶不可终日的家伙斗法。但后来，他还是打了退堂鼓。

对于斯皮策而言，他发誓要坚持与华尔街陋习作斗争，而且到 2004年春天的时候，他甚至找到了一个新目标，他的好友迪克·格拉索。对于斯皮策来说，他与格拉索的纠纷可以追溯到 2003 年的春天，就在韦尔决定在卡内基大厅为自己举行大规模的生日宴会之后，韦尔当时邀请了纽约州政界的所有重要人物，除了斯皮策之外。在公开场合，斯皮策说他对此很坦然；但在私下里，据他的助手说，他却怒火中烧。几周后，当斯皮策听说格拉索提名韦尔作 NYSE 董事，首先让他代表那些小投资者时，他气得暴跳如雷。听到这个消息之后，他立刻给格拉索打电话，咆哮道："首先是生日宴会，现在又出现这种事！"格拉索和斯皮策的助手都证实确有此事。"我不会参与桑迪·韦尔的平反昭雪。"

他给格拉索 24 小时考虑去除韦尔的名字，否则他会公开反对。次日晚上，韦尔从名单中消失了。

格拉索的失策将成为他慢长衰落过程的开始，而且最终还将与纽约总检察长在法庭上开战。就在斯皮策盛赞格拉索是调查协定中最重要的人物之后，他在 NYSE 的所作所为开始受到不断增加的调查。尽管格拉索总体名声不错，但他在纽约证券交易所中也树了相当多的敌人。对于他强迫一些公司加入到全面协定以讨好斯皮策，这些公司仍然愤愤不平。一名华尔街的高管称他是一个"混蛋明星"，因为他有良好的公众形象，同时也因为他与杰西·杰克逊牧师大人和来自纽约的新任议员希拉里·罗德姆·克林顿这些政客们频繁举行晚宴和聚会。

其他人，比如高盛的 CEO 汉克·保尔森希望格拉索出局显然是由于单纯的生意原因。多年来，保尔森一直主张慢慢用计算机取代证券交易的专家系统，他坚持认为，交易者在计算机模式下可以得到最合理的开价。格拉索则每次都会击退保尔森的这种努力，并向所有想听他讲话的人说，高盛抛弃专家系统有巨大利益可图，即将其所有客户留在自己的公司内，而不是让他们去交易所。

格拉索在这场战役中击败了保尔森，但他最终却在整个战争中失败了。其失势开始显现于一次报道之后，这次报道说 NYSE 已经开始对几个专家公司进行调查，此举主要集中于格拉索多年来一直呕心沥血捍卫的专家系统进行改革。但是格拉索真正的问题浮出水面是稍晚之后的事。当时《华尔街日报》报道说，在 NYSE 交易的几个公司每年给格拉索支付的薪水超过 1000 万美元，而且此巨额收入还帮助他从其在 NYSE 的退休账户中藏匿了约 1 亿美元——对于一个被认为监管相同公司的人来说，这是一笔闻所未闻的数字。此后不久，消息开始一个接一个地透露出来了，说格拉索的实际收入要比这个数字高得多，一年有 2500 万美元之巨，而且他在一个退休账户中已经存了 1.3 亿美元。到目前为止，20 世纪 90 年代的原 NYSE 主席威廉·唐纳森已经取代了皮特，成为 SEC 的主席。唐纳森和格拉索共事时是死对头，而且对于唐纳森来讲，现在正是还债的时候。唐纳森公开宣布，他希望得到格拉索一揽子收入计划的全部细节，他保证格拉索的"丑闻"还有许多。

由于格拉索的收入受到了调查，他处境艰难，不是因为他所做的事，而是因为他所收的钱。很有讽刺意味的是，这时保尔森给他出了一个解决办法：尽可能在接近五一国际劳动节的时候公布其一揽子收入计划。他保证，那时新闻媒体会对此采取不同的态度。

格拉索同意了。4月27日，他宣布，根据 NYSE 董事会下属各种薪酬委员会批准的一份合同，他接到了近 1.4 亿美元的报酬。他还宣称，如果 NYSE 委员会保证延长他的那份合同，同时允许他从其退休账户中取出这笔钱，他将放弃另外的一笔 4800 万美元，以表达其良好的意愿。此举甚至让斯皮策都感到满意。格拉索给斯皮策打电话，告诉他这个消息，斯皮策说他很高兴与格拉索再多共事几年。

可是在交易所内，交易者们和销售人员历史性地发现了他们的工人阶级主席同志失势了。由于股票暴跌降低了他在交易所的收入，格拉索开始增加由那些多年来一直最支持他的人支付的费用，也就是那些场内交易商和专家们。这是一个严重的错误。这些人大部分每年只收入 20 万美元左右，他们不明白，为什么一些人——很少有来自皇后区的——能赚到那么多的钱，而他们却在为生存而拼命劳作。与此同时，保尔森向格拉索保证，这种混乱将会平息，而且他会站在格拉索那边。格拉索并不相信保尔森，但在这个问题上，格拉索有理由相信他。毕竟，坐在董事会里的这位高盛 CEO 批准了格拉索 2001 年 3000 万美元的薪水，同时还有几笔其他巨额收入协议。

而在背地里，几名华尔街的 CEO 说，保尔森正与他公开的态度背道而驰，他希望能招募到对格拉索实施"死刑"的支持者。贝尔斯登的 CEO 吉米·凯恩是那种具有城市底层生活背景的人，同时也是 NYSE 董事，是 NYSE 中第一个听到保尔森计划解雇格拉索的董事。凯恩刚刚进入 NYSE 董事会，他并不热衷于格拉索的收入协议，但他也不相信保尔森的动机。"一份合同只是一份合同"，他回答说，然后结束了与保尔森的对话。保尔森继续努力，成功地说服了其他几名董事加入他的阵营。保尔森的理由很简单：格拉索并没有全部公开其收入，而且考虑到公众对高级官员收入的愤怒，格拉索必须走人。当然对保尔森这种地位的人来讲，这是一种荒谬的指责。首先，格拉索并非华尔街唯一拿高薪的人。其次，董事会的董事已经批准了格拉索很多巨额年底红利收入；如果加在一起，这个数字可以轻松达到1亿美元。第三，也许是难堪的一条，作为董事，NYSE董事会对于格拉索收入多少负有"受托责任"。

随着新闻媒体围绕格拉索的薪水问题展开越来越多的报道，保尔森不久便在那些格拉索曾经当作朋友的人中间找到了支持者。格拉索眼看着自己的地位不断下降，他忙向自己的老友和导师寻求建议，此人就是原NYSE主席，同时也是美林董事约翰·费伦。费伦在NYSE的时候，亲眼目睹了格拉索从一个城市底层的贫民阶级转变为一名圆滑的管理人员，一位能面对华尔街最优厚待遇而坐怀不乱的人。现在，他能做的就是坐视不管，看着华尔街最伟大的职业人从他眼前灰飞烟灭。

格拉索自己似乎已经准备好停止这场游戏。"我想我该辞职了。"他说。费伦告诉他不要让敌人称心如意。"你永远都不要辞职，让他们首先解雇你，"费伦说，然后十分憎恶地说，"他们总是自食其言。"

到现在为止，格拉索才知道自己面对的是何许人也。保尔森的努力正在逐渐加大力度。格拉索决定打最后一次"列表电话"，给硅谷一家有名的计算机公司卡西欧的CEO约翰·约伯斯打电话。多年来，格拉索一直想把卡西欧从纳斯达克股票市场股份有限公司拉到纽约证券交易所来，结果都没有成功。"约翰，我的去留会对你产生很大影响。"格拉索笑着说。约伯斯同样也笑了，但他说自己无能为力。

现在格拉索什么也不能做了。到了周末，大多数董事都希望他辞职。而当他表示拒绝的时候，他们解雇了格拉索。

格拉索离任的那天，他的好友原瑞银惠普经纪部主任乔·格拉诺回忆说，他记得在一次招待巨额捐款人的鸡尾酒会上遇到了布什总统。格拉诺作为一名共和党人被选定负责与总统协商本土安全事务，但当晚他跟布什的谈话很快就转到了华尔街事件上来了。格拉诺首先说到了哈维·皮特，就是那个原SEC主席，不是因为丑闻被迫辞职，而是因为他搞砸了一次与会议监管委员会的约见。"他是一个不错的家伙,但是华府是无情的。"总统说。

随后,他们谈话的主题转到了格拉索。"您知道,总统先生,今天我们失去了另一个好人,他叫迪克·格拉索,"格拉诺说,"找个人代替他很难啊。"总统告诉格拉诺说自己看过有关格拉索辛勤工作及其成功故事的报道,而且也认为他是一个好人,但他又略带一丝讽刺地说:"我相信你会以 7000 万美元的薪水找到一个人代替他。"

格拉诺回忆说,总统在结束跟他的对话时,建议格拉诺自己任那个职位。"不行,总统先生,"格拉诺回答说,"那就像离婚的第一天就跟自己的老婆约会一样。"

关于格拉索的传说还在继续。在对格拉索"执行死刑",而他本人好像还在为被解雇一事奔走呼号的时候,保尔森安排了一位新领导来运转NYSE。他选择的人是约翰·里德,此前此人大部分时间都在自己位于法国的别墅里懒散地混日子。

里德,原花旗集团副 CEO,其名字一直浮现在对华尔街分析的调查过程中,因为那个叫格鲁布曼的人帮助韦尔在其著名的会议室决战中"搞垮"了他。现在里德做好了搞垮格拉索的准备。他立刻要求格拉索返还其高达 1.395 亿美元的收入,而当格拉索拒绝了这一要求时,里德就给斯皮策打电话,让他根据那个晦涩的法律(您是否对这部法律似曾相识?)扣除这笔钱。多说一句,那部法律赋予了纽约总检察长对非营利机构的监管权,比如监管纽约证券交易所(NYSE)。

斯皮策对格拉索的进攻热情不亚于其对冲突性分析的热情,一开始他寻求一种解决方案,试图让格拉索返还其收受的 5000 万美元。当格拉索拒绝的时候,他采取了野蛮的敌对行动,即对格拉索提起民事诉讼,并在新闻发布会上宣布其起诉,这与其对付美林的布洛杰特分析案的方法如出一辙。在本书付梓之时,本案还没有走上法庭,但真当那一天到来的时

候，斯皮策将面临其职业生涯中最艰苦的一场战役。斯皮策的部分起诉状
表明，NYSE 董事会被误导了，不是被格拉索误导，而是被他的好友和董
事金融家肯·兰冈误导了，此人是 NYSE 薪酬委员会主席，正是他帮助促
成了格拉索最高的薪酬。

兰冈是唯一被斯皮策起诉的董事，此人也发誓要为此案战斗到"生命
的最后一息"。他的辩护理由很简单：像保尔森那样的董事十分清楚格拉
索的一揽子收入计划，而且其收入争端只是他们让格拉索下课的一种武
器，同时使股票交易按他们自己的方式进行。至于斯皮策，兰冈说此人将
成为总检察长历史上"最糟糕的梦魇"。兰冈计划利用估计约高达 10 亿美
元的净资本支持斯皮策的政敌。由此可见，兰冈显然已经找到了舒默，并
告诉对方自己将支持他把斯皮策赶出州长官邸。

同时，那个来自皇后区的小子，也就是让斯皮策大获全胜的那个人，
也发誓要战斗到底。尽管斯皮策在华尔街问题上取得了好名声，但没有人
可以小看格拉索。与对那些著名分析师的调查不同，斯皮策此次并没有发
现像布洛杰特和格鲁布曼那样的"证据确凿"的电邮。此案充满了对利益
冲突的指控（格拉索是由其监管对象支付报酬的），但案件本身却是相当
明确：斯皮策断言，格拉索拿的钱太多了，这违反了纽约非营利性法律的
规定。

那部法律规定，那些运营像 NYSE 这样实体的人员，其薪水必须是
"合理的"，而且"与其工作业绩要相称"。格拉索打算证明他在股票交易
所 35 年的辛勤劳作符合这些要求。他已经聘请了一名强硬的辩护律师，
此人叫布伦达·沙利文，他由于在伊朗门丑闻中成功地为奥利弗·诺思提
供了辩护而一举成名，而且格拉索甚至还想请斯皮策作品德证人。格拉索
也发动了一场进攻性的公关战役，反击说斯皮策是一个政治机会主义者
（格拉索迅速指出，斯皮策没有起诉 NYSE 董事 H. 卡尔·麦考尔，此人是
纽约州重要的民主党人士），而且发誓要将华尔街的每一个主要管理人员

拉上法庭，让他们解释他们知道什么不知道什么。"直到我取得胜利我才会罢休，"格拉索说，"就我而言，远比金钱更重要的东西，就是我的诚信。"

　　你何时听说过华尔街的管理人员将诚信置于金钱之上？

Acknowledgments

致　谢

能完成这本书离不开一些人的重要支持。首先是我的妻子，弗吉尼娅·朱莉安诺，在本书写作的点点滴滴中都有她的支持，是她在许多次我对自己产生怀疑的时候给我鼓励，而且在写作过程的大部时间中，她像一位编辑那样帮我修改。这本书既属于她也属于我。托德·舒斯特，我的代理人，他一直促使我从事这项雄心勃勃的工作，他一直认为需要写一本关于华尔街的重要著作，而我就是合适的人选。弗雷德·希尔斯，西蒙－舒斯特公司委派予本书的编辑，他在长达数月的写作和修改过程中，给了我宝贵的指导并提供了深刻的见解。我也要感谢多米尼克·安富索，西蒙－舒斯特自由出版社的编辑部主任，即使许多相关内容都从报纸新闻中消失了，他也一直相信本书的内容；还有米歇尔·雅各布，西蒙－舒斯特广告部的副主任，谢谢他充满激情和智慧地为本书所做的宣传。

我的内弟约瑟夫·迪萨尔沃，从我写这本书开始，就一直是我最信任的顾问之一。在写作过程中，对一些关于原出处作者等的法律问题以及写作过程中很多困难的编辑决策，他都为我提供了很好的意见。同样，我也要感谢两位不可多得的好友埃里克·斯塔克曼和马克·施瓦茨，在本书的写作过程中，他们一直随叫随到倾听我的问题。我在《华尔街日报》的老同事，莱斯莉·考利，现在是《今日美国》的一位坚强而才华横溢的作家和记者，她在本书的写作风格上提供了大量有益帮助，而且让我确信这样做是值得的。她是对的。

没有我的新东家《新闻周刊》的帮助，我同样无法完成本书的写作。为此，我必须要感谢《新闻周刊》的编辑马克·惠特克、副总编凯瑟琳·德文尼，还有《新闻周刊》的业务编辑亚当·布莱恩特，这是与我在新闻界共事的最有才干的人。我的助手苏珊·A. 史密斯在最后交稿日期迫近的时候，使我的最后草稿终于成形。我一直努力向詹姆斯·斯图尔特和鲍勃·伍德沃德的报道看齐，他们两位也友善地接听我的电话，无私地告诉我他们关于写作的想法。还有安迪·凯斯勒，《华尔街之肉》①的作者，还有迪克·詹雷特，作为第一个设立独立分析部门的证券公司——DLJ的创立者之一，他记录了自己的心路历程，这是股票分析历史上极其珍贵的财富。同时，我在《华尔街日报》的原同事罗杰·洛温斯坦完成的大量书籍和文章将是我报道和写作过程中永远的优秀标准。我哥哥詹姆斯·加斯帕里诺博士的支持也是十分重要的，还有我的岳母大人安杰拉·朱利安诺，她也是我最忠实的粉丝。

最后，我要感谢在坎帕格诺拉的一些人，伊恩·卡森、安娜、萨尔、弗朗姬·"D"、妮古拉·"G"、雷纳托、默里和弗朗姬·格兰姆斯，在那里他们为我提供了丰盛的酒食，使我战胜了本书写作过程中的艰难坎坷。

---

① 《华尔街之肉：我从股市绞肉机中死里逃生》（*Wall Street Meat——My Narrow Escape from the Stock Market Grinder*）描述了他在上世纪 90 年代作为股票分析师的经历。那本书的封面上有头公牛，还有一张宰割图表，每一块肉都标有名字："杰克·格鲁布曼、弗兰克·奎特隆、玛丽·米克、亨利·布洛杰特和我！"——译者注